CAMBRIDGE LIBRA

Books of enduring s

Classic

From the Renaissance to the nineteenth cent   ..., were
compulsory subjects in almost all European u...versities, and most early
modern scholars published their research and conducted international
correspondence in Latin. Latin had continued in use in Western Europe long
after the fall of the Roman empire as the lingua franca of the educated classes
and of law, diplomacy, religion and university teaching. The flight of Greek
scholars to the West after the fall of Constantinople in 1453 gave impetus
to the study of ancient Greek literature and the Greek New Testament.
Eventually, just as nineteenth-century reforms of university curricula were
beginning to erode this ascendancy, developments in textual criticism and
linguistic analysis, and new ways of studying ancient societies, especially
archaeology, led to renewed enthusiasm for the Classics. This collection
offers works of criticism, interpretation and synthesis by the outstanding
scholars of the nineteenth century.

Psyche

In this work, first published in two volumes in 1890 and 1894, Erwin Rohde
(1845–98), the German classical scholar and friend of Nietzsche, describes
the ancient Greek cult of souls and establishes the sources of the belief in the
immortality of the soul, exploring its relation to life both before and after
death. This belief in the survival of the soul already existed in the earliest
Greek writings, but when and from where did it originate? In Volume 1
Rohde examines belief in the soul as it appears in Homeric poetry and within
local cults, and finds that the idea of an afterlife is already represented in
different forms in the works of Hesiod and Aeschylus. He also discusses
burial rites and the Eleusinian Mysteries. *Psyche*, reissued here in the 1898
edition, remains a standard reference work on this topic.

Cambridge University Press has long been a pioneer in the reissuing of out-of-print titles from its own backlist, producing digital reprints of books that are still sought after by scholars and students but could not be reprinted economically using traditional technology. The Cambridge Library Collection extends this activity to a wider range of books which are still of importance to researchers and professionals, either for the source material they contain, or as landmarks in the history of their academic discipline.

Drawing from the world-renowned collections in the Cambridge University Library, and guided by the advice of experts in each subject area, Cambridge University Press is using state-of-the-art scanning machines in its own Printing House to capture the content of each book selected for inclusion. The files are processed to give a consistently clear, crisp image, and the books finished to the high quality standard for which the Press is recognised around the world. The latest print-on-demand technology ensures that the books will remain available indefinitely, and that orders for single or multiple copies can quickly be supplied.

The Cambridge Library Collection will bring back to life books of enduring scholarly value (including out-of-copyright works originally issued by other publishers) across a wide range of disciplines in the humanities and social sciences and in science and technology.

Psyche

*Seelencult und Unsterblichkeitsglaube
der Griechen*

VOLUME 1

ERWIN ROHDE

CAMBRIDGE UNIVERSITY PRESS

Cambridge, New York, Melbourne, Madrid, Cape Town, Singapore,
São Paolo, Delhi, Dubai, Tokyo

Published in the United States of America by Cambridge University Press, New York

www.cambridge.org
Information on this title: www.cambridge.org/9781108015776

© in this compilation Cambridge University Press 2010

This edition first published 1898
This digitally printed version 2010

ISBN 978-1-108-01577-6 Paperback

PSYCHE

Seelencult und Unsterblichkeitsglaube

der

Griechen.

Von

Erwin Rohde.

Zweite verbesserte Auflage.

Erster Band.

Freiburg i. B.
Leipzig und Tübingen
Verlag von J. C. B. Mohr (Paul Siebeck)
1898.

Druck von C. A. Wagner's Universitätsbuchdruckerei in Freiburg i. B.

Vorwort.

Die zweite Auflage dieses Buches hat mir willkommenen Anlass geboten, an vielen Stellen die Darstellung genauer und treffender zu fassen, früher Uebersehenes oder Uebergangenes einzufügen, manche abweichende Ansichten, die sich mittlerweile geltend gemacht hatten, zustimmend oder abwehrend zu berücksichtigen. Die Polemik ist jedoch in engen Grenzen gehalten und auf Punkte von geringerer Bedeutung (und dort auf Einwendungen von grösserer Erheblichkeit) eingeschränkt geblieben. Die Anlage und — wenn ich so sagen darf — der Styl des ganzen Buches forderte im Wesentlichen überall, und in den grossen Hauptlinien der Darstellung am meisten, eine rein positive Hinstellung meiner Erkenntnisse und Ansichten. Dieser Hinstellung ging begreiflicher Weise im Geiste des Autors eine polemische Auseinandersetzung mit den vielen und mannichfachen über die hier behandelten Gegenstände von Anderen vorgebrachten Meinungen und Lehren voraus, die er seinerseits ablehnen musste. Solche Polemik liegt durchweg dem Buche zu Grunde, allermeist freilich nur in latentem Zustande. Und hiebei habe ich es auch in dieser neuen Bearbeitung des Buches bewenden lassen wollen. Da weder eigene Ueberlegungen noch fremde Einwendungen mich an der Ueberzeugung von der Haltbarkeit meiner nicht ohne Arbeit und vieles Hinundherdenken aufgestellten und zu gegenseitiger Befestigung und der endlichen Errichtung eines Ganzen fest ineinandergreifenden Meinungen irre gemacht haben: — so durfte ich an allen Hauptpunkten meine Darstellung unverändert bestehn lassen. Ich vertraue darauf, dass sie, auch ohne weitere Vertheidigungswerke von meiner Hand, ihre Rechtfertigung und ihren Schutz in sich selber trage.

Auch in der Anlage und Ausführung des Ganzen und seiner Theile ist nichts geändert worden, und nichts entfernt: für den Plan, dem ich zu folgen mir vorgesetzt hatte, ist nichts Entbehrliches in dem Buche enthalten. Dieser Plan ging nun freilich ersichtlich nicht dahin, in einer compendiösen Zusammenpackung eilig Vorüberstreichenden das Nothdürftigste über Seelencult und Unsterblichkeitsglauben der Griechen darzureichen. Ein solcher Eilfertiger, der sich selbst zum Recensenten meines Buches — wer weiss, warum — besonders geschickt erschien, hat mir in aller Treuherzigkeit angesonnen, von dem, ihm nicht weiter dienlichen Ueberfluss bei einer, gütigst in Aussicht gestellten zweiten Auflage das Meiste über Bord zu werfen. Diesen Gefallen habe ich ihm nicht thun können. Ich habe mein Buch für gereiftere, der Schule und den Handbüchern entwachsene Leser geschrieben, die den Plan und Sinn, aus denen ich weite Gebiete der Litteraturgeschichte und der Culturgeschichte in meine Betrachtung zu ziehen mich bestimmt sah, zu fassen und zu würdigen verstünden. Solcher Leser hat die erste Auflage eine grosse Zahl gefunden; ich darf das Gleiche dem nun erneueten Buche wünschen und erhoffen.

In der neuen Bearbeitung ist das Werk, leichterer Benutzung zuliebe, in zwei Bände (die den zwei Abtheilungen, in denen es ehemals ausgegeben war, entsprechen) getheilt worden. — Es war mir nahegelegt worden, von dem Text die unter ihm stehenden Anmerkungen zu trennen, und diese in einem besonderen Anhang zu vereinigen. Ich habe mich aber nicht entschliessen können, dieser modischen Einrichtung, die mir überall, wo sie mir in Büchern der letzten Jahre begegnet ist, überaus unzweckmässig und der ungestörten Aufnahme des Textes, der sie dienen will, gerade besonders hinderlich erscheinen wollte, bei mir Raum zu geben. Selbständig mit-

arbeitende Leser werden ohnehin eine Trennung des Beweis-
materials von den Behauptungen des Autors nicht wünschens-
werth finden. Es hat sich aber, zu meiner besonderen Freude,
auch die Theilnahme zahlreicher Leser aus nicht zünftig phi-
lologischen Kreisen dem Buche zugewandt, die doch durch die
stellenweis etwas abenteuerlich pedantische Breitspurigkeit der
unten munkelnden „Anmerkungen" nicht weiter sich in der
Aufmerksamkeit auf die helleren Töne des oberen Textes müssen
gestört gesehen haben. So habe ich nur eine kleinere Anzahl zu besonderer Selbständigkeit ausgewachsener Anmerkungen
in den „Anhang" jedes der zwei Bände verwiesen.

Heidelberg, 27. November 1897.

Erwin Rohde.

Inhalt.

Seelenglaube und Seelencult in den homerischen Gedichten.

I.

Der unmittelbaren Empfindung des Menschen scheint nichts so wenig einer Erklärung oder eines Beweises bedürftig, nichts so selbstverständlich wie die Erscheinung des Lebens, die Thatsache seines eigenen Lebens. Dagegen das Aufhören dieses so selbstverständlichen Daseins erregt, wo immer es ihm vor Augen tritt, immer aufs Neue sein Erstaunen. Es giebt Völkerstämme, denen jeder Todesfall als eine willkürliche Verkürzung des Lebens erscheint, wenn nicht durch offene Gewalt, so durch versteckte Zaubermacht herbeigeführt. So unfassbar bleibt ihnen, dass dieser Zustand des Lebens und Selbstbewusstseins von selbst aufhören könne.

Ist einmal das Nachdenken über so bedenkliche Dinge erwacht, so findet es bald das Leben, eben weil es schon an der Schwelle aller Empfindung und Erfahrung steht, nicht weniger räthselhaft als den Tod, bis in dessen Bereich keine Erfahrung führt. Es kann begegnen, dass bei allzu langem Hinblicken Licht und Dunkel ihre Stellen zu tauschen scheinen. Ein griechischer Dichter war es, dem die Frage aufstieg:

Wer weiss denn, ob das Leben nicht ein Sterben ist,
und, was wir Sterben nennen, drunten Leben heisst? —

Von solcher müden Weisheit und ihren Zweifeln finden wir das Griechenthum noch weit entfernt da, wo es zuerst, aber schon auf einem der Höhepuncte seiner Entwicklung, zu uns redet: in den homerischen Gedichten. Mit Lebhaftigkeit redet der Dichter, reden seine Helden von den Schmerzen und Sorgen des Lebens in seinen einzelnen Wechselfällen, ja nach seiner gesammten Anlage; denn so haben es ja die Götter beschieden den armen Menschen, in Mühsal und Leid zu leben, sie selber aber sind frei von Kummer. Aber von dem Leben im Ganzen sich abzuwenden, kommt keinem homerischen Menschen in den Sinn. Von dem Glück und der Freudigkeit des Lebens wird nur darum nicht ausdrücklich geredet, weil sich das von selbst versteht bei einem rüstigen, in aufwärts steigender Bewegung begriffenen Volke, in wenig verschlungenen Verhältnissen, in denen die Bedingungen des Glückes in Thätigkeit und Genuss dem Starken leicht zufallen. Und freilich, nur für die Starken, Klugen und Mächtigen ist diese homerische Welt eingerichtet. Leben und Dasein auf dieser Erde ist ihnen so gewiss ein Gut, als es zur Erreichung aller einzelnen Güter unentbehrliche Bedingung ist. Denn der Tod, der Zustand, der nach dem Leben folgen mag, — es ist keine Gefahr, dass man ihn mit dem Leben verwechsle. „Wolle mir doch den Tod nicht weg-reden", so würde, wie Achill im Hades dem Odysseus, der homerische Mensch jenem grübelnden Dichter antworten, wenn er ihm den Zustand nach Ablauf des Erdenlebens als das wahre Leben vorspiegeln wollte. Nichts ist dem Menschen so verhasst wie der Tod und die Thore des Hades. Denn eben das Leben, dieses liebe Leben im Sonnenlichte, ist sicher dahin mit dem Tode, mag nun folgen was will.

2.

Aber was folgt nun? Was geschieht, wenn das Leben für immer aus dem entseelten Leibe entweicht?

Befremdlich ist es, dass neuerdings hat behauptet werden

können[1], es zeige sich auf irgend einer Stufe der Entwicklung homerischer Dichtung der Glaube, dass mit dem Augenblick des Todes Alles zu Ende sei, nichts den Tod überdaure. Keine Aussage in den beiden homerischen Gedichten (etwa in deren ältesten Theilen, wie man meint), auch nicht einberedtes Stillschweigen berechtigt uns, dem Dichter und seinem Zeitalter eine solche Vorstellung zuzuschreiben. Immer wieder wird ja, wo von eingetretenem Tode berichtet worden ist, erzählt, wie der, noch immer mit seinem Namen bezeichnete Todte, oder wie dessen „Psyche" enteile in das Haus des Aïdes, in das Reich des Aïdes und der grausen Persephoneia, in die unterirdische Finsterniss, den Erebos, eingehe, oder, unbestimmter, in die Erde versinke. Ein Nichts ist es jedenfalls nicht, was in die finstre Tiefe eingehen kann, über ein Nichts kann, sollte man denken, das Götterpaar drunten nicht herrschen.

Aber wie hat man sich diese „Psyche" zu denken, die, bei Leibesleben unbemerkt geblieben, nun erst, wenn sie „gelöst" ist, kenntlich geworden, zu unzähligen ihresgleichen versammelt im dumpfigen Reiche des „Unsichtbaren" (Aïdes) schwebt? Ihr Name bezeichnet sie, wie in den Sprachen vieler andrer Völker die Benennungen der „Seele", als ein Luftartiges, Hauchartiges, im Athem des Lebenden sich Kundgebendes. Sie entweicht aus dem Munde, auch wohl aus der klaffenden Wunde des Sterbenden — und nun wird sie, frei geworden, auch wohl genannt „Abbild" (εἴδωλον). Am Rande des Hades sieht Odysseus schweben „die Abbilder derer, die sich (im Leben) gemüht haben". Diese Abbilder, körperlos, dem Griffe des Lebenden sich entziehend, wie ein Rauch (Il. 23, 100), wie ein Schatten (Od. 11, 207. 10, 495), müssen wohl die Umrisse des einst Lebenden kenntlich wiedergeben: ohne Weiteres erkennt Odysseus in solchen Schattenbildern seine Mutter Antikleia, den jüngst verstorbenen Elpenor, die vorangegangenen Gefährten aus dem troischen Kriege wieder. Die

---

[1] E. Kammer, *Die Einheit der Odyssee*, S. 510 ff.

Psyche des Patroklos, dem Achilleus nächtlich erscheinend, gleicht dem Verstorbenen völlig an Grösse und Gestalt und am Blicke der Augen. Die Art dieses schattenhaften Ebenbildes des Menschen, das im Tode sich von diesem ablöst und schwebend enteilt, wird man am ersten verstehen, wenn man sich klar macht, welche Eigenschaften ihm nicht zukommen. Die Psyche nach homerischer Vorstellung ist nichts, was dem irgendwie ähnlich wäre, was wir, im Gegensatz zum Körper, „Geist" zu nennen pflegen. Alle Functionen des menschlichen „Geistes" im weitesten Sinne, für die es dem Dichter an mannichfachen Benennungen nicht fehlt, sind in Thätigkeit, ja sind möglich, nur so lange der Mensch im Leben steht. Tritt der Tod ein, so ist der volle Mensch nicht länger beisammen: der Leib, d. i. der Leichnam, nun „unempfindliche Erde" geworden, zerfällt, die Psyche bleibt unversehrt. Aber sie ist nun nicht etwa Bergerin des „Geistes" und seiner Kräfte, nicht mehr als der Leichnam. Sie heisst besinnungslos, vom Geist und seinen Organen verlassen; alle Kräfte des Wollens, Empfindens, Denkens sind verschwunden mit der Auflösung des Menschen in seine Bestandtheile. Man kann so wenig der Psyche die Eigenschaften des „Geistes" zuschreiben, dass man viel eher von einem Gegensatz zwischen Geist und Psyche des Menschen reden könnte. Der Mensch ist lebendig, seiner selbst bewusst, geistig thätig nur so lange die Psyche in ihm verweilt, aber nicht sie ist es, die durch Mittheilung ihrer eigenen Kräfte dem Menschen Leben, Bewusstsein, Willen, Erkenntnissvermögen verleiht, sondern während der Vereinigung des lebendigen Leibes mit seiner Psyche liegen alle Kräfte des Lebens und der Thätigkeit im Bereiche des Leibes, dessen Functionen sie sind. Nicht ohne Anwesenheit der Psyche kann der Leib wahrnehmen, empfinden und wollen, aber er übt diese und alle seine Thätigkeiten nicht aus durch die oder vermittelst der Psyche. Nirgends schreibt Homer der Psyche solche Thätigkeit im lebendigen Menschen zu; sie wird überhaupt erst genannt, wenn ihre Scheidung vom lebendigen Menschen bevorsteht oder geschehen ist: als sein Schattenbild überdauert sie ihn und alle seine Lebenskräfte. Fragt man nun (wie es bei unseren homerischen Psychologen üblich ist), welches, bei dieser räthselhaften Vereinigung eines lebendigen Leibes und seines Abbildes, der Psyche, der „eigentliche Mensch" sei, so giebt Homer freilich widerspruchsvolle Antworten. Nicht selten (und gleich in den ersten Versen der Ilias) wird die sichtbare Leiblichkeit des Menschen als „Er selbst" der Psyche (welche darnach jedenfalls kein Organ, kein Theil dieser Leiblichkeit sein kann) entgegengesetzt[1]. Andrerseits wird auch wohl das im Tode zum Reiche des Hades Forteilende mit dem Eigennamen des Lebenden, als „er selbst", bezeichnet[2], dem Schattenbild der Psyche also — denn dieses allein geht doch in den Hades ein — Name und Werth der vollen Persönlichkeit, des „Selbst" des Menschen zugestanden. Wenn man aber aus solchen Bezeichnungen geschlossen hat, entweder dass „der Leib", oder dass vielmehr die Psyche der „eigentliche Mensch" sei[3], so hat man in jedem Falle die eine Hälfte der Aussagen unbeachtet oder unerklärt gelassen. Unbefangen angehört, lehren jene, einander scheinbar widersprechenden Ausdrucksweisen, dass sowohl der sichtbare Mensch (der Leib und die in ihm wirksamen Lebenskräfte) als die diesem innewohnende Psyche als das „Selbst" des Menschen bezeichnet werden können. Der Mensch ist nach homerischer

---

[1] Beispielsweise Il. 1, 3: πολλὰς δ᾽ ἰφθίμους ψυχὰς (κεφαλάς, nach Il. 11, 55, vorschnell Apollonius Rhod.) ῎Αιδι προίαψεν ἡρώων αὐτοὺς δὲ πελώρια τεῦχε κύνεσσι. Il. 23, 165: παννυχίη γάρ μοι Πατροκλῆος δειλοῖο ψυχὴ ἐφεστήκει, — — εἴκτο δὲ θέσκελον αὐτῷ (vgl. 62).

[2] Beispielsweise Il. 11, 262: ἔνθ᾽ ᾽Αντήνορος υἷες ὑπ᾽ ᾽Ατρείδῃ βασιλῆι πότμον ἀναπλήσαντες ἔδυν δόμον ῎Αιδος εἴσω. Die ψυχή des Elpenor, dann des Tiresias, seiner Mutter, des Agamemnon u. s. w. redet in der Nekyia Odysseus ohne Weiteres an als: ᾽Ελπῆνορ, Τειρεσίη, μῆτερ ἐμή u. s. w. Weiter vgl. Wendungen, wie Il. 11, 244: εἰς ὅ κεν αὐτὸς ἐγὼ ῎Αιδι κεύθωμαι, Il. 15, 251 καὶ δὴ ἔγωγ᾽ ἐφάμην νέκυας καὶ δῶμ᾽ ᾽Αίδαο ἤματι τῷδ᾽ ἵξεσθαι —, auch Il. 14, 456 f. u. s. w.

[3] Die erste Meinung ist diejenige Nägelsbachs, die andere vertritt Grotemeyer.

Auffassung zweimal da, in seiner wahrnehmbaren Erscheinung und in seinem unsichtbaren Abbild, welches frei wird erst im Tode. Dies und nichts anderes ist seine Psyche.

Eine solche Vorstellung, nach der in dem lebendigen, voll beseelten Menschen, wie ein fremder Gast, ein schwächerer Doppelgänger, sein anderes Ich, als seine „Psyche" wohnt, will uns freilich sehr fremdartig erscheinen. Aber genau dieses ist der Glaube der sogenannten „Naturvölker" der ganzen Erde[1], wie ihn mit eindringlicher Schärfe namentlich Herbert Spencer ergründet hat. Es hat nichts Auffallendes, auch die Griechen eine Vorstellungsart theilen zu sehen, die dem Sinne uranfänglicher Menschheit so nahe liegt. Die Beobachtungen, die auf dem Wege einer phantastischen Logik zu der Annahme des Doppellebens im Menschen führten, können der Vorzeit, die den Griechen Homers ihren Glauben überlieferte, nicht ferner gelegen haben als anderen Völkern. Nicht aus den Erscheinungen des Empfindens, Wollens, Wahrnehmens und Denkens im wachen und bewussten Menschen, sondern aus den Erfahrungen eines scheinbaren Doppellebens im Traum, in der Ohnmacht und Ekstase ist der Schluss auf das Dasein eines zwiefachen Lebendigen im Menschen, auf die Existenz eines selbständig ablösbaren „Zweiten Ich" in dem Innern des täglich sichtbaren Ich gewonnen worden. Man höre nur die Worte eines griechischen Zeugen, der, in viel späterer Zeit, klarer als Homer irgendwo, das Wesen der Psyche ausspricht und zugleich die Herkunft des Glaubens an solches Wesen erkennen lässt. Pindar (*fr.* 131) lehrt: der Leib folgt dem Tode, dem allgewaltigen. Lebendig aber bleibt das Abbild des Lebenden („denn dieses allein stammt von den Göttern": das ist freilich nicht homerischer Glaube), es schläft aber (dieses Eidolon), wenn die Glieder thätig sind, aber dem Schlafenden oft im

---

[1] Auch der civilisirten Völker alter Zeit. Nichts anderes als ein solches, das sichtbare Ich des Menschen wiederholendes εἴδωλον und zweites Ich ist, in seiner ursprünglichen Bedeutung, der genius der Römer, die Fravaschi der Perser, das Ka der Aegypter.

Traume zeigt es Zukünftiges. — Deutlicher kann nicht gesagt
werden, dass an der Thätigkeit des wachen und vollbewussten
Menschen sein Seelenabbild keinen Theil hat. Dessen Reich
ist die Traumwelt; wenn das andre Ich, seiner selbst unbewusst,
im Schlafe liegt, wacht und wirkt der Doppelgänger. In der
That, während der Leib des Schlafenden unbeweglich verharrt,
sieht und erlebt Er selbst, im Traume, Vieles und Seltsames —
Er selbst (daran kann er nicht zweifeln) und doch nicht sein,
ihm und Anderen wohlbekanntes sichtbares Ich, denn dieses lag
ja wie todt, allen Eindrücken unzugänglich. Es lebt also in
ihm ein zweites Ich, das im Traume thätig ist. Dass die
Traumerlebnisse thatsächliche Vorgänge sind, nicht leere Ein-
bildungen, steht auch für Homer noch fest. Nie heisst es bei
ihm, wie doch oft bei späteren Dichtern, dass der Träumende
dies und jenes zu sehen „meinte": was er im Traume wahr-
nimmt, sind wirkliche Gestalten, der Götter selbst oder eines
Traumdämons, das sie absenden, oder eines flüchtigen „Abbildes" (Eidolon), das sie für den Augenblick entstehen lassen;
wie das Sehen des Träumenden ein realer Vorgang ist, so das,
was er sieht, ein realer Gegenstand. So ist es auch ein Wirkliches, was dem Träumenden erscheint als Gestalt eines jüngst
Verstorbenen. Kann diese Gestalt dem Träumenden sich zeigen,
so muss sie eben auch noch vorhanden sein: sie überdauert
also den Tod, aber freilich nur als ein luftartiges Abbild, so
wie wir wohl unser eignes Bild im Wasserspiegel[1] gesehen
haben. Denn greifen und halten, wie einst das sichtbare Ich,
lässt sich dieses Luftwesen nicht, darum eben heisst es „Psyche".
Den uralten Schluss auf das Dasein solches Doppelgängers
im Menschen wiederholt, als der todte Freund ihm im Traume
erschienen und wieder entschwunden ist, Achilleus (Il. 23, 103 f.):

---

[1] ὑποτίθεται (scil. Homer) τὰς ψυχὰς τοῖς εἰδώλοις τοῖς ἐν τοῖς κατ-
όπτροις φαινομένοις ὁμοίας καὶ τοῖς διὰ τῶν ὑδάτων συνισταμένοις, ἃ
καθάπαξ ἡμῖν ἐξείκασται καὶ τὰς κινήσεις μιμεῖται, στερεμνώδη δὲ ὑπόστασιν
οὐδεμίαν ἔχει εἰς ἀντίληψιν καὶ ἀφήν. Appollodor. π. θεῶν bei Stobaeus,
Ecl. I, p. 420 W.

ihr Götter, so bleibt denn wirklich auch noch in des Hades
Behausung eine Psyche und ein Schattenbild (des Menschen),
doch es fehlt ihm das Zwerchfell (und damit alle Kräfte, die
den sichtbaren Menschen am Leben erhalten).

Der Träumende also und was er im Traume sieht, bestätigt das Dasein eines für sich existirenden zweiten Ich[1].
Der Mensch macht aber auch die Erfahrung, dass sein Leib
todesähnlicher Erstarrung verfallen kann, ohne dass Traumerlebnisse das zweite Selbst beschäftigten. In solcher „Ohnmacht" hat nach griechischer Vorstellung und homerischem
Ausdruck „die Psyche den Leib verlassen"[2]. Wo war sie?
Man weiss es nicht. Aber sie kommt für dieses Mal noch
wieder, und mit ihr wird „der Geist in das Zwerchfell wieder
versammelt". Wird sie einst, im Tode, sich für immer von dem
sichtbaren Leibe trennen, so wird also diesem der „Geist"
niemals wiederkehren; sie selbst[3], wie sie damals, zeitweise
vom Leibe getrennt, nicht unterging, wird auch dann nicht in
Nichts zerfliessen.

3.

Soweit gehen die Erfahrungen, aus denen eine Urwelt-
logik überall die gleichen Folgerungen gewonnen hat. Nun
aber: wohin entfliegt die frei gewordene Psyche? was wird

---

[1] Vgl. Cicero, de divin. I, § 63: *iacet corpus dormientis ut mortui,
viget autem et vivit animus. quod multo magis faciet post mortem, cum
omnino corpore excesserit.* Tuscul. I, § 29: *visis quibusdam saepe move-
bantur eisque maxime nocturnis, ut viderentur ei qui vita excesserant
vivere.* Hier findet man durch einen antiken Zeugen das subjective und
das objective Element des Traumes in seiner Bedeutung für die Entstehung des Seelenglaubens treffend bezeichnet.

[2] τὸν δ' ἔλιπε ψυχή — — αὖθις δ' ἀμπνύνθη Il. 5, 696 f. τὴν δὲ κατ'
ὀφθαλμῶν ἐρεβεννὴ νὺξ ἐκάλυψεν, ἤριπε δ' ἐξοπίσω, ἀπὸ δὲ ψυχὴν ἐκάπυσσεν
— ἐπεὶ οὖν ἄμπνυτο καὶ ἐς φρένα θυμὸς ἀγέρθη —. Il. 22, 466 ff. 475.
Sehr merkwürdig Il. 5, 696 ff. Od. 24, 348: ἀποψύχοντα.

[3] Von dem *suspirium* (= λειποψυχία) redend, sagt Seneca, epist. 54,2:
*medici hanc „meditationem mortis" vocant. faciet enim aliquando spiritus
ille, quod saepe conatus est.*

mit ihr? Hier beginnt *the undiscovered country*, und es kann scheinen, als liefen an ihrem Eingang die Wege völlig auseinander.

Die „Naturvölker" pflegen den vom Leibe getrennten „Seelen" eine gewaltige, unsichtbar zwar, aber um so schrecklicher wirkende Macht zuzuschreiben, ja sie leiten zum Theil alle unsichtbare Gewalt von den „Seelen" ab, und sind angstvoll bedacht, durch möglichst reiche Gaben das Wohlwollen dieser mächtigen Geisterwesen sich zu sichern. Homer dagegen kennt keine Wirkung der Psychen auf das Reich des Sichtbaren, daher auch kaum irgend einen Cult derselben. Wie sollten auch die Seelen (wie ich nunmehr wohl, ohne Missverständniss zu befürchten, sagen darf) wirken? Sie sind alle versammelt im Reiche des Aïdes, fern von den lebenden Menschen, Okeanos, Acheron trennt sie von ihnen, der Gott selbst, der unerbittliche, unbezwingliche Thorhüter, hält sie fest. Kaum dass einmal ein Märchenheld, wie Odysseus, lebend bis an den Eingang des grausigen Reiches gelangt; sie selbst, die Seelen, sobald sie den Fluss überschritten haben, kommen nie mehr zurück: so versichert die Seele des Patroklos dem Freunde. Wie gelangen sie dahin? Die Voraussetzung scheint zu sein, dass die Seele beim Verlassen des Leibes, wiewohl ungern, „ihr Geschick bejammernd", doch ohne alle Umstände zum Hades entschwebt, nach Vernichtung des Leibes durch Feuer für immer in den Tiefen des Erebos verschwindet. Ein später Dichter erst, der der Odyssee ihren letzten Abschluss gab, bedurfte des Hermes, des „Seelengeleiters". Ob das eine Erfindung jenes Dichters oder (was viel wahrscheinlicher ist) nur eine Entlehnung aus altem Volksglauben einer einzelnen Gegend Griechenlands ist: gegenüber Homers festgeschlossenem Vorstellungskreise ist es eine Neuerung, und eine bedeutungsvolle. Schon beginnt man, scheint es, an der Nothwendigkeit des Hinabschwebens aller Seelen in das Haus der Unsichtbarkeit zu zweifeln, weist ihnen einen göttlichen Geleitsmann an, der sie durch magisch zwingenden „Abruf"

(Od. 24, 1) und die Kraft seines Zauberstabes ihm zu folgen nöthigt[1].

Drunten, im dumpfigen Höhlenbereich, schweben sie nun, bewusstlos, oder höchstens in dämmerndem Halbbewusstsein, mit halber, zirpender Stimme begabt, schwach, gleichgültig: natürlich, denn Fleisch, Knochen und Sehnen[2], das Zwerchfell, der Sitz aller Geistes- und Willenskräfte — alles dieses ist dahin; es war an den jetzt vernichteten, einst sichtbaren Doppelgänger der Psyche gebunden. Von einem „unsterblichen Leben" dieser Seelen zu reden, mit alten und neueren Gelehrten, ist unrichtig. Sie l e b e n ja kaum mehr als das Bild des Lebenden im Spiegel; und dass sie ihr schattenhaftes Abbilddasein auch

---

[1] Eine eigenthümliche Vorstellung schimmert durch in einer Wendung wie Od. 14, 207: ἀλλ' ἤτοι τὸν Κῆρες ἔβαν θανάτοιο φέρουσαι εἰς Ἀΐδαο δόμους. Vgl. Il. 2, 302. Die Keren bringen sonst dem Menschen den Tod; hier geleiten sie (wie nach späterer Dichtung Thanatos selbst) den Todten in das Reich des Hades. Sie sind Hadesdämonen, nach ursprünglicher Bedeutung selbst dem Leben entrissene „Seelen" (s. unten); es ist eine wohlverständliche Vorstellung, dass solche Seelengeister, herumschwebend, ausfahrende Seelen eben gestorbener Menschen mit sich fortraffen zum Seelenreiche. Aber bei Homer ist von einer solchen Vorstellung nur in einer festgeprägten Redensart eine blasse Erinnerung erhalten.

[2] Von den Todten Od. 11, 219: οὐ γὰρ ἔτι σάρκας τε καὶ ὀστέα ἶνες ἔχουσιν. Die Worte liessen sich ja, rein der Ausdrucksform nach auch, dahin verstehen, dass den Todten zwar Sehnen, ἶνες, blieben, aber keine Fleischtheile und Knochen, welche durch die Sehnen zusammengehalten werden könnten. Wirklich fasst so die homerischen Worte Nauck auf, Mél. Grécorom. IV, p. 718. Aber eine Vorstellung von solchen „Schatten", die zwar Sehnen, aber keinen aus Fleisch und Knochen gebildeten Leib haben, wird sich Niemand machen können; um uns zu überzeugen, dass Aeschylus aus den homerischen Worten eine so unfassbare Vorstellung gewonnen habe, genügen die verderbt und ausserhalb ihres Zusammenhanges überlieferten Worte des Fragm. 229 keinenfalls. Dass der Dichter jenes Verses der Nekyia nichts andres sagen wollte, als: Fleisch, Knochen und Sehnen, die diese zusammenhalten könnten — Alles ist vernichtet, zeigt hinreichend die Fortsetzung: ἀλλὰ τὰ μέν τε πυρὸς κρατερὸν μένος αἰθομένοιο δαμνᾷ, ἐπεί κε πρῶτα λίπῃ λεύκ' ὀστέα θυμός, ψυχὴ δ' ἠΰτ' ὄνειρος ἀποπταμένη πεπότηται. Wie sollte denn das Feuer die Sehnen nicht mit verzehrt haben?

nur ewig fortführen werden, wo stünde das bei Homer? Ueber-
dauert die Psyche ihren sichtbaren Genossen, so ist sie doch
kraftlos ohne ihn: kann man sich vorstellen, dass ein sinnlich
empfindendes Volk sich die ewig gedacht habe, denen, wenn
einmal die Bestattung beendigt ist, weiter keinerlei Nahrung
(im Cultus oder sonst) zukommt und zukommen kann? —

So ist die homerische helle Welt befreit von Nacht-
gespenstern (denn selbst im Traume zeigt sich die Psyche nach
der Verbrennung des Leibes nicht mehr), von jenen unbegreiflich spukhaft wirkenden Seelengeistern, vor deren unheimlichem
Treiben der Aberglaube aller Zeiten zittert. Der Lebende
hat Ruhe vor den Todten. Es herrschen in der Welt nur die
Götter, keine blassen Gespenster, sondern leibhaft fest gegründete
Gestalten, durch alle Weiten wirkend, wohnhaft auf heiterer
Berghöhe „und hell läuft drüber der Glanz hin". Keine dämo-
nische Macht ist neben ihnen, ihnen zuwider, wirksam; auch
die Nacht giebt die entflogenen Seelen der Verstorbenen nicht
frei. Man erschrickt unwillkürlich und spürt schon die Witterung einer andern Zeit, wenn man in einer, von später Hand
eingedichteten Partie des 20. Buches der Odyssee erzählt findet,
wie kurz vor dem Ende der Freier der hellsichtige Wahrsager
in Halle und Vorhof schweben sieht in Schaaren die Seelen-
gestalten (Eidola), die hinabstreben in das Dunkel unter der
Erde; die Sonne erlischt am Himmel und schlimmes Dunkel
schleicht herauf. Das Grauen einer tragischen Vorahnung hat
dieser Spätling sehr wirksam hervorzurufen verstanden, aber
solches Grauen vor gespenstischem Geistertreiben ist nicht mehr
homerisch.

4.

Waren die Griechen von jeher so frei von aller Beängstigung durch die Seelen der Verstorbenen? Haben sie nie den
abgeschiedenen Seelen einen Cultus gewidmet, wie ihn die
„Naturvölker" der ganzen Erde kennen, wie er aber auch den
Urverwandten des Griechenvolkes, den Indern, den Persern,

wohl vertraut war? Die Frage und ihre Beantwortung hat ein allgemeineres Interesse. In späterer Zeit, lange nach Homer, finden wir auch in Griechenland einen lebhaften Ahnencult, ein allgemeiner Seelencult ist in Uebung. Wenn sich beweisen liesse — was man meist ohne Beweis annimmt — dass so spät erst unter Griechen eine religiöse Verehrung der Seelen sich zum ersten Mal entwickelt habe, so könnte man hier eine starke Unterstützung der oft geäusserten Meinung, nach der Seelencult erst aus dem Verfall ursprünglichen Göttercultes entstehen soll, zu finden hoffen. Die Ethnographen pflegen dieser Meinung zu widersprechen, den Seelencult als eines der ersten und ältesten Elemente (wo nicht gar als das ursprünglich allein vorhandene) einer Verehrung unsichtbarer Mächte zu betrachten. Aber die „Naturvölker", aus deren Zuständen und Vorstellungen sie ihre Ansichten herzuleiten pflegen, haben zwar eine lange Vergangenheit, aber keine Geschichte: es kann der reinen Vermuthung oder theoretischen Construction nicht verwehrt werden, entsprechend jener eben berührten, vielen Religionshistorikern fast zu einer Art von Orthodoxie gewordenen Voraussetzung, auch in die gänzlich dunklen Uranfänge der „Naturvölker" einen, später erst zum Seelencult entarteten Göttercultus zu verlegen. Dagegen können wir die Entwicklung der griechischen Religion von Homer an auf lange Strecken verfolgen; und da bleibt denn freilich die beachtenswerthe Thatsache bestehen, dass ein Seelencult, dem Homer unbekannt, erst bei weiterer lebhafter Fortbildung der religiösen Vorstellungen sich herausbildet oder jedenfalls deutlicher hervortritt, wenn auch — was doch sehr zu beherzigen ist — nicht als Niederschlag einer Zersetzung des Götterglaubens und Götterdienstes, vielmehr als Nebenschössling gerade der auf's Höchste entwickelten Verehrung der Götter.

Soll man also wirklich glauben, dass dem vorhomerischen Griechenthum ein Cult der abgeschiedenen Seelen fremd war?

Dies unbedingt anzunehmen, verbieten uns, bei genauerer Betrachtung, die homerischen Gedichte selbst.

Es ist wahr, die homerischen Gedichte bezeichnen für uns den frühesten, deutlicher Kunde erreichbaren Punct griechischer Culturentwicklung. Aber sie stehen ja keineswegs am ersten Beginn dieser Entwicklung überhaupt. Selbst am Anfang griechischer Heldendichtung, soweit diese der Nachwelt bekannt geworden ist, stehen sie nur darum, weil sie zuerst, wegen ihrer inneren Herrlichkeit und Volksbeliebtheit, der dauernden Aufbewahrung durch die Schrift gewürdigt worden sind. Ihr Dasein schon und die Höhe ihrer künstlerischen Vollendung nöthigen uns anzunehmen, dass ihnen eine lange und lebhafte Entwicklung poetischer Sage und Sagendichtung voranliege; die Zustände, die sie als bestehend darstellen und voraussetzen, zeigen den langen Weg vom Wanderleben zur städtischen Ansiedelung, vom patriarchalischen Regiment zum Organismus der griechischen Polis als völlig durchmessen; und wie die Reife der äusseren Entwicklung, so beweist die Reife und Milde der Bildung, die Tiefe zugleich und Freiheit der Weltvorstellung, die Klarheit und Einfachheit der Gedankenwelt, die diese Gedichte widerspiegeln, dass vor Homer, um bis zu Homer zu gelangen, das Griechenthum viel gedacht und gelernt, mehr noch überwunden und abgethan haben muss. Wie in der Kunst so in aller Cultur ist das einfach Angemessene und wahrhaft Treffende nicht das Uranfängliche, sondern der Gewinn langer Mühe. Es ist von vorne herein undenkbar, dass auf dem langen Wege griechischer Entwicklung vor Homer einzig die Religion, das Verhältniss des Menschen zu unsichtbaren Gewalten, stets auf Einem Puncte beharrt sein sollte. Nicht aus Vergleichung der Glaubensentwicklung bei stammverwandten Völkern, auch nicht aus der Beachtung uralterthümlich scheinender Vorstellungen und Gebräuche des religiösen Lebens griechischer Stämme, die uns in späterer Zeit begegnen, wollen wir Aufschlüsse über die Cultgebräuche jener ältesten griechischen Vorzeit zu gewinnen suchen, in die eben Homers Gedichte, sich mächtig vorschiebend, uns den Einblick versperren. Solche Hilfsmittel, an sich unverächtlich, dürfen nur zur Unterstützung einer aus weniger leicht trügenden Betrachtungen gewonnenen Einsicht verwendet werden. Für uns die einzige zuverlässige Quelle der Kenntniss des vorhomerischen Griechenthums ist Homer selbst. Wir dürfen, ja wir müssen auf eine Wandlung der Vorstellungen und Sitten schliessen, wenn in der sonst so einheitlich abgeschlossenen homerischen Welt einzelne Vorgänge, Sitten, Redewendungen uns begegnen, die ihre zureichende Erklärung nicht aus der im Homer sonst herrschenden, sondern allein aus einer wesentlich anders gearteten, bei Homer sonst zurückgedrängten Allgemeinansicht gewinnen können. Es gilt nur, die Augen nicht, in vorgefasster Meinung, zu verschliessen vor diesen „Rudimenten" (*survivals* nennen sie deutlicher englische Gelehrte) einer abgethanen Culturstufe mitten im Homer.

5.

Es fehlt in den homerischen Gedichten nicht an Rudimenten eines einst sehr lebhaften Seelencultes. Vor Allem ist hier dessen zu gedenken, was die Ilias von der Behandlung der Leiche des Patroklos erzählt. Man führe sich nur die Hauptzüge dieser Erzählung vor das Gedächtniss. Am Abend des Tages, an dem Hektor erschlagen ist, stimmt Achill mit seinen Myrmidonen die Todtenklage um den Freund an; dreimal umfahren sie die Leiche, Achill, dem Patroklos die „mörderischen Hände" auf die Brust legend, ruft ihm zu: „Gruss dir, mein Patroklos, noch an des Aïdes Wohnung"; was ich dir zuvor gelobt, das wird jetzt alles vollbracht. Hektor liegt erschlagen als Beute der Hunde, und zwölf edle Troerjünglinge werde ich an deinem Todtenfeuer enthaupten. Nach Ablegung der Waffen rüstet er den Seinen das Todtenmahl, Stiere, Schafe, Ziegen und Schweine werden geschlachtet, „und rings strömte, mit Bechern zu schöpfen, das Blut um den Leichnam". — In der Nacht erscheint dem Achill im Traume die Seele des Patroklos, zu eiliger Bestattung mahnend. Am Morgen zieht das Myrmidonenheer in Waffen aus, die Leiche

in der Mitte führend; die Krieger streuen ihr abgeschnittenes
Haupthaar auf die Leiche, zuletzt legt Achill sein eignes Haar
dem Freunde in die Hand: einst war es vom Vater dem Flussgott Spercheios gelobt, nun soll, da Heimkehr dem Achill doch
nicht bescheert ist, es Patroklos mit sich nehmen. Der Scheiterhaufen wird geschichtet, viele Schafe und Rinder geschlachtet,
mit deren Fett wird der Leichnam umhüllt, ihre Leiber werden
umher gelegt, Krüge voll Honig und Oel um die Leiche gestellt. Nun schlachtet man vier Pferde, zwei dem Patroklos
gehörige Hunde, zuletzt zwölf, von Achill zu diesem Zwecke
lebendig gefangene troische Jünglinge; Alles wird mit dem
Leichnam verbrannt; die ganze Nacht hindurch giesst Achill
dunklen Wein auf die Erde, die Psyche des Patroklos herbei-
rufend. Erst am Morgen löscht man mit Wein das Feuer,
die Gebeine des Patroklos werden gesammelt, in einen goldenen
Krug gelegt und im Hügel beigesetzt.

Hier hat man die Schilderung einer Fürstenbestattung vor
sich, die schon durch die Feierlichkeit und Umständlichkeit
ihrer mannichfachen Begehungen gegen die bei Homer sonst
hervortretenden Vorstellungen von der Nichtigkeit der aus dem
Leibe geschiedenen Seele seltsam absticht. Hier werden einer
solchen Seele volle und reiche Opfer dargebracht. Unverständlich sind diese Darbringungen, wenn die Seele, nach ihrer Trennung vom Leibe, alsbald bewusstlos, kraftlos und ohnmächtig
davon flattert, also auch keinen Genuss vom Opfer haben kann.
Und so ist es ja begreiflich, dass eine den Homer möglichst
isolirende und in dem deutlich bestimmten Kreise seiner Vorstellungen festhaltende Betrachtungsweise sich zu sträuben pflegt,
den Opfercharakter der hier dargebrachten Gaben anzuerkennen [1].

---

[1] Den Opfercharakter der Begehungen am *rogus* des Patroklos stellt
wieder in Abrede v. Fritze, *de libatione veterum Graecorum* (1893) 71 f.
Zwar die Blutumrieselung soll als Opfer gelten dürfen; die anderen Vornahmen aber werden anders erklärt. Man könnte mit den gleichen Argu-
menten jedem ὁλοκαύτωμα für χϑόνιοι, Heroen oder Todte den Opfercharakter
abdisputiren. Speiseopfer sind ja die völlig verbrannten Leiber der Schafe

Man fragt aber vergebens, was denn anders als ein Opfer, d. h.
eine beabsichtigte Labung des Gefeierten, hier der Psyche, sein
könne das Umrieseln der Leiche mit Blut, das Abschlachten
und Verbrennen der Rinder und Schafe, Pferde und Hunde
und zuletzt der zwölf troischen Gefangenen an und auf dem
Scheiterhaufen? Von der Erweisung reiner Pietätspflichten,
wie man sonst wohl bei Erörterung mancher Gräuelbilder
griechischen Opferrituals zu thun liebt, wird man uns hier ja
nicht reden wollen. Homer kennt allerdings manche Begehungen
reiner Pietät an der Leiche, aber die zeigen ein ganz andres
Gesicht. Und nicht etwa allein zur Stillung der Rachbegier des
Achill werden hier, das Grausigste, Menschen geschlachtet:
zweimal ruft Achill der Seele des Patroklos zu, ihr bringe
er dar, was er vordem ihr gelobt habe. (Il. 23, 20 ff. 180 ff.) [1].

---

und Rinder, Pferde und Hunde und Menschen natürlich nicht, aber Opfer
darum nicht minder, von der Classe der Sühnopfer, in denen nicht das
Fleisch dem Dämon zum Genuss angeboten, sondern das Leben der Geopferten ihm dargebracht wird. Dass Achill die troischen Gefangenen am
rogus schlachtet, κταμένοιο χολωθείς (Il. 23, 23), hebt doch wahrlich den
Opfercharakter dieser Darbringung an den (auch von Achill mit em-
pfundenen) Groll des Todten nicht auf. — Der ganze Vorgang giebt ein
Bild des ältesten Todtenopferritus, der von dem Ritus der Opfer für
θεοὶ χθόνιοι noch in nichts verschieden ist. Dies erkennt auch Stengel, *Chthonischer und Todtencult* [in der Festschrift für L. Friedländer] 432 an, der
im Uebrigen die Unterschiede zwischen beiden Cultweisen, wie sie im
Laufe der Zeit sich allmählich ausbildeten, treffend beobachtet.

[1] Dass die Weinspende, die Achill in der Nacht ausgiesst und zu
der er die Psyche des Patroklos ausdrücklich herbeiruft (Il. 23, 218—222),
ein Opfer ist, so gut wie alle ähnlichen χοαί, ist ja unleugbar. Der
Wein, mit dem (v. 257) der Brand des Scheiterhaufens gelöscht wird
(vgl. 24, 791), mag nur zu diesem Zweck dienen sollen, als Opfer nicht
zu gelten haben. Aber die Krüge mit Honig und Oel, die Achill auf den
Scheiterhaufen stellen lässt (v. 170; vgl. Od. 24, 67. 68), können nicht
wohl anders denn als ein Opfer betrachtet werden (mit Bergk, *Opusc.* II,
675); nach Stengel, *Jahrb f. Philolog.* 1887, p. 649, dienen sie nur, die
Flamme anzufachen: aber Honig wenigstens wäre dafür ein seltsames
Mittel. Für Opferspenden am rogus oder am Grabe sind ja Oel und
Honig stets verwendet worden (s. Stengel selbst, a. a. O. und *Philol.* 39,
378 ff.). — Nach Fritze, *de libat.* 72 wären die Krüge mit Honig und
Oel bestimmt, nicht als Spendeopfer, sondern für das „Todtenbad" (im

Die ganze Reihe dieser Opfer ist völlig von der Art, die man für die älteste Art der Opferung halten darf, und die uns später in griechischem Ritual vielfach im Cult der Unterirdischen begegnet. Nur dem Dämon zu Ehren, nicht der Gemeinde, gleich anderen Opfern, zum Genuss, wird das Opferthier völlig verbrannt. Sieht man in solchen Holokausten für die chthonischen und manche olympische Gottheiten Opfergaben, so hat man kein Recht, den Begehungen am Scheiterhaufen des Patroklos einen anderen Sinn unterzuschieben. Die Darbringungen von Wein, Oel und Honig sind ebenfalls späterem Opferritus geläufig. Selbst das abgeschnittene Haar, dem Todten auf den Leib gestreut, in die starre Hand gelegt, ist eine Opfergabe, hier so gut wie in späterem griechischen Cultus und in dem Cultus vieler Völker[1]. Ja ganz besonders diese Gabe, als symbolische Vertretung werthvollen Opfers durch einen an sich nutzlosen Gegenstand (bei dessen Darbringung einzig der gute Wille geschätzt sein will) lässt, wie alle solche symbolische Opfergaben, auf eine lange Dauer und Entwicklung des Cultes, dem sie eingefügt ist, hier also des Seelencultes in vorhomerischer Zeit schliessen.

Der ganzen Erzählung liegt die Vorstellung zu Grunde, dass durch Ausgiessung fliessenden Blutes, durch Weinspenden und Verbrennung menschlicher und thierischer Leichen die Psyche eines jüngst Verstorbenen erquickt, ihr Groll besänftigt werden könne. Jedenfalls wird sie hierbei als menschlichem Gebete noch erreichbar, als in der Nähe der Opfer verweilend gedacht. Das widerspricht sonstiger homerischer Darstellung, und eben um eine solche, seinen Hörern schon nicht mehr geläufige Vorstellung sinnfällig und im einzelnen Falle annehm-

---

Jenseits, im homerischen Hades!) zu dienen. Honig dürfte freilich auch in Griechenland zum Bade nur verwandt haben, wer unfreiwillig hineinplumpste, wie Glaukos.

[1] Ueber griechische Haaropfer s. Wieseler, *Philol.* 9, 711 ff., der diese Opfer sicherlich mit Recht als stellvertretende Gaben statt alter Menschenopfer auffasst. Ebenso erklären sich Haaropfer bei anderen Völkern: vgl. Tylor, *Primitive cult.* 2, 364.

bar zu machen, hat wohl — wozu sonst durch den Verlauf der Erzählung keine Veranlassung gegeben war[1] — der Dichter die Psyche des Patroklos Nachts dem Achilleus erscheinen lassen. So ruft denn auch bis zum Ende der ganzen Begehung Achill der Seele des Patroklos, wie einer anwesenden, seinen Gruss wiederholt zu[2]. Es scheint freilich in der Art, wie Homer diese, von seiner sonstigen Auffassung sich entfernenden Handlungen durchführt, eine gewisse Unklarheit über die eigentlich zu Grunde liegenden, alterthümlich rohen Vorstellungen durch, eine gewisse Zaghaftigkeit des Dichters lässt sich in der, sonstiger homerischer Art gar nicht entsprechenden Kürze spüren, mit der das Grässlichste, die Hinschlachtung der Menschen sammt den Pferden und Hunden erzählt wird. Man merkt überall: e r ist es wahrlich nicht, der so grausige Vorgänge zum ersten Mal aus seiner Phantasie erzeugt; übernommen (woher auch immer[3]), nicht erfunden hat Homer diese Bilder heroischen Seelencultes. Sie müssen ihm dienen, um jene Reihe von Scenen wild aufgestachelter Leidenschaft, die mit dem tragischen Tode des Patroklos begann, mit dem Fall und der Schleifung des troischen Vorkämpfers

---

[1] Die Aufforderung des Patroklos, ihn schleunig zu bestatten (v. 69 ff.), giebt kein ausreichendes Motiv: denn Achill hatte ja ohnehin für den nächsten Tag die Bestattung schon angeordnet, v. 49 ff. (vgl. 94 f.).

[2] v. 19. 179. Noch in der Nacht, welche auf die Errichtung des Scheiterhaufens folgt, ruft Achill, während die Leiche im Brande liegt, die Seele des Patroklos: ψυχὴν κικλήσκων Πατροκλῆος δειλοῖο, v. 222. Die Vorstellung ist offenbar, dass die Gerufene noch in der Nähe verweile. Die Formel: χαῖρε—καὶ εἰν Ἀΐδαο δόμοισιν (19. 179) spricht nicht dagegen, v. 19 mindestens können diese Worte unmöglich bedeuten: im Hades, denn noch ist die Seele ja ausserhalb des Hades, wie sie v. 71 ff. selbst mittheilt. Also nur: am, vor dem Hause des Hades (so ἐν ποταμῷ am Flusse u. s. w.). So bedeutet εἰς Ἀΐδαο δόμον oft nur: hin zum H. des Hades (Ameis zu κ. 512).

[3] Ob aus Schilderungen älterer Dichtung? oder hatte sich wenigstens bei der Bestattung von Fürsten ähnlicher Brauch bis in die Zeit des Dichters erhalten? Besonders feierlich blieb z. B. die Bestattung der spartanischen Könige, wie es scheint auch der kretischen Könige (so lange es solche gab): vgl. Aristot. fr. 476, p. 1556 a, 37 ff.

endigte, in einem letzten Fortissimo zum Schluss zu bringen.
Nach so heftiger Erregung aller Empfindungen sollten die über-
spannten Kräfte nicht auf einmal zusammensinken; noch ein
letzter Rest des übermenschlichen Pathos, mit dem Achill
unter den Feinden gewüthet hat, lebt sich in der Ausrichtung
dieses gräuelvollen Opfermahles für die Seele des Freundes
aus. Es ist, als ob uralte, längst gebändigte Rohheit ein letztes
Mal hervorbräche. Nun erst, nachdem Alles vollendet ist,
sinkt Achills Seele zu wehmüthiger Ergebung herab; in gleich-
müthigerer Stimmung heisst er nun die Achäer „in weitem
Ringe" niedersitzen; es folgen jene herrlichen Wettkämpfe,
deren belebte Schilderung das Entzücken jedes erfahrenen
Agonisten — und wer war das unter Griechen nicht? — erregen musste. Gewiss stehen in dem homerischen Gedichte
diese Wettkämpfe wesentlich um des zugleich künstlerischen
und stofflichen Interesses, das ihre Darstellung gewährte; dass
als Abschluss der Bestattungsfeier solche Kampfspiele vor-
genommen werden, ist gleichwohl nur verständlich als Rudiment eines alten lebhafteren Seelencultes. Solche Wettspiele
zu Ehren jüngst verstorbener Fürsten werden bei Homer noch
mehrmals erwähnt[1], ja Homer kennt als Gelegenheiten zu wett-
eifernder Bemühung um ausgesetzte Preise nur Leichenspiele[2].
Die Sitte ist nie völlig abgekommen, und es hat sich in nachhomerischer Zeit die Sitte, Feste der Heroen, dann erst solche
der Götter mit Wettspielen, die allmählich in regelmässiger
Wiederholung gefeiert wurden, zu begehen, hervorgebildet eben
aus dem Herkommen, mit Kampfspielen die Bestattungsfeier
vornehmer Männer zu beschliessen. Dass nun der Agon am
Heroen- oder Götterfest einen Theil des Cultus des Gottes oder

---

[1] Leichenspiele für Amarynkeus: Il. 23, 630 ff, für Achill: Od. 24,
85 ff. Als ganz gewöhnliche Sitte werden solche Spiele bezeichnet Od. 24,
87 f. Die spätere Dichtung ist reich an Schilderungen solcher ἀγῶνες
ἐπιτάφιοι der Heroenzeit.
[2] Nach Aristarchs Beobachtung. S. *Rhein. Mus.* 36, 544 f. —
Anderer Art sind die jedenfalls sehr alten Brautwettkämpfe (Sagen von
Pelops, Danaos, Ikarios u. a.).

Heros ausmachte, ist unbezweifelt; man sollte vernünftiger Weise es ebenso unzweifelhaft finden, dass die nur einmal begangenen Leichenspiele bei der Bestattung eines fürstlichen Todten zum Cultus des Verstorbenen gehörten, und dass man solchen Cultus eingesetzt haben kann nur zu einer Zeit, wo man der Seele, der die Feier galt, einen sinnlichen Mitgenuss an den Spielen zuschrieb. Noch Homer hat das deutliche Bewusstsein, dass nicht reiner Ergötzlichkeit der Lebenden, sondern dem Todten die Spiele, wie andere Darbringungen auch, geweiht sind[1]; wir dürfen uns der Meinung des Varro[2] anschliessen, dass Verstorbene, denen man Leichenspiele widmete, damit ursprünglich wenn nicht als göttlich doch als wirkende Geister gedacht bezeichnet sind. Allerdings konnte dieser Theil des alten Seelencultes seines wahren Sinnes am leichtesten entkleidet werden: er gefiel auch ohne das Bewusstsein seines religiösen Grundes; ebendarum blieb er länger als andere Begehungen in allgemeiner Uebung.

Nun aber, die ganze Reihe der zu Ehren der Seele des Patroklos vorgenommenen Begehungen überblickend, schliesse man aus all diesen gewaltigen Anstalten zur Befriedigung der abgeschiedenen Seele zurück auf die Mächtigkeit der ursprünglichen Vorstellung von kräftig gebliebener Empfindung, von Macht und Furchtbarkeit der Psyche, der ein solcher Cult gewidmet wurde. Für den Cult der Seele gilt, wie für allen Opfergebrauch, dass seine Ausübung sich nur aus der Hoffnung, Schädigung von Seiten der Unsichtbaren abzuwenden, Nutzen

---

[1] Vgl. Il. 23, 274: εἰ μὲν νῦν ἐπὶ ἄλλῳ ἀεθλεύοιμεν Ἀχαιοί. Also zu Ehren des Patroklos. 646: σὸν ἑταῖρον ἀέθλοισι κτερείζε. κτερείζειν heisst, dem Todten seine κτέρεα, d. h. seine ehemaligen Besitzthümer (durch Verbrennung) mitgeben: die Leichenspiele werden also auf die gleiche Stufe gestellt wie die Verbrennung der einstigen Habe, an der die Seele des Verstorbenen auch ferner Genuss haben soll.

[2] Augustin, *Civ. Dei* 8, 26: *Varro dicit omnes mortuos existimari manes deos, et probat per ea sacra, quae omnibus fere mortuis exhibentur, ubi et ludos commemorat funebres, tanquam hoc sit maximum divinitatis indicium, quod non soleant ludi nisi numinibus celebrari.*

zu gewinnen, erklärt[1]. Eine Zeit, die keinen Nutzen und
Schaden mehr von der „Seele" erwartete, konnte aus freier
Pietät dem entseelten Leibe allerlei letzte Dienste erweisen,
dem Verstorbenen gewisse herkömmliche „Ehren" bezeigen,
mehr den Schmerz der Hinterbliebenen als eine Verehrung des
Abgeschiedenen bezeichnend[2]. Und so geschieht es bei Homer
zumeist. Nicht aus dem, was wir Pietät nennen, sondern aus
Angst vor einem, durch sein Abscheiden vom Leibe mächtiger
gewordenen „Geiste" erklären sich so überschwängliche Leichen-
spenden, wie sie beim Begräbniss des Patroklos aufgewendet
werden. Aus der dem Homer sonst geläufigen Vorstellungsart erklären sie sich auf keine Weise. Dass dieser Vorstellung
freilich die Angst vor den unsichtbaren Seelen völlig fremd
geworden war, zeigt sich besonders noch daran, dass auch die
Verehrung eines so hochgefeierten Todten wie Patroklos auf
die einzige Gelegenheit seiner Bestattung beschränkt ist. Nach
vollendeter Verbrennung des Leibes, so verkündigt die Psyche
des Patroklos selbst dem Achill, wird diese Psyche in den
Hades abscheiden, um nie wiederzukehren[3]. Man begreift
wohl, dass zu einem fortgesetzten Cultus der Seele (wie ihn
das spätere Griechenthum eifrig übte) auf diesem Standpunkte
alle Veranlassung fehlte. Man bemerke aber auch, dass die
überreiche Labung der Seele des Patroklos beim Leichenbegängniss keinen vollen Sinn mehr hat, wenn das Wohlwollen
der Seele, das hierdurch gesichert werden soll, später gar keine
Gelegenheit sich zu bethätigen hat. Aus der Incongruenz der

---

[1] *Quae pietas ei debetur, a quo nihil acceperis? aut quid omnino
cuius nullum meritum sit, ei deberi potest?* — (*dei*) *quamobrem colendi
sint non intellego nullo nec accepto ab eis nec sperato bono.* Cicero *de nat.
deor.* I, § 116. Vgl. Plat. *Euthyphr.* So redet Homer von der ἀμοιβὴ
ἀγακλειτῆς ἑκατόμβης, Od. 3, 58. 59 (ἀμοιβὰς τῶν θυσιῶν von Seiten der
Götter, Plat. *Symp.* 202 E).

[2] τοῦτό νυ καὶ γέρας οἶον ὀιζυροῖσι βροτοῖσιν, κείρασθαί τε κόμην,
βαλέειν τ' ἀπὸ δάκρυ παρειῶν. Odyss. 4, 197 f. Vgl. 24, 188 f., 294 f.

[3] οὐ γὰρ ἔτ' αὖτις νίσομαι ἐξ Ἀΐδαο, ἐπήν με πυρὸς λελάχητε.
Il. 23, 75 f.

homerischen Glaubenswelt mit diesen eindrucksvollen Vorgängen ist mit Bestimmtheit zu entnehmen, dass die herkömmliche Meinung, nach welcher die Darstellung des Seelencultes am Scheiterhaufen des Patroklos Ansätzen zu neuen und lebendigeren Vorstellungen vom Leben der abgeschiedenen Seele entsprechen soll, unmöglich richtig sein kann. Wo neu hervordrängende Ahnungen, Wünsche und Meinungen sich einen Ausdruck in äusseren Formen suchen, da pflegen die neuen Gedanken unvollständiger in den unfertigen äusseren Formen, klarer und bewusster, mit einem gewissen Ueberschuss, in den schneller voraneilenden Worten und Aeusserungen der Menschen sich darzustellen. Hier ist es umgekehrt: einem reich entwickelten Ceremoniell widersprechen alle Aussagen des Dichters über die Verhältnisse, deren Ausdruck die Ceremonie sein müsste; nirgends — oder wo etwa? — tritt ein Zug nach der Richtung des Glaubens hervor, den das Ceremoniell vertritt, die Tendenz ist eher eine entschieden und mit Bewusstsein entgegengesetzte. Es kann nicht der geringste Zweifel darüber bestehen, dass in der Bestattungsfeier für Patroklos nicht ein Keim neuer Bildungen, sondern ein „Rudiment" des lebhafteren Seelencultes einer vergangenen Zeit zu erkennen ist, eines Cultus, der einst der völlig entsprechende Ausdruck für den Glauben an grosse und dauernde Macht der abgeschiedenen Seelen gewesen sein muss, nun aber in einer Zeit sich unversehrt erhalten hat, die, aus anders gewordenem Glauben heraus, den Sinn solcher Culthandlungen nur halb oder auch gar nicht mehr versteht. So pflegt ja überall der Brauch die Stimmung und den Glauben, die ihn entstehen liessen, zu überleben.

6.

Die beiden Gedichte enthalten nichts, was als Rudiment alten Seelencultes den Scenen bei der Bestattung des Patroklos an Mächtigkeit verglichen werden könnte. Gänzlich fehlen solche Rudimente auch unter den Vorgängen der gewöhnlichen

Todtenbestattung nicht. Man schliesst dem Verstorbenen Augen und Mund[1], bettet ihn, nachdem er gewaschen und gesalbt, in ein reines Leintuch gehüllt ist, auf dem Lager[2], und es

---

[1] — ἰόντι εἰς ᾿Αίδαο χερσὶ κατ᾽ ὀφθαλμοὺς ἑλέειν σόν τε στόμ᾽ ἐρεῖσαι. Odyss. 11, 426. Vgl. Il. 11, 453, Od. 24, 296. Dies zu thun, ist Pflicht der nächsten Angehörigen, der Mutter, der Gattin. Das Bedürfniss, das blicklose Auge, den stummen Mund des Gestorbenen zu schliessen, versteht man auch ohne jeden superstitiösen Nebengedanken leicht genug. Dennoch schimmert ein solcher Nebengedanke durch in einer Redewendung wie ἄχρις ὅτου ψυχήν μου μητρὸς χέρες εἷλαν ἀπ᾽ ὄσσων, epigr. Kaib. 314, 24. Ward ursprünglich an eine Freimachung der „Seele“ durch diese Vornahmen gedacht? Sitz der Seele in der κόρη des Auges: ψυχαὶ δ᾽ ἐν ὀφθαλμοῖσι τῶν τελευτώντων. Babrius 95, 35 (s. Crusius Rhein. Mus. 46, 319). augurium non timendi mortem in aegritudine, quamdiu oculorum pupillae imaginem reddant. Plin. n. h. 28, 64. Vgl. Grimm, D. Myth.[4] p. 988. (Kann Einer sein eigenes εἴδωλον im Spiegel nicht mehr sehn, so ist das ein Todeszeichen. Oldenberg, Relig. des Veda 527.) — Bei manchen Völkern geht der Glaube dahin, dass man die Augen des Todten schliessen müsse, damit er Niemanden weiter sehn und plagen könne (Robinsohn, Psychol. d. Naturv. 44). — Freimachen der „Seele“ bedeutet auch das Auffangen des letzten Hauches aus dem Munde des Sterbenden. Cic. Verr. 5, § 118 (von Griechen sprechend); Virgil, Aen. 4, 684 f.: extremus si quis super halitus errat ore legam] muliebriter, tanquam possit animam sororis excipere et in se transferre. Servius. Vgl. Kaib. ep. lap. 547 (I. Gr. It et Sicil. 607, e) v. 9. 10. Die ψυχή entweicht ja durch den Mund: Il. 9, 409 („Among the Seminoles of Florida, when a woman died in childbirth, the infant was held over her face to receive her parting spirit, and thus acquire strength and knowledge for its future use". Tylor, prim. cult. 1, 391).

[2] Und zwar ἀνὰ πρόθυρον τετραμμένος Il. 19, 212, d. h. die Füsse nach dem Ausgang zugekehrt. Der Grund dieser Sitte, die auch anderswo bestand und besteht, ist schwerlich nur in dem ritus naturae (wie Plinius n. h. VII, § 46 meint) zu suchen, der auf die Feststellung der Gebräuche bei den grossen und feierlichen Angelegenheiten des Lebens wenig Einfluss zu haben pflegt. Mit naiver Deutlichkeit spricht sich der Sinn dieses Brauches aus in einem Bericht über die Sitten der Pehuenchen in Südamerika, bei Pöppig, Reise in Chile, Peru u. s. w. I, p. 393: auch dort schafft man den Verstorbenen mit den Füssen voran aus der Hütte, „denn würde der Leichnam in anderer Stellung hinausgetragen, so könnte sein irrendes Gespenst dahin zurückkehren“. Für den (in homerischer Zeit freilich wohl längst nur zum Symbol gewordenen) griechischen Brauch muss man die gleiche Furcht vor Ruckkehr der „Seele“ als ursprünglich bestimmend voraussetzen. (Aus gleichem Grunde

beginnt die Todtenklage[1]. In diesen Gebräuchen, wie in den
auf die Verbrennung folgenden sehr einfachen Beisetzungs-
sitten (die Gebeine werden in einen Krug oder einen Kasten
gesammelt und in einem Hügel vergraben, den ein Mal als
Grabhügel bezeichnet[2]) wird man kaum einen leisesten Nachklang an ehemals lebhafteren Cultus der Seele verspüren
können. Wenn aber mit dem Elpenor, wie dessen Seele den
Odysseus geheissen hat (Od. 11, 74), seine Waffen verbrannt
werden (Od. 12, 13), wenn auch Achill mit dem erlegten
Feinde zugleich dessen Waffen auf dem Scheiterhaufen verbrennt (Il. 6, 418), so lässt sich wiederum das Rudiment alten
Glaubens nicht verkennen, nach dem die Seele in irgend
einer geheimnissvollen Weise noch Gebrauch von dem gleich
ihrer Leibeshülle verbrannten Geräth machen kann. Niemand
zweifelt daran, dass, wo gleiche Sitte bei anderen Völkern sich
findet, eben dies der Grund der Sitte sei; auch bei den Griechen hatte sie einst einen völlig zureichenden Grund, den sie
freilich im homerischen Seelenglauben nicht mehr finden kann.
Der Brauch, in diesen einzelnen Fällen genauer bezeichnet,
stand übrigens in allgemeiner Uebung; mehrfach ist davon die
Rede, wie zu einem vollständigen Begräbniss das Verbrennen
der Habe des Todten gehöre[3]. Wie weit die ursprünglich ohne

---

ähnliche Vorsichtsmaassregeln anderwärts bei der Bestattung. Oldenberg,
Rel. d. Veda 573, 2. 578, 4. Robinsohn, *Psychol. d. Naturv.* 45 f.). Der
Glaube an nicht völliges Abscheiden der „Seelen" aus unserer Welt hat
auch diese Sitte vorgeschrieben.

[1] Zusammengefasst sind die einzelnen Handlungen bis zur Klage,
Il. 18, 343—355.

[2] τύμβος und στήλη: Il. 16, 457. 675; 17, 434; 11, 371; Od. 12, 14.
Ein aufgeschüttetes σῆμα als Grabstätte des Eetion, um welches die
Nymphen Ulmen pflanzen: Il. 6, 419 ff. Eine Spur der auch später in
Uebung gebliebenen Sitte, Bäume, bisweilen ganze Haine um das Grab
zu pflanzen.

[3] κτέρεα κτερείζειν, in der Formel: σῆμά τέ οἱ χεῦαι καὶ ἐπὶ κτέρεα
κτερείζειν, Od. 1, 291; 2, 222. Hier folgt das κτερείζειν erst nach der
Aufschüttung des Grabhügels, vermuthlich sollen also die κτέρεα auf oder
an dem Grabhügel verbrannt werden. Falsch ist gleichwohl die aus diesen Stellen gewonnene Regel der Schol. B. Il. T 312: προὐτίθεσαν, εἶτα

Zweifel wörtlich genommene Verpflichtung, dem Todten seinen gesammten beweglichen Besitz mitzugeben[1], in homerischer Zeit schon zu symbolischer Bedeutung (deren unterste Stufe die später übliche Mitgebung eines Obols „für den Todtenfährmann" war) herabgemindert war, wissen wir nicht. Endlich wird das Leichenmahl, das nach beendigtem Begräbniss eines Fürsten (Il. 24, 802. 665) oder auch vor der Verbrennung der Leiche (Il. 23, 29 ff.) dem leidtragenden Volke von dem König ausgerichtet wird, seinen vollen Sinn wohl nur aus alten Vorstellungen, die der Seele des also Geehrten einen Antheil an dem Mahle zuschrieben, gewonnen haben. An dem Mahl zu Patroklos' Ehren nimmt ersichtlich der Todte, dessen Leib mit dem Blut der geschlachteten Thiere umrieselt wird (Il 23, 34), seinen Theil. Aehnlich den Leichenspielen scheint dieses Todtenmahl bestimmt zu sein, die Seele des Verstorbenen freundlich zu stimmen: daher selbst Orest, nachdem er den Aegisthos, seines Vaters Mörder, erschlagen hat, das Leichenmahl ausrichtet (Od. 3, 309), sicherlich doch nicht aus harmloser „Pietät". Die Sitte solcher Volksspeisungen bei fürstlichen Begräbnissen begegnet in späterer Zeit nicht mehr; sie ist den später üblichen Leichenmahlen der Familie des Verstorbenen (περίδειπνα) weniger ähnlich als den, neben

---

ἔθαπτον, εἶτα ἐτυμβοχόουν, εἶτα ἐκτερέιζον. Jene Stellen beziehen sich ja auf die Feier an einem leeren Grabe. Wo die Leiche zur Hand war, werden die Verwandten oder Freunde die κτέρεα gleich mit dem Leichnam verbrannt haben. So geschieht es bei Eetion und bei Elpenor und so wird man auch die enge Verbindung: ἐν πυρὶ κήαιεν καὶ ἐπὶ κτέρεα κτερίσαιεν (Il. 24, 38), ὄφρ' ἕταρον θάπτοι καὶ ἐπὶ κτέρεα κτερίσειεν (Od. 3, 285) verstehen müssen.

[1] die, ursprünglich wohl bei allen Völkern bestehend, sich bei manchen lange in ungeschwächter Uebung erhalten hat. Alle Besitzthümer eines verstorbenen Inka blieben unberührt sein Eigenthum (Prescott, Erob. v. Peru 1, 24); bei den Abiponen wurden alle Besitzthümer des Todten verbrannt (Klemms Culturg. 2, 99); die Albanen im Kaukasus gaben dem Todten seinen ganzen Besitz mit, καὶ διὰ τοῦτο πένητες ζῶσιν οὐδὲν ἔχοντες πατρῷον: Strabo 11, 503 (alte Erbschaft ist also wohl der ausschweifende Todtencult der im ehemaligen Albanien wohnenden Mingrelier: von dem Chardin Voy. en Perse (ed. Langlés) I 325/6 [298; 314; 322] erzählt).

den *silicernia* in Rom vorkommenden grossen *cenae ferales,*
zu denen Verwandte vornehmer Verstorbener das ganze Volk
luden[1]. Im Grunde ist die hierbei vorausgesetzte Betheiligung
der Seele an dem Leichenmahle des Volkes nicht schwerer zu
verstehn als die vorausgesetzte Theilnahme des Gottes an
einem grossen Opfermahle, das, von den Menschen genossen,
doch „das Mahl der Götter“ (Od. 3, 336) heisst und sein soll. —
So weit reichen die Rudimente alten Seelencultes inmitten
der homerischen Welt. Länger, über die Bestattung hinaus fortgesetzte Sorge um die Seelen der Verstorbenen schneidet die
tief eingeprägte Vorstellung ab, dass nach der Verbrennung des
Leibes die Psyche aufgenommen sei in eine unerreichbare Welt
der Unsichtbarkeit, aus der keine Rückkehr ist. Für dieses
völlige Abscheiden der Seele ist allerdings die Verbrennung
des Leibes unerlässliche Voraussetzung. Wenn in Ilias oder
Odyssee bisweilen gesagt wird, unmittelbar nachdem der Tod
eingetreten und noch ehe der Leib verbrannt ist: „und die
Psyche ging zum Hades“[2], so darf man hierin einen nicht
ganz genauen Ausdruck erkennen: nach dem Hades zu entfliegt allerdings die Seele sofort, aber sie schwebt nun zwischen
dem Reiche der Lebenden und dem der Todten, bis dieses sie
zu endgiltigem Verschluss aufnimmt nach Verbrennung des
Leibes. So sagt es die Psyche des Patroklos, als sie nächtens
dem Achill erscheint: sie fleht um schnelle Bestattung, damit
sie durch das Thor des Hades eingehn könne; noch wehren
die anderen Schattenbilder ihr den Eingang, den Uebergang

---

[1] Die Beispiele bei O. Jahn, *Persius,* p. 219 extr.

[2] ψυχὴ δ' ἐκ ῥεθέων πταμένη Ἄϊδόσδε βεβήκει, ὃν πότμον γοόωσα,
λιποῦσ' ἀνδροτῆτα καὶ ἥβην, Il. 16, 856; 22, 362; vgl. 20, 294; 13, 415.
ψυχὴ δ' Ἄϊδόσδε κατῆλθεν Od. 10, 560; 11, 65. Das völlige Eingehen
in die Tiefe des Reiches des Hades bezeichnen deutlicher Worte wie:
βαίην δόμον Ἄϊδος εἴσω, Il. 24, 246, κίον Ἄϊδος εἴσω 6, 422 u. ä. So
heisst es in der Odyssee 11, 150 von der Seele des Tiresias, die, mit
Odysseus sich unterredend, doch auch im Hades im weiteren Sinne, genauer aber nur an dessen äusserem Rande gewesen ist: ψυχὴ μὲν ἔβη
δόμον Ἄϊδος εἴσω: nun erst geht sie wieder in das Innere des Hades-
bereiches.

über den Fluss, unstätt irre sie um das weitthorige Haus des
Aïs (Il. 23, 71 ff.). Nur dieses Enteilen nach dem Hades zu
bedeutete es also, wenn auch von Patroklos erzählt wurde: als
er starb, entflog die Psyche aus den Gliedern zum Hause des
Hades (Il. 16, 856). Ganz ebenso heisst es von Elpenor, dem
Genossen des Odysseus, dass seine Seele „zum Hades hinab-
ging" (Od. 20, 560); sie begegnet aber nachher dem Freunde
am Eingang des Schattenreiches, noch nicht ihres Bewusstseins,
gleich den Bewohnern des finstern Hauses selbst, beraubt, und
bedarf noch der Vernichtung ihres leiblichen Doppelgängers,
ehe sie im Hades Ruhe finden kann. Erst durch das Feuer
werden die Todten „besänftigt" (Il. 7, 410); so lange die
Psyche ein „Erdenrest" festhält, hat sie also noch eine Empfindung, ein Bewusstsein von den Vorgängen unter den Lebenden[1].

Nun endlich ist der Leib vernichtet im Feuer, die Psyche
ist in den Hades gebannt, keine Rückkehr zur Oberwelt ist
ihr gestattet, kein Hauch der Oberwelt dringt zu ihr; sie kann
selbst nicht hinauf mit ihren Gedanken, sie denkt ja nicht mehr,
sie weiss nichts mehr vom Jenseits. Und der Lebende vergisst die so völlig von ihm getrennte (Il. 22, 389). Wie sollte
er durch einen Cult im ferneren Leben eine Verbindung mit
ihr herstellen zu wollen sich vermessen?

7.

Vielleicht giebt eben die Sitte des Verbrennens der Leiche
ein letztes Zeugniss dafür, dass einst die Vorstellung eines
dauernden Haftens der Seele am Reiche der Lebenden, einer

---

[1] Aristonicus zu Il. Ψ 104: ἡ διπλῆ ὅτι τὰς τῶν ἀτάφων ψυχὰς Ὅμηρος
ἔτι σωζούσας τὴν φρόνησιν ὑποτίθεται. (Etwas zu systematisch Porphyrius
in Stob. *Ecl.* I p. 422 ff. 425, 25 ff. Wachsm.) Elpenor kommt, Od. 11, 52,
als Erster zur Opfergrube des Odysseus: οὐ γάρ πω ἐτέθαπτο. Seine
ψυχή ist noch nicht in den Hades aufgenommen (s. *Rhein. Mus.* 50, 615).
Wenn Achill den todten Hektor misshandelt, so setzt er voraus, dass der
noch Unbestattete dies empfinde; *lacerari eum et sentire, credo, putat:*
Cicero *Tuscul.* I § 105.

Einwirkung derselben auf die Ueberlebenden unter den Griechen in Kraft stand. Homer weiss von keiner anderen Art der Bestattung als der durch Feuer. Mit feierlichen Begehungen wird der todte König oder Fürst, mit weniger Umständlichkeit die Masse der im Kriege Gefallenen verbrannt; begraben wird Niemand. Man darf sich wohl fragen: woher stammt dieser Gebrauch, welchen Sinn hatte er für die Griechen des homerischen Zeitalters? Nicht von vorne herein die nächstliegende ist diese Art, die Leiche zu beseitigen; einfacher zu bewerkstelligen, weniger kostspielig ist doch das Eingraben in die Erde. Man hat vermuthet, das Brennen, wie es Perser, Germanen, Slaven u. a. Volksstämme übten, stamme aus einer Zeit des Nomadenlebens. Die wandernde Horde hat keine bleibende Wohnstätte, in der oder bei der die Leiche des geliebten Todten eingegraben, seiner Seele dauernde Nahrung geboten werden könnte; sollte nicht, nach der Art einiger Nomadenstämme, der todte Leib den Lüften uud Thieren preisgegeben werden, so konnte man wohl darauf verfallen, ihn zu Asche zu verbrennen und im leichten Krug die Reste auf die weitere Wanderung mitzunehmen[1]. Ob solche Zweckmässigkeitsgründe gerade auf diesem Gebiet, das zumeist einer, aller Zweckmässigkeit spottenden Phantastik preisgegeben ist, sonderlich viel ausgerichtet haben mögen, lasse ich unerörtert. Wollte

---

[1] Aus der Gefahr, dass in Kriegen und Aufruhr die begrabenen Leiber wieder ihrer Ruhe entrissen werden könnten, leitet den Uebergang vom Begraben zum Verbrennen des Leichnams bei den Römern Plinius ab, *n. h.* 7 § 187. Wer auf Reisen oder im Kriege (also in einem vorübergehenden Nomadenzustande) starb, dessen Leib verbrannte man, schnitt aber ein Glied (bisweilen den Kopf) ab, um dieses nach Hause mitzunehmen und dort zu begraben, *ad quod servatum justa fierent* (Paulus Festi p. 148, 11; Varro *L. L.* 5 § 23; Cic. *Leg.* 2 § 55, § 60). Aehnlich hielten es deutsche Stämme: s. Weinhold, *Sitzungsber. d. Wiener Acad., phil. hist. Cl.* 29, 156; 30, 208. Selbst bei Negern aus Guinea, bei südamerikanischen Indianern bestand, bei Todesfällen in der Fremde, im Kriege, eine der Ceremonie des *os resectum* der Römer verwandte Sitte (vgl. Klemm, *Culturgesch.* 3, 297; 2, 98 f.). Allemal ist Begraben als die altherkömmliche und aus religiösen Gründen eigentlich erforderliche Bestattungsart vorausgesetzt.

man unter Griechen die Sitte des Leichenbrandes aus ehe-
maligem Nomadenleben ableiten, so würde man doch in allzu
entlegene Zeitfernen zurückgreifen müssen, um eine Sitte zu
erklären, die, ehedem unter Griechen keineswegs ausschliesslich
herrschend, uns, als allein in Uebung stehend, in Zeiten längst
befestigter Sesshaftigkeit begegnet. Die asiatischen Griechen,
die Jonier zumal, deren Volksglauben und Sitten, im zusammen-
fassenden und verallgemeinernden Bilde allerdings, Homers Gedichte widerspiegeln, waren aus einem sesshaften Leben auf-
gebrochen, um sich in neuer Heimath ein nicht minder sesshaftes
Leben zu begründen. Und doch muss die Sitte des Leichenbrandes ihnen so ausschliesslich geläufig gewesen sein, dass
eine andere Weise der Bestattung ihnen gar nicht in den Sinn
kam. In den homerischen Gedichten werden nicht nur die
Griechen vor Troja, nicht nur Elpenor fern der Heimath, nach
dem Tode verbrannt; auch den Eetion bestattet in dessen
Vaterstadt Achill durch Feuer (Il. 6, 418), auch Hektor wird
ja mitten in Troja durch Feuer bestattet, auch die Troer überhaupt verbrennen ja, im eigenen Lande, ihre Todten (Il. 7). Die
Lade oder Urne, welche die verbrannten Gebeine enthält, wird
im Hügel geborgen; in der Fremde ruht die Asche des Patroklos, des Achill, des Antilochos, des Ajas (Od. 3, 109 ff.; 24,
76 ff.); Agamemnon denkt nicht daran, dass, wenn sein Bruder
Menelaos vor Ilios sterbe, dessen Grab anderswo sein könne,
als in Troja (Il. 4, 174 ff.). Es besteht also nicht die Absicht,
die Reste des Leichnams nach der Heimath mitzunehmen [1],

---

[1] Ein einziges Mal ist davon die Rede, dass man die Gebeine der
Verbrannten mit nach Hause nehmen könne: Il. 7, 334 f. Mit Recht
erkannte Aristarch hierin einen Verstoss gegen Gesinnung und thatsächliche Sitte im übrigen Homer und hielt die Verse fur die Erfindung
eines Nachdichters (s. Schol. A Il. H 334. Δ 174. Schol. E M Q Odyss.
γ 109). Die Verse könnten eingeschoben sein, um das Fehlen so enor-
mer Leichenhügel, wie die Beisetzung der Asche beider Heere hätte
hervorbringen müssen, in Troas zu erklären. — Denselben Grund, wie
jene Verse, den Wunsch, die in der Fremde Verstorbenen irgendwie nach
ihrer Heimath zurückzubringen, setzt als Ursprung der Sitte des Leichenbrandes die exemplificatorische Geschichte von Herakles und Argeios,

nicht dies kann der Grund des Brennens sein. Man wird sich
nach einem anderen, alterthümlicher Empfindungsweise näher
als die Rücksicht auf einfache Zweckmässigkeit liegenden
Grunde umsehn müssen. Jakob Grimm[1] hat die Vermuthung
ausgesprochen, dass der Brand der Leiche eine Opferung des
Gestorbenen für den Gott bedeute. In Griechenland könnte
dies nur ein Opfer für die Unterirdischen sein; aber nichts
weist in griechischem Glauben und Brauch auf eine so grausige
Vorstellung hin[2]. Den wahren Zweck des Leichenverbrennens
wird man nicht so weit zu suchen haben. Wenn als Folge der
Vernichtung des Leibes durch Feuer die gänzliche Abtrennung
der Seele vom Lande der Lebenden gedacht wird[3], so muss
man doch annehmen, dass eben dieser Erfolg von den Ueberlebenden, die ihn selbst herbeiführen, gewollt werde, dass
also diese gänzliche Verbannung der Psyche in den Hades der
Zweck, die Absicht, dies zu erreichen, der Entstehungsgrund
des Leichenverbrennens war. Vereinzelte Aussagen aus der
Mitte solcher Völker, die an Verbrennung der Leichen gewöhnt
waren, bezeichnen als die hiebei verfolgte Absicht geradezu
die schnelle und völlige Scheidung der Seele vom Leibe[4]. Je
nach dem Stande des Seelenglaubens färbt sich diese Absicht

---

dem Sohne des Likymnios, voraus, die (auf Andron zurückgeführte) ἱστορία
ın Schol. Il. A 53.

[1] *Kleine Schriften* II 216. 220.

[2] Näher läge sie römischem Glauben. Vgl. Virgil, *Aen.* 4, 698. 699.
Aber auch das ist doch anders gemeint. — Vgl. auch Oldenberg *Rel.
d. Veda* 585, 2.

[3] S. namentlich Il. 23, 75. 76; Od. 11, 218—222.

[4] Servius zur *Aen.* III 68: *Aegyptii condita diutius servant cadavera, scilicet ut anima multo tempore perduret, et corpori sit obnoxia, nec
cito ad aliud transeat. Romani contra faciebant, comburentes cadavera, ut
statim anima in generalitatem i. e. in suam naturam rediret* (die pan-
theistische Färbung darf man abziehen). — Vgl. den Bericht des Ibn
Foslan über die Begräbnisssitte der heidnischen Russen (nach Frähn an-
geführt von J. Grimm, *Kl. Schr.* 2, 292), wonach der Verbrennung die
Vorstellung zu Grunde lag, dass durch Begraben des unversehrten Leibes
weniger schnell als durch Zerstörung des Leibes im Feuer die Seele frei
werde und in's Paradies eile.

verschieden. Als die Inder von der Sitte des Begrabens zu der der Verbrennung des Leichnams übergingen, scheinen sie von der Vorstellung geleitet worden zu sein, dass die Seele, vom Leibe und dessen Mängeln schnell und völlig befreit, um so leichter zu der jenseitigen Welt der Frommen getragen werde[1]. Von einer „reinigenden" Kraft des Feuers, wie sie hier vorausgesetzt wird, weiss in Griechenland erst wieder späterer Glaube[2]; die Griechen des homerischen Zeitalters, denen ähnliche kathartische Gedanken sehr ferne lagen, denken nur an die vernichtende Gewalt des Elementes, dem sie den todten Leib anvertrauen, an die Wohlthat, die der Seele des Todten erwiesen wird, indem man sie durch Feuer frei von dem leblosen Leibe macht, ihrem eigenen Streben, nun abzuscheiden, zu Hilfe kommt[3]. Schneller als Feuer kann nichts den sichtbaren Doppelgänger der Psyche verzehren: ist dies geschehen, und sind auch die liebsten Besitzthümer des Verstorbenen im

---

[1] Vgl. in dem Hymnus des Rigveda (10, 16), der zur Leichenverbrennung zu sprechen ist, namentlich Str. 2. 9 (bei Zimmer, *Altind. Leben* S. 402 f.), s. auch Rigv. 10, 14, 8 (Zimmer S. 409). — Wiederkehr der Todten in die Welt der Lebenden wollen auch die Inder verhüten. Man legt dem Leichnam eine Fussfessel an, damit er nicht wiederkommen konne (Zimmer S. 402).

[2] Er liegt zu Grunde den Sagen von Demeter und Demophoon (oder Triptolemos), Thetis und Achill, und wie die Göttin, das sterbliche Kind in's Feuer legend, diesem περιήρει τὰς θνητὰς σάρκας, ἔφθειρεν ὃ ἦν αὐτῷ θνητόν, um es unsterblich zu machen (vgl. Preller, *Demeter und Perseph.* 112). Auch dem Gebrauche, an gewissen Festen (der Hekate? vgl Bergk, *Poet. Lyr.*[4] III 682) Feuer auf der Strasse anzuzunden und mit den Kindern durch die Flammen zu springen: s. Grimm, *D. Myth.*[4] 520. Vgl. Cicero *de div.* I § 47: *o praeclarum discessum cum, ut Herculi contigit, mortali corpore cremato in lucem animus excessit!* Ovid. *Met.* 9, 250 ff. Lucian *Hermot.* 7 Quint. Smyrn. 5, 640 ff. (Später noch einiges von der „reinigenden" Kraft des Feuers.)

[3] Nichts anderes bedeuten doch die Worte, Il. 7, 409. 410: οὐ γάρ τις φειδὼ νεκύων κατατεθνηώτων γίγνετ', ἐπεί κε θάνωσι, πυρὸς μειλισσέμεν ὦκα. Schnell sollen die Seelen „durch Feuer besänftigt (in ihrem Verlangen befriedigt)" werden, indem man die Leiber verbrennt. Reinigung von Sterblichem, Unreinem, das Dieterich, *Nekyia* 197, 3 hier als Zweck der Verbrennung angedeutet findet, sprechen die Worte des Dichters als solchen ganz und gar nicht aus.

Feuer vernichtet, so hält kein Haft die Seele mehr im Diesseits fest.

So sorgt man durch Verbrennung des Leibes für die
Todten, die nun nicht mehr rastlos umherschweifen, mehr noch
für die Lebenden, denen die Seelen, in die Erdtiefe verbannt,
nie mehr begegnen können. Homers Griechen, seit Langem
an die Leichenverbrennung gewöhnt, sind aller Furcht vor „umgehenden" Geistern ledig. Aber als man sich zuerst der Feuer-
bestattung zuwandte, da muss man das, was die Vernichtung
des Leibes in Zukunft verhüten sollte, doch wohl gefürchtet
haben[1]. Die man so eifrig nach dem unsichtbaren Jenseits
abdrängte, die Seelen, muss man als unheimliche Mitbewohner
der Oberwelt gefürchtet haben. Und somit enthält auch die
Sitte des Leichenbrandes (mag sie woher auch immer den
Griechen zugekommen sein)[2], eine Bestätigung der Meinung,
dass einst ein Glaube an Macht und Einwirkung der Seelen
auf die Lebenden — mehr Furcht als Verehrung — unter
Griechen lebendig gewesen sein muss, von dem in den homerischen Gedichten nur wenige Rudimente noch Zeugniss geben.

8.

Und Zeugnisse dieses alten Glaubens können wir jetzt mit
Augen sehn und mit Händen greifen. Durch unschätzbare
Glücksfügungen ist es uns verstattet, in eine ferne Vorzeit des
Griechenthums einen Blick zu thun, auf deren Hintergrund

---

[1] Wozu der Uebergang vom Beisetzen der Leiche zum Verbrennen
gut sein konnte, mag man sich beiläufig durch solche Beispiele erläutern,
wie eine isländische Saga eines überliefert: ein Mann wird auf seinen
Wunsch vor der Thür seines Wohnhauses begraben, „weil er aber wieder-
kommt und viel Schaden anrichtet, gräbt man ihn aus, verbrennt ihn
und streut die Asche in's Meer" (Weinhold, *Altnord. Leben* S. 499). Oft
liest man in alten Geschichten, wie man den Leib eines als „Vampyr"
umgehenden Todten verbrannt habe. Dann ist seine Seele gebannt und
kann nicht wiederkommen.

[2] Leicht denkt man ja an asiatische Einflüsse. Man hat kürzlich
auch Leichenbrandstätten in Babylonien gefunden.

Homer, nun nicht mehr der früheste Zeuge von griechischem
Leben und Glauben, uns plötzlich viel näher als bisher, vielleicht trügerisch nahe gerückt erscheint. Die letzten Jahr-
zehnte haben auf der Burg und in der Unterstadt Mykenae,
an anderen Orten des Peloponnes und bis in die Mitte der
Halbinsel hinein, in Attika und bis nach Thessalien hinauf
Gräber erschlossen, Schachte, Kammern und kunstreiche Ge-
wölbe, die in der Zeit vor der dorischen Wanderung gebaut
und zugemauert sind. Diese Gräber lehren uns, dass (worauf
selbst in Homers Gedichten einzelne Spuren führen)[1] dem
homerischen „Brennalter" auch bei den Griechen[2] eine Zeit
voranging, in der, wie einst auch bei Persern, Indern,
Deutschen, die Todten unversehrt begraben wurden. Begraben
sind die Fürsten und Frauen der goldreichen Mykene, nicht
minder (in den Gräbern bei Nauplia, in Attika u. s. w.) geringeres
Volk. Den Fürsten ist reicher Vorrath an kostbarem Geräth
und Schmuck mitgegeben, unverbrannt, wie ihre eigenen Leichen
nicht verbrannt worden sind; sie ruhen auf Kieseln und sind
mit einer Lehmschicht und Kiesellage bedeckt[3]; Spuren von
Rauch, Reste von Asche und Kohlen weisen darauf hin, dass
man die Körper gebettet hat auf die Brandstelle der Todtenopfer, die man in dem Grabraume vorher dargebracht hatte[4].
Dies mag uralter Bestattungsgebrauch sein. In den ältesten
unserer „Hünengräber", deren Schätze noch keinerlei Metall
zeigen, und die man darum für vorgermanisch halten will, hat
man gleiche Anlage gefunden. Auf dem Boden, bisweilen auf
einer gelegten Schicht von Feuersteinen ist der Opferbrand ent-
zündet worden, und dann auf den verloschenen Brand der Opfer-

---

[1] S. Helbig, *D. homer. Epos a. d. Denkm. erl.* p. 42 f.

[2] Dass die Träger der, wie stark immer durch ausländische Einflüsse
bestimmten, „mykenischen Cultur" Griechen waren, die Griechen der
Heldenzeit, von der homerische Dichtung erzählt, darf jetzt als ausgemacht gelten. (S. besonders E. Reisch, Verhandl. d. Wiener Philo-
logenvers. p. 99 ff.)

[3] S. Schliemann, *Mykenae* S. 181; 192; 247; 248.

[4] S. Helbig, *D. homer. Epos*[2] p. 52.

stelle die Leiche gebettet und mit Sand, Lehm und Steinen zugedeckt worden[1]. Reste von verbrannten Opferthieren (Schafen
und Ziegen) sind auch in den Gräbern bei Nauplia und anderswo gefunden worden[2]. Es entsprach aber dem verschiedenen
Bestattungsgebrauch auch eine von der homerischen ver-
schiedene Vorstellung von dem Wesen und Wirken der abgeschiedenen Seelen. Ein Todtenopfer bei der Bestattung, wie es
bei Homer nur noch bei seltenster Gelegenheit nach veraltetem,
unverstandenem Gebrauche vereinzelt dargebracht wird, tritt
uns hier, in prunkvollen wie in armen Gräbern, als herrschende
Sitte entgegen. Wie sollte aber ein Volk, das seinen Todten
Opfer darbrachte, nicht an deren Macht geglaubt haben? Und
wie sollte man Gold und Geschmeide, und Kunstgeräthe aller
Art, in erstaunlicher Menge den Lebenden entzogen, den
Todten mit in's Grab gegeben haben, wenn man nicht geglaubt
hätte, dass an seinem alten Besitz noch in der Grabeshöhle
der Todte sich freuen könne? Wo der Leib unaufgelöst ruht,
dahin kann auch das zweite Ich wenigstens zeitweise wiederkehren; dass es nicht auf der Oberwelt ungerufen erscheine,
verhütet die Mitbeisetzung seiner besten Schätze in der Gruft[3].

Kann aber die Seele zurückkehren, wohin es sie zieht, so
wird man auch den Seelencult nicht auf die Begehungen bei
der Bestattung beschränkt haben. Und wirklich, wovon wir bei
Homer bisher nicht einmal ein Rudiment gefunden haben, von

---

[1] Vgl. K. Weinhold, *Sitzungsber. d. Wiener Akad. v. 1858, Phil.
hist. Cl.* 29, S. 121. 125. 141. Die merkwürdige Uebereinstimmung
zwischen der mykenäischen und dieser nordeuropäischen Bestattungsweise
scheint noch nirgends beachtet zu sein. (Der Grund dieser Lagerung und
Bedeckung mag in der Absicht zu suchen sein, den Leichnam länger vor
Verfall, namentlich vor dem Einfluss der Feuchtigkeit zu bewahren.)

[2] Auch in dem Kuppelgrab bei Dimini: *Mitth. d. arch. Inst. zu
Athen* XII 138.

[3] Die Seele des Todten, dem ein Lieblingsbesitz vorenthalten ist
(gleichviel ob der Leib und so auch der Besitz des Todten verbrannt
oder eingegraben ist), kehrt wieder. Völlig den Volksglauben spricht die
Geschichte bei Lucian, *Philops.* 27 von der Frau des Eukrates aus (vgl.
Herodot 5, 92 f.).

einem Seelencult nach beendigter Bestattung, auch hiervon hat, wie mir scheint, das vorhomerische Mykenae uns eine Spur bewahrt. Ueber der Mitte des vierten der auf der Burg gefundenen Schachtgräber hat sich ein Altar gefunden, der dort erst aufgerichtet sein kann, als das Grab zugeschüttet und geschlossen war[1]. Es ist ein runder Altar, hohl in der Mitte, auch im untersten Grunde nicht durch eine Platte abgeschlossen. Also eine Art Röhre, direct auf der Erde aufstehend. Liess man etwa das Blut des Opferthieres, die gemischte Flüssigkeit des Trankopfers in diese Röhre hineinfliessen, so rieselte das Nass direct in die Erde hinein, hinunter zu den Todten, die drunten gebettet waren. Dies ist kein Altar (βωμός) für die Götter, sondern ein Opferheerd (ἐσχάρα) für die Unterirdischen: genau entspricht dies Bauwerk den Beschreibungen solcher Heerde, an denen man die „Heroen“, d. h. die verklärten Seelen später zu verehren pflegte[2]. Wir sehen hier also eine Einrichtung für dauernden und wiederholten Seelencult vor uns; denn nur solchem Dienste kann diese Stätte bestimmt gewesen sein; das Todtenopfer bei der Bestattung war ja bereits im Innern des Grabes vollzogen. Und so scheint auch in den Kuppelgräbern der gewölbte Hauptraum, neben dem die Leichen in kleinerer Kammer ruhten, zur Darbringung der Todtenopfer, und sicherlich nicht nur einmaliger, bestimmt gewesen zu sein[3]. Wenigstens dient anderswo

---

[1] Schliemann, *Mykenae* S. 246, 247. Abbildung auf Plan F. — Ein ähnlicher Altar im Hofe des Palastes zu Tiryns: Schuchardt, *Schliemann's Ausgrab.*[2] (1891) 134.

[2] ἐσχάρα eigentlich ἐφ᾽ ἧς τοῖς ἥρωσιν ἀποθύομεν. Pollux I 8. Vgl. Neanthes bei Ammon, *diff. voc.* p. 34 Valck. Eine solche ἐσχάρα steht, ohne Stufenuntersatz, direct auf dem Erdboden (μὴ ἔχουσα ὕψος, ἀλλ᾽ ἐπὶ γῆς ἱδρυμένη), sie ist rund (στρογγυλοειδής) und hohl (κοίλη). S. namentlich Harpocration p. 87, 15 ff., Photius Lex. s. ἐσχάρα (zwei Glossen), Bekker. *anecd.* 256, 32; Etym. M. 384, 12 ff.; Schol. Od. ζ 56; Eustath. Od. ψ 71; Schol. Eurip. *Phoeniss.* 284. Die ἐσχάρα steht offenbar von der Opfergrube des Todtencultes nicht weit ab; daher sie auch wohl geradezu βόθρος genannt wird: Schol. Eurip. *Ph.* 274. (σκαπτή Steph. Byz. p. 191, 7 Mein.)

[3] Anders Stengel, *Chthonischer u. Todtencult* 427, 2.

in Gräbern mit doppelter Kammer der Vorderraum solchem Zwecke. Durch den Augenschein bestätigt sich also, was aus Homers Gedichten nur mühsam erschlossen werden konnte: es gab eine Zeit, in der auch die Griechen glaubten, dass nach der Trennung vom Leibe die Psyche nicht gänzlich abscheide von allem Verkehr mit der Oberwelt, in der solcher Glaube auch bei ihnen einen Seelencult, auch über die Zeit der Bestattung des Leibes hinaus, hervorrief, der freilich in homerischer Zeit, bei veränderter Glaubensansicht, sinnlos geworden war.

II.

Die homerische Dichtung macht Ernst mit der Ueberzeugung von dem Abscheiden der Seelen in ein bewusstloses
Halbleben im unerreichbaren Todtenlande. Ohne helles Bewusstsein, daher auch ohne Streben und Wollen, ohne Einfluss
auf das Leben der Oberwelt, daher auch der Verehrung der
Lebenden nicht länger theilhaftig, sind die Todten der Angst
wie der Liebe gleich ferne gerückt. Es giebt kein Mittel, sie
herbei zu zwingen oder zu locken; von Todtenbeschwörungen,
Todtenorakeln[1], den späteren Griechen so wohl bekannt, verräth Homer keine Kenntniss. Auch in die Dichtung selbst,
die Führung der poetischen Handlung, greifen wohl die Götter
ein, die Seelen der Abgeschiedenen niemals. Gleich die nächsten
Fortsetzer der homerischen Heldendichtung halten es hierin
ganz anders. Für Homer hat die Seele, einmal gebannt in
den Hades, keine Bedeutung mehr.

Bedenkt man, wie es in vorhomerischer Zeit anders gewesen sein muss, wie es nach Homer so ganz anders wurde,
so wird man wenigstens der Verwunderung Ausdruck geben
müssen, dass in dieser Frühzeit griechischer Bildung eine
solche Freiheit von ängstlichem Wahn auf dem Gebiete, in dem

---

[1] Schwerlich kennt Homer auch nur Traumorakel (die den Todtenorakeln sehr nahe stehen würden). Dass Il. A 63 die ἐγκοίμησις „wenigstens angedeutet" werde (wie Nägelsbach, *Nachhom. Theol.* 172 meint),
ist nicht ganz gewiss. Der ὀνειροπόλος wird nicht sein ein absichtlich zum
mantischen Schlaf sich hinlegender Priester, der ὑπὲρ ἑτέρων ὀνείρους ὁρᾷ,
sondern eher ein ὀνειροκρίτης, ein Ausleger fremder, ungesucht gekommener
Traumgesichte.

der Wahn seine festesten Wurzeln zu haben pflegt, erreicht werden konnte. Die Frage nach den Entstehungsgründen so freier Ansichten wird man nur sehr vorsichtig berühren dürfen; eine ausreichende Antwort ist ja nicht zu erwarten. Vor Allem muss man sich vorhalten, dass uns in diesen Dichtungen zunächst und unmittelbar doch eben nur der Dichter und seine Genossen entgegentreten. „Volksdichtung" ist das homerische Epos nur darum zu nennen, weil es so geartet ist, dass das Volk, das gesammte Volk griechischer Zunge es willig aufnahm und in sein Eigenthum verwandeln konnte, nicht, weil in irgend einer mystischen Weise das „Volk" bei seiner Hervorbringung betheiligt gewesen wäre. Viele Hände sind an den beiden Gedichten thätig gewesen, alle aber in der Richtung und dem Sinne, die ihnen angab nicht das „Volk" oder „die Sage", wie man wohl versichern hört, sondern die Gewalt des grössten Dichtergenius der Griechen und wohl der Menschheit, und die Ueberlieferung des festen Verbandes von Meistern und Schülern, der sein Werk bewahrte, verbreitete, fortführte und nachahmte. Wenn nun, bei manchen Abirrungen im Einzelnen, im Ganzen doch Ein Bild von Göttern, Mensch und Welt, Leben und Tod aus beiden Dichtungen uns entgegenscheint, so ist dies das Bild, wie es sich im Geiste Homers gestaltet, in seinem Gedichte ausgeprägt hatte und von den Homeriden festgehalten wurde. Es versteht sich eigentlich von selbst, dass die Freiheit, fast Freigeistigkeit, mit der in diesen Dichtungen alle Dinge und Verhältnisse der Welt aufgefasst werden, nicht Eigenthum eines ganzen Volkes oder Volksstammes gewesen sein kann. Aber nicht nur der beseelende Geist, auch die äussere Gestaltung der idealen Welt, die das Menschenwesen umschliesst und über ihm waltet, ist, wie sie in den Gedichten sich darstellt, das Werk des Dichters. Keine Priesterlehre hatte ihm seine „Theologie" vorgebildet, der Volksglaube, sich selbst überlassen, muss damals, nach Landschaften, Kantonen, Städten, in widerspruchsvolle Einzelvorstellungen sich noch mehr zersplittert haben als später, wo einzelne allgemein hellenische

Institute Vereinigungspuncte abgaben. Nur des Dichters Werk
kann die Ausbildung und consequente Durchführung des Bildes
eines geordneten Götterstaates sein, aus einer beschränkten
Anzahl scharf charakterisirter Götter gebildet, in fester Grup-
pirung aufgebaut, um Einen überirdischen Wohnplatz versammelt. Es ist, wenn man nur dem Homer vertrauen wollte, als
ob die zahllosen Localculte Griechenlands, mit ihren an einen
engen Wohnplatz gebundenen Göttern, kaum existirt hätten:
Homer ignorirt sie fast völlig. Seine Götter sind panhellenische,
olympische. So hat er die eigentlich dichterische That, die
Vereinfachung und Ausgleichung des Verworrenen und Ueber-
reichen, auf der aller Idealismus der griechischen Kunst beruht, am Bilde der Götterwelt am Grossartigsten durchgeführt.
Und in seinem Spiegel scheint Griechenland einig und einheitlich im Götterglauben, wie im Dialekt, in Verfassungszu-
ständen, in Sitte und Sittlichkeit. In Wirklichkeit kann —
das darf man kühn behaupten — diese Einheit nicht vorhanden
gewesen sein; die Grundzüge des panhellenischen Wesens
waren zweifellos vorhanden, aber gesammelt und verschmolzen
zu einem nur vorgestellten Ganzen hat sie einzig der Genius
des Dichters. Das Landschaftliche als solches kümmert ihn
nicht. Wenn er nun auf dem Gebiet, das unsere Betrachtung
in's Auge fasst, nur Ein Reich der Unterwelt von Einem
Götterpaar beherrscht, als Sammelplatz aller Seelen, kennt
und dieses Reich von den Menschen und ihren Städten so weit
abrückt wie nach der anderen Seite die olympischen Wohnungen
der Seligen — wer will bestimmen, wie weit er darin naivem
Volksglauben folgt? Dort der Olymp als Versammlungsort
aller im Lichte waltenden Götter[1], — hier das Reich des

---

[1] Selbst die sonst an ihren irdischen Wohnplatz gebundenen Dämonen, die Flussgötter und Nymphen, werden doch zur ἀγορά aller
Götter in den Olymp mitberufen: Il. 20, 4 ff. Diese an dem Local ihrer
Verehrung haften gebliebenen Gottheiten sind, eben weil sie nicht mit
zu der Idealhöhe des Olympos erhoben sind, schwächer als die dort oben
wohnenden Götter. Kalypso spricht das resignirt aus, Od. 5, 169 f.: αἴ
κε θεοί γ᾽ ἐθέλωσι, τοὶ οὐρανόν εὐρὺν ἔχουσιν, οἳ μευ φέρτεροί εἰσι νοῆσαί τε

Hades, das alle unsichtbaren Geister, die aus dem Leben geschieden sind, umfasst: die Parallele ist zu sichtlich, als dass nicht eine gleiche ordnende und constituirende Thätigkeit hier wie dort angenommen werden sollte.

2.

Man würde gleichwohl die Stellung der homerischen Dichtung zum Volksglauben völlig missverstehen, wenn man sie sich als einen Gegensatz dächte, wenn man auch nur annähme, dass sie der Stellung des Pindar oder der athenischen Tragiker zu den Volksmeinungen ihrer Zeit gleiche. Jene späteren Dichter lassen bewussten Gegensatz ihres geläuterten Denkens zu verbreiteten Vorstellungen oft genug deutlich merken; Homer dagegen zeigt von Polemik so wenig eine Spur wie von Dogmatik. Wie er seine Vorstellungen von Gott, Welt und Schicksal nicht wie sein besonders Eigenthum giebt, so wird man auch glauben dürfen, dass in ihnen sein Publicum die eigenen Ansichten wiedererkannte. Nicht Alles, was das Volk glaubte, hat der Dichter sich angeeignet, aber was er vorbringt, muss auch zum Volksglauben gehört haben: die Auswahl, die Zusammenfügung zum übereinstimmenden Ganzen wird des Dichters Werk sein. Wäre nicht der homerische Glaube so geartet, dass er, in seinen wesentlichen Zügen, Volksglaube seiner Zeit war oder sein konnte, so wäre auch, trotz aller Schulüberlieferung, die Uebereinstimmung der vielen, an den zwei Gedichten thätigen Dichter fast unerklärlich. In diesem eingeschränkten Sinne kann man sagen, dass Homers Gedichte uns den Volksglauben wiedererkennen lassen, wie er zu der Zeit der Gedichte sich gestaltet hatte — nicht überall im vielgestaltigen Griechenland, aber doch gewiss in den ionischen

---

κρῆναί τε. Sie sind zu Gottheiten zweiten Ranges geworden; als unabhängig für sich, frei neben dem Reiche des Zeus und der anderen Olympier, zu dem sie nur einen Anhang bilden, stehend, sind sie nirgends gedacht.

Städten der kleinasiatischen Küste und Inselwelt, in denen
Dichter und Dichtung zu Hause sind. Mit ähnlicher Einschränkung darf man in den Bildern der äusseren Culturver-
hältnisse, wie sie Ilias und Odyssee zeigen, ein Abbild des da-
maligen griechischen, speciell des ionischen Lebens erkennen.
Dieses Leben muss sich in vielen Beziehungen von der „mykenäischen Cultur" unterschieden haben. Man kann nicht im
Zweifel darüber sein, dass die Gründe für diesen Unterschied
zu suchen sind in den langanhaltenden Bewegungen der Jahrhunderte, die Homer von jener mykenäischen Periode trennen,
insbesondere der griechischen Völkerwanderung, in dem was sie
zerstörte und was sie neu schuf. Der gewaltsame Einbruch
nordgriechischer Stämme in Mittelgriechenland und den Peloponnes, die Zerstörung der alten Reiche und ihrer Cultur-
bedingungen, die Neubegründung dorischer Staaten auf Grund
des Eroberungsrechtes, die grosse Auswanderung nach den
asiatischen Küsten und Begründung eines neuen Lebens auf
fremdem Boden — diese Umwälzung aller Lebensverhältnisse
musste den gesammten Bildungszustand in heftiges Schwanken
bringen. Sehen wir nun, dass der Seelencult und ohne Zweifel
auch die diesen Cult bestimmenden Vorstellungen vom Schicksal der abgeschiedenen Seelen in den ionischen Ländern, deren
Glauben die homerischen Gedichte wiederspiegeln, nicht mehr
dieselben geblieben sind, wie einst in der Blüthezeit der „mykenäischen Cultur", so darf man wohl fragen, ob nicht auch zu
dieser Veränderung, wie zu den anderen, die Kämpfe und
Wanderungen der Zwischenzeit einigen Anlass gegeben haben.
Der freie, über die Grenzen des Götterkreises und Göttercultes der Stadt, ja des Stammes weit hinaus dringende Blick
des Homer wäre doch schwerlich denkbar ohne die freiere Bewegung ausserhalb der alten Landesgrenzen, die Berührung
mit Genossen anderer Stämme, die Erweiterung der Kenntniss fremder Zustände auf allen Gebieten, wie sie die Völkerverschiebungen und Wanderungen mit sich gebracht haben
müssen. Haben auch die Jonier Kleinasiens nachweislich man-

chen Götterdienst ihrer alten Heimath in das neue Land ver-
pflanzt, so muss doch diese Auswanderung (die ja überhaupt
die Bande zwischen dem alten und dem neuen Lande keineswegs so eng bestehen liess, wie Colonieführungen späterer
Zeit) viele locale Culte zugleich mit der Preisgebung des
Locals, an das sie gebunden waren, abgerissen haben. Ein
Localcult, an die Grabstätten der Vorfahren gebunden, war
aber vor Allem der Ahnencult. Verpflanzen liess sich wohl
das Andenken der Ahnen, aber nicht der religiöse Dienst, der
nur an dem Orte ihnen gewidmet werden konnte, der ihre
Leiber barg, und den man zurückgelassen hatte im Feindes-
land. Die Thaten der Vorfahren lebten im Gesange weiter,
aber sie selbst verfielen nun eben der Poesie; die Phantasie
schmückte ihr irdisches Leben, aber der Verehrung ihrer abgeschiedenen Seelen entwöhnte sich eine Welt, die durch keine
regelmässig wiederholten Begehungen mehr an deren Macht
erinnert wurde. Und wenn so die gesteigerte Art des Seelencultes, die Ahnenverehrung, abstarb, so wird für die Erhaltung
und kräftigere Ausbildung des allgemeinen Seelencultes, des
Cultes der Seelen der drüben im neuen Lande gestorbenen
und begrabenen Geschlechter, das stärkste Hinderniss in der
Gewöhnung an die Verbrennung der Leichen gelegen haben.
Wenn wahrscheinlich der Grund der Einführung dieser Art
der Bestattung, wie oben ausgeführt ist, in dem Wunsche lag,
die Seelen völlig und schnell aus dem Bereiche der Lebenden
abzudrängen, so ist ganz zweifellos die Folge dieser Sitte diese
gewesen, dass der Glaube an die Nähe der abgeschiedenen
Seelen, an die Verpflichtung zu deren religiöser Verehrung
keinen Halt mehr fand und abwelkte.

3.

So lässt sich wenigstens ahnend verstehen, wie durch die
eigenen Erlebnisse, durch die veränderte Sitte der Bestattung
das ionische Volk des homerischen Zeitalters zu derjenigen

Ansicht von Seelenwesen gelangen konnte, die wir aus den
Gedichten seiner Sänger als die seinige herauslesen, und die
von dem alten Seelencult nur wenige Rudimente bewahren
mochte. Den eigentlichen Grund der Veränderung in Glauben
und Brauch würden wir dennoch erst erfassen können, wenn
wir Kenntniss und Verständniss von den geistigen Bewegungen
hätten, die zu der Ausbildung der homerischen Weltauffassung
geführt haben, in deren Rahmen auch der Seelenglaube sich
fügt. Hier geziemt es sich völlig zu entsagen. Wir sehen
einzig die Ergebnisse dieser Bewegungen vor uns. Und da
können wir so viel immerhin wahrnehmen, dass die religiöse
Phantasie der Griechen, in deren Mitte Homer dichtet, eine
Richtung genommen hatte, die dem Geister- und Seelenglauben
wenig Spielraum bot. Der Grieche Homers fühlt im tiefsten
Herzen seine Bedingtheit, seine Abhängigkeit von Mächten,
die ausser ihm walten; sich dessen zu erinnern, sich zu bescheiden in sein Loos, das ist seine Frömmigkeit. Ueber ihm
walten die Götter, mit Zaubers Kraft, oft nach unweisem
Gutdünken, aber die Vorstellung einer allgemeinen Weltordnung, einer Fügung der sich durchkreuzenden Ereignisse des
Lebens der Einzelnen und der Gesammtheit nach zubemessenem
Theile ($\mu o\tilde{\imath}\rho\alpha$) ist erwacht, die Willkür des einzelnen Dämons
ist doch beschränkt, beschränkt auch durch den Willen des
höchsten der Götter. Es kündigt sich der Glaube an, dass
die Welt ein Kosmos sei, eine Wohlordnung, wie sie die
Staaten der Menschen einzurichten suchen. Neben solchen
Vorstellungen konnte der Glaube an wirres Gespenstertreiben
nicht gedeihen, das, im Gegensatz zum ächten Götterwesen,
stets daran kenntlich ist, dass es ausserhalb jeder zum Ganzen
sich zusammenschliessenden Thätigkeit steht, dem Gelüste, der
Bosheit des einzelnen unsichtbaren Mächtigen allen Spielraum
lässt. Das Irrationelle, Unerklärliche ist das Element des
Seelen- und Geisterglaubens, hierauf beruht das eigenthümlich
Schauerliche dieses Gebietes des Glaubens oder Wahns und
auf dem unstät Schwankenden seiner Gestaltungen. Die home-

rische Religion lebt im Rationellen, ihre Götter sind völlig begreiflich griechischem Sinn, in Gestalt und Gebahren völlig
deutlich und hell erkennbar griechischer Phantasie. Je greif-
barer sie sich gestalteten, um so mehr schwanden die Seelenbilder zu leeren Schatten zusammen. Es war auch Niemand
da, der ein Interesse an der Erhaltung und Vermehrung religiöser Wahnvorstellungen gehabt hätte; es fehlte völlig ein
lehrender oder durch Alleinbesitz der Kenntniss ritualen Formel-
wesens und Geisterzwanges mächtiger Priesterstand. Wenn es
einen Lehrstand gab, so war es, in diesem Zeitalter, in dem
noch alle höchsten Geisteskräfte ihren gesammelten Ausdruck
in der Poesie fanden, der Stand der Dichter und Sänger.
Und dieser zeigt eine durchaus „weltliche" Richtung, auch im
Religiösen. Ja diese hellsten Köpfe desjenigen griechischen
Stammes, der in späteren Jahrhunderten die Naturwissenschaft
und Philosophie „erfand" (wie man hier einmal sagen darf), lassen
bereits eine Vorstellungsart erkennen, die von Weitem eine Ge-
fährdung der ganzen Welt plastischer Gestaltungen geistiger
Kräfte droht, welche das höhere Alterthum aufgebaut hatte.

Die ursprüngliche Auffassung des „Naturmenschen" weiss
die Regungen des Willens, Gemüthes, Verstandes nur als Handlungen eines innerhalb des sichtbaren Menschen Wollenden, den
sie in irgend einem Organ des menschlichen Leibes verkörpert
sieht oder verborgen denkt, zu verstehen. Auch die homerischen
Gedichte benennen noch mit dem Namen des „Zwerchfelles"
(φρήν, φρένες) geradezu die Mehrzahl der Willens- und Gemüths-
regungen, auch wohl die Verstandesthätigkeit; das „Herz" (ἦτορ,
κῆρ) ist auch der Name der Gemüthsbewegungen, die man in
ihm localisirt denkt, eigentlich mit ihm identificirt. Aber
schon wird diese Bezeichnung eine formelhafte, sie ist oft nicht
eigentlich zu verstehen, die Worte des Dichters lassen erkennen,
dass er in der That sich die, immer noch nach Körpertheilen
benannten Triebe und Regungen körperfrei dachte[1]. Und so

---

[1] Die Beispiele bei Nägelsbach, *Homer Theol.*[2] p. 387 f. (φρένες)
W. Schrader, *Jahrb. f. Philol.* 1885 S. 163 f. (ἦτορ).

findet man neben dem „Zwerchfell", mit ihm oft in engster
Vereinigung genannt, den θυμός, dessen Name, von keinem
Körpertheil hergenommen, schon eine rein geistige Function
bezeichnet. So bezeichnen mancherlei andere Worte (νόος, —
νοεῖν, νόημα — βουλή, μένος, μῆτις) Fähigkeiten und Thätigkeiten
des Wollens, des Sinnes und Sinnens mit Namen, die deren
frei und körperlos wirkende Art anerkennen. Der Dichter
hängt noch mit Einem Faden an der Anschauungsweise und
Ausdrucksweise der Vorzeit, aber schon ist er in das Reich
rein geistiger Vorgänge entdeckend weit vorgedrungen. Während bei geringer ausgerüsteten Völkern die Wahrnehmung
der einzelnen Functionen des Willens und Intellects nur dazu
führt, diese Functionen in der Vorstellung zu eigenen körperhaften Wesen zu verdichten und so dem schattenhaften Doppelgänger des Menschen, seinem andern Ich, noch weitere „Seelen"
in Gestalt etwa des Gewissens, des Willens zu gesellen[1], be-

---

[1] Der Glaube an mehrere Seelen im einzelnen Menschen ist sehr
verbreitet. Vgl. J. G. Müller, *Amerikan. Urrel.* 66. 207 f. Tylor, *Primit. Cult.* I 392 f. Im Grunde kommt auch die Unterscheidung der
fünf, im Menschen wohnenden seelischen Kräfte im Avesta (vgl. Geiger,
Ostiran. Cultur 298 ff.) auf dasselbe hinaus. — Selbst bei Homer findet
Gomperz, *Griech. Denker*, 1, 200 f., eine ähnliche „Zweiseelentheorie"
ausgeprägt. Neben der ψυχή kenne Homer in dem θυμός (der von dem
Dampf des frisch vergossenen, noch heissen Blutes benannt sein soll) eine
zweite Seele, neben der „Athemseele" der ψυχή, eine „Rauchseele". Aber
wenn unter „Seele" ein Etwas verstanden wird — wie es doch in volksthümlicher Psychologie verstanden werden muss — das zu dem Leibe und
seinen Kräften als ein Anderes selbständig hinzutritt, sich im Leibe selbständig behauptet, nach dem Tode des Leibes (mit dem es nicht unauf-
löslich verknüpft war) sich selbständig abtrennt und entfernt, so lässt
sich der θυμός Homers nicht wohl eine „Seele", eine Verdoppelung der
ψυχή nennen. Allzu oft und deutlich wird doch der θυμός als geistige
Kraft des lebendigen Leibes, denkende wie wollende oder auch nur
empfindende (θυμῷ νοέω, θυμῷ δεῖσαι, γηθήσει θυμῷ, ἐχολώσατο θυμῷ, ἤραρε
θυμὸν ἐδωδῇ u. s. w.), als die Stelle der Affecte (μένος ἔλλαβε θυμόν) bezeichnet, als dem Leibe des Lebenden angehörend, im Besonderen als in
den φρένες verschlossen vorgestellt, als dass man ihn als etwas Anderes,
denn als eine Kraft, eine Eigenschaft eben dieses lebendigen Leibes ansehen könnte. Wenn Einmal (H 131) der θυμός als das (statt der ψυχή)
in den Hades Eingehende genannt wird, so lässt sich in diesem Aus-

wegt sich die Auffassung der homerischen Sänger bereits in entgegengesetzter Richtung: die Mythologie des innern Menschen schwindet zusammen. Sie hätten nur wenig auf dem gleichen Wege weiter gehen dürfen, um auch die Psyche entbehrlich zu finden. Der Glaube an die Psyche war die älteste Urhypothese, durch die man die Erscheinungen des Traumes, der Ohnmacht, der ekstatischen Vision vermittelst der Annahme eines besonderen körperhaften Acteurs in diesen dunklen Handlungen erklärte. Homer hat für das Ahnungsvolle und gar das Ekstatische wenig Interesse und gar keine eigene Neigung, er kann also die Beweise für das Dasein der Psyche im lebendigen Menschen sich nicht oft einleuchtend gemacht haben. Der letzte Beweis dafür, dass eine Psyche im Lebenden gehaust haben muss, ist der, dass sie im Tode Abschied nimmt. Der Mensch stirbt, wenn er den letzten Athem verhaucht: eben dieser Hauch, ein Luftwesen, nicht ein Nichts (so wenig wie etwa die Winde, seine Verwandten), sondern ein gestalteter, wenn auch wachen Augen unsichtbarer Körper ist die Psyche, deren Art, als Abbild des Menschen, man ja aus dem Traumgesicht kennt. Wer nun aber schon gewöhnt ist, körperfrei wirkende Kräfte im Inneren des Menschen anzuerkennen, der wird auch bei dieser letzten Gelegenheit, bei der Kräfte im Menschen sich regen, leicht zu der Annahme geführt werden, dass, was den Tod des Menschen herbeiführe, nicht ein körper-

---

druck nur eine Nachlässigkeit oder Gedankenlosigkeit sehn (s. unten S. 433 Anm. der 1. Aufl.). Der Leib — das ist homerische, bei Griechen, selbst griechischen Philosophen, immer wieder auftauchende Vorstellung — hat alle seine Lebenskräfte, nicht nur θυμός, sondern ebenso μένος, νόος, μῆτις, βουλή, in sich selbst; Leben hat er dennoch erst, wenn die ψυχή hinzutritt, die etwas von allen diesen Leibeskräften völlig Verschiedenes ist, ein selbständiges Wesen für sich, allein mit dem Namen der „Seele" zu begrüssen, der dem θυμός so wenig wie etwa dem νόος zukommt. Dass zu den ursprünglich allein beachteten Kräften des lebendigen Leibes, dem θυμός u. s. w., die ψυχή erst in späterer Zeit in der Vorstellung der Griechen hinzugetreten sei (wie Gomperz annimmt), ist doch gewiss aus Homer oder sonst aus griechischer Litteratur nicht glaublich zu machen.

lickes Wesen sei, das aus ihm entweiche, sondern eine Kraft, eine Qualität, die zu wirken aufhöre: keine andere als eben „das Leben". Einem nackten Begriff wie „Leben" ein selbständiges Dasein nach der Auflösung des Leibes zuzuschreiben, daran könnte er natürlich nicht denken. So weit ist nun der homerische Dichter nicht vorgeschritten: allermeist ist und bleibt ihm die Psyche ein reales Wesen, des Menschen zweites Ich. Aber dass er den gefährlichen Weg, bei dessen Verfolgung sich die Seele zu einer Abstraction, zum Lebensbegriff verflüchtigt, doch schon angefangen hat zu beschreiten, das zeigt sich daran, dass er bisweilen ganz unverkennbar „Psyche" sagt, wo wir „Leben" sagen würden[1]. Es ist im Grunde die gleiche Vorstellungsart, die ihn veranlasst hatte, hier und da „Zwerchfell" (φρένες) zu sagen, wo er nicht mehr das körperliche Zwerchfell, sondern den abstracten Begriff des Wollens oder Denkens dachte. Wer statt „Leben" Psyche sagt, wird darum noch nicht sofort auch statt Psyche „Leben" sagen (und der Dichter thut es nicht), aber offenbar ist ihm, auf dem Wege der Entkörperung der Begriffe, auch das einst so höchst inhaltvolle Gebilde der Psyche schon stark verblasst und verflüchtigt. —

Die Trennung vom Lande der Vorfahren, die Gewöhnung an die Sitte des Leichenbrandes, die Richtung der religiösen Vorstellungen, die Neigung, die einst körperlich vorgestellten

---

[1] περὶ ψυχῆς θέον Il. 22, 161; περὶ ψυχέων ἐμάχοντο Od. 22, 245; ψυχὴν παραβαλλόμενος Il. 9, 322; ψυχὰς παρθέμενοι Od. 3, 74; 9, 255; ψυχῆς ἀντάξιον Il. 9, 401. Namentlich vgl. Od. 9, 523; αἳ γὰρ δὴ ψυχῆς τε καὶ αἰῶνός σε δυναίμην εὖνιν ποιήσας πέμψαι δόμον Ἄιδος εἴσω. Der ψυχή ιm eigentlichen Sinn beraubt kann Niemand in den Hades eingehen, denn eben die ψυχή ist es ja, die allein in der Hades eingeht. Ψυχή steht also hier besonders deutlich = Leben, wie denn dies das erklärend hinzutretende καὶ αἰῶνος noch besonders bestätigt. Zweifelhafter ist schon, ob ψυχῆς ὄλεθρος Il. 22, 325 hierher zu ziehen ist, oder: ψυχὴν ὀλέσαντες Il. 13, 763; 24, 168. Andere Stellen, die Nägelsbach, *Hom. Theol.*[2] p. 381, und Schrader, *Jahrb. f. Phil.* 1885 S. 167 anführen, lassen eine sinnliche Deutung von ψυχή zu oder fordern sie (so Il. 5, 696ff.; 8, 123; Od. 18, 91 u. s. w.).

Principien des inneren Lebens des Menschen in Abstracta zu
verwandeln, haben beigetragen, den Glauben an inhaltvolles,
machtvolles Leben der abgeschiedenen Seelen, an ihre Verbindung mit den Vorgängen der diesseitigen Welt zu schwächen,
den Seelencult zu beschränken. So viel, glaube ich, dürfen wir
behaupten. Die innersten und stärksten Gründe für diese Abschwächung des Glaubens und des Cultus mögen sich unserer
Kenntniss entziehen, wie es sich unserer Kenntniss entzieht,
wie weit im Einzelnen die homerische Dichtung den Glauben des
Volkes, das ihr zuerst lauschte, darstellt, wo die freie Thätigkeit des Dichters beginnt. Dass die Zusammenordnung der
einzelnen Elemente des Glaubens zu einem Ganzen, das man, wiewohl es von dem Charakter eines streng geschlossenen Systems
weit genug entfernt ist, nicht unpassend die homerische Theologie
nennt, des Dichters eigenes Werk ist, darf man als sehr wahrscheinlich ansehen. Seine Gesammtansicht von göttlichen Dingen
kann sich mit grosser Unbefangenheit darstellen, sie gerieth mit
keiner Volksansicht in Streit, denn die Religion des Volkes,
damals ohne Zweifel ebenso wie stets in Griechenland in der
rechten Verehrung der Landesgötter, nicht im Dogma sich
vollendend, wird schwerlich eine geordnete Gesammtvorstellung
von Göttern und Göttlichem gehabt haben, mit der der Dichter
sich hätte auseinandersetzen müssen oder können. Dass seinerseits das Gesammtbild der unsichtbaren Welt, wie es die homerische Dichtung aufgebaut hatte, der Vorstellung des Volkes sich
tief einprägte, zeigt alle kommende Entwicklung griechischer
Cultur und Religion. Wenn sich abweichende Vorstellungen daneben erhielten, so zogen diese ihre Kraft nicht sowohl aus einer
anders gestalteten Dogmatik als aus den Voraussetzungen des
durch keine Dichterphantasie beeinflussten Cultus. Sie vornehmlich konnten auch wohl einmal dahin wirken, dass inmitten
der Dichtung das dichterische Bild vom Reiche und Leben der
Unsichtbaren eine Trübung erfuhr.

III.

Eine Probe auf die Geschlossenheit und dauerhafte Zusammenfügung der in homerischer Dichtung ausgebildeten Vorstellungen von dem Wesen und den Zuständen der abgeschiedenen
Seelen wird noch innerhalb des Rahmens dieser Dichtung gemacht mit der Erzählung von der Hadesfahrt des Odysseus.
Eine gefährliche Probe, sollte man denken. Wie mag sich bei
einer Schilderung des Verkehrs des lebenden Helden mit den Bewohnern des Schattenreichs das Wesenlose, Traumartige der
homerischen Seelenbilder festhalten lassen, das sich entschlossener
Berührung zu entziehen, jedes thätige Verhältniss zu Anderen
auszuschliessen schien? Kaum versteht man, wie es einen
Dichter reizen konnte, mit der Fackel der Phantasie in dieses
Höhlenreich ohnmächtiger Schatten hineinzuleuchten. Man begreift das leichter, wenn man sich deutlich macht, wie die Erzählung entstanden, wie sie allmählich durch Zusätze von fremder
Hand sich selber unähnlich geworden ist[1].

1.

Es darf als eines der wenigen sicheren Ergebnisse einer
kritischen Analyse der homerischen Gedichte betrachtet werden,
dass die Erzählung von der Fahrt des Odysseus in die Unterwelt im Zusammenhang der Odyssee ursprünglich nicht vorhanden war. Kirke heisst den Odysseus zum Hades fahren,

---

[1] Eine genauere Ausführung und Begründung der im Folgenden
gegebenen Analyse der Nekyia in Odyss. λ ist im *Rhein. Mus.* 50 (1895)
p. 600 ff. veröffentlicht worden.

damit ihm dort Tiresias „den Weg und die Maasse der Rückkehr weise, und wie er heimgelangen könne über das fisch-
reiche Meer" (Od. 10, 530 f.). Tiresias, im Schattenreiche
aufgesucht, erfüllt diese Bitte nur ganz unvollständig und oben-
hin; dem Zurückgekehrten giebt dann Kirke selbst eine voll-
ständigere und in dem Einen auch von Tiresias berührten Punkte
deutlichere Auskunft über die Gefahren, die auf der Rückkehr
ihm noch bevorstehen[1]. Die Fahrt in's Todtenreich war also
unnöthig; es ist kein Zweifel, dass sie ursprünglich ganz fehlte.
Es ist aber auch klar, dass der Dichter dieser Abenteuer sich
der (überflüssigen) Erkundigung bei Tiresias nur als eines lockeren
Vorwandes bediente, um doch irgend einen äusseren Anlass zu
haben, seine Erzählung in das Ganze der Odyssee einzuhängen.
Der wahre Zweck des Dichters, die eigentliche Veranlassung
der Dichtung muss anderswo gesucht werden als in der Weissagung des Tiresias, die denn auch auffallend kurz und nüch-
tern abgemacht wird. Es läge ja nahe anzunehmen, dass die
Absicht des Dichters gewesen sei, der Phantasie einen Einblick in die Wunder und Schrecken des dunkeln Reiches, in
das alle Menschen eingehen müssen, zu eröffnen. Eine solche
Absicht, wie bei mittelalterlichen, so bei griechischen Höllen-
poeten späterer Zeit (deren es eine erhebliche Zahl gab)
sehr begreiflich, wäre nur eben bei einem Dichter homerischer
Schule schwer verständlich: ihm konnte ja das Seelenreich und
seine Bewohner kaum ein Gegenstand irgend welcher Schilderung sein. Und in der That hat der Dichter der Hadesfahrt
des Odysseus einen ganz anderen Zweck verfolgt; er war nichts
weniger als ein antiker Dante. Man erkennt die Absicht, die
ihn bestimmte, sobald man seine Dichtung von den Zusätzen
mancherlei Art säubert, mit denen spätere Zeiten sie umbaut

---

[1] Die auf Thrinakia und die Heerden des Helios bezüglichen Mittheilungen des Tiresias, 11, 107 ff. scheinen eben darum so kurz und ungenügend ausgeführt zu sein, weil der genauere Bericht der Kirke, 12,
127 ff. dem Dichter schon bekannt war und er diesen nicht vollständig
wiederholen mochte.

haben. Es bleibt dann als ursprünglicher Kern des Gedichtes nichts übrig als eine Reihe von Gesprächen des Odysseus mit Seelen solcher Verstorbenen, zu denen er in enger persönlicher Beziehung gestanden hat; ausser mit Tiresias redet er mit seinem eben aus dem Leben geschiedenen Schiffsgenossen Elpenor, mit seiner Mutter Antikleia, mit Agamemnon und Achill, und versucht vergeblich mit dem grollenden Ajas ein versöhnendes Gespräch anzuknüpfen. Diese Unterredungen im Todtenreiche sind für die Bewegung und Bestimmung der Handlung des Gesammtgedichtes von Odysseus' Fahrt und Heimkehr in keiner Weise nothwendig, sie dienen aber auch nur in ganz geringem Maasse und nur nebenbei einer Aufklärung über die Zustände und Stimmungen im räthselhaften Jenseits; denn Fragen und Antworten beziehen sich durchweg auf Angelegenheiten der oberen Welt. Sie bringen den Odysseus, der nun schon so lange fern von den Reichen der thätigen Menschheit einsam umirrt, in geistige Verbindung mit den Kreisen der Wirklichkeit, zu denen seine Gedanken streben, in denen er einst selbst wirksam gewesen ist und bald wieder kraftvoll thätig sein wird. Die Mutter berichtet ihm von den zerstörten Lebensverhältnissen auf Ithaka, Agamemnon von der frevelhaften That des Aegisth und der Beihilfe der Klytaemnestra, Odysseus selbst kann dem Achill Tröstliches sagen von den Heldenthaten des Sohnes, der noch droben im Lichte ist; den auch im Hades grollenden Ajas vermag er nicht zu versöhnen. So klingt das Thema des zweiten Theils der Odyssee bereits vor; von den grossen Thaten des troischen Krieges, den Abenteuern der Rückkehr, die damals aller Sänger Sinne beschäftigte, tönt ein Nachhall bis zu den Schatten hinunter. Die Ausführung dieser, im Gespräch der betheiligten Personen mitgetheilten Erzählungen ist dem Dichter eigentlich die Hauptsache. Der lebhafte Trieb, den Sagenkreis, in dessen Mittelpunkt die Abenteuer der Ilias lagen, nach allen Richtungen auszuführen und mit anderen Sagenkreisen zu verschlingen, hat sich später in besonderen Dichtungen, den Heldengedichten des epischen

Cyklus, genug gethan. Als die Odyssee entstand, waren diese
Sagen bereits in strömend vordringender Bewegung; noch hatten
sie kein eigenes Bette gefunden, aber sie drangen in einzelnen
Ergiessungen in die ausgeführte Erzählung von der Heimkehr
des zuletzt allein noch umirrenden Helden (der sie, ihren Gegenständen nach, alle zeitlich voran lagen) ein. Ein Hauptzweck
der Erzählung von der Fahrt des Telemachos zu Nestor und
Menelaos (im dritten und vierten Buch der Odyssee) ist ersichtlich der, den Sohn in Berührung mit alten Kriegsgenossen des
Vaters zu bringen und so zu mannichfachen Erzählungen Gelegenheit zu schaffen, in denen von den zwischen Ilias und
Odyssee liegenden Abenteuern einzelne bereits deutlichere Gestalt gewinnen. Demodokos, der Sänger bei den Phäaken, muss
zwei Ereignisse des Feldzugs in Andeutungen vorführen. Auch
wo solche Berichte nicht unmittelbar von den Thaten und der
Sinnesart des Odysseus melden, dienen sie doch, an den grossen
Hintergrund zu mahnen, vor dem die Abenteuer des zuletzt
auf seinen Irrfahrten völlig vereinzelten Dulders stehen, diese in
den idealen Zusammenhang zu rücken, in dem sie erst ihre
rechte Bedeutung gewinnen[1]. Auch den Dichter der Hadesfahrt nun bewegt dieser quellende Sagenbildungstrieb. Auch
er sieht die Abenteuer des Odysseus nicht vereinzelt, sondern
im lebendigen Zusammenhang aller von Troja ausgehenden
Abenteuer; er fasste den Gedanken, den Helden in Rath und
Kampf noch einmal, ein letztes Mal, zu Rede und Gegenrede
zusammenzuführen mit dem mächtigsten Könige, dem hehrsten
Helden jener Kriegszüge, und dazu musste er ihn freilich in
das Reich der Schatten führen, das jene längst umschloss, er
durfte einem Ton der Wehmuth nicht wehren, der aus diesen

---

[1] Eine letzte Fortsetzung solcher, den Hintergrund der Odyssee
ausmalenden Darstellungen bietet das Zwiegespräch des Achill und Agamemnon in der „zweiten Nekyia", Od. 24, 19 ff., deren Verfasser den
Sinn und Zweck der ursprünglichen Nekyia im 11. Buche, der er nach-
ahmt, ganz richtig erfasst hat und (freilich sehr ungeschickt) fortsetzend
zu fördern versucht.

Gesprächen am Rande des Reiches der Nichtigkeit klingt, zu
der alle Lust und Macht des Lebens zusammensinken muss.
Die Befragung des Tiresias ist ihm, wie gesagt, nur ein Vor-
wand, um diesen Verkehr des Odysseus mit der Mutter und
den alten Genossen, auf den es ihm einzig ankam, herbeizu-
führen. Vielleicht ist gerade diese Wendung ihm eingegeben
worden durch Erinnerung an die Erzählung des Menelaos
(Od. 4, 351 ff.), von seinem Verkehr mit Proteus dem Meer-
greis [1]: auch da wird ja die Befragung des der Zukunft Kundigen über die Mittel zur Heimkehr nur als flüchtige Einleitung
zu Berichten über Heimkehrabenteuer des Ajas, des Agamemnon
und Odysseus verwendet.

2.

Gewiss kann die Absicht dieses Dichters nicht gewesen
sein, eine Darstellung der Unterwelt um ihrer selbst willen zu
geben. Selbst die Scenerie dieser fremdartigen Vorgänge, die
am ersten noch seine Phantasie reizen mochte, wird nur in
kurzen Andeutungen bezeichnet. Ueber den Okeanos fährt
das Schiff bis zu dem Volke der Kimmerier [2], das nie die
Sonne sieht, und gelangt bis zu der „rauhen Küste" und dem
Hain der Persephone aus Schwarzpappeln und Weiden. Odysseus
mit zwei Gefährten dringt vor bis zum Eingang in den Erebos,
wo Pyriphlegethon und Kokytos, der Styx Abfluss, in den Acheron
münden. Dort gräbt er seine Opfergrube, zu der die Seelen
aus des Erebos Tiefe über die Asphodeloswiese heranschweben.
Es ist dasselbe Reich der Erdtiefe, das auch die Ilias als den
Aufenthalt der Seelen voraussetzt, nur genauer vorgestellt und

---

[1] Od. 10. 539/40 sind entlehnt aus 4, 389/90. 470. — An Nachahmung jener Scene des 4. Buches in der Nekyia denkt, wie ich nachträglich bemerke, schon Kammer, *Einheit d. Od.* p. 494 f.

[2] Auffallend ist (und mag wohl auf eigene Art zu erklären sein),
dass in der Anweisung der Kirke die Kimmerier nicht erwähnt werden.
Verständlicher, warum die genaue Schilderung des Oertlichen aus Kirkes
Bericht, 10, 509—515 nachher nicht wiederholt, sondern mit kurzen Worten (11, 21/22) nur wieder in's Gedächtniss gerufen wird.

vergegenwärtigt[1]. Die einzelnen Züge des Bildes werden so
flüchtig berührt, dass man fast glauben möchte, auch sie habe
der Dichter bereits in älterer Sagendichtung vorgefunden. Jedenfalls hat er ja die, auch der Ilias wohlbekannte Styx übernommen und so vermuthlich auch die anderen Flüsse, die vom
Feuerbrande (der Leichen?[2]), von Wehklagen und Leid leicht
verständliche Namen haben[3]. Der Dichter selbst, auf das
Ethische allein sein Augenmerk richtend, ist dem Reiz des leer
Phantastischen geradezu abgeneigt; er begnügt sich mit spar-
samster Zeichnung. So giebt er denn auch von den Bewohnern
des Erebos keine verweilende Schilderung; was er von ihnen
sagt, hält sich völlig in den Grenzen des homerischen Glaubens.
Die Seelen sind Schatten- und Traumbildern gleich, dem Griff
des Lebenden unfassbar[4]; sie nahen bewusstlos; einzig Elpenor,
dessen Leib noch unverbrannt liegt, hat eben darum das Bewusstsein bewahrt, ja er zeigt eine Art von erhöhetem Bewusstsein, das der Prophetengabe nahekommt, nicht anders als
Patroklos und Hektor im Augenblick der Loslösung der Psyche

---

[1] Einen wesentlichen Unterschied zwischen der Vorstellung von
der Lage des Todtenreiches, wie sie die Ilias andeutet, und derjenigen,
welche die Nekyia der Odyssee ausführt, kann ich nicht anerkennen.
J. H. Voss und Nitzsch haben hier das Richtige getroffen. Auch was die
zweite Nekyia (Od. 24) an weiteren Einzelheiten hinzubringt, „contrastirt"
nicht eigentlich (wie Teuffel, *Stud. u. Charakt.* p. 43 meint) mit der
Schilderung der ersten Nekyia, es hält sich nur nicht ängstlich an diese,
beruht aber auf gleichen Grundvorstellungen.

[2] Schol. H. Q. Odyss κ 514: Πυριφλεγέθων, ἤτοι τὸ πῦρ τὸ ἀφανί-
ζον τὸ σάρκινον τῶν βροτῶν. Apollodor. π. θεῶν ap. Stob. Ecl. I p. 420, 9:
Πυριφλεγέθων εἴρηται ἀπὸ τοῦ πυρὶ φλέγεσθαι τοὺς τελευτῶντας.

[3] Auch der Acheron scheint als Fluss gedacht. Wenn die Seele
des unbestatteten Patroklos, die doch schon ἀν' εὐρυπυλὲς Ἄϊδος δῶ
schwebt, also über den Okeanos hinübergedrungen ist, die anderen Seelen
nicht „über den Fluss" lassen (Il. 23, 72 f.), so wird man doch jedenfalls
unter dem „Flusse" nicht den Okeanos verstehen, sondern eben den
Acheron (so auch Porphyrius bei Stob. Ecl. I p. 422 f. 426 W.). Aus
Od. 10, 515 folgt keineswegs, dass der Acheron nicht auch als Fluss gelte,
sondern als See, wie Bergk, *Opusc.* II 695 meint.

[4] Vgl. 11, 206 ff. 209, 393 ff. 475.

vom Leibe[1]. Alles dieses wird auch ihn verlassen, sobald sein Leib vernichtet ist. Tiresias allein, der Seher, den die Thebanische Sage berühmt vor allen gemacht hatte, hat Bewusstsein und sogar Sehergabe auch unter den Schatten, durch Gnade der Persephone, bewahrt; aber das ist eine Ausnahme, welche die Regel nur bestätigt. Fast wie absichtliche Bekräftigung orthodox homerischer Ansicht nimmt sich aus, was Antikleia dem Sohne von der Kraft- und Wesenlosigkeit der Seele nach Verbrennung des Leibes sagt[2]. Alles in der Darstellung dieses Dichters bestätigt die Wahrheit dieses Glaubens; und wenn die Lebenden freilich Ruhe haben vor den machtlos in's Dunkle gebannten Seelen, so tönt hier aus dem Erebos selbst in dumpfem Klange uns das Traurige dieser Vorstellung entgegen, in der Klage des Achill, mit der er den Trostzuspruch des Freundes abweist — Jeder kennt die unvergesslichen Worte.

3.

Dennoch wagt der Dichter einen bedeutsamen Schritt über Homer hinaus zu thun. Was er von dem Zuständlichen im Reiche des Hades mehr andeutet als sagt, streitet ja in keinem Punkte mit der homerischen Darstellung. Aber neu ist doch, dass dieser Zustand, wenn auch nur auf eine kurze Weile, unterbrochen werden kann. Der Bluttrunk giebt den Seelen momentanes Bewusstsein zurück; es strömt das Andenken an die obere Welt ihnen wieder zu; ihr Bewusstsein ist also, müssen wir

---

[1] S. Il. 16, 851 ff. (Patroklos), 22, 358 ff. (Hektor), Od. 11, 69 ff. Zu Grunde liegt der alte Glaube, dass die Seele, im Begriff frei zu werden, in einen Zustand erhöheten Lebens, an Sinneswahrnehmung nicht gebundener Erkenntnissfähigkeit zurückkehre (vgl. Artemon in Schol. Il. II 854, Aristotel. *fr.* 12 R.); sonst ist es (bei Homer) nur der Gott, ja eigentlich nur Zeus, der Alles voraussieht. Mit Bewusstsein ist aber die Darstellung soweit herabgemindert, dass eine unbestimmte Mitte zwischen eigentlicher Prophezeiung und blossem στοχάζεσθαι eingehalten wird (vgl. Schol. B. V. Il. X 359); hochstens Il. 22, 359 geht darüber hinaus.

[2] 11, 218—224.

glauben, für gewöhnlich nicht todt, es schläft nur. Zweifellos wollte der Dichter, der solche Fiction für seine Dichtung nicht entbehren konnte, damit nicht ein neues Dogma aufgerichtet haben. Aber um seinen rein dichterischen Zweck zu erreichen, muss er in seine Erzählung einzelne Züge verflechten, die, aus seinem eigenen Glauben nicht erklärlich, hinüber oder eigentlich zurück leiten in alten, ganz anders gearteten Glauben und auf diesem errichteten Brauch. Er lässt den Odysseus, nach Anweisung der Kirke, am Eingang des Hades eine Grube graben, einen Weihegruss „für alle Todten“ herumgiessen, zuerst eine Mischung von Milch und Honig, dann Wein, Wasser, darauf wird weisses Mehl gestreut. Nachher schlachtet er einen Widder und ein schwarzes Mutterschaf, ihre Köpfe in die Grube drückend[1]; die Leiber der Thiere werden verbrannt, um das Blut versammeln sich die heranschwebenden Seelen, die des Odysseus Schwert fern zu halten vermag[2], bis Tiresias als erster getrunken hat. — Hier ist der Weiheguss ganz unzweifelhaft eine Opfergabe, den Seelen zur Labung ausgegossen. Die Schlachtung der Thiere will der Dichter allerdings nicht als Opfer angesehen wissen, der Genuss des Blutes soll nur den Seelen das Bewusstsein (dem Tiresias, dessen Bewusstsein unverletzt ist, die Gabe des vorausschauenden Seherblickes) wieder-

---

[1] ὅιν ἀρνειὸν ῥέζειν, θῆλύν τε μέλαιναν, εἰς Ἔρεβος στρέψας. 10, 527 f. Aus dem μέλαιναν wird auch zu ὅιν ἀρνειόν die genauere Bestimmung „schwarz“ ἀπὸ κοινοῦ zu verstehen sein (ebenso 572); stets ist der den Unterirdischen (Göttern wie Seelen) zu opfernde Widder schwarz. — εἰς Ἔρεβος στρέψας, d. h. nach unten (nicht nach Westen) hin den Kopf drehend (= ἐς βόθρον 11, 36), wie Nitzsch richtig erklärt. Alles wie später stets bei den ἔντομα für Unterirdische (vgl. Stengel, *Ztsch. f. Gymn. Wesen* 1880 p. 743 f.).

[2] κοινή τις παρὰ ἀνθρώποις ἐστὶν ὑπόληψις ὅτι νεκροί καὶ δαίμονες σίδηρον φοβοῦνται. Schol. Q. λ 48. Eigentlich ging der Glaube dahin, dass der Schall von Erz oder Eisen die Gespenster verjage: Lucian, *Philops.* 15 (vgl. O. Jahn, *Abergl. d. bosen Blicks* p. 79). Aber auch schon die blosse Anwesenheit von Eisernem wirkt so. Pseudoaugustin, *homilia de sacrilegis* (etwa aus saec. 7) § 22: zu den *sacrilegi* gehört u. A., wer Finger- oder Armringe aus Eisen trägt, *aut qui in domo sua quaecunque de ferro, propter ut daemones timeant, ponunt.*

geben. Aber man sieht wohl, dass dies eben nur eine Fiction des Dichters ist; was er darstellt, ist bis in alle Einzelheiten hinein ein Todtenopfer, wie es uns unverhohlen als solches in Berichten späterer Zeit oft genug begegnet. Die Witterung des Blutes zieht die Seelen an, die „Blutsättigung" (αἱμαχουρία) ist der eigentliche Zweck solcher Darbringungen, wie sie dem Dichter als Vorbild vorschweben. Erfunden hat er in dieser Darstellung nichts, aber auch nicht etwa, wie man wohl annimmt, neuen, zu der Annahme energischeren Lebens der abgeschiedenen Seelen vorgedrungenen Vorstellungen seine Opferceremonien angepasst. Denn hier wie bei der Schilderung des Opfercultes bei der Bestattung des Patroklos ist ja die Vorstellung des Dichters von dem Seelenleben durchaus nicht der Art, dass sie neuen kräftigeren Brauch begründen könnte, sie steht vielmehr mit den Resten eines Cultus, die sie vorführt, im Widerspruch. Auch hier also sehen wir versteinerte, sinnlos gewordene Rudimente eines einstmals im Glauben voll begründeten Brauches vor uns, vom Dichter um dichterischer Zwecke willen hervorgezogen und nicht nach ihrem ursprünglichen Sinne verwendet. Die Opferhandlung, durch die hier die Seelen herangelockt werden, gleicht auffallend den Gebräuchen, mit denen man später an solchen Stellen, an denen man einen Zugang zum Seelenreiche im Inneren der Erde zu haben glaubte, Todtenbeschwörung übte. Es ist an sich durchaus nicht undenkbar, dass auch zu der Zeit des Dichters der Hadesfahrt in irgend einem Winkel Griechenlands solche Beschwörungen, als Reste alten Glaubens, sich erhalten hätten. Sollte aber auch der Dichter von solchem localen Todtencult Kunde gehabt und hiernach seine Darstellung gebildet haben[1], so

---

[1] Speciell an das Thesprotische νεχυομαντεῖον am Flusse Acheron als Vorbild der homerischen Darstellung denkt Pausanias 1, 17, 5 und mit ihm K. O. Müller, *Proleg. z. e. wissenschaftl. Mythol.* 363 und dann viele Andere. Im Grunde hat man hierzu kaum mehr Veranlassung als zu einer Fixirung des homerischen Hadeseingangs bei Cumae, bei Heraklea Pont. (vgl. *Rhein. Mus.* 36, 555 ff.) oder an anderen Stätten alten Todtendienstes (z. B. bei Pylos), an denen sich dann auch die herkömm-

wäre nur um so bemerkenswerther, wie er, den Ursprung seiner Schilderung verwischend, als correcter Homeriker jeden Gedanken an die Möglichkeit, die Seelen der Verstorbenen, als wären sie den Wohnungen der Lebenden noch nahe, herauf an's Licht der Sonne zu locken, streng fern hält[1]. Er weiss nur von Einem allgemeinen Reiche der Todten, fern im dunklen Westen, jenseits der Meere und des Oceans, der Held des Märchens kann wohl bis an seinen Eingang dringen, aber eben nur dort kann er mit den Seelen in Verkehr treten, denn niemals giebt das Haus des Hades seine Bewohner frei.

Hiermit ist nun freilich unverträglich das Opfer, das der Dichter, man kann kaum anders sagen als gedankenlos, den Odysseus allen Todten und dem Tiresias im Besonderen geloben lässt, wenn er nach Hause zurückgekehrt sein werde (Od. 10. 521—526; 11, 29—33). Was soll den Todten das Opfer einer unfruchtbaren Kuh[2] und die Verbrennung von „Gutem" auf einem Scheiterhaufen, dem Tiresias die Schlachtung eines schwarzen Schafes, fern in Ithaka, wenn sie doch in den Erebos gebannt sind, und der Genuss des Opfers ihnen unmöglich ist? Hier haben wir das merkwürdigste und bedeutendste aller Rudimente alten Seelencultes vor uns, welches ganz unwidersprechlich beweist, dass in vorhomerischer Zeit der Glaube bestand, dass auch nach der Bestattung des Leibes die Seele nicht für ewig verbannt sei in ein unerreichbares Schatten-

---

lichen Namen des Acheron, Kokytos, Pyriphlegethon leicht genug einstellten — aus Homer entnommen, nicht von dorther in den Homer eingedrungen. Dass uns das Todtenorakel im Thesproterlande gerade in Herodots bekanntem Berichte zuerst entgegentritt, beweist noch keineswegs, dass dieses nun eben das älteste solcher Orakel gewesen sei.

[1] So liesse sich etwa Lobecks Leugnung jeder Kenntniss von Seelenbeschwörung in den homerischen Gedichten (*Agl.* 316) modificiren und modificirt festhalten.

[2] Nach uraltem Opferbrauch. Dem Todten werden weibliche (oder verschnittene) Thiere dargebracht (s. Stengel, *Chthon. u. Todtencult* 424), hier eine στεῖρα βοῦς, ἄγονα τοῖς ἀγόνοις (Schol.): so wurde in Indien „den der Lebens- und Zeugungskraft beraubten Manen" nicht ein Widder, sondern ein Hammel geopfert (Oldenberg, *Rel. d. Veda* 358).

reich, sondern dem Opfernden sich nahen, am Opfer sich laben
könne, so gut wie die Götter. Eine einzige dunkle Hindeutung
in der Ilias[1] lässt uns erkennen, was hier viel deutlicher und
mit unbedachter Naivetät hervortritt, dass auch zu der Zeit
der Herrschaft des homerischen Glaubens an völlige Nichtigkeit der für ewig abgeschiedenen Seelen die Darbringung von
Todtenopfern lange nach der Bestattung (wenigstens ausser-
ordentlicher, wenn auch nicht regelmässig wiederholter) nicht
ganz in Vergessenheit gerathen war.

4.

Zeigt sich an den Inconsequenzen, zu welchen den Dichter
die Darstellung der Einleitung eines Verkehrs des Lebenden
mit den Todten verleitet, dass sein Unternehmen für einen
Homeriker strenger Observanz ein Wagniss war, so ist er
doch in dem, was ihm die Hauptsache war, der Schilderung
der Begegnung des Odysseus mit Mutter und Genossen, kaum
merklich von der homerischen Bahn abgewichen. Hier nun
aber hatte er dichterisch begabten Lesern oder Hörern seines
Gedichts nicht genug gethan. Was ihm selbst, der auf den
im Mittelpunkt stehenden lebenden Helden alles bezog und
nur solche Seelen herantreten liess, die zu diesem in innerlich
begründetem Verhältniss stehen, gleichgiltig war, eine Muste-
rung des wirren Getümmels der Unterirdischen in ihrer Masse,
das eben meinten Spätere nicht entbehren zu können. Sein
Gedicht weiter ausführend, liessen sie theils Todte jeden Alters

---

[1] Il. 24, 592 ff. Achill, den todten Patroklos anredend: μή μοι,
Πάτροκλε, σκυδμαινέμεν, αἴ κε πύθηαι | εἰν Ἀϊδός περ ἐὼν ὅτι Ἕκτορα δῖον
ἔλυσα | πατρὶ φίλῳ, ἐπεὶ οὔ μοι ἀεικέα δῶκεν ἄποινα. | σοὶ δ᾽ αὖ ἐγὼ καὶ τῶνδ᾽
ἀποδάσσομαι ὅσσ᾽ ἐπέοικεν. Die Möglichkeit, dass der Todte im Hades noch
vernehme, was auf der Oberwelt geschieht, wird nur hypothetisch (αἴ κε)
hingestellt, nicht so die Absicht, dem Verstorbenen von den Gaben des
Priamus etwas zuzutheilen (δι᾽ ἐπιταφίων εἰς αὐτὸν ἀγώνων, meint Schol. B.
V. zu 594). Eben das Ungewöhnliche solchen Versprechens scheint einen
der Gründe abgegeben zu haben, aus denen Aristarch (jedenfalls mit
Unrecht) v. 594 und 595 athetirte.

heranschweben, die Krieger darunter noch mit sichtbarer
Wunde, in blutiger Rüstung[1], theils führen sie, mehr hesiodisch
aufzählend für die Erinnerung als homerisch für die Anschauung belebend, eine Schaar von Heldenmüttern grosser Geschlechter an Odysseus vorüber, die doch nicht mehr Recht
als andere auf seine Theilnahme hatten und die man auch mit
ihm in irgend einen Zusammenhang zu setzen nur schwache
Versuche machte[2]. Schien hiermit die Masse der Todten,
in auserwählten Vertretern, besser vergegenwärtigt, so sollten
nun auch die Zustände dort unten wenigstens in Beispielen
dargestellt werden. Odysseus thut einen Blick in das Innere des
Todtenreiches, was ihm eigentlich bei seiner Stellung an dessen
äusserstem Eingange unmöglich war, und erblickt da solche
Heldengestalten, welche die Thätigkeit ihres einstigen Lebens,
als rechte „Abbilder" (εἴδωλα) der Lebendigen, fortsetzen:
Minos richtend unter den Seelen, Orion jagend, Herakles immer
noch den Bogen in der Hand, den Pfeil auf der Sehne, einem
„stets Abschnellenden ähnlich". Das ist nicht Herakles, der
„Heros-Gott", wie ihn die Späteren kennen; der Dichter weiss
noch nichts von der Erhöhung des Zeussohnes über das Loos
aller Sterblichen, so wenig wie der erste Dichter der Hadesfahrt von einer Entrückung des Achill aus dem Hades etwas
weiss. Späteren Lesern musste freilich dies ein Versäumniss
dünken. Solche haben denn auch mit kecker Hand drei Verse
eingelegt, in denen berichtet wird, wie „er selbst", der wahre
Herakles, unter den Göttern wohne; was Odysseus im Hades
sah, sei nur sein „Abbild". Der dies schrieb, trieb Theologie

---

[1] v. 40, 41. Dies nicht unhomerisch: vgl. namentlich Il. 14, 456 f.
(So sieht man auf Vasenbildern die Psyche eines erschlagenen Kriegers
nicht selten in voller Rüstung, wiewohl — die Unsichtbarkeit andeutend
— in sehr kleiner Gestalt über den Leichnam schweben.)

[2] Eigentlich soll Odysseus mit den einzelnen Weibern in Zwiegespräch treten und eine jede ihr Geschick ihm berichten: v. 231—234; es
heisst denn auch noch hie und da: φάτο 236, φῆ 237, εὔχετο 261, φάσκε
306. Aber durchweg hat das Ganze den Charakter einer einfachen Aufzählung; Odysseus steht unbetheiligt daneben.

auf eigene Hand: von einem solchen Gegensatz zwischen einem
volllebendigen, also Leib und Seele des Menschen vereinigt
enthaltenden „Selbst“ und einem, in den Hades gebannten
leeren „Abbild“, welches aber nicht die Psyche sein kann,
weiss weder Homer etwas noch das Griechenthum späterer
Zeit[1]. Es ist eine Verlegenheitsauskunft ältester Harmonistik.
Den Herakles sucht der Dichter mit Odysseus durch ein Gespräch in Verbindung zu setzen, in Nachahmung der Gespräche
des Odysseus mit Agamemnon und Achill: man merkt aber
bald, dass diese zwei einander nichts zu sagen haben (wie denn
auch Odysseus schweigt); es besteht keine Beziehung zwischen
ihnen, höchstens eine Analogie, insofern auch Herakles einst
lebendig in den Hades eingedrungen ist. Es scheint, dass einzig
diese Analogie den Dichter veranlasst hat, den Herakles hier
einzuschieben[2].

Es bleiben noch (zwischen Minos und Orion und Herakles
gestellt und vermuthlich von derselben Hand gebildet, die auch
jene beiden gezeichnet hat) die jedem Leser unvergesslichen
Gestalten der drei „Büsser“, des Tityos, dessen Riesenleib
zwei Geier zerhacken, des Tantalos, der mitten im Teich ver-
schmachtet und die überhangenden Zweige der Obstbäume
nicht erreichen kann, des Sisyphos, der den immer wieder abwärts rollenden Stein immer wieder in die Höhe wälzen muss.
In diesen Schilderungen ist die Grenze der homerischen Vorstellungen, mit denen sich die Bilder des Minos, Orion und
Herakles immer noch ausgleichen liessen, entschieden überschritten. Den Seelen dieser drei Unglücklichen wird volles
und dauerndes Bewusstsein zugetraut, ohne das ja die Strafe
nicht empfunden werden könnte und also nicht ausgeübt werden

---

[1] Vgl. *Rhein. Mus.* 50, 625 ff. — Der Unterscheidung eines εἴδωλον
von dem volllebendigen αὐτός am ähnlichsten ist, was Stesichoros und
schon Hesiod (s. Paraphras. antiq. Lycophr. 822, p. 71 Scheer; vgl. Bergk
P. lyr.[4] III p. 215) von Helena und ihrem εἴδωλον erzählt hatten. Vielleicht hat diese Fabel zu der Einsetzung der Verse λ 602 ff die Anregung
gegeben.

[2] Vgl. v. 623 ff.

würde. Und wenn man die ausserordentlich sichere, knappe, den Grund der Strafe nur bei Tityos andeutende, sonst einfach als bekannt voraussetzende Darstellung beachtet, wird man den Eindruck haben, als ob diese Beispiele der Strafen im Jenseits nicht zum ersten Male von dem Dichter dieser Verse gebildet, den überraschten Hörern als kühne Neuerung dargeboten, sondern mehr diesen nur in's Gedächtniss zurückgerufen, vielleicht aus einer grösseren Anzahl solcher Bilder gerade diese drei ausgewählt seien. Hatten also bereits ältere Dichter (die immer noch jünger sein konnten als der Dichter des ältesten Theils der Hadesfahrt) den Boden homerischen Seelenglaubens kühn verlassen?

Gleichwohl dürfen wir dies festhalten, dass die Strafen der drei „Büsser" nicht etwa die homerische Vorstellung von der Bewusstlosigkeit und Nichtigkeit der Schatten überhaupt umstossen sollten: sie stünden sonst ja auch nicht so friedlich inmitten des Gedichtes, das diese Vorstellungen zur Voraussetzung hat. Sie lassen die Regel bestehen, da sie selbst nur eine Ausnahme darstellen und darstellen wollen. Das könnten sie freilich nicht, wenn man ein Recht hätte, die dichterische Schilderung so auszulegen, dass die drei Unglücklichen typische Vertreter einzelner Laster und Classen von Lasterhaften sein sollten, etwa „zügelloser Begierde (Tityos), unersättlicher Schwelgerei (Tantalos) und des Hochmuths des Verstandes (Sisyphos)"[1]. Dann würde ja an ihnen eine Vergeltung nur exemplificirt, die man sich eigentlich auf die unübersehbaren Schaaren der mit gleichen Lastern befleckten Seelen ausgedehnt denken müsste. Nichts aber in den Schilderungen selbst spricht für eine solche theologisirende Auslegung, und von vorne herein etwa eine solche Forderung ausgleichender Vergeltung im Jenseits, die dem Homer vollständig fremd ist und in griechischen Glauben, soweit sie sich überhaupt jemals in ihn eingedrängt hat, erst von grübelnder Mystik

---

[1] So Welcker, *Gr. Götterl.* 1, 818 und darnach Andere.

spät hineingetragen ist, gerade diesem Dichter aufzudrängen, haben wir kein Recht und keinen Anlass. Allmacht der Gottheit, das soll uns diese Schilderung offenbar sagen, kann in einzelnen Fällen dem Seelenbild die Besinnung erhalten, wie dem Tiresias zum Lohne, so jenen drei den Göttern Verhassten, damit sie der Strafempfindung zugänglich bleiben. Was eigentlich an ihnen bestraft wird, lässt sich nach der eigenen Angabe des Dichters für Tityos leicht vermuthen: es ist ein besonderes Vergehen, das jeder von ihnen dereinst gegen Götter begangen hat. Was dem Tantalos zur Last fällt, lässt sich nach sonstiger Ueberlieferung errathen; weniger bestimmt sind die Angaben über die Verfehlung, die an dem schlauen Sisyphos geahndet wird[1]. Auf jeden Fall wird an allen Dreien Rache

---

[1] Als Grund der Strafe des Sisyphos geben Apollod. *bibl.* 1, 9, 3, 2; Schol. Il. A 180 (p. 18 b, 23 ff. Bekk.) an, dass er dem Asopos den Raub seiner Tochter Aegina durch Zeus verrathen habe. Auf sicherer Sagenüberlieferung beruht dies nicht: eine andere Erzählung knüpft an jenen Verrath das Märchen von der Ueberlistung des Todes, dann des Hades selbst durch Sisyphos und lasst dann erst den wieder dem Hades verfallenen Sisyphos mit der Aufgabe des fruchtlosen Steinwälzens bestraft werden. So Schol. Il. Z 153 mit Berufung auf Pherekydes. Dies Märchen von der zwiefachen Ueberlistung der Todesmächte ist (so gut wie das entsprechende Märchen vom Spielhansel: Grimm, *K. M.* 82 mit den Anm. III p. 131 ff.) offenbar scherzhaft gemeint (und, wie es scheint, scherzhaft behandelt von Aeschylus in dem Satyrdrama Σίσυφος δραπέτης): wenn hieran die Steinwälzung angeknüpft wird, so sollte schon dies warnen, dieser einen allzu bitterlich ernsthaften und erbaulichen Sinn, mit Welcker und Anhängern, anzudichten. Dass Sisyphos seines listigen Sinnes wegen zu Nutz und Lehr der Schlauen wie der Braven bestraft werde, ist ein ganz unantiker Gedanke. Dass er Il. 6, 153 κέρδιστος ἀνδρῶν heisst, ist ein Lob, nicht ein Tadel: wie Aristarch sehr richtig, und mit deutlicher ἀναφορά auf den Vers der Nekyia, feststellte (s. Schol. Il. Z 153, K 44 [Lehrs, *Arist.*[3] p. 117] und Od. λ 593); dass dies Beiwort τὸ κακότροπον des Sis. bezeichne, ist nur ein Missverständniss des Porphyrius, Schol. λ 385. Wie wenig man, auch mit der homerischen Schilderung im Kopfe, den Sisyphos als einen Verworfenen dachte, zeigt der Platonische Sokrates, der sich (*Apol.* 41 C) darauf f r e u t, im Hades u. A. auch den Sisyphos anzutreffen (vgl. auch Theognis 702 ff.). Einer erwecklichen Auslegung des Abschnittes von den „drei Büssern", an die der Dichter selbst gar nicht gedacht hat, macht Sisyphos die grössten Schwierigkeiten (s. auch *Rhein. Mus.* 50, 630).

genommen für Verletzungen der Götter selbst, deren Menschen
späterer Zeit gar nicht schuldig werden können; eben darum
haben ihre Thaten so gut wie ihre Strafen nichts Vorbildliches
und Typisches, beide stellen vielmehr völlig vereinzelte Ausnahmen dar, gerade dadurch sind sie dem Dichter merkwürdig.

Von irgend einer ganzen Classe von Lasterhaften, die im
Hades bestraft würden, weiss die Dichtung von der Hadesfahrt des Odysseus nichts, auch nicht in ihren jüngsten Theilen.
Sie hätte sich sogar noch an ächt homerische Andeutungen
halten können, wenn sie wenigstens die unterweltlichen Strafen
der Meineidigen erwähnt hätte. Zweimal werden in der
Ilias bei feierlichen Eidschwüren neben Göttern der Oberwelt
auch die Erinyen angerufen, die unter der Erde diejenigen
strafen, die einen Meineid schwören[1]. Nicht mit Unrecht hat
man in diesen Stellen einen Beweis dafür gefunden, „dass die
homerische Vorstellung von einem gespenstischem Scheinleben
der Seelen in der Unterwelt ohne Empfindung und Bewusstsein
nicht allgemeiner Volksglaube war"[2]. Man muss aber wohl
hinzusetzen, dass im Glauben der homerischen Zeit der Gedanke einer Bestrafung der Meineidigen im Schattenreiche
kaum noch recht lebendig gewesen sein kann, da er den Sieg
jener, mit ihm unverträglichen Vorstellung von empfindungs-
loser Nichtigkeit der abgeschiedenen Seelen nicht hat hindern
können. In einer feierlichen Schwurformel hat sich (wie denn
in Formeln sich überall manches Alterthum, unlebendig, lange
fortschleppt) eine Anspielung auf jenen, homerischer Zeit fremd
gewordenen Glauben erhalten, auch ein Rudiment verschollener
Vorstellungsweise. Selbst damals übrigens, als man an eine
Bestrafung des Meineids im Jenseits noch wirklich und wörtlich glaubte, mag man wohl Bewusstsein allen Seelen im Hades

---

[1] Il. 3, 279; 19, 260 (vgl. *Rhein. Mus.* 50, 8). Vergeblich sucht
Nitzsch, *Anm. zur Odyssee* III p. 184 f., beide Stellen durch Künste der
Erklärung und Kritik nicht das aussagen zu lassen, was sie doch deutlich sagen.
[2] K. O. Müller, *Aschyl. Eumenid.* p. 167.

zugestanden haben, keinesfalls aber hat man an eine Vergeltung irdischer Verfehlungen im Hades ganz im Allgemeinen geglaubt, von denen etwa der Meineid nur ein einzelnes Beispiel wäre. Denn an dem Meineidigen wird nicht etwa eine besonders anstössige sittliche Verfehlung bestraft — man darf zweifeln, ob die Griechen eine solche in dem Meineid überhaupt fanden und empfanden —, sondern er, und nicht irgend ein anderer Frevler, verfällt den unterirdischen Quälgeistern einfach darum, weil er im Schwur, um seinen Abscheu vor Trug auf's Fürchterlichste zu bekräftigen, sich das Grässlichste, die Peinigung im Reiche des Hades, aus dem kein Entrinnen ist, selber angewünscht hat, wenn er falsch schwöre[1]. Denen er sich gelobt hat, den Höllengeistern verfällt er, wenn er Meineid schwört. Glaube an die bindende Zauberkraft solcher Verwünschungen[2], nicht absonderliche sittliche Hochhaltung der Wahrheit, die dem höheren Alterthum ganz fremd ist, gab dem Eid seine Furchtbarkeit.

5.

Ein letztes Anzeichen der Zähigkeit, mit welcher die Sitte den sie begründenden Glauben überlebt, bieten die homerischen Gedichte in der Erzählung des Odysseus, wie er, von dem Kikonenland fliehend, nicht eher abgefahren sei, als bis er die im Kampf mit den Kikonen erschlagenen Gefährten dreimal gerufen habe (Od. 9, 65, 66). Der Sinn solcher Anrufung der Todten wird aus einzelnen Anspielungen auf die gleiche

---

[1] Man bedenke auch, dass eine gesetzliche Strafe auf dem Meineid nicht stand, in Griechenland so wenig wie in Rom. Sie war nicht nothig, da man unmittelbare Bestrafung durch die Gottheit, welcher der Schwörende sich selbst gelobt hatte, erwartete (lehrreich sind die Worte des Agamemnon bei dem Treubruch der Troer, Il. 4, 158 ff.), im Leben, und auch da schon durch die Höllengeister, die Erinyen (Hesiod Ἔ. 802 ff.), oder nach dem Tode.

[2] Der Eid eine Schuldverschreibung an die Eidgötter: Theognis 1195 f. μήτι θεοὺς ἐπίορκον ἐπόμνυθι, οὐ γὰρ ἀνυστὸν ἀθανάτους κρύψαι χρεῖος ὀφειλόμενον. Meineid wäre εἰς θεοὺς ἁμαρτάνειν Sophocl. fr. 431.

Sitte in späterer Litteratur deutlich. Die Seele der in der Fremde Gefallenen soll abgerufen werden[1]; richtig vollzogen zwingt sie der Ruf des Freundes, ihm zu folgen nach der Heimath, wo ein „leeres Grabmal" sie erwartet, wie es auch bei Homer regelmässig den Freunden errichtet wird, deren Leichen zu richtiger Bestattung zu erreichen unmöglich ist[2]. Abrufung der Seele und Errichtung solches leeren Gehäuses — für wen anders als die Seele, die dann der Verehrung ihrer Angehörigen erreichbar bleibt — hat einen Sinn für diejenigen, die an die Möglichkeit der Ansiedelung einer „Seele" in der Nähe der lebenden Freunde glauben, nicht aber für Anhänger des homerischen Glaubens. Wir sehen zum letzten Male ein bedeutsames Rudiment ältesten Glaubens in einem in veränderter Zeit noch nicht ganz abgestorbenen Brauche vor uns. Todt war auch hier der Glaube, der den Brauch einst hervorgerufen hatte. Fragt man den homerischen Dichter, zu welchem Zwecke dem Todten ein Grabhügel aufgeschüttet, ein Merkzeichen darauf errichtet werde, so antwortet er: damit sein Ruhm unter den Menschen unvergänglich bleibe; damit auch künftige Geschlechter von ihm Kunde haben[3]. Das ist echt

---

[1] Ganz richtig Eustath. zu Od. 9, 65 p. 1614/5. Er erinnert an Pindar, *Pyth.* 4, 159: κέλεται γὰρ ἐὰν ψυχὰν κομίξαι Φρίξος ἐλθόντας πρὸς Αἰήτα θαλάμους, zu welcher Stelle der Scholiast wieder die homerische vergleicht. In der That ist der vorausgesetzte Glaube an beiden Stellen der gleiche: τῶν ἀπολομένων ἐν ξένῃ γῇ τὰς ψυχὰς εὐχαῖς τισιν ἐπεκαλοῦντο ἀποπλέοντες οἱ φίλοι εἰς τὴν ἐκείνων πατρίδα καὶ ἐδόκουν κατάγειν αὐτοὺς πρὸς τοὺς οἰκείους (Schol. Od. 9, 65 f. Schol. H. zu 9, 62). Ganz vergeblich sträubt sich Nitzsch, *Anm.* III p. 17/18, in dieser Begehung die Erfüllung einer religiösen Pflicht zu erkennen; Odysseus genüge nur einem „Bedürfniss des Herzens" u. s. w. So verschlämmt man durch „sittliche" Ausdeutung den eigentlichen Sinn ritualer Handlungen.

[2] Als allgemeine Sitte setzt die Errichtung eines Kenotaphs für in der Fremde gestorbene und den Angehörigen unerreichbare Verwandte voraus die Mahnung der Athene an Telemach, Od. 1, 291. Menelaos errichtet dem Agamemnon ein leeres Grab in Aegypten, Od. 4, 584.

[3] Od. 4, 584: χεῦ' Ἀγαμέμνονι τύμβον, ἵν' ἄσβεστον κλέος εἴη. 11, 75 f.: σῆμα δέ μοι χεῦαι πολιῆς ἐπὶ θινὶ θαλάσσης, ἀνδρὸς δυστήνοιο, καὶ ἐσσομένοισι πυθέσθαι. Dem Agamemnon wünscht Achill, in der zweiten Nekyia,

homerischer Klang. Mit dem Tode entflieht die Seele in ein
Reich dämmernden Traumlebens, der Leib, der sichtbare
Mensch, zerfällt; was lebendig bleibt, ist im Grunde nichts
als der grosse Name. Von ihm redet der Nachwelt noch das
ehrenvolle Denkzeichen auf dem Grabhügel — und das Lied
des Sängers. Es ist begreiflich, dass ein Dichter zu solchen
Vorstellungen neigen konnte.

Od. 24, 30 ff.: wärest du doch vor Troja gefallen, dann hätten die Achäer
dir ein Grabmal errichtet und καὶ σῷ παιδὶ μέγα κλέος ἦρα᾽ ὀπίσσω. (Und
im Gegensatz hierzu v. 93 ff. Agamemnon zu Achill: ὥς σὺ μὲν οὐδὲ θανὼν
ὄνομ᾽ ὤλεσας, ἀλλά τοι αἰεὶ πάντας ἐπ᾽ ἀνθρώπους κλέος ἔσσεται ἐσθλόν,
Ἀχιλλεῦ.) Wie das σῆμα ἐπὶ πλατεῖ Ἑλλησπόντῳ dazu dient, den vorbei-
fahrenden Schiffer zu erinnern: ἀνδρὸς μὲν τόδε σῆμα πάλαι κατατεθνηῶτος
u. s. w.; und wie dies sein einziger Zweck zu sein scheint, zeigen die Worte
des Hektor Il. 7, 84 ff. — Des Gegensatzes wegen vgl. man, was von den
Bewohnern der Philippinen berichtet wird: „sie legten ihre vornehmen
Todten in eine Kiste und stellten sie auf einen erhabenen Ort oder einen
Felsen am Ufer eines Flusses, damit sie von den Frommen verehrt
würden" (Lippert, *Seelencult* p. 22).

Entrückung. Inseln der Seligen.

I.

Die homerische Vorstellung vom Schattenleben der abgeschiedenen Seelen ist das Werk der Resignation, nicht des
Wunsches. Der Wunsch würde nicht diese Zustände sich als
thatsächlich vorhanden vorgespiegelt haben, in denen es für
den Menschen nach dem Tode weder ein Fortwirken giebt,
noch ein Ausruhen von den Mühen des Lebens, sondern ein
unruhiges zweckloses Flattern und Schweben, ein Dasein
zwar, aber ohne jeden Inhalt, der es erst zum Leben machen
könnte.

Regte sich gar kein Wunsch nach tröstlicherer Gestaltung
der jenseitigen Welt? verzehrte die starke Lebensenergie jener
Zeiten wirklich ihr Feuer so völlig im Reiche des Zeus, dass
nicht einmal ein Flammenschein der Hoffnung bis in das Haus
des Hades fiel? Wir müssten es glauben — wenn nicht ein
einziger flüchtiger Ausblick uns von ferne ein seliges Wunsch-
land zeigte, wie es das noch unter dem Banne des homerischen
Weltbildes stehende Griechenthum sich erträumte.

Als Proteus, der in die Zukunft schauende Meergott, dem
Menelaos am Strande Aegyptens von den Bedingungen seiner
Heimkehr in's Vaterland und von den Schicksalen seiner
liebsten Genossen berichtet hat, fügt er, — so erzählt Mene-

laos selbst im vierten Buche der Odyssee (v. 560 ff.) dem
Telemach — die weissagenden Worte hinzu:

Nicht ist Dir es beschieden, erhabener Fürst Menelaos,
Im rossweidenden Argos den Tod und das Schicksal zu dulden;
Nein, fernab zur Elysischen Flur, zu den Grenzen der Erde,
Senden die Götter Dich einst, die unsterblichen; wo Rhadamanthys
Wohnet, der blonde, und leichtestes Leben den Menschen bescheert ist,
(Nie ist da Schnee, nie Winter und Sturm noch strömender Regen,
Sondern es lässt aufsteigen des Wests leicht athmenden Anhauch,
Immer Okeanos dort, dass er Kühlung bringe den Menschen),
Weil Du Helena hast, und Eidam ihnen des Zeus bist.

Diese Verse lassen einen Blick thun in ein Reich, von
dem die homerischen Gedichte sonst keinerlei Kunde geben.
Am Ende der Erde, am Okeanos liegt das „Elysische Gefilde", ein Land unter ewig heiterem Himmel, gleich dem
Götterlande[1]. Dort wohnt der Held Rhadamanthys, nicht
allein, darf man denken: es ist ja von Menschen in der Mehrzahl die Rede (V. 565. 568). Dorthin werden dereinst die
Götter „senden" den Menelaos: er wird nicht sterben (V. 562),
d. h. er wird lebendig dorthin gelangen, auch dort den Tod
nicht erleiden. Wohin er entsendet werden soll, das ist nicht
etwa ein Theil des Reiches des Hades, sondern ein Land auf
der Oberfläche der Erde, zum Aufenthalt bestimmt nicht abgeschiedenen Seelen, sondern Menschen, deren Seelen sich von
ihrem sichtbaren Ich nicht getrennt haben: denn nur so können
sie eben Gefühl und Genuss des Lebens (v. 565) haben.
Es ist das volle Gegentheil von einer seligen Unsterblichkeit
der Seele in ihrem Sonderdasein, was hier die Phantasie sich
ausmalt; eben weil eine solche homerischen Sängern völlig
undenkbar blieb, sucht und findet der Wunsch einen Ausgang
aus dem Reiche der Schatten, das alle Lebensenergie ver-
schlingt. Er ersieht sich ein Land am Ende der Welt, aber
doch noch von dieser Welt, in das einzelne Günstlinge der

---

[1] Nicht umsonst erinnert, was von dem Klima, so zu sagen, des
Elysischen Landes gesagt wird, Od. 4, 566—568 stark an die Schilderung
des Göttersitzes auf dem Olymp, Od. 6. 43—45.

Götter entrückt werden, ohne dass ihre Psyche vom Leibe sich trennte und dem Erebos verfiele. Die Hindeutung auf solche wunderbare Entrückung steht in den homerischen Gedichten vereinzelt und scheint auch in die Odyssee erst von nachdichtender Hand eingelegt zu sein[1]. Aber die Bedingungen für ein solches Wunder sind alle in homerischen Vorstellungen gegeben. Menelaos wird durch Göttermacht entrafft und führt fern von der Welt der Sterblichen ein ewiges Leben. Dass ein Gott seinen sterblichen Schützling den Blicken der Menschen plötzlich entziehen und ungesehen durch die Luft davon führen könne, ist ein Glaube, der in nicht wenigen Vorgängen der Schlachten der Ilias seine Anwendung findet[2]. Die Götter können aber auch einen Sterblichen auf lange Zeit „unsichtbar machen". Da Odysseus den Seinen so lange schon entschwunden ist, vermuthen

---

[1] Die Verkündigung des Endschicksals des Menelaos hängt allerdings über, sie ist weder durch die erste Bitte des Menelaos (468 ff.), noch durch dessen weitere Fragen (486 ff.; 551 ff.) nothwendig gemacht oder auch nur gerechtfertigt. — Schon Nitzsch hielt die Verse 561—568 für eine spätere Einlage: *Anm. zur Odyssee* III p. 352, freilich mit einer Begründung, die ich nicht für beweiskräftig halten kann. Dann Andere ebenso.

[2] Unsichtbarmachung (durch Verhüllung in einer Wolke) und Entraffung (die nicht überall ausdrücklich hervorgehoben wird, aber wohl überall hinzuzudenken ist): des Paris durch Aphrodite, Il. Γ 380 ff.; des Aeneas durch Apollo, E 344 f.; des Idaios, Sohnes des Hephaestospriesters Dares, durch Hephaestos E 23; des Hektor durch Apollo, Υ 443 f.; des Aeneas durch Poseidon Υ 325 ff.; des Antenor durch Apollo, Φ 596 ff. (diese letzte, wie es scheint, die Originalscene, die in den Schilderungen dieses selben Schlachttages in den vorher genannten Ausführungen des gleichen Motivs, Υ 325 ff.; 443 f. noch zweimal von späteren Dichtern nachgeahmt worden ist). Auffallend ist (weil sich kaum ein besonderer Grund hierfür denken lässt), dass alle diese Beispiele der Entrückung auf Helden der troischen Seite treffen. Sonst noch, aber nur in Wiedergabe eines längst vergangenen Abenteuers: Entrückung der Aktorionen durch ihren Vater Poseidon: Λ 750 ff. Endlich könnte (was über die angeführten Fälle nur wenig hinausginge) Zeus seinen Sohn Sarpedon lebendig aus der Schlacht entraffen und nach seiner Heimath Lykien versetzen: Il 436 ff.; er steht aber auf die Mahnungen der Here (440 ff.) von solchem Vorsatz ab.

sie, dass die Götter ihn „unsichtbar gemacht" haben (Od. 1, 235 ff.); er ist, meinen sie, nicht gestorben (v. 236), sondern „die Harpyien haben ihn entrafft", und so ist er aller Kunde entrückt (Od. 1, 241 f.; 14, 371). Penelope in ihrem Jammer wünscht sich entweder schnellen Tod durch die Geschosse der Artemis, oder dass sie emporgerissen ein Sturmwind entführe auf dunklen Pfaden und sie hinwerfe an den Mündungen des Okeanos, d. h. am Eingang in's Todtenreich (Od. 20, 61—65; 79 ff.) [1]. Sie beruft sich zur Erläuterung dieses Wunsches auf ein Märchen, von der Art, wie sie wohl in den Weibergemächern oft erzählt werden mochten: von den Töchtern des Pandareos, die, nach dem gewaltsamen Tode der Eltern von Aphrodite lieblich aufgenährt, von Hera, Artemis und Athene mit allen Gaben und Kunstfertigkeiten ausgestattet, einst, da Aphrodite in den Olymp gegangen war, um ihnen von Zeus einen Ehebund zu erbitten, von den Harpyien entrafft und den

---

[1] Ausdrücklich wird der Wunsch schnell zu sterben entgegengesetzt dem Wunsche, durch die Harpyien entführt zu werden: 63 ἤ ἔπειτα — „oder sonst", d. h. wenn mir schneller Tod nicht bescheert ist. (S. *Rhein. Mus.* 50, 2, 2.) Nochmals 79. 80: ὡς ἔμ' ἀιστώσειαν 'Ολύμπια δώματ' ἔχοντες ἠέ μ' ἐυπλόκαμος βάλοι "Αρτεμις. Die Harpyien = (θύελλα 63) bringen hier also nicht Tod, sondern entraffen Lebende (ἀναρπάξασα οἴχοιτο 63 f., ἅρπυιαι ἀνηρείψαντο 77 = ἀνέλοντο θύελλαι 66 und tragen sie κατ' ἠερόεντα κέλευθα 64 zu den προχοαὶ ἀφορρόου 'Ωκεανοῖο 65 ἔδοσαν στυγερῇσιν 'Ερινύσιν ἀμφιπολεύειν 78). An der „Einmündung des Okeanos" (in's Meer) ist der Eingang in's Todtenreich: κ 508 ff. λ 13 ff. — Entführung durch die Sturmgeister, als Wunsch, sprichwörtlich: Il. 6, 345 ff. ὡς μ' ὄφελ' ἤματι τῷ ὅτε με πρῶτον τέκε μήτηρ οἴχεσθαι προφέρουσα κακὴ ἀνέμοιο θύελλα εἰς ὄρος ἤ εἰς κῦμα πολυφλοίσβοιο θαλάσσης (d. h. in die Einöde. Orph. *hymn.* 19, 19; 36, 16; 71, 11). Solche Entführung durch die Luft wird auch sonst dem Tode und Hadesaufenthalt entgegengesetzt, ebenso wie in dem Wunsche der Penelope (den Roscher, *Kynanthropie* [Abh. d. sächs. Ges. d. Wiss. XVII] p. 67 eigenthümlich, aber schwerlich richtig deutet): Soph. *Trach.* 953 ff., *Ai* 1193 ff. (*Phil.* 1092 ff. ?). Vgl. Eurip. *Hippol.* 1279 ff., *Jon.* 805 f., *Suppl.* 833—36. Eine tiefeingeprägte altvolksthümliche Vorstellung liegt überall zugrunde. — ὑπὸ πνευμάτων συναρπαγέντα ἄφαντον γενέσθαι giebt Anlass zu τιμαὶ ἀθάνατοι noch in der nur halb rationalisirten Erzählung von Hesperos bei Diodor 3, 60, 3.

verhassten Erinyen zum Dienste gegeben worden seien[1]. Diese volksthümliche Erzählung lässt, deutlicher als sonst die homerische Kunstdichtung, den Glauben erkennen, dass der Mensch, auch ohne zu sterben, dauernd dem Bereiche der lebenden Menschen entführt werden und an anderem Wohnplatze weiter leben könne. Denn lebendig werden die Töchter des Pandareos entrückt — freilich in das Reich der Todten, denn dorthin gelangen sie, wenn sie den Erinyen, den Höllengeistern, dienen müssen[2]. Dorthin wünscht auch Penelope, ohne doch zu sterben, entrückt zu werden aus dem Lande der Lebendigen, das ihr unleidlich geworden ist. Die solche Entführung bewirken, sind die „Harpyien" oder der „Sturmwind", das ist dasselbe; denn nichts anderes als Windgeister einer besonders unheimlichen Art sind die Harpyien, der Teufelsbraut oder „Windsbraut" vergleichbar, die nach deutschem Volksglauben im Wirbelwind daherfährt, auch wohl Menschen mit sich entführt[3]. Die Harpyien und was hier von ihnen

---

[1] Man möchte mehr von diesem eigenthümlichen Märchen erfahren; aber was uns sonst von Pandareos und seinen Töchtern berichtet wird (Schol. ʋ 66. 67; τ 518; Anton. Lib. 36) trägt zur Aufklärung der homerischen Erzählung nichts bei und gehört wohl z. Th. in ganz andere Zusammenhänge. Pandareos, Vater der Aëdon (τ 518 ff.), scheint ein anderer zu sein. Auch die eigenthümliche Darstellung der zwei Pandareostöchter auf Polygnots Unterweltgemälde (Paus. 10, 30, 2) hellt die Fabel nicht auf. (Vgl. Roscher, *Kynanthropie* 4 ff. 65 f.)

[2] Die Erinyen haben ihren dauernden Aufenthalt im Erebos: wie namentlich aus Il. 9, 571 f.; 19, 259 erhellt. Wenn sie freilich auch Vergehungen Einzelner gegen Familienrecht schon im Leben bestrafen: z. B. Il. 9, 454; Od. 11, 278, so muss man sie — da eine Wirkung in die Ferne unglaublich ist — sich wohl auch gelegentlich als auf Erden umgehend denken, wie bei Hesiod. W. u. T. 803 f. — Ἐρινύσιν ἀμφιπολεύειν (78) kann nichts anders als: den Erinyen dienen, ihnen zu ἀμφίπολοι werden, bedeuten. „Im Gefolge der E. herumschweifen" (wie, nach Anleitung des Eustathius, Roscher, *Kynanthr.* 65, 183 versteht) — so die Worte zu deuten, verbietet der mit ἀ. verbundene einfache Dativ Ἐρινύσι (ϑεαῖς ἀμφιπολῶν Soph. O. C. 680 ist anders).

[3] „Wenn die Windsbraut daher fährt, soll man sich auf den Boden legen, wie beim Muodisheere (vgl. hierüber Grimm, D. M.⁴ 789), weil sie sonst einen mitnimmt." Birlinger, *Volksthüml. a. Schwaben* 1, 192.

erzählt wird, gehören der bei Homer selten einmal durch-
blickenden „niederen Mythologie" an, die von vielen Dingen
zwischen Himmel und Erde wissen mochte, von denen das
vornehme Epos keine Notiz nimmt. Bei Homer sind sie nicht
aus eigener Macht thätig; nur als Dienerinnen der Götter
oder eines Gottes entraffen sie Sterbliche dahin, wohin keine
menschliche Kunde und Macht dringt[1].

Nur ein weiteres Beispiel solcher Entrückung durch
Willen und Macht der Götter ist auch die dem Menelaos
vorausverkündigte Entsendung nach dem elysischen Gefilde
am Ende der Erde. Selbst dass ihm dauernder Aufenthalt
in jenem, lebendigen Menschen sonst unzugänglichen Wunsch-
lande zugesagt wird, unterscheidet sein Geschick noch nicht
wesentlich von dem der Töchter des Pandareos und dem ähnlichen, das Penelope sich selbst wünscht. Aber freilich nicht
im Hades oder an dessen Eingang, sondern an einem besonderen Wohnplatze der Seligkeit wird dem Menelaos ewiges
Leben verheissen, wie in einem anderen Götterreiche. Er soll
zum Gotte werden: denn wie den homerischen Dichtern „Gott"
und „Unsterblicher" Wechselbegriffe sind, so wird ihnen auch
der Mensch, wenn ihm Unsterblichkeit verliehen ist (d. h. wenn
seine Psyche von seinem sichtbaren Ich sich niemals trennt),
zum Gotte.

Es ist homerischer Glaube, dass Götter auch Sterbliche
in ihr Reich, zur Unsterblichkeit erheben können. Kalypso
will den Odysseus, damit er ewig bei ihr bleibe, „unsterblich
und unalternd für alle Zeit" machen (Od. 5, 135 f., 209 f.;
23, 335 f.), d. h. zu einem Gotte, wie sie selbst göttlich ist.
Die Unsterblichkeit der Götter ist durch den Genuss der
Zauberspeise, der Ambrosia und des Nektar, bedingt[2]; auch

„Sie ist die Teufelsbraut" ibid. (über die „Windsbraut" vgl. Grimm,
*D. Myth.*⁴ I S. 525 ff. III 179). Solche Windgeister stehen in einem
unheimlichen Zusammenhang mit dem wilden Heere, d. h. den Nachts
durch die Luft fahrenden unruhigen „Seelen".

[1] Ueber die Harpyien s. *Rhein. Mus.* 50, 1—5.

[2] S. Nägelsbach, *Homer. Theol.* p. 42. 43 und, gegen Bergks Ein-

den Menschen macht der dauernde Genuss der Götterspeise zum ewigen Gott. Was Odysseus, den Treue und Pflicht nach der irdischen Heimath zurückziehen, verschmäht, ist anderen Sterblichen zu Theil geworden. Die homerischen Gedichte wissen von mehr als einer Erhebung eines Menschen zu unsterblichem Leben zu berichten.

Mitten im tosenden Meere erscheint dem Odysseus als Retterin Ino Leukothea, einst des Kadmos Tochter, „die vordem ein sterbliches Weib war, jetzt aber in der Meeresfluth Theil hat an der Ehre der Götter" (Od. 5, 333 ff.)[1]. Hat sie ein Gott des Meeres entrückt und in sein Element ewig gebannt? Es besteht der Glaube, dass auch wohl zu sterblichen Mädchen ein Gott vom Himmel herabkommen und sie für alle Zeit als seine Gattin sich holen könne (Od. 6, 280 f.)[2].

Ganymed, den schönsten der sterblichen Menschen, haben die Götter in den Olymp entrückt[3], damit er als Mundschenk des Zeus unter den Unsterblichen wohne (Il. 20, 232 ff.). Er war ein Sprosse des alten troischen Königsgeschlechtes; eben diesem gehört auch Tithonos an, den schon Ilias und Odyssee als den Gatten der Eos kennen: von seiner Seite erhebt sich

---

wendungen (*Opusc.* II 669), Roscher, *Nektar und Ambrosia* S. 51 ff. (sehr bestimmt redet Aristoteles, *Metaphys.* 1000a, 9—14).

.   [1] Es ist nicht unwahrscheinlich, dass diese Ino Leukothea ursprünglich eine Göttin war, die aber heroisirt (mit der Tochter des Kadmos aus einem uns nicht mehr erkennbaren Grunde identificirt) und nur nachträglich wieder als Göttin anerkannt wurde. Aber dem homerischen Zeitalter gilt sie als eine ursprünglich Sterbliche, die zur Göttin erst geworden ist; aus demselben Grunde, eben weil sie als Beispiel solcher Vergöttlichung Sterblicher galt, blieb sie den Späteren interessant (vgl. ausser bekannten Stellen des Pindar u. A., Cicero, *Tusc.* I § 28), und nur auf die thatsächliche Vorstellung des Volkes und seiner Dichter, nicht auf das, was sich als letzter Hintergrund dieser Vorstellung allenfalls vermuthen lässt, kommt es mir hier, und in vielen ähnlichen Fällen, an.

[2] Nur zeitweilige Entrückung (ἀνήρπασε) der Marpessa durch Apollo: Il. 9, 564.

[3] Den Ganymedes ἀνήρπασε θέσπις ἄελλα, hymn. Ven. 208, sowie die θύελλα (= Ἅρπυια) die Töchter des Pandareos. Den Adler setzte erst spätere Dichtung ein.

die Göttin morgens, um das Licht des Tages Göttern und Menschen zu bringen[1]. Es scheint, dass sie den Geliebten entrückt hat, nicht in den Olymp, sondern zu den fernen Wohnplätzen am Okeanos, von wo sie morgens auffährt[2]. Eos auch war es, die einst den schönen Orion geraubt hatte, und trotz des Neides der übrigen Götter sich seiner Liebe erfreute, bis Artemis ihn „auf Ortygie" mit gelindem Geschoss tödtete (Od. 5, 122 ff.). Alte Sternsagen mögen hier zu Grunde liegen, die eigentlich Vorgänge am Morgenhimmel mythisch wiederspiegeln. Aber wie in solchen Sagen die Elemente, die Himmelserscheinungen belebt und nach menschlicher Art beseelt gedacht waren, so sind, dem allgemeinen Zuge der Sagenentwicklung folgend, dem homerischen Dichter die Sterngeister längst zu irdischen Helden und Jünglingen herabgesunken: wenn die Göttin den Orion in ihr Reich erhebt, so kann, nach dem Glauben der Zeit (und hierauf allein kommt es hier an) dasselbe durch Gunst eines Gottes jedem Sterblichen begegnen. Schon eine einfache Nachbildung der gleichen Sage im rein und ursprünglich menschlichen Gebiete ist die Erzählung von Kleitos, einem Jüngling aus dem Geschlechte des Sehers Melampus, den Eos entrafft hat, um seiner Schönheit willen, damit er unter den Göttern wohne (Od. 15, 249 f.).

---

[1] Il. 11, 1. Od. 5, 1.

[2] Ἠὼς — ἀπ᾽ Ὠκεανοῖο ῥοάων ὤρνυθ᾽, ἵν᾽ ἀθανάτοισι φόως φέροι ἠδὲ βροτοῖσιν, Il. 19, 1 f.; vgl. Od. 23, 244 (h. Mercur. 184 f.). So denn hymn. Ven. 225 ff. von Tithonos: Ἠοῖ τερπόμενος χρυσοθρόνῳ ἠριγενείῃ ναῖε παρ᾽ Ὠκεανοῖο ῥοῇς ἐπὶ πείρασι γαίης, völlig homerisch. Es scheint, dass das Wundereiland Aiaia für den Wohnplatz der Eos (und des Tithonos) galt: Od. 12, 3: — νῆσόν τ᾽ Αἰαίην, ὅθι τ᾽ Ἠοῦς ἠριγενείης οἰκία καὶ χοροί εἰσι καὶ ἀντολαὶ ἠελίοιο. Wie man die schon im Alterthum vielverhandelte Schwierigkeit lösen könne, diesen Vers mit der, in der Odyssee zweifellos angenommenen westlichen Lage von Aiaia in Einklang zu bringen, untersuche ich hier nicht: gewiss ist nur, dass der erste Dichter dieses Verses Aiaia im Osten suchte; nur mit schlimmsten Auslegerkünsten kann man den Ort des „Aufgangs der Sonne" und der „Wohnung der Morgenröthe" in den Westen schieben.

2.

Wenn also Menelaos lebendig entrückt wird nach einem fernen Lande an den Grenzen der Erde, um dort in ewiger Seligkeit zu leben, so ist das zwar ein Wunder, aber ein solches, das in homerischem Glauben seine Rechtfertigung und seine Vorbilder findet. Neu ist nur, dass ihm ein Aufenthalt bestimmt wird, nicht im Götterlande, dem rechten Reiche der Ewigkeit, auch nicht (wie dem Tithonos, nach Kalypsos Wunsch dem Odysseus) in der Umgebung eines Gottes, sondern in einem besonderen Wohnplatz, eigens den Entrückten bestimmt, dem elysischen Gefilde. Auch dies scheint keine Erfindung des Dichters jener Zeilen zu sein. Das „Land der Hingegangenen"[1] und dessen Lieblichkeit erwähnt er nur so kurz, dass man glauben muss, nicht er habe zum ersten Male eine so lockende Vision gehabt[2].

---

[1] Unter allerlei misslungenen Versuchen der Alten das Wort Ἠλύσιον etymologisch abzuleiten (Schol. Od. δ 563, Eustath. ibid. Hesych. s. v., u. s. w.; auch Celsus ap. Orig. adv. Cels. VII 28 p. 53 L.) doch auch die richtige: Et. M. 428, 36: παρὰ τὴν ἔλευσιν, ἔνϑα οἱ εὐσεβεῖς παραγίνονται. — Streitig scheint unter Grammatikern gewesen zu sein, ob Menelaos im Elysium ewig leben werde. Dass er lebendig, ohne Trennung der Psyche vom Leibe, dahin gelange, gaben alle zu, aber Ueberweise meinten, dort werde dann eben auch er sterben, nur dass er nicht in Argos sterben werde, sei ihm verkündigt, nicht dass er überhaupt nicht sterben solle: so namentlich Etym. Gud. 242, 2 ff. Und ähnlich doch wohl diejenigen, die Ἠλύσιον ableiteten davon, dass dort die ψυχαὶ λελυμέναι τῶν σωμάτων διάγουσιν: Eustath. 1509, 29. Etym. M. etc. Die Etymologie ist so dumm wie die Erklärung der Verse. Diese blieb doch auch im Alterthum ein Curiosum vernünftige Leser verstanden die Prophezeiung ganz richtig als eine Ankündigung der Entrückung zu ewigem Leben, ohne Trennung der ψυχή vom Leibe: z. B. Porphyrius bei Stobaeus *Ecl.* I p. 422, 8 ff. Wachsm. Und so auch die, welche ihrer sachlich richtigen Auffassung Ausdruck gaben durch die freilich auch nicht eben weise Etymologie: Ἠλύσιον οὐλύσιον, ὅτι οὐ διαλύονται ἀπὸ τῶν σωμάτων αἱ ψυχαί. Hesych. (vgl. Etym. M. 428, 34/35; Schol. δ 563; Proclus zu Hesiod Ἔργ. 169).

[2] οὐ μὴν φαίνεταί γε (ὁ ποιητής) προαγαγὼν τὸν λόγον ἐς πλέον ὡς εὕρημα ἄν τις οἰκεῖον, προσαψάμενος δὲ αὐτοῦ μόνον ἅτε ἐς ἅπαν ἤδη διαβεβοημένου τὸ Ἑλληνικόν, um mich der Worte des Pausanias (10, 31, 4) in einem ähnlichen Falle zu bedienen.

Er mag nur in Menelaos den Seligen einen neuen Genossen zugeführt haben. Dass Rhadamanthys, der Gerechte, dort wohne, muss ihm wohl als aus älterer Sage bekannt gelten, denn er will offenbar nur daran erinnern und hat eben nicht für nöthig gehalten, diese Auszeichnung des Bruders des Minos zu begründen[1]. Man könnte glauben, zu Gunsten des Rhadamanthys sei von Dichtern älterer Zeit die Vorstellung eines solchen Wunschlandes erfunden und ausgeschmückt worden. Neu ist nur, dass diese Vorstellung nun auch in den Kreis homerischer Dichtung eingeführt, ein Held des troischen Kreises den nach jenem Lande ewig ungetrübten Glückes Entrückten gesellt wird. Die Verse sind, wie gesagt, in die Prophezeiung des Proteus später eingelegt, und man wird wohl glauben müssen, dass die ganze Vorstellung homerischen Sängern bis dahin fern lag: schwerlich wäre doch die Blüthe der Heldenschaft, selbst Achilleus, dem öden Schattenreich verfallen, in dem wir sie, in der Nekyia der Odyssee, schweben sehen, wenn ein Ausweg in ein Leben frei vom Tode der Phantasie sich gezeigt hätte schon damals, als die Sage von dem Ende der meisten Helden durch die Dichtung festgestellt wurde. Den Menelaos,

---

[1] Uns ist der Grund jener Begnadung des Rhadamanthys so unbekannt, wie er es offenbar den Griechen späterer Zeit auch war: was sie in ganz allgemeinen Ausdrücken von der „Gerechtigkeit" des Rhad. sagen, beruht nur auf eigenen Annahmen und ersetzt nicht die bestimmte Sage, die seine Entrückung rechtfertigen müsste. Dass er einst eine ausgebildete Sage hatte, lässt auch die Andeutuug Odyss. 7, 323 ff. ahnen, die uns freilich ganz dunkel bleibt. Jedenfalls folgt aus ihr weder, dass Rhad. als Bewohner des Elysiums Nachbar der Phäaken war, wie Welcker meint, noch vollends, dass er von jeher im Elysium wohnhaft, nicht dorthin erst versetzt worden sei, wie Preller annimmt. Bei jener Stelle an Elysium als Aufenthalt des Rhad. zu denken, veranlasst nichts; bei der anderen Erwähnung, Od. 4, 564, wird man jedenfalls an Entrückung des Rhad. so gut wie des Menelaos in das Elysium denken müssen (und so versteht den Dichter z. B. Pausanias 8, 53, 5: πρότερον δὲ ἔτι ῾Ραδάμανθυν ἐνταῦθα ἥκειν. Undeutlich Aeschyl., fr. 99, 12, 13). Es fehlt uns nur die Sage, die seine Entrückung berichtete; seine Gestalt war isolirt geblieben, nicht in die grossen Sagenkreise verflochten und so auch ihre Sagenumhüllung bald abgefallen.

über dessen Ende die Dichtung vom troischen Kriege und den Abenteuern der Heimkehr noch nicht verfügt hatte, konnte eben darum ein späterer Poet nach dem mittlerweile „entdeckten" Lande der Hinkunft entrücken lassen. Es ist sehr wahrscheinlich, dass selbst damals, als die Hadesfahrt des Odysseus gedichtet wurde, diese, für die Entwicklung des griechischen Unsterblichkeitsglaubens später so bedeutend gewordene Phantasie eines verborgenen Aufenthaltes lebendig Entrückter noch gar nicht ausgebildet war. Sie schliesst sich dem in den homerischen Gedichten herrschenden Glauben ohne Zwang an, aber sie wird durch diesen Glauben nicht mit Nothwendigkeit gefordert. Man könnte daher wohl meinen, sie sei von aussen her in den Bereich homerischer Dichtung hineingetragen worden. Und wenn man sich der babylonischen Sage von Hasisadra, der hebräischen von Henoch erinnert, die, ohne den Tod zu schmecken, in ein Reich des ewigen Lebens, in den Himmel oder „an das Ende der Ströme" zu den Göttern entrückt werden[1], so könnte man wohl gar, einer gegenwärtig hie und da herrschenden Neigung nachgebend, an Entlehnung dieser

---

[1] Hasisadras Entrückung: s. die Uebersetzung des babylonischen Berichts bei Paul Haupt, *Der keilinschriftl. Sintfluthbericht* (L. 1881) S. 17. 18. Die Ausdrücke der griechisch schreibenden Berichterstatter sind völlig gleich den bei griechischen Entrückungssagen üblichen: γενέσθαι ἀφανῆ (τὸν Εἰσουθρον) μετὰ τῶν θεῶν οἰκήσοντα Berossus bei Syncell. p. 55, 6. 11. Dind.; θεοί μιν ἐξ ἀνθρώπων ἀφανίζουσιν Abydenus bei Syncell. p. 70, 13. Von Henoch: οὐχ εὑρίσκετο, ὅτι μετέθηκεν αὐτὸν ὁ θεός 1. Mos. 5, 24 (μετετέθη Sirac. 44, 16. Hebr. 11, 5); ἀνελήφθη ἀπὸ τῆς γῆς Sirac. 49, 14; ἀνεχώρησε πρὸς τὸ θεῖον, Joseph. *antiq.* I 3, 4 (von Moses: ἀφανίζεται Joseph. *antiq.* IV 8, 48. — Entrückung des Henoch, des Elia; s. auch Schwally, *D. Leben nach d. Tode nach d. Vorst. d. a. Israel* [1892] p. 140, Entrückung Lebender in die Scheol öfter im A. T.: Schwally p. 62). — Auch Henoch ist dem Schicksal nicht entgangen, von der vergleichenden Mythologie als die Sonne gedeutet zu werden. Sei's um Henoch, wenn die Orientalisten nichts dagegen haben; aber dass nur nicht, nach dem beliebten Analogieverfahren, auch die nach griechischer Sage Entrückten von Menelaos bis zu Apollonius von Tyana uns unter den Händen in mythologische Sonnen (oder Morgenröthen, feuchte Wiesen, Gewitterwolken u. dgl.) verzaubert werden!

ältesten griechischen Entrückungssagen aus semitischer Ueberlieferung glauben wollen. Gewonnen wäre mit einer solchen
mechanischen Herleitung wenig; es bliebe hier, wie in allen
ähnlichen Fällen, die Hauptsache, der Grund, aus welchem der
griechische Genius die bestimmte Vorstellung zu einer bestimmten
Zeit den Fremden entlehnen mochte, unaufgeklärt. Es spricht
aber auch im vorliegenden Falle nichts dafür, dass der Ent-
rückungsglaube von einem Volke dem anderen überliefert und
nicht vielmehr bei den verschiedenen Völkern aus gleichem Bedürfniss frei und selbständig entstanden sei. Die Grundvoraus-
setzungen, auf denen diese, den homerischen Seelenglauben
nicht aufhebende, sondern vielmehr voraussetzende und sanft
ergänzende neue Vorstellung sich aufbaut, waren, wie wir gesehen haben, in einheimisch griechischem Glauben gegeben. Es
bedurfte durchaus keiner Anregung aus der Fremde, damit
aus diesen Elementen sich die allerdings neue und eigenthümlich anziehende Vorstellung bilde, von der die Weissagung des
Proteus uns die erste Kunde bringt.

3.

Je wichtiger die neue Schöpfung für die spätere Entwicklung griechischen Glaubens geworden ist, desto nothwendiger
ist es, sich klar zu machen, was eigentlich hier neu geschaffen
ist. Ist es ein Paradies für Fromme und Gerechte? eine Art
griechischer Walhall für die tapfersten Helden? oder soll eine
Ausgleichung von Tugend und Glück, wie sie das Leben nicht
kennt, in einem Lande der Verheissung der Hoffnung gezeigt
werden? Nichts derartiges kündigen jene Verse an. Menelaos, in keiner der Tugenden, die das homerische Zeitalter am
höchsten schätzt, sonderlich ausgezeichnet[1], soll nur darum
in's Elysium entrückt werden, weil er Helena zur Gattin hat
und des Zeus Eidam ist: so verkündigt Proteus es ihm. Warum
Rhadamanthys an den Ort der Seligkeit gelangt ist, erfahren

---

[1] — μαλθακὸς αἰχμητής Il. 17, 588.

wir nicht, auch nicht durch ein Beiwort, das ihn etwa, wie es
bei späteren Dichtern fast üblich ist, als den „Gerechten" bezeichnete. Wir dürfen uns aber erinnern, dass er, als Bruder
des Minos, ein Sohn des Zeus ist[1]. Nicht Tugend und Verdienst geben ein Anrecht auf die znkünftige Seligkeit; von
einem Anrecht ist überhaupt keine Spur: wie die Erhaltung
der Psyche beim Leibe und damit die Abwendung des Todes
nur durch ein Wunder, einen Zauber, also nur in einem Aus-
nahmefall, geschehen kann, so bleibt die Entrückung in das
„Land des Hingangs" ein Privilegium einzelner von der Gottheit besonders Begnadeter, aus dem man durchaus keinen Glau-
benssatz von allgemeiner Gültigkeit ableiten darf. Am ersten
liesse die, Einzelnen gewährte wunderbare Erhaltung des Lebens
im Lande seliger Ruhe sich vergleichen mit der ebenso wunderbaren Erhaltung des Bewusstseins jener drei Götterfeinde im
Hades, von denen die Nekyia erzählt. Die Büsser im Erebos,
die Seligen im Elysium entsprechen einander; beide stellen
Ausnahmen dar, welche die Regel nicht aufheben, den homerischen Glauben im Ganzen nicht beeinträchtigen. Die Allmacht
der Götter hat dort wie hier das Gesetz durchbrochen. Die
aber, welche besondere Göttergunst dem Tode enthebt und
in's Elysium entrückt, sind nahe Verwandte der Götter; hierin
allein scheint die Gnade ihren Grund zu haben[2]. Wenn irgend

---

[1] Il. 14, 321. 322.

[2] Man könnte sogar den Verdacht hegen, dass Menelaos zu ewigem
Leben entrückt werde, nicht nur weil er Helena, des Zeus Tochter zur
Gattin hat: οὕνεκ᾽ ἔχεις Ἑλένην, wie ihm Proteus sagt, sondern auch erst
in Nachahmung einer in der Sage vorher schon festgestellten Ueberlieferung, welche Helena entrückt und unsterblich gemacht werden
liess. Von Helenens Tode berichtet keine Ueberlieferung des Alterthums, ausser den albernen Erfindungen des Ptolemaeus Chennus (Phot.
bibl. p. 149a, 37; 42; 149b, 1ff.) und der nicht viel besseren aetiolo-
gischen Sage bei Pausan. 3, 19, 10. Desto häufiger ist von ihrer Ver-
götterung, Leben auf der Insel Leuke oder auch der Insel der Seligen
die Rede. Die Sage mag das dämonischeste der Weiber früh dem
gewöhnlichen Menschenloose entrissen haben, Menelaos wird eher ihr
hierin gefolgt sein (wie Isokrates *Helen.* § 62 geradezu behauptet) als
sie ihm.

eine allgemeinere Begründung, über launenhafte Begünstigung
Einzelner durch einen Gott hinaus, den Entrückungen zukommt,
so könnte es allenfalls der Glaube sein, dass ein naher Zusammenhang mit der Gottheit, d. h. eben der höchste Adel
der Abkunft vor dem Versinken in das allgemeine Reich der
trostlosen Nichtigkeit nach der Trennung der Psyche vom Leibe
schütze. So lässt der Glaube mancher „Naturvölker" den gemeinen Mann nach dem Tode, wenn er nicht etwa ganz vernichtet wird, in ein unerfreuliches Todtenreich, die Abkömm-
linge der Götter und Könige, d. h. den Adel, in ein Reich
ewiger Lust eingehen[1]. Aber in der Verheissung, die dem
Menelaos zu Theil wird, scheint ein ähnlicher Wahn doch
höchstens ganz dunkel durch. Von einem allgemeinen Gesetz, aus dem der einzelne Fall abzuleiten wäre, ist nicht die
Rede. —

4.

Die Einzelnen nun, denen in dem elysischen Lande am
Ende der Erde ein ewiges Leben geschenkt wird, sind von den
Wohnplätzen der Sterblichen viel zu weit abgerückt, als dass
man glauben könnte, dass ihnen irgend eine Einwirkung auf
die Menschenwelt gestattet wäre[2]. Sie gleichen den Göttern
nur in der auch ihnen verliehenen Endlosigkeit bewussten Lebens; aber von göttlicher Macht ist ihnen nichts verliehen[3],
ihnen nicht mehr als den Bewohnern des Erebos, deren Loos
im Uebrigen von dem ihrigen so verschieden ist. Man darf

---

[1] Vgl. Tylor, *Primitive Culture* 2, 78; J. G. Müller, *Gesch. d. amerikan.
Urrel.* 660 f.; Waitz, *Anthropologie* V 2, 144; VI 302; 307.

[2] Die Erzählung, dass Rhadamanthys einst von den Phäaken nach
Euböa geleitet worden sei, ἐποψόμενος Τιτυὸν Γαιήιον υἱόν (Od. 7, 321 ff.)
dahin zu ergänzen, dass dies geschehen sei, als Rh. bereits im Elysium
wohnte, haben wir keinen Grund und kein Recht. Denn dass die Phäaken
als „Fährleute des Todes" mit Elysium in irgend einer Verbindung gestanden hätten, ist nichts als eine haltlose Phantasie.

[3] Wer ἀθανασία hat, besitzt darum noch nicht nothwendig auch
δύναμιν ἰσόθεον (Isokrates 10, 61).

daher auch nicht etwa glauben, dass der Grund für die Sagen
von Erhöhung einzelner Helden über ihre Genossen durch die
Versetzung in ein fernes Wonneland durch einen Cult gegeben
worden sei, der diesen Einzelnen an ihren ehemaligen irdischen
Wohnplätzen gewidmet worden wäre. Jeder Cult ist die Verehrung eines Wirksamen; die als wirksam verehrten Landesheroen hätte kein Volksglaube, keine Dichterphantasie in un-
erreichbarer Ferne angesiedelt.

Es ist freie Dichterthätigkeit, die diese letzte Zufluchts-
stätte menschlicher Hoffnung auf der elysischen Flur geschaffen
und ausgeschmückt hat, und poetische, nicht religiöse Bedürfnisse sind es, denen diese Schöpfung zunächst genügen sollte.

Das jüngere der zwei homerischen Epen steht dem heroischen, nur in rastloser Bethätigung lebendiger Kraft sich ge-
nügenden Sinne der Ilias schon ferner. Anders mag die Stimmung der Eroberer eines neuen Heimathlandes an der asiatischen
Küste gewesen sein, anders die der zu ruhigem Besitze und
ungestörtem Genusse des Errungenen Gelangten: es ist, als ob
die Odyssee die Sinnesart und die Wünsche der ionischen Stadt-
bürger dieser späteren Zeit wiederspiegelte. Ein ruheseliger
Geist zieht wie in einer Unterströmung durch das ganze Gedicht und hat sich inmitten der bewegten Handlung überall
seine Erholungsstätten geschaffen. Wo die Wünsche des Dichters
rechte Gestalt gewinnen, da zeigen sie uns Bilder idyllisch sich
im Genuss der Gegenwart genügender Zustände, glänzender
im Phäakenlande, froh beschränkter auf dem Hofe des Eumäos,
Scenen friedsamen Ausruhens nach den nur noch in behaglicher
Erinnerung lebenden Kämpfen der vergangenen Zeit, wie in
Nestors Hause, im Pallast des Menelaos und der wieder-
gewonnenen Helena. Oder Schilderung einer freiwillig milden
Natur, wie auf der Insel Syrie, der Jugendheimath des Eumäos, auf der in reichem Besitze an Heerden, Wein und Korn
ein Volk lebt, frei von Noth und Krankheit bis zum hohen
Alter, wo dann Apollo und Artemis mit sanften Geschossen
plötzlichen Tod bringen (Od. 15, 403ff.). Fragst Du freilich,

wo diese glückliche Insel liege, so antwortet Dir der Dichter:
sie liegt über Ortygie, dort wo die Sonne sich wendet. Aber
wo ist Ortygie[1] und wer kann die Stelle zeigen wo, fern im
Westen, die Sonne sich zur Rückfahrt wendet? Das Land
idyllischen Genügens liegt fast schon ausserhalb der Welt.
Phönicische Händler wohl, die überall hinkommen, gelangen
auch dorthin (V. 415 ff.), und ionische Schiffer mochten wohl,
in dieser Zeit frühester griechischer Colonieführungen, in welche
die Odyssee noch hineinreicht, fern draussen im Meere solche
gedeihliche Wohnstätten neuen Lebens finden zu können
hoffen.

So gleicht auch Land und Leben der Phäaken dem
Idealbilde einer ionischen Neugründung, fern von der Unruhe,
dem aufregenden Wettbewerb, frei von aller Beschränkung der
bekannten Griechenländer. Aber dieses Traumbild, schatten-
los, in eitel Licht getaucht, ist in unerreichbare Weite hinaus-
gerückt; nur durch Zufall wird einmal ein fremdes Schiff dorthin verschlagen, und alsbald tragen die beseelten Schiffe der
Phäaken den Fremden durch Nacht und Nebel in seine Heimath
zurück. Zwar hat es keinen Grund, wenn man in den Phäaken
ein Volk von Todtenschiffern, dem elysischen Lande benach-
bart, gesehen hat; aber in der That steht wenigstens die dichterische Stimmung, die das Phäakenland geschaffen hat, derjenigen nahe genug, aus der die Vorstellung eines elysischen

---

[1] Ὀρτυγίη Od. 15, 404 mit Delos und Συρίη mit der Insel Syros
zu identificiren (mit den alten Erklärern und K. O. Müller, *Dorier* 1, 381)
ist unmöglich, schon wegen des Zusatzes: ὅθι τροπαὶ ἠελίοιο, der die Insel
Syrie weit fort in den fabelhaften Westen verweist, wohin allein auch
solches Wunderland passen will. Ortygie ist offenbar ursprünglich ein
rein mythisches Land, der Artemis heilig, nicht deutlicher fixirt als das
dionysische Nysa und eben darum überall wiedergefunden, wo der Artemis-
cult besonders blühte, in Aetolien, bei Syrakus, bei Ephesus, auf Delos.
Delos wird von Ortygie bestimmt unterschieden, h. Apoll. 16; mit Ortygie identificirt erst nachträglich (Delos galt als der ältere Name:
O. Schneider, *Nicandr.*, p. 22 Anm.), seit Artemis mit Apollo in engste
Gemeinschaft gesetzt wurde, aber auch dann nicht allgemein: wie denn
bei Homer Ortygie nirgends deutlich = Delos steht.

Gefildes jenseits der bewohnten Erde entsprungen ist. Lässt sich ein Leben ungestörten Glückes nur denken im entlegensten Winkel der Erde, eifersüchtig behütet vor fremden Eindringlingen, so führt ein einziger Schritt weiter zu der Annahme, dass solches Glück nur zu finden sei da, wohin keinen Menschen weder Zufall noch eigener Entschluss tragen kann, ferner abgelegen noch als die Phäaken, als das Land der gottgeliebten Aethiopier oder die Abier im Norden, von denen schon die Ilias weiss, — jenseits aller Wirklichkeit des Lebens. Es ist ein idyllischer Wunsch, der sich in der Phantasie des elysischen Landes befriedigt. Das Glück der zu ewigem Leben Entrückten schien nur dann völlig gesichert, wenn ihr Wohnplatz aller Forschung, aller vordringenden Erfahrung auf ewig entrückt war. Dieses Glück ist gedacht als ein Zustand des Genusses unter mildestem Himmel; mühelos, leicht ist dort, sagt der Dichter, das Leben der Menschen, hierin dem Götterleben ähnlich, aber freilich ohne Streben, ohne That. Es ist zweifelhaft, ob dem Dichter der Ilias solche Zukunft seiner Helden würdig, solches Glück als ein Glück erschienen wäre.

5.

Wir mussten annehmen, dass der Dichter, der jene unnachahmlich sanft fliessenden Verse in die Odyssee eingelegt hat, nicht der erste Erfinder oder Entdecker des elysischen Wunschlandes jenseits der Sterblichkeit war. Aber folgte er auch anderen: dadurch dass er in die homerischen Gedichte eine Hindeutung auf den neuen Glauben einflocht, hat er erst dieser Vorstellung in griechischer Phantasie eine dauernde Stelle gegeben. Andere Gedichte mochten verschwinden; was in Ilias und Odyssee stand, war ewigem Gedächtniss anvertraut. Von da an liess die Phantasie der griechischen Dichter und des griechischen Volkes die schmeichelnde Vorstellung eines fernen Landes der Seligkeit, in das einzelne Sterbliche durch Göttergunst entrückt werden, nicht wieder los. Selbst die dürftigen Notizen, die uns von dem Inhalt der Heldengedichte berichten, welche die zwei homerischen Epen, vorbereitend, weiterführend, verknüpfend in den vollen Kreis der thebanischen und troischen Heldensage einschlossen, lassen uns erkennen, wie diese nachhomerische Dichtung sich in der Ausführung weiterer Beispiele von Entrückungen gefiel.

Die Kypria zuerst erzählten wie Agamemnon, als das Heer der Achäer zum zweiten Male in Aulis lag und durch widrige Winde, die Artemis schickte, festgehalten wurde, auf Geheiss des Kalchas der Göttin die eigene Tochter Iphigenia opfern wollte. Artemis aber entraffte die Jungfrau und entrückte sie in's Land der Taurier und machte sie dort unsterblich [1].

Die Aethiopis, die Ilias fortsetzend, erzählte von der Hilfe, die Penthesilea mit ihren Amazonen, nach deren Tod Memnon, der Aethiopenfürst, ein phantastischer Vertreter der Königsmacht östlicher Reiche im inneren Asien, den Troern brachte. Im Kampfe fällt Antilochos, nach Patroklos' Tode der neue Liebling des Achill; aber Achill erlegt den Memnon selbst: da erbittet Eos, die Mutter des Memnon (und als solche schon der Odysee bekannt), den Zeus und gewährt dem Sohne Unsterblichkeit [2]. Man darf annehmen, dass der Dichter erzählte, was man auf Vasenbildern mehrfach dargestellt sieht: wie die Mutter durch die Luft den Leichnam des Sohnes entführte. Aber wenn, nach einer Erzählung der Ilias, einst Apollo durch Schlaf und Tod, die Zwillingsbrüder, den Leichnam des von Achill erschlagenen Sarpedon, Sohnes des Zeus, nach seiner lykischen Heimath tragen liess, nur damit er in der Heimath bestattet werde, so überbietet der Dichter der

---

[1] Ἄρτεμις δὲ αὐτὴν ἐξαρπάξασα εἰς Ταύρους μετακομίζει (vgl. das μετέθηκεν αὐτὸν ὁ θεός von Henoch, 1. Mos. 5, 24) καὶ ἀθάνατον ποιεῖ, ἔλαφον δὲ ἀντὶ τῆς κόρης παρίστησι τῷ βωμῷ Proclus (p. 19 Kink). Apollodor. *bibl. epit.* 3, 22 Wagn.

[2] — τούτῳ (τῷ Μέμνονι) Ἠὼς παρὰ Διὸς αἰτησαμένη ἀθανασίαν δίδωσι, sagt, allzu kurz, Proclus (p. 82 K).

Aethiopis jene eindrucksvolle Erzählung der Ilias, die ihm offenbar das Vorbild zu seiner Schilderung wurde[1], indem er Eos den Todten, mit Zeus' Bewilligung, nicht nur nach der Heimath fern im Osten entrücken, sondern dort zu ewigem Leben neu erwecken liess.

Bald nach Memnons Tode ereilt auch den Achill das Geschick. Als aber sein, nach hartem Kampfe von den Freunden gesicherter Leichnam auf dem Todtenbette ausgestellt ist, kommt Thetis, die Mutter des Helden, mit den Musen und den anderen Meergöttinnen und stimmt die Leichenklage an. So berichtet schon die Odyssee im letzten Buche (Od. 24, 47 ff.). Aber während dort weiter erzählt wird, wie die Leiche verbrannt, die Gebeine gesammelt und im Hügel beigesetzt worden seien, die Psyche des Achill aber in das Haus des Hades eingegangen ist — ihr selbst wird in der Unterwelt das alles von Agamemnons Psyche mitgetheilt — wagte der Dichter der Aethiopis, überhaupt besonders kühn in freier Weiterbildung der Sage, eine bedeutende Neuerung. Aus dem Scheiterhaufen, erzählte er, entrafft Thetis den Leichnam des Sohnes und bringt ihn nach Leuke[2]. Dass sie ihn dort neu belebt und

---

[1] Dass die Erzählung in Iliad. Π von Sarpedons Tod und Entraffung seines Leichnams, auch wenn sie (was mir keineswegs ausgemacht scheint) nicht zu den Theilen der alten Ilias gehören sollte, doch älter als die Aethiopis und Vorbild für deren Erzählung von Memnons Ende ist, kann (trotz Meier, *Annali dell' inst. archeol.* 1883 p. 217 ff.) nicht bezweifelt werden (vgl. auch Christ, *Zur Chronol. d. altgr. Epos* p. 25). — Warum übrigens den Leichnam des Sarpedon Hypnos und Thanatos entführen (statt, wie in ähnlichen Fällen, die ϑύελλα, ἄελλα, Ἅρπυια, und auch den Memnon die Winde, nach Quint. Sm. 2, 550 ff.)? Wenn auf attischen Lekythen diese zwei den Leichnam tragen (s. Robert, *Thanatos* 19), so soll vielleicht etwas Aehnliches tröstlich angedeutet werden, wie in Grabepigrammen: ὕπνος ἔχει σε, μάκαρ — — καὶ νέκυς οὐκ ἐγένου. Der homerische Dichter denkt schwerlich an etwas dergleichen, sondern improvisirt zum Thanatos den unentbehrlichen zweiten Träger hinzu, mit sinnreicher, aber auf keinem religiösen Grunde ruhender Erfindung. Hypnos als Bruder des Thanatos findet man auch in der Διὸς ἀπάτη Il. 14, 231.

[2] ἐκ τῆς πυρᾶς ἡ Θέτις ἀναρπάσασα τὸν παῖδα εἰς τὴν Λευκὴν νῆσον

unsterblich gemacht habe, sagt der uns zufällig erhaltene dürre
Auszug nicht; ohne Frage aber erzählte so der Dichter; alle
späteren Berichte setzen das hinzu.

In deutlich erkennbarer Parallele sind die beiden Gegner,
Memnon und Achill, durch ihre göttlichen Mütter dem Loose
der Sterblichkeit enthoben; im wiederbeseelten Leibe leben sie
weiter, nicht unter den Menschen, auch nicht im Reiche der
Götter, sondern in einem fernen Wunderlande, Memnon im
Osten, Achill auf der „weissen Insel", die der Dichter sich
schwerlich schon im Pontos Euxeinos liegend dachte, wo freilich später griechische Schiffer das eigentlich rein sagenhafte
Local auffanden.

Der Entrückung des Menelaos tritt noch näher, was die
Telegonie, das letzte und auch wohl jüngste der Gedichte des
epischen Cyklus, von den Geschicken der Familie des Odysseus
berichtete. Nachdem Telegonos, der Sohn des Odysseus und
der Kirke, seinen Vater, ohne ihn zu erkennen, erschlagen hat,
wird er seinen Irrthum gewahr; er bringt darauf den Leichnam des Odysseus, sowie die Penelope und den Telemachos
zu seiner Mutter Kirke. Diese macht sie unsterblich, und es
wohnt nun (auf der Insel Aeaea, fern im Meere, muss man

διακομίζει. Proclus (p. 34 K.) — Dann übrigens weiter: οἱ δὲ Ἀχαιοὶ
τὸν τάφον χώσαντες ἀγῶνα τιθέασιν. Also ein Grabhügel wird errichtet,
obwohl der Leib des Achill entrückt ist. Offenbar eine Concession an
die ältere, von der Entrückung noch nichts wissende, aber den Grabhügel
stark hervorhebende Erzählung, Od. 24, 80—84. Dazu mochte der in
Troas, am Meeresufer gezeigte Tumulus des Achill seine Erklärung fordern; der Dichter lässt also ein Kenotaph errichtet werden. Kenotaphe nicht nur solchen zu errichten, deren Leichname unerreichbar
waren (s. oben S. 66), sondern auch Heroen, deren Leib entrückt war,
galt nicht als widersinnig: so wird dem Herakles, als er im Blitztode aufwärts entrafft ist, wiewohl man keinen Knochen auf der πυρά fand, ein
χῶμα errichtet: Diodor. 4, 38, 5; 39, 1. (Die in Troas noch erhaltenen
Tumuli sind freilich nicht, wie Schliemann, *Troja* [1884] p. 277. 284. 297
annahm, leer gewesen; es waren nicht Kenotaphe, sondern ehemals aus-
gefüllte Hügelgräber nach Art der in Phrygien vielfach anzutreffenden.
S. Schuchardt, *Schliemann's Ausgr.*[2] 109 ff., Kretschmer, *Einl. in d. Gesch.
d. griech. Sprache* [1896] p. 176.)

denken) Penelope als Gattin mit Telegonos, Kirke mit Tele-machos zusammen[1].

6.

Ueberraschen kann, dass nirgends von Entrückung nach einem allgemeinen Sammelpunkte der Entrückten, wie die elysische Flur einer zu sein schien, berichtet wird. Man muss eben darum dahingestellt sein lassen, wie weit gerade die Verse der Odyssee, die von Menelaos' Entrückung in's Elysium erzählen, auf die Ausbildung der Entrückungssagen der nachhomerischen Epen eingewirkt haben mögen. Wahrscheinlich bleibt solche Einwirkung in hohem Maasse[2]; und jedenfalls ist dieselbe Richtung der Phantasie, die das Elysium erschuf, auch in diesen Erzählungen von der Entrückung einzelner Helden zu einsamem Weiterleben an verborgenen Wohnplätzen der Unsterblichkeit thätig. Nicht mehr zu den Göttern erhebt Eos den dem Hades entrissenen Sohn, wie doch einst den Kleitos und andere Lieblinge: Memnon tritt in ein eigenes Dasein ein, das ihn von den übrigen Menschen so gut wie von den Göttern absondert; und ebenso Achill und die anderen Entrückten. So bereichert die Dichtung die Zahl der Angehörigen eines eigenen Zwischenreiches sterblich Geborener und

---

[1] Was wird aus Odysseus? Proclus sagt es nicht, und wir können es nicht errathen. Nach Hygin. *fab.* 127 wird er auf Aeaea begraben; aber wenn weiter nichts mit seinem Leibe geschehen sollte, warum wird er dann überhaupt nach Aeaea gebracht? Nach Schol. Lycophr. 805 wird er durch Kirke zu neuem Leben erweckt. Aber was geschieht weiter mit ihm? (Nach Apollodor *bibl. epit.* 7, 37 scheint der todte Odysseus in Ithaka zu bleiben [die überlieferten Worte, mit Wagner, nach Anleitung der Telegonie zu ändern, ist kein Grund, zumal da eine völlige Uebereinstimmung mit diesem Gedicht sich doch nicht erreichen lässt]. — Tod und Begräbniss des Od. in Tyrrhenien [Müller, *Etrusker*[2] 2, 281 ff.] gehören in einen ganz anderen Zusammenhang.)

[2] Die Aethiopis ist jünger als die Hadesscene in Odyss. ω, also erst recht als die Nekyia in Od. λ. Die Prophezeiung von der Entrückung des Menelaos in δ ist ebenfalls jünger als die Nekyia, aber aller Wahrscheinlichkeit nach älter als die Aethiopis.

zur Unsterblichkeit, ausserhalb des olympischen Reiches, Er-
korener. Immer bleiben es einzelne Begünstigte, die in dieses
Reich eingehen; es bleibt poetischer Wunsch, in dichterischer
Freiheit schaltend, der eine immer grössere Zahl der Licht-
gestalten der Sage in der Verklärung ewigen Lebens festzuhalten
trieb. Religiöse Verehrung kann bei der Ausbildung dieser
Sagen nicht mehr Einfluss gehabt haben als bei der Erzählung
von der Entrückung des Menelaos; wenn in späteren Zeiten
z. B. dem Achill auf einer, für Leuke erklärten Insel an den
Donaumündungen ein Cult dargebracht wurde, so war der Cult
eben Folge, nicht Anlass und Ursache der Dichtung. Iphigenia allerdings war der Beiname einer Mondgöttin; aber der
Dichter, der von der Entrückung der gleichnamigen Tochter
Agamemnons erzählte, ahnte jedenfalls nichts von deren Iden-
tität mit einer Göttin — sonst würde er sie eben nicht für
Agamemnons Tochter gehalten haben — und ist keinenfalls
durch einen irgendwo angetroffenen Cult der göttlichen Iphigenia veranlasst worden (wie man sich wohl denkt), seine sterbliche Iphigenia *jure postliminii* durch den Entrückungsapparat
wieder unsterblich zu machen. Das gerade war ihm und seinen
Zeitgenossen das Bedeutende, der eigentliche Kern seiner, sei
es frei erfundenen oder aus vorhandenen Motiven zusammen-
gefügten Erzählung, dass sie Kunde gab von der Erhebung
eines sterblichen Mädchens, der Tochter sterblicher Eltern, zu
unsterblichem Leben, — nicht zu religiöser Verehrung, die der,
in's ferne Taurierland Gebannten sich auf keine Weise hätte
bemerklich machen können.

Wie weit übrigens die geschäftige Sagenausspinnung der
schliesslich in genealogische Poesie sich verlaufenden Heldendichtung das Motiv der Entrückung und Verklärung ausgenutzt
haben mag, können wir, bei unseren ganz ungenügenden Hilfs-
mitteln, nicht mehr ermessen. Wenn schon so leere Gestalten
wie Telegonos der Verewigung für würdig gehalten wurden,
so sollte man meinen, dass in der Vorstellung der Dichter
allen Helden der Sage fast ein Anspruch auf diese Art von

unsterblichem Weiterleben erwachsen war, der für die Be-
deutenderen erst recht nicht unbefriedigt bleiben konnte.
Wenigstens für die nicht, über deren Ende die homerischen
Gedichte nicht selbst andere Angaben gemacht hatten. Das
Gedicht von der Rückkehr der Helden von Troja mochte vor
anderen Raum bieten zu manchen Entrückungssagen[1]. Man
könnte z. B. fragen, ob nicht mindestens den Diomedes,
von dessen Unsterblichkeit spätere Sagen oft berichten, bereits
die an Homer angeschlossene epische Dichtung in die Zahl
der ewig fortlebenden Helden aufgenommen hatte. Ein attisches
volksthümliches Lied des 5. Jahrhunderts weiss gerade von
Diomedes zu sagen, dass er nicht gestorben sei, sondern auf
den „Inseln der Seligen" lebe. Und dass von den Helden
des troischen Krieges eine grössere Schaar, als wir aus den
zufällig uns erhaltenen Angaben über den Inhalt der nachhomerischen Epen zusammenrechnen können, auf seligen
Eilanden draussen im Meere bereits durch die Heldendichtung
homerischen Styles versammelt worden sein muss, haben wir
zu schliessen aus Versen eines hesiodischen Gedichtes, die
über ältesten griechischen Seelencult und Unsterblichkeitsglauben die merkwürdigsten Aufschlüsse geben und darum einer
genaueren Betrachtung zu unterziehen sind.

---

[1] Der Auszug der Νόστοι bei Proclus ist besonders dürftig und
giebt offenbar von dem nach vielen Richtungen auseinander gehenden
Inhalt des Gedichts keine volle Vorstellung: daher auch die anderweit
erhaltenen Notizen über Einzelheiten seines Inhalts (insbesondere über
die Nekyia, die darin vorkam) sich in dem von Proclus gegebenen Rahmen
nicht unterbringen lassen.

II.

In dem aus mancherlei selbständigen Abschnitten belehren-
den und erzählenden Inhalts lose zusammengeschobenen hesiodischen Gedichte der „Werke und Tage" steht, nicht weit vom
Anfang, mit dem Vorausgehenden und Folgenden nur durch
einen kaum sichtbaren Faden des Gedankenzusammenhanges
verbunden, der Form nach ganz für sich, die Erzählung von
den fünf Menschengeschlechtern (v. 109—201).

Im Anfang, heisst es da, schufen die Götter des Olymps
das goldene Geschlecht, dessen Angehörige wie die Götter
lebten, ohne Sorge, Krankheit und Altersmühe, im Genuss
reichen Besitzes. Nach ihrem Tode, der ihnen nahete wie
der Schlaf dem Müden, sind sie nach Zeus' Willen zu Dämonen und Wächtern der Menschen geworden. Es folgte das
silberne Geschlecht, viel geringer als das erste, diesem weder
leiblich noch geistig gleich. Nach langer, hundert Jahre
währenden Kindheit folgte bei den Menschen dieses Geschlechts
eine kurze·Jugend, in der sie durch Uebermuth gegen einander
und gegen die Götter sich viel Leiden schufen. Weil sie den
Göttern die schuldige Verehrung versagten, vertilgte sie Zeus;
nun sind sie unterirdische Dämonen, geehrt, wenn auch weniger
als die Dämonen des goldenen Geschlechts. Zeus schuf ein
drittes Geschlecht, das eherne, harten Sinnes und von gewal-
tiger Kraft; der Krieg war ihre Lust; durch ihre eigenen
Hände bezwungen gingen sie unter, ruhmlos gelangten sie in
das dumpfige Haus des Hades. Darnach erschuf Zeus ein
viertes Geschlecht, das gerechter und besser war, das Ge-

schlecht der Heroen, die da „Halbgötter" genannt werden. Sie kämpften um Theben und Troja, einige starben, andere siedelte Zeus an den Enden der Erde, auf den Inseln der Seligen am Okeanos an, wo ihnen dreimal im Jahre die Erde Frucht bringt. „Möchte ich doch nicht gehören zum fünften Geschlecht; wäre ich lieber vorher gestorben oder später erst geboren" sagt der Dichter. „Denn jetzt ist das eiserne Zeitalter", wo Mühe und Sorge den Menschen nicht los lassen, Feindschaft aller gegen alle herrscht, Gewalt das Recht beugt, schadenfroher, übelredender, hässlich blickender Wettbewerb alle antreibt. Nun entschweben Scham und die Göttin der Vergeltung, Nemesis, zu den Göttern, alle Uebel verbleiben den Menschen, und es giebt keine Abwehr des Unheils. —

Es sind die Ergebnisse trüben Nachsinnens über Werden und Wachsen des Uebels in der Menschenwelt, die uns der Dichter vorlegt. Von der Höhe göttergleichen Glückes sieht er die Menschheit stufenweise zu tiefstem Elend und äusserster Verworfenheit absteigen. Er folgt populären Vorstellungen. In die Vorzeit den Zustand irdischer Vollkommenheit zu verlegen, ist allen Völkern natürlich, mindestens so lange nicht scharfe geschichtliche Erinnerung, sondern freundliche Märchen und glänzende Träume der Dichter ihnen von jener Vorzeit berichten und die Neigung der Phantasie, nur die angenehmen Züge der Vergangenheit dem Gedächtniss einzuprägen, unterstützen. Vom goldenen Zeitalter und wie allmählich die Menschheit sich hiervon immer weiter entfernt habe, wissen manche Völker zu sagen; es ist nicht einmal verwunderlich, dass phantastische Speculation, von dem gleichen Ausgangspuncte in gleicher Richtung weitergehend, bei mehr als einem Volke, ohne alle Einwirkung irgend welches geschichtlichen Zusammenhanges, zu Ausdichtungen des durch mehrere Geschlechter abwärts steigenden Entwicklungsgangs zum Schlimmeren geführt worden ist, die unter einander und mit der hesiodischen Dichtung von den fünf Weltaltern die auffallendste Aehnlichkeit zeigen. Selbst den Homer überfällt wohl einmal

eine Stimmung, wie sie solchen, die Vorzeit idealisirenden
Dichtungen zu Grunde liegt, wenn er mitten in der Schilderung
des heroischen Lebens daran denkt, „wie jetzt die Menschen
sind", und „wie doch nur wenige Söhne den Vätern gleich sind
an Tugend; schlimmer die meisten, ganz wenige nur besser
sind als der Vater" (Od. 2, 276 f.). Aber der epische Dichter
hält sich in der Höhe der heroischen Vergangenheit und der
dichterischen Phantasie gleichsam schwebend, nur flüchtig fällt
einmal sein Blick abwärts in die Niederungen des wirklichen
Lebens. Der Dichter der „Werke und Tage" lebt mit allen
seinen Gedanken in eben diesen Niederungen der Wirklichkeit
und der Gegenwart; der Blick, den er einmal aufwärts richtet
auf die Gipfel gefabelter Vorzeit, ist der schmerzlichere.

Was er von dem Urzustande der Menschheit und dem
Stufengange der Verschlimmerung zu erzählen weiss, giebt er
nicht als abstracte Darlegung dessen, was im nothwendigen
Verlauf der Dinge kommen musste, sondern, wie er selbst es
ohne Zweifel wahrzunehmen glaubte, als Ueberlieferung eines
thatsächlich Geschehenen, als Geschichte. Von geschichtlicher
Ueberlieferung ist gleichwohl, wenn man von einzelnen unsicheren Erinnerungen absieht, nichts enthalten in dem, was er
von der Art und den Thaten der früheren Geschlechter sagt.
Es bleibt ein Gedankenbild, was er uns giebt. Und eben darum
hat die Entwicklung, wie er sie zeichnet, einen aus dem Gedanken einer stufenweise absteigenden Verschlimmerung deutlich bestimmten und darnach geregelten Verlauf. Auf die stille
Seligkeit des ersten Geschlechts, das keine Laster kennt und
keine Tugend, folgt im zweiten Geschlecht, nach langer Un-
mündigkeit, Uebermuth und Vernachlässigung der Götter; im
dritten, ehernen Geschlecht bricht active Untugend hervor, mit
Krieg und Mord; das letzte Geschlecht, in dessen Anfang
sich der Dichter selbst zu stehen scheint, zeigt gänzliche
Zerrüttung aller sittlichen Bande. Das vierte Geschlecht, dem
die Heroen des thebanischen und troischen Krieges angehören, allein unter den übrigen nach keinem Metall benannt

und gewerthet, steht fremd inmitten dieser Entwicklung; das Absteigen zum Schlimmen wird im vierten Geschlecht gehemmt, und doch geht es im fünften Geschlecht so weiter, als ob es nirgends unterbrochen wäre. Man sieht also nicht ein, zu welchem Zwecke es unterbrochen worden ist. Erkennt man aber (mit den meisten Auslegern) in der Erzählung vom vierten Geschlecht ein, der Dichtung von den Weltaltern ursprünglich fremdes Stück, von Hesiod in diese Dichtung, die er ihrem wesentlichen Bestande nach älteren Dichtern entlehnen mochte, selbständig eingelegt, so muss man freilich fragen, was den Dichter zu einer solchen Störung und Zerstörung des klaren Verlaufs jener speculativen Dichtung bewegen konnte. Es würde nicht genügen, zu sagen, dass der Dichter, in homerischer Poesie aufgenährt, es unmöglich fand, in einer Aufzählung der Geschlechter früherer Menschen die Gestalten der heroischen Dichtung zu übergehen, die durch die Macht des Gesanges für die Phantasie der Griechen mehr Realität angenommen hatten als die Erscheinungen der derbsten Wirklichkeit; oder dass er einer finsteren Abbildung der heroischen Periode, wie sie in der Schilderung des ehernen Geschlechts von einem anderen Standpunkte, als dem des adelsfreundlichen Epos entworfen war, jenes verklärte Bild eben jener Periode an die Seite stellen wollte, wie es ihm vor der Seele schwebte. Bezieht sich wirklich die Schilderung des ehernen Zeitalters auf die Heroenzeit, gleichsam deren Kehrseite darstellend[1], so scheint doch Hesiod das nicht gemerkt zu haben. Er hat stärkere Gründe als die angeführten für die Einschiebung seiner Schilderung gehabt. Er kann nicht übersehen haben, dass er den folgerechten Gang der moralischen Entartung durch Einschiebung des heroischen Geschlechts unterbrach; wenn er diese Einschiebung doch für nothwendig oder zulässig hielt, so muss er mit seiner Erzählung

---

[1] Der Gedanke, dass das eherne Zeitalter eigentlich mit dem heroischen identisch sei (so z. B. Steitz, *Die W. und T. des Hesiod*, p. 61), hat etwas Frappirendes; man bemerkt aber bald, dass er sich bei genauerer Betrachtung nicht festhalten und durchführen lässt.

noch einen anderen Zweck als die Darlegung der moralischen
Entartung verfolgt haben, den er durch Einschiebung dieses
neuen Abschnittes zu fördern meinte. Diesen Zweck wird man
erkennen, wenn man zusieht, was eigentlich an dem heroischen
Geschlechte den Dichter interessirt. Es ist nicht seine, im
Verlaufe der moralisch immer tiefer absteigenden Geschlechter-
folge nur störende höhere Moralität: sonst würde er diese
nicht mit zwei Worten, die eben nur zur äusserlichen Einfügung dieses Berichtes in die moralische Geschichtsentwicklung
genügen, abgethan haben. Es sind auch nicht die Kämpfe
und Thaten um Theben und Troja, von deren Herrlichkeit er
nichts sagt, während er gleich ankündigt, dass der schlimme
Krieg und das grause Getümmel die Helden vernichtete. Dies
wiederum unterscheidet die Heroen nicht von den Menschen
des ehernen Geschlechts, die ebenfalls durch ihre eigenen Hände
bezwungen in den Hades eingehen mussten. Was das heroische
Zeitalter vor den anderen auszeichnet, ist die Art, wie einige
der Heroen, ohne zu sterben, aus dem Leben scheiden. Dies
ist es, was den Dichter interessirt, und dies auch wird ihn
hauptsächlich bewogen haben, den Bericht von diesem vierten
Geschlecht hier einzulegen. Deutlich genug verbindet er mit
dem Hauptzweck einer Darstellung des zunehmenden moralischen
Verfalls der Menschheit die Nebenabsicht, zu berichten, was
den Angehörigen der einander folgenden Geschlechter nach
dem Tode geschehen sei; bei der Einlegung des heroischen
Geschlechts ist diese Nebenabsicht zur Hauptabsicht, ihre
Ausführung zum rechtfertigenden Grunde der sonst vielmehr
störenden Einfügung geworden. Und eben um dieser Absicht
willen ist für unsere gegenwärtige Betrachtung die Erzählung
des Hesiod wichtig.

2.

Die Menschen des goldenen Geschlechts sind, nachdem
sie wie vom Schlafe bezwungen gestorben und in die Erde gelegt sind, nach dem Willen des Zeus zu Dämonen geworden,

und zwar zu Dämonen auf der Erde, zu Wächtern der Menschen, die in Wolken gehüllt über die Erde wandeln, Recht
und Unrecht beobachtend[1], Reichthum spendend wie Könige.
Diese Menschen der ältesten Zeit sind also zu wirksamen, nicht
in's unerreichbare Jenseits abgeschiedenen, sondern auf der
Erde, in der Nähe der Menschen waltenden Wesen geworden.
Hesiod nennt sie in diesem erhöheten Zustande „Dämonen",
er bezeichnet sie also mit dem Namen, der sonst bei ihm so
gut wie bei Homer die unsterblichen Götter bezeichnet. Der
Name, so verwendet, soll an und für sich keineswegs eine besondere Gattung von Unsterblichen bezeichnen, etwa von Mittelwesen zwischen Gott und Mensch, wie sie allerdings spätere
Speculation mit dem Namen der „Dämonen" zu benennen
pflegt[2]. Jene Mittelwesen werden, ebenso wie die Götter, als
Wesen ursprünglich unsterblicher Natur und als verweilend in
einem Zwischenreich gedacht; diese hesiodischen Dämonen sind
einst Menschen gewesen und zu unsichtbar[3] um die Erde
schwebenden Unsterblichen erst nach ihrem Tode geworden.
Wenn sie „Dämonen" genannt werden, so soll damit gewiss

---

[1] Es scheint mir nicht unbedingt nothwendig, die Verse 124 f.
(οἵ ῥα φυλάσσουσίν τε δίκας καί σχέτλια ἔργα, ἠέρα ἑσσάμενοι πάντη φοιτῶντες
ἐπ αἶαν) zu streichen. Sie werden wiederholt v. 254 f., aber das ist eine
passende Wiederholung. Proclus commentirt sie nicht; daraus folgt noch
nicht, dass er sie nicht las; und Plutarch *def. orac.* 38 p. 431 B scheint
auf v. 125 in seinem gegenwärtigen Zusammenhang anzuspielen.

[2] Solche Mittelwesen findet gleichwohl, mit handgreiflichem Irrthum,
in Hesiods δαίμονες Plutarch, *def. orac.* 10 p. 415 B; er meint, Hesiod
scheide vier Classen τῶν λογικῶν, θεοί, δαίμονες, ἥρωες, ἄνθρωποι; in dieser
platonisirenden Eintheilung würden vielmehr die ἥρωες das bedeuten, was
Hesiod unter den δαίμονες des ersten Geschlechts versteht. (Aus Plutarchs
Hesiodcommentar wohl wörtlich entnommen ist, was Proclus, den Ausführungen jener Stelle des Buchs *de def. orac.* sehr ähnlich, vorbringt
zu Hesiod *Op.* 121, p. 101 Gaisf.) Neuere haben den Unterschied der
hesiodischen δαίμονες von den Platonischen oft verfehlt. Plato selbst hält
den Unterschied sehr wohl fest (*Cratyl.* 397 E—398 C).

[3] ἠέρα ἑσσάμενοι 125 (vgl. 223, Il. 14, 282) ist ein naiver Ausdruck
für „unsichtbar", wie Tzetzes ganz richtig erklärt. So ist es auch bei
Homer stets zu verstehen, wo von Umhüllen mit einer Wolke und dgl.
geredet wird.

nichts weiter ausgesagt werden, als eben dies, dass sie nun an
dem unsichtbaren Walten und ewigen Leben der Götter Theil
nehmen, insofern also selbst „Götter" genannt werden können,
so gut wie etwa Ino Leukothea, die nach Homer aus einer
Sterblichen eine Göttin geworden ist, oder wie Phaethon, der
nach der hesiodischen Theogonie von Aphrodite dem Reich
der Sterblichen enthoben ist und nun „göttlicher Dämon" heisst
(Theog. v. 99). Zur deutlichen Unterscheidung indess von den
ewigen Göttern, „welche die olympischen Wohnungen inne-
haben", heissen diese unsterblich gewordenen Menschen „Dämonen, die auf der Erde walten"[1]. Und wenn sie auch mit
dem aus Homer Jedermann geläufigen Namen „Dämonen",
d. i. Götter, genannt werden, so bilden sie doch eine Classe
von Wesen, die dem Homer gänzlich unbekannt ist. Homer
weiss von einzelnen Menschen, die, an Leib und Seele zugleich,
zu unsterblichem Leben erhöhet oder entrückt sind, das spätere
Epos auch von solchen, die (wie Memnon, Achill), nach dem
Tode neu belebt, nun weiterleben in untrennbarer Gemeinschaft
von Leib und Seele. Dass die Seele, allein für sich, ausserhalb des Erebos ein bewusstes Leben weiterführen und auf die
lebenden Menschen einwirken könne, davon redet Homer nie.
Eben dieses aber ist nach der hesiodischen Dichtung geschehen.
Die Menschen des goldenen Zeitalters sind gestorben und leben
nun ausserhalb des Leibes weiter, unsichtbar, Göttern ähnlich,
daher mit dem Götternamen benannt; wie nach Homer die
Götter selbst, mannichfache Gestalt annehmend, die Städte
durchstreifen, der Menschen Frevel und Frömmigkeit beauf-
sichtigend[2], ähnlich hier die Seelen der Verstorbenen. Denn

---

[1] ἐπιχθόνιοι heissen diese Dämonen zunächst im Gegensatze (nicht
zu den ὑποχθόνιοι v. 141, sondern) zu den θεοὶ ἐπουράνιοι, wie Proclus
zu 122 richtig bemerkt. So ja ἐπιχθόνιοι bei Homer stets als Beiwort
oder, alleinstehend, als Bezeichnung der Menschen im Gegensatz zu den
Göttern. Die ὑποχθόνιοι 141 bilden dann erst nachträglich wieder einen
Gegensatz zu den ἐπιχθόνιοι.
[2] Odyss. 17, 485 ff. Alt sind daher die Sagen von Einkehr einzelner Götter in menschlichen Wohnungen: vgl. meinen *Griech. Roman*

Seelen sind es ja, die hier, nach ihrer Trennung vom Leibe, zu „Dämonen" geworden sind, d. h. auf jeden Fall in ein höheres, mächtigeres Dasein eingetreten sind, als sie während ihrer Vereinigung mit dem Leibe hatten. Und dies ist eine Vorstellung, die uns in den homerischen Gedichten nirgends entgegengetreten ist.

Nun ist es völlig undenkbar, dass diese merkwürdige Vorstellung von dem böotischen Dichter frei und für den Augenblick erfunden wäre. Er kommt im weiteren Verlaufe seines Gedichtes noch einmal zurück auf denselben Glauben. Dreissigtausend (d. h. unzählige) unsterbliche Wächter der sterblichen Menschen wandeln im Dienste des Zeus unsichtbar über die Erde, Recht und Frevel beachtend (W. u. T. 252 ff.). Die Vorstellung ist ihm aus sittlichen Gründen wichtig; will er sich auf sie stützen, so darf er sie nicht selbst beliebig erdichtet haben; und in der That hat dieser ernsthafte Poet nichts erdichtet, was in den Bereich des Glaubens, des Cultus, auch der niederen Superstition fällt. Die böotische Dichterschule, der er angehört, steht der erfindsamen Freiheit schweifender Phantasie, mit der die homerische Dichtung „viele Lügen vorzubringen weiss, so dass sie wie Wahrheit erscheinen" (Theog. 27) fern, ja feindlich gegenüber. Wie sie nicht frei ergötzen, sondern in irgend einem Sinne stets belehren will, so erfindet sie selbst im Gebiete des rein Mythischen nichts, sondern sie ordnet und verbindet oder registrirt auch nur, was sie als Ueberlieferung vorfindet. Im Religiösen vollends liegt ihr alle Erfindung fern, wiewohl keineswegs selbständige Speculation über das Ueberlieferte. Was also Hesiod von Menschen der Vorzeit erzählt, deren Seelen nach dem Tode zu „Dämonen" geworden seien, ist ihm aus der Ueberlieferung zugekommen. Man könnte immer noch sagen: diese Vorstellung mag älter sein als Hesiod, sie kann aber darum doch jünger als Homer und das Ergebniss nachhomerischer Speculation sein. Es ist nicht nöthig, die

---

p. 506 ff. Insbesondere Zeus Philios kehrt gern bei Menschen ein: Diodor. com. Ἐπίκληρος, Mein. *Com. fr.* III p. 543 f. v. 7 ff.

Gründe, die eine solche Annahme unhaltbar machen, zu
entwickeln. Denn wir dürfen nach dem Verlauf unserer bisherigen Betrachtung mit aller Bestimmtheit behaupten, dass in
dem, was Hesiod hier berichtet, sich ein Stück uralten, weit
über Homers Gedichte hinaufreichenden Glaubens in dem welt-
fernen böotischen Bauernlande erhalten hat. Wir haben ja aus
Homers Gedichten selbst Rudimente des Seelencultes genug
hervorgezogen, die uns anzunehmen zwangen, dass einst, in
ferner Vorzeit, die Griechen, gleich den meisten anderen Völkern, an ein bewusstes, machtvoll auf die Menschenwelt ein-
wirkendes Weiterleben der vom Leibe getrennten Psyche geglaubt und aus diesem Glauben heraus den abgeschiedenen
Seelen Verehrung von mancherlei Art gewidmet haben. In
Hesiods Bericht haben wir lediglich eine urkundliche Bestätigung dessen, was aus Homers Gedichten mühsam zu erschliessen
war. Hier begegnet uns noch lebendig der Glaube an die Erhebung abgeschiedener Seelen zu höherem Leben. Es sind —
und das ist genau zu beachten — die Seelen längst dahin-
geschiedener Geschlechter der Menschen, von denen dies geglaubt wird; schon lange also wird der Glaube an deren göttliches Weiterleben bestehen, und noch besteht eine Verehrung
dieser als mächtig Wirkenden gedachten. Denn wenn von den
Seelen des zweiten Geschlechts gesagt wird: „Verehrung[1] folgt
auch ihnen“ (v. 142), so liegt ja hierin ausgesprochen, dass
den Dämonen des ersten, goldenen Geschlechts erst recht
Verehrung zu Theil werde.

Die Menschen des silbernen Geschlechts, wegen Unehr-
erbietigkeit gegen die Olympier von Zeus in der Erde „geborgen“, werden nun genannt „unterirdische sterbliche Selige,
die zweiten im Range, doch folgt auch ihnen Verehrung“ (v. 141.

---

[1] τιμή καὶ τοῖσιν ὀπηδεῖ 142. τιμή im Sinne nicht einer einfachen
Werthschätzung, sondern als thätige Verehrung, wie bei Homer so oft,
z. B. in Wendungen wie: τιμὴ καὶ κῦδος ὀπηδεῖ, P 251, τιμῆς ἀπονήμενος
ω 30; τιμὴν δὲ λελόγχασιν ἴσα θεοῖσιν λ 304; ἔχει τιμήν λ 495 u. s. w.
Ebenso ja v. 138: οὕνεκα τιμὰς οὐκ ἐδίδουν μακάρεσσι θεοῖς.

142). Der Dichter weiss also von Seelen Verstorbener einer ebenfalls längst entschwundenen Zeit, die im Innern der Erde hausen, verehrt und also ohne Zweifel ebenfalls als mächtig gedacht werden. Die Art ihrer Einwirkung auf die Oberwelt hat der Dichter nicht genauer bezeichnet. Zwar nennt er die Geister dieses zweiten Geschlechts nicht ausdrücklich „trefflich", wie die des ersten (v. 122), er leitet sie ja auch her aus dem weniger vollkommenen silbernen Zeitalter und scheint ihnen einen geringeren Rang anzuweisen. Daraus folgt noch nicht, dass er, viel späterer Speculation vorgreifend, sich die Geister des zweiten Geschlechts als eine Classe böser und ihrer Natur nach Schlimmes wirkender Dämonen gedacht habe[1]. Nur zu den olympischen Göttern scheinen sie in einem loseren Verhältniss, wenn nicht einer Art von Gegensatz zu stehen. Wie sie einst den Göttern keine fromme Verehrung bezeugten, so heissen sie jetzt nicht, gleich den Seelen des ersten Geschlechts, Dämonen, nach Zeus' Willen zu Wächtern der Menschen bestellt. Der Dichter nennt sie mit einer auffallenden Bezeichnung: „sterbliche Selige", d. h. sterbliche Götter. Diese ganz singuläre Benennung, deren zwei Bestandtheile eigentlich einander gegenseitig aufheben, lässt eine gewisse Verlegenheit erkennen, diese dem Homer nicht bekannte Classe der Wesen mit einem dem homerischen Sprachvorrath, auf den sich der Dichter angewiesen sah, entlehnten Ausdruck treffend und deutlich zu bezeichnen[2]. Die Seelengeister aus dem ersten Ge-

---

[1] Lichte und finstere, d. i. gute und böse Dämonen findet in den hesiodischen Dämonen aus dem goldenen und silbernen Geschlechte unterschieden Roth, *Myth. v. d. Weltaltern* (1860) S. 16. 17. Eine solche Scheidung tritt aber bei Hesiod nicht hervor, auch ist es kaum glaublich, dass Götter und Geister des alten griechischen Volksglaubens, auf welche die Kategorien gut und böse überhaupt nicht recht anwendbar sind, in naiver Zeit nach eben diesen Kategorien in Classen getheilt worden seien. Jedenfalls fanden griechische Leser bei Hesiod nichts dergleichen ausgesprochen; die Annahme böser Dämonen wird stets nur aus Philosophen erhärtet (z. B. bei Plut. *def. orac.* 17), und sie ist auch gewiss nicht älter als die älteste philosophische Reflexion.

[2] V. 141: τοὶ μὲν ὑποχθόνιοι (ἐπιχθόνιοι ausser einigen Hss. —

schlecht hatte er kurzweg „Dämonen“ genannt. Aber diese
Benennung, die jenen erst aus der Sterblichkeit zur Ewigkeit übergegangenen Wesen mit den ewigen Göttern gemeinsam war, liess den Wesensunterschied beider Classen der Unsterblichen unbezeichnet. Eben darum hat sie die spätere Zeit
niemals wieder in der gleichen Art wie hier Hesiod verwendet [1]. Man nannte später solche gewordene Unsterbliche
„Heroen“. Hesiod, der dies Wort in diesem Sinne noch nicht
verwenden konnte, nennt sie mit kühnem Oxymoron: sterbliche
Selige, menschliche Götter. Den Göttern ähnlich sind sie in
ihrem neuen Dasein als ewige Geister; sterblich war ihre Natur,
da ja doch ihr Leib sterben musste, und hierin liegt der Unterschied dieser Geister von den ewigen Göttern [2].

Der Name also scheint keinen Wesensunterschied zwischen
diesen Seelengeistern des silbernen Geschlechts und den „Dämonen“ aus dem goldenen Zeitalter andeuten zu sollen. Ver-

---

s. Köchlys Apparat — auch Tzetzes) μάκαρες θνητοὶ καλέονται. — φύλακες
θνητοί las und erklärt Proclus. Dies ersichtlich falsch; φύλακες θνητῶν
(wie 123) corrigiren Hagen und Welcker. Aber damit überträgt man vom
ersten auf das zweite Geschlecht einen Begriff, von dem man nicht weiss,
ob Hesiod ihn dahin übertragen wissen will, man corrigirt also nicht nur
den Wortlaut, sondern den Gedankeninhalt, ohne Recht. Das μάκαρες
sieht gar nicht wie eine Fälschung aus; vielmehr wird φύλακες eine
Verlegenheitsänderung sein. ὑπ. μάκαρες θνητοῖς καλέονται schreibt
der neueste Herausgeber: hiebei ist der Zusatz θνητοῖς mindestens
überflüssig. Man wird versuchen müssen, das Ueberlieferte zu erklären
und zu begreifen, woher der wunderliche Ausdruck dem Dichter gekommen ist.

[1] Wenn Philosophen und philosophische Dichter späterer Zeit die
vom Leibe wieder frei gewordene Seele bisweilen δαίμων nennen, so hat
das einen ganz anderen Sinn.

[2] Mit ähnlichem, wiewohl ja freilich viel weniger kühnem Oxymoron
redet z. B. Isokrates, *Euag.* § 72 von einem δαίμων θνητός. Um einen
aus einem Sterblichen erst gewordenen Dämon zu bezeichnen, hat man
später das kühne Compositum (das dem hesiodischen μάκαρ θνητός
ungefähr entspricht) ἀνθρωποδαίμων gebildet: *Rhes.* 964; Procop. *Anecd.*
12 p. 79, 17 Dind. (νεκυδαίμων auf einer Defixio aus Karthago: *Bull. d.
corr. hellén.* 12, 299). Einen später zu den Göttern zu erhebenden König
nennt schon bei seiner Geburt auf Erden Manetho, *Apotel.* 1, 280: θεὸν
βροτὸν ἀνθρώποισιν.

schieden ist der Aufenthalt beider Classen von Geistern: die Dämonen des silbernen Geschlechts hausen in den Tiefen der Erde. Der Ausdruck „unterirdische“, von ihnen gebraucht, ist unbestimmt, nur genügend, um den Gegensatz zu den „oberirdischen“ Geistern des ersten Geschlechts auszudrücken. Jedenfalls ist aber als Aufenthalt der Seelen des silbernen Geschlechts nicht der ferne Sammelplatz der bewusstlos vegetirenden Seelenschatten, das Haus des Hades, gedacht: die dort schwebenden „Abbilder“ können nicht Dämonen oder „sterbliche Götter“ genannt werden; auch folgt ihnen keinerlei „Verehrung“.

3.

Auch das silberne Geschlecht gehört einer längst versunkenen Vorzeit an[1]. Die Recken des ehernen Geschlechts, von ihren eigenen Händen bezwungen, heisst es, gingen in das dumpfige Haus des schauerlichen Hades ein, namenlos; der Tod, der schwarze, ergriff sie, so furchtbar sie waren, und sie verliessen das helle Licht der Sonne.

Wäre nicht der Zusatz „namenlos“, man könnte hier in der That das Schicksal der Seelen der homerischen Helden beschrieben glauben. Vielleicht soll aber mit jenem Worte[2] gesagt sein, dass kein ehrender und bezeichnender Beiname,

---

[1] Das silberne Geschlecht wird durch die Götter des Olymps geschaffen, wie das goldene (v. 110; 128), erst das dritte (v. 143) und dann das vierte Geschlecht (v. 158) allein durch Zeus. Darnach könnte man meinen, das silberne Geschlecht falle, gleich dem goldenen, noch in die Zeit vor Zeus' Herrschaft, ἐπὶ Κρόνου ὅτ' οὐρανῷ ἐμβασίλευεν (v. 111); und so verstand den Hesiod wohl „Orpheus“, wenn er τοῦ ἀργυροῦ γένους βασιλεύειν φησὶ τὸν Κρόνον (Procl. zu v. 126). Aber damit liesse sich doch v. 138 Ζεὺς Κρονίδης κτλ. nur sehr gezwungen vereinigen. Hesiod mag also das silberne Geschlecht bereits in die Zeit setzen, als *sub Jove mundus erat* (so ausdrücklich Ovid, *Met.* 1, 113 f.); es fällt ihm dennoch in frühe, vorgeschichtliche Vergangenheit.

[2] νώνυμνοι 154 kann ja ebensowohl „namenlos“ d. h. unbenannt, ohne specielle Benennung, heissen, als „ruhmlos“ (so allerdings bei Homer meistens, wenn nicht immer).

wie doch den Seelen des ersten und zweiten und auch des vierten Geschlechtes, diesen spurlos in die Nichtigkeit des Schattenreiches versunkenen und selbst nichtig gewordenen Seelen gegeben werde und werden könne.

Es folgt „der Heroen göttliches Geschlecht, die Halbgötter genannt werden". Sie verdarb der Krieg um Theben und der um Troja. Einen Theil von ihnen „verhüllte des Todes Erfüllung"; anderen gewährte, fern von den Menschen, Leben und Aufenthalt Zeus der Kronide, und liess sie wohnen an den Enden der Erde. Dort wohnen sie, sorgenfrei, auf den Inseln der Seligen, am strömenden Okeanos, die beglückten Heroen, denen süsse Frucht dreimal im Jahre (von selbst) die Erde schenkt.

Hier zuerst sind wir herabgestiegen in einen deutlich bestimmbaren Abschnitt der Sagengeschichte. Von den Helden, deren Abenteuer Thebaïs und Ilias und die hieran angeschlossenen Gedichte erzählten, will der Dichter berichten. Auffallend tritt hervor, wie geschichtlos noch das Griechenthum war: unmitttelbar nach dem Abscheiden der Heroen hebt dem Dichter das Zeitalter an, in dem er selbst leben muss; wo das Reich der Dichtung aufhört, hört auch jede weitere Ueberlieferung auf, es folgt ein leerer Raum, so dass der Schein entsteht, als schliesse sich die unmittelbare Gegenwart sogleich an. Man versteht also wohl, warum das heroische Geschlecht das letzte ist vor dem fünften, dem der Dichter selbst angehört, warum es nicht etwa dem (zeitlosen) ehernen Geschlecht voraufgeht. Es schliesst sich dem ehernen Geschlechte auch durchaus passend an in dem, was von einem Theil seiner Angehörigen zu melden war in Bezug auf das, was hier den Dichter vornehmlich interessirt, das Schicksal der Abgeschiedenen. Ein Theil der gefallenen Heroen stirbt einfach, d. h. ohne Zweifel, er geht in das Reich des Hades ein, wie die Angehörigen des ehernen Geschlechts, wie die Helden der Ilias. Wenn nun von denen, die „der Tod ergriff", andere unterschieden werden, die zu den „Inseln der Seligen" gelangen, so

lässt sich nicht anders denken, als dass diese letzteren eben
nicht den Tod, d. h. Scheidung der Psyche vom sichtbaren Ich,
erlitten haben, sondern bei Leibes Leben entrückt worden sind.
Der Dichter denkt also an solche Beispiele, wie sie uns begegnet sind in der Erzählung der Odyssee von Menelaos, der
Telegonie von Penelope, Telemachos und Telegonos. Diese
wenigen Ausnahmefälle würden ihm schwerlich so tiefen Eindruck
gemacht haben, dass er um ihretwillen eine ganze Classe von Entrückten den einfach Gestorbenen entgegenstellen zu müssen gemeint hätte. Ohne allen Zweifel hatte er noch mehr Beispiele
derselben wunderbaren Art des Abscheidens aus dem Reiche der
Menschen, aber nicht aus dem Leben, vor Augen. Wir haben
gesehen, dass schon die Verse der Odyssee, in denen die Entrückung des Menelaos vorausgesagt wird, auf andere, ältere
Dichtungen gleicher Art hinwiesen, und nach den in den Resten
der cyklischen Epen uns vorgekommenen Anzeichen glauben wir
ohne Schwierigkeit, dass die spätere Heldendichtung den Kreis
der Entrückten und Verklärten weit und weiter ausgedehnt
haben mag.

Nur aus solcher Dichtung kann Hesiod die Vorstellung
eines allgemeinen Sammelplatzes, an dem die Entrückten ewig
ein müheloses Leben führen, gewonnen haben. Er nennt ihn
die „Inseln der Seligen": sie liegen, fern von der Menschenwelt,
im Okeanos, an den Grenzen der Erde, also da, wo nach der
Odyssee auch die elysische Flur liegt, ein anderer Sammelplatz lebendig Entrückter oder vielmehr derselbe, nur anders
benannt. Die „elysische Flur" uns als eine Insel zu denken,
nöthigt der Name nicht, er verbietet es aber auch nicht.
So nennt Homer das Land der Phäaken nirgends deutlich
eine Insel[1], dennoch wird die Phantasie der meisten Leser

---

[1] S. Welcker, *Kl. Schriften* 2, 6, der aber, um nur ja alle Möglichkeit einer Identificirung von Scheria mit Korkyra fernzuhalten, allzu
bestimmt Scheria für ein Festland erklärt. Mindestens Od. 6, 204 (verglichen mit 4, 354) legt doch den Gedanken an eine Insel sehr nahe.
Aber deutlich allerdings wird Scheria nirgends Insel genannt. (Mag

sich Scheria als eine Insel vorstellen, und ebenso thaten es, vielleicht schon seit den Dichtern der hesiodischen Schule, die Griechen. Ebenso mag ein Dichter das, in der Odyssee flüchtig berührte „Land der Hinkunft" sich als eine Insel oder eine Gruppe von Inseln gedacht haben: nur eine Insel, rings vom Meere umgeben, giebt das Bild eines völlig von der Welt getrennten, Unberufenen unzugänglichen Zufluchtsorts. Eben darum haben die Sagen vieler Völker, zumal solcher, die am Meere wohnen, den Seelen der Abgeschiedenen ferne Inseln als Wohnplatz angewiesen.

Die völlige Abgeschiedenheit ist das Wesentliche dieser ganzen Entrückungsvorstellung, Hesiod hebt das auch deutlich genug hervor. Ein Nachdichter hat formell nicht eben geschickt[1] noch einen Vers eingelegt, der die Abgeschiedenheit noch schärfen sollte: darnach wohnen diese Seligen nicht nur „ferne von den Menschen" (v. 167), sondern auch (v. 169) fern von den Unsterblichen, und Kronos herrscht über sie. Der Dichter dieses Verses folgt einer schönen, aber erst nach Hesiod ausgebildeten Sage, nach der Zeus den greisen Kronos mit den anderen Titanen aus dem Tartaros frei gab[2], und der alte Götterkönig, unter dessen Herrschaft einst das goldene Zeitalter des Friedens und Glückes auf Erden bestanden hatte,

---

auch Σχερίη, mit σχερός zusammenhängend, eigentlich „Festland" bedeuten [Welcker, *Kl. Schr.* 2, 6; Kretschmer, *Einl. in d. Gesch. d. gr. Spr.* 281], so fragt sich immer noch, ob der homerische Dichter, der doch den Namen nicht selbst erfand, seine erste Bedeutung noch verstand und respektirte; jedenfalls verstanden sie ja nicht mehr diejenigen, die, früh schon, Scheria mit der Insel Korkyra gleichsetzten.)

[1] Die formellen Anstösse in v. 169 hebt Steitz, *Hesiods W. u. T.* p. 69 hervor. Der Vers fehlt in den meisten Hss., er wurde (freilich zusammen mit dem ganz unverdächtigen folgenden) von alten Kritikern verworfen (Proclus zu v. 158). Die neueren Herausgeber sind einig in seiner Tilgung. Alt ist aber die Einschiebung jedenfalls; wahrscheinlich las schon Pindar (*Olymp.* 2, 70) den Vers an dieser Stelle.

[2] λῦσε δὲ Ζεὺς ἄφθιτος Τιτᾶνας Pindar (*P.* 4, 291), zu dessen Zeit aber dies schon eine verbreitete Sagenwendung ist, auf die er nur, exemplificirend, anspielt. Die hesiodische Theogonie weiss noch nichts davon.

nun über die Seligen im Elysium wie in einem zweiten, ewigen goldenen Zeitalter waltet, er selbst ein Bild der sorgenfreien Beschaulichkeit, fern von der lärmenden Welt, deren Herrschaft ihm Zeus entrissen hat. Hesiod selbst hat zu dieser Herüberziehung des Kronos aus dem goldenen Zeitalter in das Land der Entrückten einen Anlass gegeben, indem er in den wenigen Zeilen, in denen er das Leben der Seligen berührt, deutlich einen Anklang an die Schilderung des mühelosen Daseins im goldenen Zeitalter vernehmen lässt. Beide Vorstellungen, jene ein verlorenes Kindheitsparadies in der Vergangenheit, diese den Auserwählten ein vollkommenes Glück in der Zukunft zeigend, sind einander nahe verwandt: es ist schwer zu sagen, welche von ihnen die andere beeinflusst haben mag[1]; denn ganz von selber mussten die Farben ihrer Ausmalungen zusammenfliessen: die reine Idylle ist ihrer Natur nach eintönig.

4.

Von irgend einer Wirkung und Einwirkung der auf die Inseln der Seligen Entrückten auf das Diesseits sagt Hesiod nichts, wie doch bei den Dämonen des goldenen

---

[1] So gut die Sage vom goldenen, saturnischen Zeitalter wie eine ausgeführtere Phantasie des Lebens auf seligen Inseln begegnen uns nicht vor Hesiod, aber die epische Dichtung hatte, wie wir gesehen haben, ihm einzelne Beispiele der Entrückung an einen Ort der Seligkeit bereits dargeboten, er vereinigt diese nur zu einer Gesammtvorstellung eines solchen Ortes. Insofern tritt uns der Glaube an ein seliges Leben im Jenseits früher entgegen als die Sagen vom goldenen Zeitalter. Aber wie wir nicht den entferntesten Grund haben, anzunehmen, dass jener Glaube bei den Griechen „von vorn herein existirt" habe (so meint allerdings Milchhöfer, *Anf. d. Kunst* p. 230), so kann es andererseits Zufall sein, dass vom goldenen Zeitalter kein älterer Zeuge als Hesiod berichtet, die Sage selbst kann viel älter sein. Nach Hesiod ist sie oft ausgeschmückt worden, übrigens nicht zuerst von Empedokles, wie Graf, *ad aureae aetatis fab. symb.* (Leipz. Stud. VIII) p. 15 meint, sondern bereits in der epischen Ἀλκμεωνίς: s. Philodem. π. εὐσεβ. p. 51 Gomp. (Hierzu einige Bemerkungen bei Alfred Nutt, *The voyage of Bran* [1895] p. 269 f., denen ich nicht beitreten kann.)

Geschlechts, nichts auch von einer „Verehrung", die eine
Wirksamkeit voraussetzen würde, wie bei den unterirdischen
Geistern des silbernen Zeitalters. Jeder Zusammenhang mit
der Menschenwelt ist abgebrochen; jede Wirkung zu ihr
hinüber würde dem Begriffe dieser selig Abgeschiedenen widersprechen. Hesiod giebt getreulich das Bild der Entrückten
wieder, wie es dichterische Phantasie ohne alle Einwirkung
des Cultus und darauf gegründeten Volksglaubens frei ausgebildet hatte.

Folgt er hier homerischer und nachhomerischer Dichtung:
woher hat er die Vorstellung von den Dämonen und Geistern
aus dem goldenen und silbernen Zeitalter entnommen, die er
aus homerischer und homerisirender Poesie nicht entnommen
hat, nicht entnommen haben kann, weil sie, anders als die Ent-
rückungsidee, den homerischen Seelenglauben nicht ergänzt,
sondern ihm widerspricht? Wir dürfen mit Bestimmtheit sagen:
aus dem Cultus. Es bestand, mindestens in den Gegenden
Mittelgriechenlands, in denen die hesiodische Poesie zu Hause
war, eine religiöse Verehrung der Seelen vergangener Menschen-
geschlechter fort, trotz Homer, und der Cultus erhielt, wenigstens als dunkle Kunde, einen Glauben lebendig, den Homer
verhüllt und verdrängt hatte. Nur wie aus der Ferne dringt er
noch zu dem böotischen Dichter, dessen eigene Vorstellungen
doch ganz in dem Boden homerischen Glaubens wurzeln.
Schon seit dem ehernen Geschlecht, berichtet er ja, schluckt
der schaurige Hades die Seelen der Verstorbenen ein, das gilt
(mit wenigen wunderbaren Ausnahmen) auch für das heroische
Geschlecht; und dass dem Dichter am Ausgang des Lebens
im eisernen Geschlecht, dem er selbst angehört, nichts anderes
steht als die Auflösung in die Nichtigkeit des Erebos, lässt
sein Stillschweigen über das, was diesem Geschlecht nach dem
Tode bevorsteht, erkennen, ein um so drückenderes Stillschweigen, als das finstere Bild des Elends und der immer
noch zunehmenden Verworfenheit des wirklichen und gegenwärtigen Lebens, das er entwirft, ein lichteres Gegenbild aus-

gleichender Hoffnungen zu fordern scheint, um nur erträglich zu werden. Aber er schweigt von solcher Ausgleichung; er hat keine zu bieten. Wenn nach einer anderen Stelle des Gedichtes von allen Gütern besserer Vergangenheit allein die Hoffnung bei den Menschen zurückgeblieben ist, so erhellt die Hoffnung jedenfalls nicht mehr mit ihrem Strahle das Jenseits. Der Dichter, der doch, von der gemeinen Wirklichkeit des Lebens enger bedrängt, solche Hoffnungen keineswegs so getrost entbehren kann wie der in den Zauberkreis der Dichtung eingeschlossene Sänger der Heldenlieder, sieht Tröstliches nur in dem, was Dichtung oder Cultussage ihm von längst vergangener Zeit berichten. Dass das Wunder der lebendigen Entrückung sich nach der heroischen Zeit, in der nüchternen Gegenwart, wiederholen könne, liegt ihm fern zu glauben; und die Zeit, in der nach einem, jetzt (wie es scheint) ausser Geltung gekommenen Naturgesetz die Seelen der Verstorbenen zu Dämonen auf und unter der Erde erhöhet wurden, liegt weit ab in der Vergangenheit. Ein anderes Gesetz gilt jetzt; wohl verehrt noch die Gegenwart die ewigen Geister des goldenen und silbernen Geschlechts, aber sie selber vermehrt die Schaar dieser verklärten und erhöheten Seelen nicht.

5.

So giebt die hesiodische Erzählung von den fünf Weltaltern uns die bedeutendsten Aufschlüsse über die Entwicklung griechischen Seelenglaubens. Was sie uns von den Geistern aus dem goldenen und silbernen Geschlecht berichtet, bezeugt, dass aus grauer Vorzeit ein Ahnencult bis in die Gegenwart des Dichters sich erhalten hatte, der auf dem einst lebendigen Glauben an eine Erhöhung abgeschiedener Seelen, in ihrem Sonderdasein, zu mächtigen, bewusst wirkenden Geistern begründet war. Aber die Schaaren dieser Geister gewinnen keinen Zuwachs mehr aus der Gegenwart. Seit Langem verfallen die Seelen der Todten dem Hades und seinem nichtigen

Schattenreiche. Der Seelencult stockt, er bezieht sich nur noch auf die vor langer Zeit Verstorbenen, er vermehrt die Gegenstände seiner Verehrung nicht. Das macht, der Glaube hat sich verändert: es herrscht die in den homerischen Gedichten ausgeprägte, durch sie bestätigte und gleichsam sanctionirte Vorstellung, dass der einmal vom Leibe getrennten Psyche Kraft und Bewusstsein entschwinde, ein fernes Höhlenreich die machtlosen Schatten aufnehme, denen keine Wirksamkeit, kein Hinüberwirken in das Reich der Lebenden möglich ist, und darum auch kein Cultus gewidmet werden kann. Nur am äussersten Horizont schimmern die Inseln der Seligen, aber der Kreis der dorthin, nach dichterisch phantastischer Vision, lebendig Entrückten ist abgeschlossen, wie der Kreis der Heldendichtung abgeschlossen ist. Die Gegenwart sieht solche Wunder nicht mehr.

Es ist nichts, was dem aus den homerischen Gedichten von uns Erschlossenen widerspräche in dieser, aus der hesiodischen Darstellung deutlicher abzunehmenden Entwicklungsreihe. Nur dieses Eine ist neu und vor Allem bedeutsam: dass eine Erinnerung davon, wie einst doch die Seelen verstorbener Geschlechter der Menschen höheres, ewiges Leben erlangt haben, sich erhalten hat. Im Praesens redet Hesiod von ihrem Dasein und Wirken, und von der Ehre, die ihnen folge: glaubt man sie unsterblich, so wird man sie natürlich auch fortwährend weiter verehren. Und umgekehrt: dauerte die Verehrung nicht noch in der Gegenwart fort, so würde man sie nicht für unvergänglich und ewig wirksam halten.

Wir sind im alten, im festländischen Griechenland, im Lande der böotischen Bauern und Ackerbürger, in abgeschlossenen Lebenskreisen, die von der Seefahrt, die in die Fremde lockt und Fremdes heranbringt, wenig wissen und wissen wollen. Hier im Binnenlande hatten sich Reste von Brauch und Glauben erhalten, die in den Seestädten der neuen Griechenländer an Asiens Küsten vergessen waren. Soweit hat doch die neue Aufklärung auch hier eingewirkt, dass die Gebilde des alten Glaubens, in die Vergangenheit zurückgeschoben, nur noch wie eine halb verklungene Sage, mit Phantasieen über die Uranfänge der Menschheit verflochten, im Gedächtniss weiter leben. Aber der Seelencult ist doch noch nicht ganz todt; die Möglichkeit besteht, dass er sich erneuere und sich fortsetze, wenn einmal der Zauber homerischer Weltvorstellung gebrochen sein sollte.

Höhlengötter. Bergentrückung.

———

Die Geschichte der griechischen Cultur und Religion kennt keinen Sprung, keinen Bruch in ihrem Fortgange. Weder hat das Griechenthum jemals aus sich selbst eine Bewegung erregt, die es zu gewaltsamer Umkehr auf dem eingeschlagenen Wege zwang, noch ist es zu irgend einer Zeit durch ein mit Uebermacht hereinbrechendes Fremdes aus der natürlichen Bahn seiner Entwicklung geworfen worden. Wohl hat dies gedankenreichste der Völker aus eigenem Sinn und Sinnen die wichtigsten der Gedanken hervorgebracht, von denen die Jahrhunderte zehren; sie haben der ganzen Menschheit vorgedacht; die tiefsten und kühnsten, die frömmsten und die frechsten Gedanken über Götter, Welt und Menschenwesen haben ihren Ursprung in Griechenland. Aber in dieser überschwänglichen Mannichfaltigkeit hielten die sich gegenseitig einschränkenden oder aufhebenden Einzelerscheinungen einander im Gleichgewicht; die gewaltsamen Stösse und plötzlichen Umschwünge im Culturleben gehen von den Völkern aus, die nur Einen Gedanken festhalten und in der Beschränktheit des Fanatismus alles Andere über den Haufen rennen.

Wohl stand das Griechenthum der Einwirkung fremder Cultur und selbst Uncultur weit offen. Ununterbrochen drangen namentlich von Osten her in sanfter Einströmung und Ueberströmung breite Wellen fremden Wesens über Griechenland;

an Einer Stelle wenigstens brach auch (in dem Aufregungs-
cult der thrakischen Dionysosdiener) in dunkler Vorzeit eine
heftige Springfluth durch alle Deiche. Viele fremde Elemente
mögen leicht wieder ausgeschieden worden sein aus griechischem
Wesen; manches gewann eine dauernde Stelle und tiefe Wirkung in griechischer Cultur. Aber nirgends hat das Fremde
in Griechenland eine Uebermacht gewonnen, vergleichbar etwa
der umstürzenden und neubildenden Gewalt, die der Buddhis-
mus, das Christenthum, der Islam unter den Völkern ausgeübt
haben, die sie vordringend ergriffen. Inmitten aller fremden
Einwirkungen behauptete das griechische Wesen, gleich zäh wie
geschmeidig, in aller Gelassenheit seine eigene Natur, seine
geniale Naivetät. Fremdes und in eigener Bewegung erzeugtes
Neues wird aufgenommen und angepasst, aber das Alte tritt
darum nicht ab; langsam verschmilzt es mit dem Neuen, viel
wird neu gelernt, nichts ganz vergessen. In gelindem Weiter-
strömen bleibt es immer derselbe Fluss. *Nec manet ut fuerat
nec formas servat easdem: sed tamen ipse idem est* —

So kennt denn die griechische Culturgeschichte keine schroff
abgesetzten Zeiträume, keine scharf niederfahrenden Epochen-
jahre, mit denen ein Altes völlig abgethan wäre, ein ganz
Neues begönne. Zwar die tiefsten Umwälzungen griechischer
Geschichte, Cultur und Religion liegen ohne Frage vor der
Zeit des homerischen Epos, und in dieser Urzeit mögen heftigere
und stossweis eintretende Erschütterungen das griechische Volk
zu dem gemacht haben, als was wir es kennen. Uns beginnt
das Griechenthum wirklich kenntlich zu werden, erst mit Homer.
Die einheitliche Geschlossenheit, die das in den homerischen
Gedichten abgespiegelte Griechenthum erlangt zu haben scheint,
löst sich freilich in der fortschreitenden Bewegung der folgenden Zeiten auf. Neue Triebe drängen empor, unter der
sich zersetzenden Decke der epischen, breit alles überziehenden
Vorstellungsart tritt manches Alte wieder an's Licht heraus;
aus Aeltestem und Neuem bilden sich Erscheinungen, von
denen das Epos noch nichts ahnen liess. Aber es findet nirgends

in den nächsten heftig bewegten Jahrhunderten nach Homer
ein Bruch mit dem Epos und seiner Vorstellungswelt statt;
erst seit dem sechsten Jahrhundert sucht die Speculation einzelner kühnen Geister mit Ungeduld aus der Atmosphäre der
homerischen Dichtung, in der ganz Griechenland immer noch
athmete, herauszuspringen. Die volksthümliche Entwicklung
weiss nichts von einem Gegensatz zum Homer und seiner
Welt. Unmerklich vollzog sich die Verdrängung der homerischen Ethik und Religion aus der Alleinherrschaft, niemals
aber ist der Zusammenhang mit dieser gewaltsam abgerissen
worden.

So können auch wir, indem wir, Homer und das Epos
hinter uns lassend, in die vielverschlungenen Wege der weiteren
Entwicklung des Seelencultes und des Unsterblichkeitsglaubens
eindringen, noch eine Zeitlang uns an dem Ariadnefaden des
Epos leiten lassen. Auch hier reicht eine Verbindung aus der
epischen Zeit in die kommende Periode herunter. Bald freilich
lockert sich der Faden, und wir müssen in neues Gebiet selbständig vorschreiten. —

1.

Unter den Fürsten, die, von Adrast geführt, zu Gunsten
des Polyneikes Theben zu belagern kamen, ragt Amphiaraos
hervor, der argivische Held und Seher aus dem Geschlecht des
räthselhaften Priesters und Wahrsagers Melampus. Gezwungen
war er in den Krieg gezogen, dessen unglückliches Ende er
voraus wusste; und als in der Entscheidungsschlacht, nach dem
Wechselmord der feindlichen Brüder, das argivische Heer in's
Weichen kam, da floh auch Amphiaraos; doch bevor Periklymenos, der ihn verfolgte, ihm den Speer in den Rücken
stossen konnte, zerspaltete Zeus vor ihm durch einen Blitzstrahl die Erde, und sammt Rossen und Wagen und Wagen-
lenker fuhr Amphiaraos in die Tiefe, wo ihn Zeus unsterblich machte. — So lautet die Sage vom Ende des Amphiaraos, wie sie von Pindar an uns zahlreiche Zeugen be-

richten[1]; man darf mit Zuversicht annehmen, dass so schon erzählt war in der Thebaïs, dem alten Heldengedicht vom Kriege der Sieben gegen Theben, das in den epischen Cyklus aufgenommen wurde[2].

---

[1] Pindar *N.* 9, 24 ff. 10, 8 f. Apollodor. *bibl.* III 6, 8, 4 (σόν τῷ ἄρματι καὶ τῷ ἡνιόχῳ Βάτωνι ἐκρύφθη καὶ Ζεὺς ἀθάνατον αὐτὸν ἐποίησεν) u. s. w. Beachtenswerth sind die Ausdrücke, mit denen die Entrückung des Amphiaraos und sein vollbewusstes Weiterleben bezeichnet· werden. κατὰ γαῖ᾽ αὐτόν τέ νιν καὶ φαιδίμους ἵππους ἔμαρψεν Pind. *Ol.* 6, 14. Ζεύς κρόψεν ἄμ᾽ ἵπποις Pind. N. 9, 25. γαῖα δπέδεκτο μάντιν Οἰκλείδαν. Pindar *N.* 10, 8. μάντις κεκευθὼς πολεμίας ὁπὸ χθονός Aesch. *Sept.* 588. ἐδέξατο ῥαγεῖσα Θηβαία κόνις Soph. *fr.* 873. θεοὶ ζῶντ᾽ ἀναρπάσαντες ἐς μυχοὺς χθονὸς αὐτοῖς τεθρίπποις εὐλογοῦσιν ἐμφανῶς Eurip. *Suppl.* 928 f. ἥρπασεν χάρυβδις οἰωνοσκόπον, τέθριππον ἄρμα περιβαλοῦσα χάσματι *ibid.* 501 f. (Eriphyle) 'Αμφιάραον ἔκρυψ᾽ ὁπὸ γῆν αὐτοῖσι σὺν ἵπποις Orakel aus Ephorus, bei Ath. 6, 232 F. 'Αμφιαράου ζῶντος τὸ σῶμα καταδέξασθαι τὴν γῆν Agatharchides *de m. r.* (*Geogr. gr. min.* I) p. 115, 21. ἐπεσπάσατο ἡ γῆ ζῶντα Philostrat. *V. Ap.* p. 79, 18 Kays. ἀφανισμός des A. Steph. Byz. s. "Αρπυια. — πάμψυχος ἀνάσσει Soph. *El.* 841 ἀεὶ ζῶν τιμᾶται Xenoph. *Cyneg.* 1, 8.

[2] Dass die Entrückung des Amphiaraos, sowie sie später (offenbar nach einem bedeutenden und einflussreichen Vorbild) immer wieder erzählt wird, bereits in der Thebaïs des ep. Cyklus erzählt worden sei, nimmt Welcker, *Ep. Cykl.* 2, 362. 366 ohne Weiteres an, und es ist in der That von vorn herein sehr wahrscheinlich. Die Annahme lässt sich aber auch sicherer begründen. Pindar berichtet *Ol.* 6, 12—17: nachdem den Amphiaraos mit seinem Gespann die Erde verschlungen hatte, sprach Adrastos beim Brande der sieben Scheiterhaufen (welche die Leichen der im Kampfe gefallenen Argiver verzehrten): ποθέω στρατιᾶς ὀφθαλμὸν ἐμᾶς, ἀμφότερον, μάντιν τ᾽ ἀγαθὸν ναὶ δουρὶ μάρνασθαι. Dass dieses berühmte Klagewort ἐκ τῆς κυκλικῆς Θηβαίδος entnommen sei, bezeugen die alten Scholien zu ποθέω κτλ., nach Asklepiades. Demnach war auch in der Thebaïs Amphiaraos nach beendigter Schlacht weder unter den Ueberlebenden noch unter den Gefallenen zu finden, — also jedenfalls entrückt. Pindar wird nicht nur das Klagewort des Adrast, sondern die ganze dies Wort motivirende Situation, wie er sie schildert, der Thebaïs entlehnt haben. (Bethe, *Theban. Heldenlieder* [1891] p. 58 f., 94 ff. meint beweisen zu können, dass Pindar aus der Thebaïs nichts als die Worte: ἀμφότορον κτλ. entlehnt habe, die Thebaïs von der Bestattung der vor Theben Gefallenen überhaupt gar nichts erzählt, sondern dies Pindar auf eigene Hand hinzugedichtet habe, *ol.* 6, wie *Nem.* 9, 25. Aber die „Beweise" für diese, an sich völlig unglaubhaften Annahmen zerfallen bei näherer Besichtigung in nichts.). — In der Odyssee heisst es von Amphiaraos

Bei Theben lebte nun Amphiaraos in der Erde ewig fort. — Weiter nördlich im böotischen Lande, bei Lebadea, wusste man von einem ähnlichen Wunder zu berichten. In einer Höhle der Bergschlucht, vor der Lebadea liegt, lebte unsterblich Trophonios. Die Sagen, welche sein wunderbares Höhlenleben erklären sollen, stimmen wenig mit einander überein, wie es bei solchen Gestalten zu geschehen pflegt, die nicht von der Dichtung früh ergriffen und in den weiten Zusammenhang der Heldenabenteuer fest eingefügt sind. Aber alle Berichte (deren älteste Wurzeln vielleicht noch in der „Telegonie" lagen) laufen darauf hinaus, dass auch Trophonios, wie Amphiaraos, einst ein Mensch gewesen sei, ein berühmter Baumeister, der, vor seinen Feinden fliehend, bei Lebadea in die Erde geschlüpft sei, und nun in der Tiefe ewig lebe, denen, die ihn zu befragen hinabfahren, die Zukunft verkündigend.

Diese Sagen wissen also von Menschen zu berichten, die lebend von der Erde verschlungen sind, und dort, wo sie in die Tiefe eingefahren sind, an ganz bestimmten Stellen griechischen Landes, unsterblich weiterleben.

Es fehlt nicht völlig an anderen Sagen ähnlichen Inhalts. Einer der wilden Recken des Lapithenvolkes in Thessalien, Kaineus, von Poseidon, der ihn einst aus einem Weibe in einen Mann verwandelt hatte, unverwundbar gemacht, wurde von den Kentauren im Kampfe mit Baumstämmen zugedeckt; unverwundet spaltet er „mit geradem Fusse" (d. h. aufrecht stehend, lebend, nicht hingestreckt wie ein Todter oder Todwunder) die Erde und fährt lebendig in die Tiefe[1]. — Auf

---

ὅλετ' ἐν Θήβῃσι 15, 247. θάνεν Ἀμφιάραος 253. Der Ausdruck sei „natürlich nur als Verschwinden von der Erde zu verstehen", meint Welcker, *Ep. C.* 2, 366. Man kann wohl nur sagen, dass der Ausdruck nicht verhindere, die Sage vom „Verschwinden" des A. auch als dem Dichter dieser Verse bekannt vorauszusetzen. So sagt bei Sophokles im *Oed. Col.* Antigone wiederholt (v. 1706. 1714), dass Oedipus ἔθανε, während er doch, ähnlich wie Amphiaraos, lebend entrückt ist (ἄσκοποι πλάκες ἔμαρψαν 1681).

[1] Pindar *fr.* 167. Apoll. Rhod. 1, 57—64 (ζωός περ ἔτι . . . ἐδύσετο

Rhodos verehrte man den Althaimenes als „Gründer" der griechischen Städte der Insel: er war nicht gestorben, sondern in einem Erdschlund verschwunden[1]. — Wie von Amphiaraos, so scheint auch von seinem Sohne Amphilochos, dem Erben seiner Wahrsagekunst, die Sage gegangen zu sein, dass er (in Akarnanien oder in Kilikien) noch lebendig in der Erde hause[2]. — Es liessen sich wohl noch einige Beispiele ähnlicher Art beibringen[3]. Aber die Zahl solcher Sagen bleibt eine kleine, und nur wie zufällig tauchen sie hie und da in der Ueber-

νειόθι γαίης). Orph. *Argon.* 171—175 (φασὶν — ζωόντ᾽ ἐν φθιμένοισι μολεῖν ὑπὸ κεύθεσι γαίης). Agatharchid. *de m. r.* p. 114, 39—43 (εἰς τὴν γῆν καταδῦναι, ὀρθόν τε καὶ ζῶντα). Schol. und Eustath. Il. A 264. — Bei Ovid. *met.* 12, 514 ff. wird aus der Entrückung eine Verwandlung (in einen Vogel): so ist oft an Stelle einer alten Entrückungssage eine Metamorphose in späterer Sagenbildung getreten. — Die zusammenhängende Sage von Kaineus ist verloren, nur einige Bruchstücke bei Schol. Ap Rh. 1, 57; Schol. Il. A 264 (am bekanntesten die Geschlechtsverwandlung [vgl. auch Meineke, *h. crit. com.* 345], deren Sinn unklar ist. Aehnliche Geschichten von Tiresias, von Sithon [Ovid. *met.* 4, 280], von Iphis und Ianthe, diese auffallend an eine Erzählung des Mahâbhârata erinnernd. Dann oft in Mirakelerzählungen, heidnischen und christlichen, denen man gewiss zu viel Ehre anthut, wenn man dunkle Erinnerungen an mannweibliche Gottheiten unter ihrer Hülle sucht). Von Cult des Kaineus fehlt jede Spur.

[1] Althaimenes, Sohn des Katreus (vgl. *Rhein. Mus.* 36, 432 f.), εὐξάμενος ὑπὸ χάσματος ἐκρύβη Apollodor. III 2, 2, 3. Rationalisirter Bericht des Zeno von Rhodus bei Diodor. 5, 59, 4. Aber da: ὕστερον κατὰ χρησμόν τινα τιμὰς ἔσχε παρὰ ῾Ροδίοις ἡρωικάς, und in der That lehrt die Inschrift bei Newton, *Greek inscr.* II 352 eine Volksabtheilung (Κτοῖνα?) auf Rhodos kennen des Namens ᾿Αλθαιμενίς, deren ἥρως ἐπώνυμος Althaimenes sein muss.

[2] Amphilochos erschien in Person den Schlafenden in seinem Traumorakel zu Mallos in Kilikien (Luc. *Philops.* 38) — ebenso übrigens sein Concurrent Mopsos: Plut. *def. orac.* 45 — nicht anders in seinem Orakel in Akarnanien: Aristid. I p. 78 Dind. Mopsos in Kilikien, Amphilochos bei den Akarnanen gleich anderen δαιμόνια, die ἱδρυμένα ἔν τινι τόπῳ τοῦτον οἰκοῦσιν: Orig. *c. Cels.* III 34 p. 293/4 Lomm. ἀνθρωποειδεῖς θεωρεῖσθαι θεοὺς sagt von Amphiaraos, Mopsos u. A.: ders. VII 35 p. 53.

[3] Laodike, T. des Priamos: Apollodor. *epit.* 5, 25; Nicol. *prog.* 2, 1. Aristaios, der ἄφαντος γίγνεται im Haemus und nun ἀθανάτοις τιμαῖς geehrt wird: Diodor. 4, 82, 6. (Vgl. Hiller v. Gärtr., Pauly-Wissowa *Encykl.* 2, 855, 23 ff.)

lieferung auf. Die epische Dichtung, ohne deren Mitwirkung locale Sagen selten verbreiteten und dauernden Ruhm erlangten, liess, mit wenigen Ausnahmen, solche Geschichten bei Seite liegen. Sie treten eben aus dem Vorstellungskreise homerischer Dichtung heraus. Zwar der Glaube, dass Unsterblichkeit, einzelnen Menschen durch Göttergnade wunderbar verliehen, nur darin bestehen könne, dass der Tod, d. h. Scheidung der Psyche vom sichtbaren Menschen, gar nicht eintrete, bestimmt die Gestaltung auch dieser Sagen. Von einem unsterblichen Leben der vom Leibe geschiedenen Seele für sich allein wissen sie nichts. Insofern wurzeln sie fest im Boden epischen Glaubens.

Aber den Helden dieser Sagen wird ewiges Weiterleben zu Theil an eigenen Wohnplätzen im Inneren der Erde, in unterirdischen Gemächern[1], nicht am allgemeinen Versammlungsort der Abgeschiedenen. Sie haben ihr Reich für sich, fern vom Hause des Aïdoneus. Solche Absonderung einzelner Unterirdischen passt nicht zu homerischen Vorstellungen. Fast scheint es, als ob ein leiser Nachklang der Sagen von lebend und mit unversehrtem Bewusstsein entrückten Sehern, wie Amphiaraos, Amphilochos, hörbar werde in der Erzählung der homerischen Nekyia von Tiresias, dem thebanischen Seher, dem allein unter den Schatten Persephone Bewusstsein und Verstand (also eigentlich die Lebenskräfte) gelassen hatte[2]. Aber auch

---

[1] Der eigentliche Ausdruck für diese Wohnplätze im Erdinnern ist μέγαρα. Lex. rhetor. bei Eustath. Od. 1387, 17 f. Daher auch die Opfergruben, in welche man die Gaben für die Unterirdischen versenkte, μέγαρα heissen (Lobeck, *Agl.* 830; μέγαρα = χάσματα Schol. Lucian. *Rhein. Mus.* 25, 549, 7. 8). man gedenkt eben durch die Versenkung das Opfer unmittelbar an den Aufenthalt der in der Erde wohnenden Geister befördern zu können; der Opferschlund selbst ist das „Gemach" μέγαρον, in dem jene lebendig (in Schlangengestalt) hausen.

[2] Od. κ. 492 ff. ψυχῇ χρησόμενος Θηβαίου Τειρεσίαο, μάντηος ἀλαοῦ, τοῦ τε φρένες ἔμπεδοί εἰσιν· τῷ καὶ τεθνηῶτι νόον πόρε Περσεφόνεια, οἴῳ πεπνῦσθαι· τοὶ δὲ σκιαὶ ἀΐσσουσιν. Wenn seine φρένες unversehrt sind, so fehlt eigentlich das wesentlichste Merkmal des Gestorbenseins. Freilich ist sein Leib aufgelöst, darum heisst er auch τεθνηώς wie alle anderen Hadesbewohner; es ist nur unfassbar, wie ohne den Leib die φρένες bestehen

ihn hält das allgemeine Todtenreich des Erebos fest, von aller
Verbindung mit der Oberwelt ist er abgeschnitten: so will es
homerische Weltordnung. Amphiaraos dagegen und Trophonios
sind dem Hades entzogen; wie sie nicht gestorben sind, so
sind sie auch nicht in das Reich der kraftlosen Seelen eingegangen. Auch sie sind dem Leben (aber auch dem Hades)
entrückt. Aber diese Höhlenentrückung ist in ihrem·
Wesen wie in ihrem Glaubensursprung sehr verschieden von
der Inselentrückung, von der wir im vorigen Abschnitt geredet
haben. Jene, einzeln oder in Gesellschaft auf seligen Eilanden
fern im Meere wohnenden Helden sind vom menschlichen Leben
weit abgerückt, auch menschlichen Bitten und Wünschen unerreichbar; keine Einwirkung auf das Diesseits ist ihnen gestattet, und so wird ihnen kein Cult gewidmet: nie hat ein
Cult der Bewohner des Elysiums als solcher bestanden.
Sie schweben in der Ferne wie Bilder dichterischer Phantasie,
von denen Niemand ein thätiges Eingreifen in die Wirklichkeit erwartet. Anders diese Höhlenentrückten. Sie hausen ja
lebendig unter der Erdoberfläche, nicht im unerreichbaren
Nebelreiche des Hades, sondern mitten in Griechenland;
Fragen und Bitten werden zu ihnen hinab, ihre Hilfe wird zu
den Bittenden herauf dringen können. Ihnen widmet man denn
auch, als mächtigen und wirksamen Geistern, einen Cult.

---

können. Höchst wahrscheinlich ist die Vorstellung von dem Fortbestehen
des Bewusstseins des, aus der thebanischen Sage berühmten Sehers dem
Dichter aus einer volksthümlichen Ueberlieferung entstanden, nach der
Tiresias die Helligkeit seines Geistes auch nach seinem Abscheiden noch
durch Orakel bewährte, die er aus der Erde heraufsandte. In Orchomenos bestand (woran schon Nitzsch, *Anm. zur Od.* III p. 151 erinnert)
ein χρηστήριον Τειρεσίου: Plut. *def. orac.* 44, p. 434 C., und zwar nach
dem Zusammenhang, in dem Plutarch von ihm redet, zu schliessen, offenbar ein Erdorakel, d. h. ein Incubationsorakel. Dort mag man von
Tiresias und seinem Fortleben Aehnliches erzählt haben wie bei Theben
von Amphiaraos. Eine derartige Kunde könnte dann der Dichter der
Nekyia für seine Zwecke umgebildet und verwendet haben. Nicht ohne
Grund stellt jene von Tiresias handelnden Verse mit der Sage von Amphiaraos und Trophonios zusammen Strabo XVI p. 762.

Wir wissen Genaueres über die Art, in der man den Amphiaraos verehrte, namentlich aus der späteren Zeit, als neben dem Orte bei Theben, an dem die Sage von seiner Niederfahrt ursprünglich heimisch war, auch, und mit überwiegendem Erfolg, Oropos, der Grenzort von Böotien und Attika, eine Stelle seines Gebietes als den Ort der Erdentrückung des Amphiaraos bezeichnete[1]. Von dem Cult des Trophonios haben wir ebenfalls aus späterer Zeit einige Kunde. Unter der im Laufe der Zeit angesammelten Mannichfaltigkeit der Begehungen treten einige besonders charakteristisch hervor, aus denen sich die zu Grunde liegende religiöse Vorstellung erkennen lässt. Man brachte dem Amphiaraos und dem Trophonios solche Opfer dar, wie sonst den chthonischen, d. h. in der Erdtiefe wohnenden Göttern[2]. Man erwartete

---

[1] Die alte Orakelstätte des Amphiaraos war bei Theben, an der Stelle (zu Knopia), wo die epische Sage ihn in die Erde versinken liess. Paus. IX 8, 3, Strabo IX p. 404. Noch zur Zeit der Perserkriege befragte es dort, bei Theben, der Abgesandte des Mardonios, wie Herodot 8, 134 ganz unmissdeutbar sagt. (Dass das Orakel im thebanischen Gebiet lag, beweist auch der — ohne diese Voraussetzung ganz zwecklose — Zusatz des Herodot, dass Θηβαίων οὐδενὶ ἔξεστι μαντεύεσθαι αὐτόθι Aehnlich ist es, wenn in Erythrae den alten Heraklestempel keine Frauen aus Erythrae, wohl aber thracische Frauen betreten durften [Paus. 7, 5, 7. 8], von den Leichenspielen für Miltiades auf dem Chersonnes die Lampsakener ausgeschlossen waren · Herod. 6, 36.) Nach Oropos (das auch auf die Ehre, den Amphiaraos in seinem Boden zu beherbergen, Anspruch machte: Schol. Pind. Ol. 6, 18. 21. 22. 23; anders Pausan. 1, 34, 2. 4) wurde (schwerlich vor dem Ende des 5. Jahrhunderts) das Orakel erst nachträglich verlegt (μεθιδρύθη, Strab. l. l.); dass es von jeher nur in Oropos bestanden habe, ist eine aller Ueberlieferung widersprechende Behauptung.

[2] Dem Trophonios opfert man, vor der Hinabfahrt, nachts, in eine Grube (βόθρος) einen Widder: Paus. 9, 39, 6; dem Amphiaraos, nach längerem Fasten (Philostr. v. Ap. 2, 37, p. 79, 19 ff.) und nach Darbringung eines καθάρσιον, einen Widder, auf dessen Fell sich dann der das Orakel befragende zum Schlaf niederlegt (Paus. 1, 34, 5). — *Cleanthem, cum pede terram percussisset*, versum ex *Epigonis* (wohl des Sophokles) *ferunt dixisse: Audisne haec Amphiarae, sub terram abdite?* Cic. *Tusc.* II § 60. Auch der Gestus wird der betreffenden Scene ʼΕπίγονοι entlehnt sein. Man schlug also auf die Erde, wenn man den Amphiaraos anrief, wie bei

von ihnen nicht etwa Hülfe im täglichen Leben des Einzelnen oder des Staates; nur an der Stätte ihrer Niederfahrt waren sie wirksam, und auch da nur, indem sie die Zukunft enthüllten. Unter den berühmtesten Orakelgöttern[1] liess schon Kroesos, nachher Mardonios den Amphiaraos an seiner alten Orakelstätte bei Theben, den Trophonios bei Lebadea befragen. Von Amphiaraos glaubte man, er verkündige durch Traumgesichte die Zukunft denen, die sich, nach dargebrachten Opfern, in seinem Tempel zum Schlafe niederlegten. Um Trophonios zu befragen, fuhr man durch einen engen Schlund in seine Höhle ein. Drinnen erwartete man, den Trophonios in Person zu erblicken oder doch seine Weisungen zu hören[2]. Er

Anrufung anderer καταχθόνιοι ('Αμφιάραε χθόνιε noch in dem Pariser Zauberbuch Z. 1446f.) man auf die Erde schlägt: Il. 9, 568; vgl. Paus. 8, 15, 3. Vgl. Nägelsbach, *Nachhomer. Theol.* 102. 214. Skedasos in Sparta γῆν τύπτων ἀνεκαλεῖτο τὰς 'Ερινόὰς: Plut. *amator. narrat.* 3 p. 774 B. In der Trauer um seine gestorbene Tochter wirft sich Herodes Atticus zu Boden, τὴν γῆν παίων καὶ βοῶν· τί σοι, θύγατερ, καθαγίσω; τί σοι ξυνθάψω; Philostr. *V. Soph.* 2, 1, 10. Pythagoras ὅταν βροντήσῃ, τῆς γῆς ἅψασθαι παρήγγειλεν. Jamblich. *V. Pyth.* 156.

[1] Viel ältere Wirksamkeit des Traumorakels des Trophonios setzt die Geschichte von dessen Befragung durch die Βοιωτοὶ ἁλόντες ὑπὸ Θρακῶν bei Photius (Suid.) s. λύσιοι τελεταί voraus.

[2] Trophonios selbst ist es, den man in der Höhle bei Lebadea zu sehn erwartete. Der Hinabfahrende ist δεόμενος συγγενέσθαι τῷ δαιμονίῳ (Max. Tyr. *diss.* 14, 2, p. 249 R.); man erforscht aus Opferzeichen, εἰ δὴ τὸν κατιόντα εὐμενὴς καὶ ἵλεως δέξεται (Trophonios): Paus. 9, 39, 6. Saon, der Entdecker des Orakels und Stifter des Cultes hat, in das μαντεῖον eingedrungen, offenbar dort den Trophonios in Person angetroffen: τὴν ἱερουργίαν — διδαχθῆναι παρὰ τοῦ Τροφωνίου φασί (Paus. 9, 40, 2). Er wohnt, wird gesehen in der Orakelhöhle: Origen. *c. Cels.* 3, 34 p. 293/4 (Lomm.); 7, 35 p. 53; Aristid. I p. 78 Dind. Selbst der ungesalzene rationalisirende Bericht über Trophonios in Schol. Ar. *Nub.* 508 p. 105ᵇ, 15 (Dübn.), Schol. Luc. *d. mort.* 3., Cosm. ad Greg. Naz. (Eudoc. *Viol.* p. 682, 8) setzt noch körperliche Anwesenheit eines ἐγκατοικῆσαν δαιμόνιον in der Trophonioshöhle voraus; ebenso lässt dies als die verbreitete Ansicht erkennen Lucian *dial. mort.* 3, 2 durch die seltsame spöttische Fiction, dass τὸ θεῖον ἡμίτομον des Trophonios, der selbst im Hades (zu dem nach Lucian *Necyom.* 22 die Trophonioshöhle nur ein Eingang ist) sich aufhält, χρᾷ ἐν Βοιωτίᾳ. Man dachte also drunten dem Trophonios in seiner göttlichen Gestalt zu begegnen, ganz so wie es mit naiver Deutlichkeit in einem ähnlichen

wohnte eben, wie ein an den Ort seines zauberhaften Daseins gefesselter Geist, körperlich in der Tiefe jener Höhle. Aber auch die Incubation, der Tempelschlaf, durch den man Amphiaraos befragte (wie noch viele Dämonen und Heroen) beruht eigentlich auf dem Glauben, dass der Dämon, der freilich menschlichem Auge nur in der Seelenerhöhung des Traumes sichtbar wird, seinen dauernden Wohnplatz an der Stelle des Orakels habe[1]. Eben darum kann nur an dieser Stelle und

---

Fall Ampelius, *l. mem.* 8, 3 ausspricht: *ibi (Argis in Epiro) Jovis templum hyphonis* (unheilbar entstellt; *Trophonii*, ganz verkehrt, Duker; *Typhonis, Tychonis*, nicht besser, Andere), *unde est al inferos descensus ad tollendas sortes: in quo loco dicuntur ii qui descenderunt Jovem ipsum videre.* Oder man hess den Tr. in der Höhle in Schlangengestalt wohnen, wie sie den Erdgöttern gewöhnlich ist. Nicht nur sind ihm Schlangen ebenso wie dem Asklepios heilig (Paus. 9, 39, 3), wohnen Schlangen in seiner Höhle, zu deren Besänftigung man Honigkuchen mit hinabnahm: er selbst ist in Schlangengestalt anwesend: ὄφις ἦν ὁ μαντευόμενος (Schol. Ar *Nub.* 508 p. 105[b], 32); vgl. Suidas s. Τροφώνιος. — Diese personliche unmittelbare Zusammenkunft des Orakelsuchenden mit dem Gotte war es, was das Trophoniosorakel vor anderen auszeichnete, μόνον ἐκεῖνο (τὸ μαντεῖον) δι’ αὐτοῦ χρᾷ τοῦ χρωμένου. Philostr. *V. Apoll.* 8, 19 p. 335, 30. Manche hörten freilich nur, ohne zu sehen: — τις καὶ εἶδεν καὶ ἄλλος ἤκουσεν. Paus. 9, 39, 11. Aber sie hörten den Gott.

[1] Von Zalmoxis bei den Geten (vgl. Strabo 7, 297f.; 16, 762; Herodot. 4, 95. 96. Etym. M. s. Ζάλμ.), Mopsos in Kilikien, Amphilochos in Akarnanien, Amphiaraos und Trophonios, also lauter Dämonen von Incubationsorakeln redend, sagt Origenes *c. Cels.* 3, 34 (p. 293/4 Lomm.): ihnen kommen Tempel und ἀγάλματα zu als δαιμονίοις οὐκ οἶδ’ ὅπως ἱδρυμένοις ἔν τινι τόπῳ, ὃν — — οἰκοῦσιν. Sie haben diesen ἕνα κεκληρωμένον τόπον inne: Orig. 7, 35 (p. 53. 54) vgl. 3, 35g. Ende. Dort und nur dort sind solche Dämonen daher auch sichtbar. Celsus bei Origenes *c. Cels.* 7, 35 (p. 53) von den Heiligthümern des Amphiaraos, Trophonios, Mopsos: ἔνθα φησὶν ἀνθρωποειδεῖς θεωρεῖσθαι θεοὺς καὶ οὐ ψευδομένους ἀλλὰ καὶ ἐναργεῖς. — ὄψεταί τις αὐτοὺς οὐχ ἅπαξ παραρρυέντας — ἀλλ᾽ ἀεὶ τοῖς βουλομένοις ὁμιλοῦντας (also immer sind sie dort anwesend). Aristid. I p. 78 Dind.. Ἀμφιάραος καὶ Τροφώνιος ἐν Βοιωτίᾳ καὶ Ἀμφίλοχος ἐν Αἰτωλίᾳ χρησμῳδοῦσι καὶ φαίνονται. Wenn der Cult eines solchen durch Incubation befragten Gottes sich ausbreitete, so lockerte sich natürlich seine Ortsgebundenheit. Entweder wurde es streitig, wo sein dauernder Erdsitz sei (so bei Amphiaraos), oder der Gott wird allmählich ortsfrei, an bestimmte einzelne Orte nur so weit gebunden, dass er eben ausschliesslich an ihnen, nicht beliebig überall erscheinen kann. So ist es mit As-

nirgends sonst seine Erscheinung erwartet werden. Und ursprünglich sind es ausschliesslich Bewohner der Erdtiefe, welche
Solchen, die sich über der Stelle ihres unterirdischen Wohn-
platzes zum Tempelschlafe niederlegen, im Traume sichtbar
werden können. Homer weiss nichts von Göttern oder Dämonen, die unter bestimmten Stellen der bewohnten Erde
dauernd hausen, nahe den Menschen; eben darum verräth er
auch keine Kenntniss von Incubationsorakeln[1]. Es giebt Gründe
für die Meinung, dass diese Art, mit der Geisterwelt, der die

klepios, so mit einigen anderen, ebenfalls ursprünglich an Ein Local gebundenen Dämonen, die dann ἐπιφαίνονται, ἐπιφοιτῶσιν auch in bestimmten
anderen Tempeln (vgl. beispielsweise den Bericht über die ἐπιφάνειαι des
Machaon und Podalirius in Adrotta bei Marinus, v. Procli 32; coll. Suid.
s. Εὐστέφιος [aus Damascius, v. Isid.]). Stets aber muss zu dem durch
Incubation ihn Befragenden der Gott in Person kommen: ist er abwesend,
so kann auch kein Orakel zu Stande kommen. S. die Geschichte von
Amphiaraos bei Plutarch. def. or. 5 p. 412 A. In den zu Epidauros auf-
gefundenen Heilungsmirakelberichten kommt stets zu dem im ἄδυτον
Schlafenden der Gott selbst (auch wohl als Schlange, 'Εφημ. ἀρχαιολ.
1883. Z. 113—119), bisweilen von seinen ὑπηρέται (den Asklepiaden) begleitet z. B. 'Εφημ. ἀρχ 1885 p. 17 ff. Z. 38 ff. 111 f.). In dem alten,
schon von Hippys von Rhegion (woran zu zweifeln gar kein Grund ist)
aufgezeichneten Mirakel der Aristagora aus Troezen ('Εφημ. 1885 p. 15 f.
Z. 10 ff.) erscheinen der Kranken in Troezen zuerst nur „die Söhne des
Gottes" οὐκ ἐπιδαμοῦντος αὐτοῦ ἀλλ' ἐν 'Επιδαύρῳ ἐόντος. Erst in der
nächsten Nacht erscheint ihr Asklepios selbst ἱκὼν ἐξ 'Επιδαύρου. Ueberall
ist Grundvoraussetzung, dass Traumheilung nur stattfinde durch persön-
liches Eingreifen des Gottes (vgl. Aristoph. Plut.), später wenigstens
durch Heilweisungen des persönlich erscheinenden Gottes (s. Zacher,
Hermes 21, 472 f.) und diese Voraussetzung erklärt sich daraus, dass ursprünglich Incubation nur an dem Orte stattfand, an dem ein Gott (oder
Heros) seinen dauernden Aufenthalt hatte.

[1] Die ὑποφῆται des dodonäischen Zeus, die Σελλοί, ἀνιπτόποδες χαμαιεῦναι Il. 16, 234f. dachten schon im Alterthum Einige sich als Priester
eines Incubationsorakels (Eustath. Il. p. 1057, 64 ff.), mit ihnen Welcker,
Kl. Schr. 3, 90 f. Diese Auslegung ist ausschliesslich begründet auf das
Beiwort χαμαιεῦναι, aber dieses ist von dem ἀνιπτόποδες nicht zu trennen,
und da ἀνιπτόποδες keinen Bezug auf Incubation haben kann, so hat solchen
auch χαμαιεῦναι nicht; beide Epitheta bezeichnen offenbar eine eigenthümliche Rauheit und Schmucklosigkeit der Lebensweise der Σελλοί, deren
(ritualen) Grund wir freilich nicht kennen und nicht errathen können.

prophetische Kraft innewohnt, sich in Verbindung zu setzen,
zu den ältesten Weisen griechischer Orakelkunst gehört, jedenfalls nicht jünger ist als die appollinische Inspirationsmantik.
Und gerade die Sage von Amphiaraos, wie wir sie schon in
der cyklischen Thebaïs erzählt glauben dürfen, beweist, dass
bereits zur Zeit des noch blühenden Epos homerischen Styls
der Glaube an höhlenhausende Unsterbliche und deren mantische Kraft und Bethätigung lebendig war.

Denn das ist ja offenbar, dass der Cultus des Amphiaraos
und der Glaube an seinen Aufenthalt in der Erdtiefe nicht
durch Einwirkung des Epos entstanden, sondern dass umgekehrt
die Erzählung des Epos durch den bereits vorher vorhandenen
Cult eines also vorgestellten dämonischen Wesens veranlasst
worden ist. Die epische Dichtung fand den lebendigen Cult
eines in der Erde hausenden mantischen Dämons bei Theben
vor. Sie macht sich diese Thatsache verständlich, indem sie
sie (und dies ist überhaupt vielfach das Verhältniss epischer
Dichtung zu den Thatsachen des religiösen Lebens) ableitet aus
einer Begebenheit der Sagengeschichte und so mit ihrem Vorstellungskreis in Verbindung bringt. Von Göttern, die so an
ein irdisches Local gebunden wären, weiss sie nichts; der im
Cultus Verehrte wurde ihrer Phantasie zum Helden und Seher,
der nicht von jeher in jener Erdtiefe hauste, sondern dorthin
erst versetzt worden ist durch einen wunderbaren Willensact
des höchsten Gottes, der dem Entrückten zugleich ewiges Leben
in der Tiefe verliehen hat[1].

Wir dürfen aus neuerer Sagenkunde ein Beispiel zur Erläuterung heranziehen. Unserer einheimischen Volkssage ist

---

[1] Wodurch die Dichtung veranlasst wurde, gerade den argivischen
(nach Paus. 2, 13, 7; vgl. Geopon. 2, 35 p. 182; schon bei Lebzeiten der
Incubationsmantik besonders kundigen) Seher Amphiaraos in dem böotischen Höhlendämon wiederzuerkennen, oder den heroisirten Gott Amphiaraos zum Argiver und Mitglied des, den böotischen Sehern sonst eher
feindlichen Sehergeschlechts des Melampus zu machen, nach Böotien als
Landesfeind gelangen zu lassen und dann im Inneren des feindlichen
Landes für immer anzusiedeln — das bleibt freilich dunkel.

die Vorstellung solcher, in Berghöhlen und unterirdischen Gemächern ewig oder bis zum jüngsten Tage hausenden Helden sehr geläufig. Karl der Grosse, oder auch Karl der Fünfte, sitzt im Odenberg oder im Unterberg bei Salzburg, Friedrich II. (in jüngerer Wendung der Sage Friedrich I. Rothbart) im Kyffhäuser, Heinrich der Vogelsteller im Sudemerberg bei Goslar; so haust auch König Artus, Holger Danske und noch manche Lieblingsgestalt der Volkserinnerung in unterirdischen Höhlen[1]. Hie und da schimmert noch deutlich durch, wie es eigentlich alte, nach heidnischem Glauben in hohlen Bergen hausende Götter sind, an deren Stelle jene „bergentrückten Helden" und Heiligen getreten sind[2]. Auch die griechische Ueberlieferung lässt uns noch wohl erkennen, dass jene höhlen-

---

[1] Heinrich der Vogelsteller im Sudemerberge: Kuhn und Schwartz, *Nordd. Sagen* p. 185. Die anderen Beispiele in J. Grimms *D. Myth.* Kap. 32. — G. Voigt, in Sybels *histor. Zeitschrift* 26 (1871) p. 131—187 fuhrt in lichtvoller Darstellung aus, wie ursprünglich nicht Friedrich Barbarossa, sondern Friedrich II. der Sage als nicht gestorben, sondern als „verloren" galt und auf ihn sich die Hoffnung bezog, dass er einst wiederkommen werde. Seit dem 15. Jahrhundert taucht die Sage auf, dass er im Kyffhäuser (oder auch in einer Felshöhle bei Kaiserslautern) sitze; erst seit dem 16. Jahrhundert schiebt sich allmählich Friedrich Rothbart unter. Aber wie es kam, dass man seit einer gewissen Zeit den entrückten Kaiser in einem hohlen Berge fortlebend dachte, wird doch aus der kritischen Betrachtung der Sagenentwicklung in den schriftlich erhaltenen Berichten allein nicht klar: plötzlich und unvermittelt tritt diese Gestaltung der Sage hervor, und es lasst sich kaum anders denken, als dass sie entstanden ist aus einer Verschmelzung der Friedrichssage mit bereits vorhandenen Sagen von entrückten Helden oder Göttern (wie auch Voigt p. 160 andeutet).

[2] Grimm, *D. Mythol.*[4] p. 782f., 795f., Simrock, *D. Mythol.*[3] p. 144. — Wie leicht sich ohne alle Ueberlieferung von einem Volke zum anderen bei verschiedenen Völkern gleiche Sagen bilden, zeigt sich daran, dass die Sage von bergentruckten Helden wiederkehrt nicht nur in Griechenland, sondern auch im fernen Mexiko; s. Muller, *Gesch. der amerikan. Urrelig.* 582. Von „verschwundenen", aber noch jetzt in tiefen Berghöhlen weiterlebenden, dereinst zu neuem Leben auf Erden erwarteten heiligen Männern erzählen Sagen muhammedanischer Völker des Orients: A. v. Kremer, *Culturgesch. Streifzuge a. d. Geb. d. Islam* 50; ders., *Gesch. d. herrsch. Ideen d. Islam* 375f. 378.

entrückten Menschen der Vorzeit, Amphiaraos und Trophonios, nur sagenhaft umgebildet sind aus alten Göttergestalten, denen unsterbliches Leben und ewiger Aufenthalt in der Erdtiefe nicht erst durch eine Gnadenthat verliehen wurde, sondern von jeher eigen war. Wenigstens am Orte der Verehrung wusste man, dass der die Zukunft verkündende Höhlenbewohner ein Gott war: Zeus Trophonios oder Trephonios nennen den Einen ausser gelehrten Zeugnissen auch Inschriften aus Lebadea[1]; auch Amphiaraos wird einmal Zeus Amphiaraos und öfter ein Gott genannt[2]. In den Entrückungssagen christlich gewordener Völker haben sich den alten Göttern Helden untergeschoben, weil die Götter selbst in Vergessenheit gerathen, abgeschafft sind. Nicht ganz unähnlich ist der Grund für die Heroisirung jener alten Götter auf griechischem Boden.

Ueber der unendlichen Zersplitterung griechischen Götterwesens hatte in der Phantasie der epischen Dichter sich ein Gesammtbild eines Götterstaates erhoben, in jenen Zeiten der

---

[1] Διὶ Τρεφωνίοι Ins. aus Lebadea, Meister, böot. Ins. 423 (Collitz, *griech. Dialektins.* I p. 163); sonst nur Τρεφωνίοι (n. 407. 414 καταβὸς ἐν Τρεφώνιον, *Bull. corr. hellén.* 1890, p. 21) Τροφωνίῳ (n. 413), und neben einander τῦ Δὶ τῦ Βασιλεῖ κὴ τῦ Τρεφωνίῳ u. ä. (n. 425. 429. 430). Διονύσῳ εὐσταφύλῳ κατὰ χρησμὸν Διὸς Τροφωνίου Ins. aus Lebadea bei Stephani, *Reise durch einige Geg. des nordl. Griechenlands* No. 47. Ins. aus Lebadea: *I. Gr. Sept.* 1, 3077 (saec. 1/2 nach Chr.) — Strabo 9, p. 414: Λεβάδεια ὅπου Διὸς Τροφωνίου μαντεῖον ἴδρυται. Livius 45, 27, 8 *Lebadiae templum Jovis Trophonii adit.* Jul. Obseq. *prod.* cap. 110 (*Lebadiae Eutychides in templum Jovis Trophonii digressus —*). Διὸς μαντεῖον heisst das Trophoniosorakel auch bei Phot. und Hesych. s. Λεβάδεια.

[2] Διὸς Ἀμφιαράου ἱερόν (bei Oropos) Pseudodicaearch. *descr. Gr. I.* § 6 (*Geogr. gr. min.* I 100). Schon bei Hyperides, in der Rede für Euxenippos, wird Amphiaraos in Oropos durchweg als θεός bezeichnet. A. in Oropos ὁ θεός (2/1. Jahrh. v. Chr.): *I. Gr. Sept.* 1, 3498; 412; *C. J. Gr.* 1570a, 25. 30. 52. Liv. 45, 27, 10 (in Oropos) *pro deo vates antiquus colitur.* Cic. *de divinat.* 1, 88: *Amphiaraum sic honoravit fama Graeciae, deus ut haberetur.* Auch den Amphiaraos bei Theben nennt Plutarch (von der Gesandtschaft des Mardonios an das alte thebanische Orakel redend) θεός: *de def. orac.* 5. Nach Pausanias 1, 34, 2 wäre freilich Amphiaraos erst in Oropos als Gott verehrt worden.

einzige Versuch, ein panhellenisches Göttersystem aufzubauen, und darum von grösstem Einfluss auf die Vorstellungsart der Griechen aller Stämme: denn an alle wendet sich der epische Dichter. Er steht wie auf einer Höhe über den einengenden Thälern, den engumschlossenen Gauen, der weiteste Gesichtskreis öffnet sich ihm und er sieht über die zahllosen, einander widerstreitenden und aufhebenden Sonderbildungen des localen Glaubens und Cultus hinweg in's Allgemeine. Zersplitterte sich der Name und Begriff des Zeus, des Apollo, Hermes, der Athene und aller Götter in Sage und Religionsübung der Städte und Stämme in unzählige einzelne Gestalten und gesonderte Personen, nach örtlicher Wirkung und Art verschieden: dem epischen Dichter schwebte Ein Zeus, Apollo u. s. w., in einheitlicher Persönlichkeit geschlossen, vor. Und wie er über die Götterzersplitterung der Localdienste hinwegsieht, so bindet er auch seine Götter nicht an einzelne Wohnplätze und Wirkungsstätten in griechischen Landschaften: sie gehören dem einen Local nicht mehr an als dem anderen. Sie walten und wirken wohl auf der Erde, aber sie sind dennoch ortsfrei, sie wohnen und versammeln sich auf den Gipfeln des Olympos, des pierischen Götterberges, der aber schon dem Homer, von aller Ortsbestimmtheit frei, stark in's rein Ideale zu verschwimmen beginnt. So ist das weite Meer der Wohnplatz des Poseidon, ein einzelner Ort fesselt ihn nicht; und auch die Herrscher im Reiche der Seelen, Aïdes und Persephoneia hausen, fern freilich vom Olymp, aber nicht hier oder dort unter der Oberfläche des griechischen Landes, sondern in einem Ideallande auch sie, an keinen einzelnen Ort im Lande der Wirklichkeit gebunden. Wem sich so, bei dem grossen Werke der Vereinfachung und Idealisirung des unbegrenzt Mannichfaltigen, aus all den ungezählten Einzelgestaltungen des Namens Zeus, welche die einzelnen Gemeinschaften griechischer Länder, eine jede nur in ihrem engbegrenzten Umkreis, verehrte, die Eine übermächtige Gestalt des Zeus, Vaters der Götter und Menschen, erhoben hatte, dem konnte ein Sonderzeus, der sich

Zeus Trophonios nannte und in einer Höhle bei Lebadea sein
unsterbliches Dasein verbrachte und nur dort seine Wirkungen
ausüben konnte, kaum noch vorstellbar sein.

Dem Anwohner der heiligen Stätte freilich liess sich der
Glaube an das Dasein und die Anwesenheit des Gottes seiner
Heimath nicht rauben. Mochte er im Uebrigen, und fremdem
Localcultus gegenüber, noch so sehr nach homerischer Dar-
stellung seine Gesammtvorstellung vom Götterwesen regeln: die
Wirklichkeit und Heiligkeit seines, wenn auch der olympischen
Götterfamilie des Epos völlig fremden Heimathgottes stand
ihm unerschütterlich fest. Der Cultus in seinem ungestörten,
unveränderten Fortbestehen verbürgte ihm die Gegenständlich-
keit seines Glaubens. So erhielt sich, in engbeschränkter
Geltung freilich, eine grosse Schaar von Localgöttern im
Glauben ihrer Verehrer lebendig; nicht mit zu den Höhen des
Olymps emporgehoben, haften sie treu im heimathlichen Boden [1],
Zeugen einer fernen Vergangenheit, in der die auf eigenem
Gebiet streng abgesonderte Ortsgemeinde auch ihren Gott in
die Enge der Heimath, über die ihre Gedanken nicht hinaus-
schweiften, einschloss. Wir werden sehen, wie in den nachhomerischen Zeiten gar manche solche Erdgottheiten, d. h. in
der Erde wohnend gedachte Gottheiten des ältesten Glaubens
zu neuer, z. Th. auch zu verbreiteter Geltung gelangten. Dem
Epos in seiner Blüthezeit blieben diese erdhausenden Götter
fremd. Wo es nicht über sie hinwegsieht, verwandeln sie sich
ihm in entrückte Helden, und, ausserhalb des localen Cultus,
blieb in solchen Fällen dies die allen Griechen geläufige Vorstellung.

---

[1] In seiner Art des Ausdrucks zwar, aber sachlich ganz richtig setzt
solche im Lande haftende Localgötter den olympischen Gottheiten entgegen Origenes c. *Cels.* 3, 35 g. Ende: — μοχθηρῶν δαιμόνων καὶ τόπους
ἐπὶ γῆς προκατειληφότων, ἐπεὶ τῆς καθαρωτέρας οὐ δύανται ἐφάψασθαι χώρας
καὶ θειότητος. Von Asklepios derselbe 5, 2 (p. 169 Lomm.): θεὸς μὲν
ἂν εἴη, ἀεὶ δέ λαχὼν οἰκεῖν τὴν γῆν καὶ ὡσπερεὶ φυγὰς τοῦ τόπου τῶν
θεῶν.

2.

Und doch finden sich im Epos selbst, das ja auf folge-
rechte und ausnahmefreie Durchführung eines aus der Reflexion
geborenen Systems keineswegs bedacht ist, wenigstens einige
dunkle Erinnerungen an den alten Glauben, dass in Berghöhlen Götter dauernd wohnen können.
Die Odyssee (19, 178 f.) nennt Minos, des Zeus Sohn
(vgl. Il. 13, 450; 14, 322; Od. 11, 568), der in Knossos, der
kretischen Stadt, herrschte, „des grossen Zeus Gesprächs-
genossen"[1]. Sehr wahrscheinlich hat der Dichter selbst mit
diesen Worten das andeuten wollen, was man später allgemein
aus ihnen herauslas: dass Minos mit Zeus persönlich verkehrt
habe, auf Erden natürlich, und zwar in der Höhle, die unweit
von Knossos im Idagebirge als „Höhle des Zeus" verehrt
wurde[2]. Auf Kreta, der früh von Griechen in Besitz ge-
nommenen Insel, die in ihrer abgesonderten Lage viel Uraltes
in Glauben und Sage bewahrte, wusste man, bald im Ida-, bald
im Diktegebirge (im Osten der Insel) eine heilige Höhle zu
zeigen, in der Zeus (wie schon Hesiod berichtet) geboren
worden sei[3]. Nach heimischer Sage, die wohl schon dem

---

[1] Διὸς μεγάλου ὀαριστής. Das Wort bezeichnet sowohl im Besonderen
das vertrauliche Reden, als im Allgemeinen den vertrauten Verkehr mit
Zeus. — Das dunkle ἐννέωρος braucht hier nicht berücksichtigt zu werden;
wie man es auch deute, es ist jedenfalls mit βασίλευε, neben dem es steht,
zu verbinden, nicht (wie freilich schon Alte vielfach gethan haben) mit
Διὸς μ. ὀαριστής.

[2] Verkehr des Minos mit Zeus in der Höhle: Pseudoplato *Min.*
319 E (daraus Strabo 16, 762), Ephorus bei Strabo 10, 476 (aus Ephorus,
Nicol. Damasc. bei Stob. *flor.* 44, 41, II 189, 6 ff. Mein.) Valer. Max. 1,
2 ext. 1. Hier wird überall die Lage der Höhle nicht genauer bestimmt.
Gemeint ist wohl die idäische und diese nennt bestimmt als den Ort,
an dem M. mit Zeus zusammenkam, Max. Tyr. *diss.* 38, 2 (p. 221 R.).

[3] Geburt des Zeus in der Höhle: Αἰγαίῳ ἐν ὄρει Hesiod. Th. 481 ff.
Dort trägt ihn die Mutter ἐς Λύκτον 482 (vgl. 477), das wäre unweit vom
Ida. ἐς Δίκτην corrigirt Schömann. Und allerdings galt als Ort der Ge-
burt des Gottes zumeist die Höhle im Diktegebirge: Apollod. 1, 1, 6;
Diodor 5, 70, 6; Pompon. Mela 2, 113; Dionys. Hal. *antiq.* 2, 61 (der

Dichter jener Verse der Odyssee vorschwebte, hauste aber auch noch der voll erwachsene Gott in seinem unterirdischen Höhlengemache, einzelnen Sterblichen zugänglich: wie einst Minos, so war auch Epimenides dort der Weissagungen des Gottes theilhaftig geworden[1]. Dem im Ida hausenden Zeus war ein mystischer Cultus geweiht[2]; alljährlich wurde ihm dort ein „Thronsitz gebreitet", d. h. wohl ein „Göttermahl" (Theoxenion), wie anderen, vornehmlich chthonischen Göttern ausgerüstet; in schwarzen Wollenkleidern fuhren die Geweihten in die Höhle ein und verweilten darinnen dreimal neun Tage[3]. Alles weist

---

dorthin auch Minos zum Zeus gehen lässt). Bei Praisos τὸ τοῦ Δικταίου Διὸς ἱερόν: Strabo 10, 475. 478. Andere nennen freilich als Geburtsort die Höhle im Ida: Diodor 5, 70, 2. 4; Apoll. Rh. 3, 134. Und so machen die beiden heiligen Höhlen sich durchweg Concurrenz. Es scheint aber doch, dass die Sage von der Geburt des Zeus sich vorzugsweise an die diktäische, die von seinem dauernden Aufenthalt vornehmlich an die idäische Höhle geknüpft habe. — Vgl. jetzt auch M. Mayer, *Mythol. Lex.* s. Kronos, 2, 1533 ff.

[1] Max. Tyr. *Diss.* 16, 1 (vgl. diss. 38, 3; [wohl nur aus Maximus Tyr. Theod. Metochita *misc.* c. 90, p. 580 Müller]). Vgl. *Rhein. Mus.* 35, 161 f. Maximus spricht von der Höhle des diktäischen Zeus, vielleicht nur nachlässig und ungenau. Ueber Knossos, der Heimath des Epimenides, lag ja vielmehr der Ida und seine Höhle, dorthin also wird ihn die Sage haben pilgern lassen. Und so Laert. Diog. 8, 3, vom Pythagoras ἐν Κρήτῃ σὺν Ἐπιμενίδῃ κατῆλθεν εἰς τὸ Ἰδαῖον ἄντρον. Pythagoras in der idaischen Höhle: Porphyr. v. *Pyth.* 17.

[2] Schol. Plat. *Leg.* I introd. (p. 372 Herm.) und *Leg.* 635 B. S. Lobeck *Agl.* 1121. (Διὸς Ἰδαίου μόστης Eurip. *Cret. fr.* 472, 10). — Vor Kurzem ist die idäische Zeushöhle wieder aufgefunden worden, hoch im Gebirge, eine Tagereise von Knossos entfernt. (Fabricius, *Mitth. d. arch. Inst.* 10, 59 ff.). Ueberreste von Weihegeschenken aus älterer Zeit fanden sich nur vor dem Eingang der Höhle, ἐν τῷ στομίῳ τοῦ ἄντρου, wo dergleichen schon Theophrast erwähnt (*H. plant.* 3, 3, 4); im Inneren der (wie ein Grabgewölbe aus zwei Kammern bestehenden) Höhle fanden sich nur Spuren des Cultes aus römischer Zeit. Es scheint darnach, dass der Opfercult in älterer Zeit nicht bis in das Innere der Höhle vorgedrungen ist, sondern sich draussen hielt (wie auch an dem Heiligthum des Trophonios zu Lebadea), das Innere der Höhle aber, als Sitz des Gottes selbst, nur von den Mysten und Priestern betreten wurde (die Geburtshöhle galt als unbetretbar: Boios bei Anton. Lib. 19).

[3] Porphyr. *V. Pyth.* 17: εἰς δὲ τὸ Ἰδαῖον καλούμενον ἄντρον καταβὰς

auf ganz ähnliche Vorstellungen hin, wie die sind, die wir im Cult des Zeus Trophonios bei Lebadea wirksam fanden. Zeus, als in der Tiefe der Höhle körperlich anwesend, kann den, nach den gehörigen Weihen, in die Höhle Eindringenden in eigener Person erscheinen.

Nun taucht seit dem vierten Jahrhundert v. Chr., vermuthlich durch Euhemeros hervorgezogen, der seltsame Bericht auf, den in späterer Zeit Spötter wie Lucian und christliche Gegner der alten Religion mit Vergnügen wiederholen, dass im Ida Zeus begraben liege[1]. Was hier das Grab des Gottes heisst, ist nichts anderes als die Höhle, die man sonst als

---

ἔρια ἔχων μέλανα τὰς νομιζομένας τρὶς ἐννέα [vgl. Nauck zu Soph. *O. C.* 483] ἡμέρας ἐκεῖ διέτριψεν καὶ καθήγισεν τῶ Διί, τόν τε στορνύμενον αὐτῷ κατ' ἔτος θρόνον ἐθεάσατο. Man kann den historischen Gehalt des Berichtes von dieser Hohlenfahrt des Pythagoras dahingestellt sein lassen und wird doch festhalten dürfen, dass die Angaben über das Ritual des Zeuscultes in der Höhle und das übliche Ceremoniell der Höhlenfahrt vollen Glauben verdienen. (Die Erzählung stammt aus relativ guter Quelle: *Griech. Roman* p. 154.) — Das lange Verweilen in der Höhle (wohl in der weiten und hohen vorderen Kammer) hat seine Seitenstücke in dem, was Strabo 14, 649 von dem Χαρώνιον bei Acharaka, Plutarch *de gen. Socr.* 21 von der Trophonioshöhle erzählt. Auch in dem οἴκημα Δαίμονος ἀγαθοῦ καὶ Τύχης bei Lebadea musste man als Vorbereitung für die Hohlenfahrt eine Anzahl von Tagen zubringen: Paus. 9, 39, 5. Der dem Zeus στορνύμενος κατ' ἔτος θρόνος hat nicht etwa mit einer Ceremonie wie der des korybantischen θρονισμός (s. Hiller, *Hermes* 21, 365) etwas zu thun. Gemeint ist jedenfalls ein *lectisternium:* so pflegte man in Athen κλίνην στρῶσαι τῷ Πλούτωνι *C. I. A.* 2, 948. 949. 950, dem Asklepios (C. I. A. 2, 453[b], 11), dem Attis: *C. I. A.* 2, 622 (in Kos beim ξενισμός des Herakles: *Inscr. of Cos* 36[b], 22) u. s. w. Der θρόνος (στρωνύειν θρόνους δύο fur eine Göttin· *C. I. A.* 2, 624, 9. 10) statt der κλίνη wohl nach altem Ritus, so wie auf den sogen. Todtenmahlen der älteren Zeit der Heros thronend, auf späteren Darstellungen auf der κλίνη liegend dargestellt ist. So, neben *lectisternia,* auch, zumal für weibliche Gottheiten, *sellisternia* in Rom.: *Comment. lud. saecul.* Z. 71; 101; 138, und sonst.

[1] Von dem Grabe des Zeus redete Euhemeros nach Ennius bei Lactant. 1, 11, und bei Minuc. Fel. 21, 2. Kallimachus, *h. Jov.* 8. 9 polemisirt bereits gegen das Gerücht von dem kretischen Zeusgrabe. Es scheint mir sehr glaublich, dass Euhemeros die Sage, als zu seinem kläglichen Mythenpragmatismus scheinbar trefflich passend, hervorgezogen

seinen dauernden Sitz betrachtete[1]. Diese, den Griechen stets befremdliche[2] Annahme, dass ein Gott begraben liege an irgend einer Stelle der Erde, für ewig oder auch wohl nur für eine bestimmte Zeitdauer des Lebens beraubt, begegnet öfter in Ueberlieferungen semitischer, auch bisweilen anderer nichtgriechischer Völker[3]. Was im Glauben dieser Völker solche Sagen für einen tieferen, etwa allegorischen Sinn haben mögen, bleibt hier dahingestellt: es ist kein Grund vorhanden, an Einfluss derartiger fremdländischer Berichte auf griechische Sagenbildung zu denken. Auf griechischem Boden giebt die Ueberlieferung keinerlei Anlass zu der, neueren Mythologen geläufigen Auslegung, wonach Tod und Begräbniss der Götter „das Ab-

---

und in die Litteratur eingeführt habe; er wäre es denn, gegen den sich Kallimachus a. a. O. wendet, wie dieser es ja auch sonst mit dem γέρων ἀλαζών und dessen ἄδικα βιβλία zu thun hat (fr. 86).

[1] Von dem Zeusgrabe auf Kreta reden ohne genauere Ortsangabe Kallimachus a. a. O., Cicero de nat. d. 3, § 53; Diodor 3, 61, 2; Pomp. Mela 2, 112; Lucian, Timon. 6, Jupp. trag. 45, de sacrif. 10, deor. concil. 6; Minuc. Fel. 21, 8; Firmic. Matern de err. prof. rel. 7, 6. Von Dictaei Jovis sepulcrum spricht Euhemeros bei Min. Fel. 21, 2, offenbar ungenau, denn nach Lactant. 1, 11 wäre das Grab gewesen in oppido Cnosso, weit vom Diktegebirge. Gemeint ist auch dort nicht in, sondern bei Knossos, d. h. auf dem Ida. Denn auf dem Ida lag das Grab nach dem Zeugniss des Varro de litoralibus bei Solin p. 81, 12—15 Momms. Endlich, dass das Grab innerhalb der idäischen Höhle lag, geht deutlich aus Porphyr. V. Pyth. 17 hervor.

[2] Daher man die Sage vom Grabe des Zeus (wenn man nicht, wie Kallimachus, sie einfach leugnete) allegorisch sich zurechtlegte: auf τροπικὰς ὑπονοίας deutete Celsus hin: Origen. c. Cels. 3, 43 (p. 307 Lomm.) Vgl. Philostrat. V. Soph. p. 76, 15 ff. Ks.

[3] Die Beispiele sind in Sagen orientalischer, vornehmlich, aber nicht ausschliesslich, semitischer Völker zahlreich. Häufig ist „Kronos" der Begrabene (vgl. M. Mayer, Mythol. Lex. 2, 1487 ff.); sonst Astarte, Adonis, der phrygische Attis, „Herakles" u. A. Vgl. auch die Sagen von den ewig schlafenden Heroen auf Sardinien (Rhein. Mus. 35, 157 ff.; 37, 465 ff.), von Kragos und den anderen ἄγριοι θεοί (oder θεοὶ ἀγρεῖς? Journal of hell. studies X 57. 55.), die im Kragosgebirge in Lykien „unsterblich gemacht sind" (Steph. Byz. s. Κράγος): sie sind wohl schlafend gedacht, nicht „todt", wie Eustath. zu Dion. Perieg. 847 sich ausdrückt.

sterben der Natur" symbolisiren soll. Vor Augen liegt zu nächst, dass in der Sage vom Grabe des kretischen Zeus das „Grab", das einfach an die Stelle der Höhle als ewigen Aufenthaltes des ewig lebendigen Gottes tritt, in paradoxem Ausdruck die unlösliche Gebundenheit an den Ort bezeichnet. Man erinnert sich leicht der nicht minder paradoxen Berichte von dem Grabe eines Gottes in Delphi. Unter dem Nabel stein (Omphalos) der Erdgöttin, einem kuppelförmigen, an die Gestalt der uralten Kuppelgräber erinnernden Bauwerk im Tempel des Apollo[1] lag ein göttliches Wesen begraben, als welches gelehrtere Zeugen den Python, den Gegner des Apollo, nur ein ganz unglaubwürdiger den Dionys nennen[2]. Hier hat also Ein Gott über dem Grabe des anderen seinen

---

[1] Varro *L. L.* VII, p. 304 vergleicht die Gestalt des Omphalos mit einem *thesaurus*, also einem jener gewölbten Bauten, die man als Schatzhäuser zu bezeichnen pflegte, die aber, wie jetzt ja zweifellos fest steht, in Wahrheit Grabgewolbe waren. In kleinerem Maassstabe hatte also (wie auch Vasenbilder erkennen lassen) der ὀμφαλός die Gestalt, die man den Behausungen der erdhausenden Geister Abgeschiedener, aber auch der Wohnstätte anderer Erdgeister zu geben pflegte: auch das χάσμα γῆς uber der Höhle des Trophonios hatte diese Form: Paus. 9, 39, 10. Ob solcher Kuppelbau vorzugsweise den mantischen unter den Erdgeistern bestimmt war? — Der delphische „Omphalos" bezeichnet eigentlich, mit technischem Ausdruck, eben diese Tholosform (so waren die ὀμφαλοί [an φιόλαι], καὶ τῶν βαλανείων οἱ θόλοι παρόμοιοι: Athen. 11, 501 D. E [Hesych. s. βαλανειομφάλους. Bekk. *anecd.* 225, 6]); ὀμφαλὸς Γῆς heisst er, weil der Erdgöttin geheiligt. Zum „Nabel" d. h. Mittelpunkt der Erde haben ihn erst Missverständniss und daraus hervorgesponnene Fabeln gemacht.

[2] Neuere nehmen z. Th. an, dass unter dem Omphalos das Grab des Dionys liege: z. B. Enmann, *Kypros u. d. Urspr. des Aphroditecultus* (Petersb. 1886) p. 47 ff. Aber bei genauerem Zusehen zeigt sich nur dies als gut bezeugt, dass der ὀμφαλός *Pythonis tumulus* sei (Varro *L. L.* VII p. 304 Sp.), τάφος τοῦ Πύθωνος (Hesych. s. Τοξίου βουνός), Dionys dagegen in Delphi begraben liege παρὰ τὸν Ἀπόλλωνα τὸν χρυσοῦν (Philochorus bei Syncell. 307, 4 ff. Dind.; Euseb. Arm., Hieron. p. 44, 45 Sch.; Malalas p. 45, 7 Dind., aus Africanus nach Gelzer, *Afric.* I 132 f.), d. h. im ἄδυτον (vgl. Paus. 10, 24, 5) oder, was daselbe besagt, παρὰ τὸ χρηστήριον (Plut. *Is. et Osir.* 35), παρὰ τὸν τρίποδα (Callimach. bei Tzetz. Lyc. 208; vgl. Etym. M. s. Δελφοί). Der Dreifuss stand im Adyton (Diodor 16, 26;

Tempelsitz aufgeschlagen. Ueber dem Erdgeist Python, dem Sohne der Erdgöttin Gaia, thront Apollo, der Wahrsagegott. Da uns alte und höchst glaubwürdige Ueberlieferungen sagen, dass in Delphi einst ein altes Erdorakel bestand, an dessen Stelle sich erst später Apollo und seine Art der Mantik setzte, so darf man glauben, dass es eben diese religionsgeschichtliche Thatsache sei, die ihren Ausdruck in der Sage findet, dass Apollos Tempel und Orakelsitz sich über der Stelle erhebe, an welcher der alte, abgeschaffte Orakeldämon „begraben" lag[1]. So lange das alterthümliche Erdorakel in Kraft stand, wird

---

Strabo 9, 419; vgl. Herodot 7, 140.). Ob der ὀμφαλός auch im Adyton stand (oder etwa, wie Manche annehmen, in der Cella des Tempels) ist nicht auszumachen, so wahrscheinlich es auch ist. Aber unter dem Omphalos lässt den Dionys Niemand begraben sein als Tatian *adv. Gr.* 8 p. 40 Otto: ὁ ὀμφαλὸς τάφος ἐστὶ Διονύσου. Die Aussage dieses sehr flüchtigen Pamphletisten kommt aber gar nicht in Betracht neben dem Zeugniss des Varro u. s. w.; ganz offenbar hat Tatian die zwei „Gräber" mit einander verwechselt, so gut wie umgekehrt Hygin. *fab.* 140 und Servius (zur Aen. 3, 92; 3, 360; 6, 347), die im Dreifuss den Python begraben sein lassen. Die ächte Tradition kannte ausser dem Grabe des Dionys am Dreifuss das Grab des Python im Omphalos seiner Mutter Gaia. Dies ist ihm ernstlich nicht bestritten worden; eher könnte man glauben, dass Zweifel darüber bestanden, wer denn im Dreifuss beigesetzt sei. Porphyrius *V. Pyth.* 16 nennt als solchen den Apoll selbst, resp. einen Apoll, den Sohn des Silen. Diese Albernheit scheint auf Euhemeros zurückzugehen (vgl. Minuc. Fel. 21, 1; werthlos Fulgentius *expos.* p 769 Stav.) und mag nichts als leichtfertige Spielerei sein. (Zu viel Ehre thut dieser Ueberlieferung an K. O. Muller, *Proleg.* p. 307.)

[1] Dass die von Apoll getödtete Schlange Hüterin des alten μαντεῖον χθόνιον war, berichtet unverächtliche Ueberlieferung (die Zeugnisse gesammelt von Th. Schreiber, *Apollo Pythoktonos* p. 3): voran Euripides, *Iph. Taur.* 1245 ff.; Kallimachus, *fr.* 364; ποιηταί nach Paus. 10, 6, 6, die berichteten (τὸν Πύθωνα) ἐπὶ τῷ μαντείῳ φύλακα ὑπὸ Γῆς τετάχθαι u. s. w. Kurz und deutlich bezeichnet, dass der Kampf um das Orakel ging, Apollodor. 1, 4, 1, 3: ὡς δὲ ὁ φρουρῶν τὸ μαντεῖον Πύθων ὄφις ἐκώλυεν αὐτὸν (᾿Απόλλωνα) παρελθεῖν ἐπὶ τὸ χάσμα (den Orakelschlund), τοῦτον ἀνελὼν τὸ μαντεῖον παραλαμβάνει. Die Schlangengestalt ist den Erdgeistern eigen, und weil Erdgeister durchweg mantische Kraft haben, den Orakelgeistern. Trophonios erschien als Schlange, auch Asklepios. Der delphische δράκων ist ohne Zweifel eigentlich eine Verkörperung des vorapollinischen Orakeldämons. So sagt Hesych. geradezu Πύθων δαιμόνιον

auch dessen Hüter nicht todt und begraben unter dem Omphalos der Erdgöttin gelegen, sondern lebendig dort gehaust haben, in der Erdtiefe, wie Amphiaraos, wie Trophonios, wie Zeus im Ida.

3.

Das „Grab" unter dem Omphalos bedeutet in dem Falle des Python die Ueberwindung des in der Erdtiefe hausenden, chthonischen Dämons durch den Apollinischen Cult. Das „Grab" des Zeus, das sich der älteren Sage vom Aufenthalt des Zeus in der Berghöhle untergeschoben hatte, drückt dieselbe Vorstellung wie diese Sage aus, in einer Form, wie sie der späteren Zeit, die von vielen „Heroen" wusste, die nach ihrem Tode und aus ihrem Grabe hervor höheres Leben und mächtige Wirksamkeit spüren lassen, geläufig war. Der gestorbene und begrabene Zeus ist ein zum Heros herabgesetzter Gott [1]; wunderlich und paradox ist einzig, dass dieser heroisirte Zeus nicht, wie Zeus Amphiaraos, Zeus Trophonios (auch Zeus Asklepios) in der gewöhnlichen Vorstellung, seinen

---

μαντικόν (ausgeschmückt Hygin. *fab.* 140). Vgl. Act. Ap. 16, 16. — Anhänger der Lehre von der griechischen „Naturreligion" finden auch in der Sage von Apolls Kampf mit der Schlange eine allegorische Einkleidung eines physikalischen, in's Ethische hinüberschillernden Satzes wieder. Für das Ursprüngliche kann ich solche Allegorie nicht halten.

[1] Hierzu eine lehrreiche Parallele. In den Clementin. Homilien 5, 22 p. 70, 82 Lag. wird erwähnt ein Grab des Pluton ἐν τῇ Ἀχερουσίᾳ λίμνῃ. Dies wird sich so verstehen lassen. Zu Hermione wurde Hades unter dem Namen Klymenos neben Demeter χθονία und Kore verehrt (*C. I. Gr.* 1197. 1199). Pausanias weiss wohl, dass Klymenos ein Beiname (ἐπίκλησις) des Hades ist (2, 35, 9), aber seine Abweisung der Behauptung, dass Klymenos ein Mann aus Argos sei, der nach Hermione (als Stifter des chthonischen Cultus) gekommen sei, beweist, dass eben das die geläufige Ansicht gewesen sein muss. Hinter dem Tempel der Chthonia lagen χωρία ἃ καλοῦσιν Ἑρμιονεῖς τὸ μὲν Κλυμένου, τὸ δὲ Πλούτωνος, τὸ τρίτον δὲ αὐτῶν λίμνην Ἀχερουσίαν. An dieser λίμνη Ἀχερουσία wird vermuthlich ein Grab des zum Heros Klymenos herabgesetzten Hades gezeigt worden sein, den Clemens, statt Klymenos oder Hades, ungenau mit dem Späteren geläufigeren Namen Pluton nennt.

Gottesnamen abgelegt hat, der seiner Heroisirung laut widerspricht. Vermuthlich ist auf diesen, somit nur halb heroisirten Höhlenzeus eine Vorstellung nur, nach Analogie, übertragen, die auf andere, nach alter, unverständlich gewordener Vorstellung in der Erdtiefe hausende Götter mit besserem Rechte angewandt war, seit man sie völlig zu Heroen verwandelt hatte.

Von Heroen, die in Göttertempeln begraben, z. Th. mit dem höheren Gott, dem der Tempel geweiht war, in Cultgemeinschaft gesetzt waren, wird uns mancherlei berichtet. Wie solche Sagen entstehen konnten, lehrt besonders deutlich das Beispiel des Erechtheus.

Von Erechtheus erzählt der Schiffskatalog der Ilias (Il. 2, 546 ff.), dass die Erde ihn geboren habe, Athene aber ihn aufnährte und ihn „niedersetzte in ihrem reichen Tempel"[1], wo ihn die Athener alljährlich mit Opfern von Schafen und Stieren ehren[2]. Offenbar ist hier Erechtheus

---

[1] κὰδ δ' ἐν 'Αθήνησ' εἶσεν, ἑῷ ἐνὶ πίονι νηῷ. Dieser Worte wird man sich erinnern dürfen bei der Erklärung der räthselhaften Erzählung in Hesiods *Theog.* 987 ff., vom Phaëthon, den Aphrodite ὦρτ' ἀνερειψαμένη καί μιν ζαθέοις ἐνὶ νηοῖς νηοπόλον μύχιον ποιήσατο, δαίμονα δῖον. Aphrodite entrückt also den Phaëthon lebendig und verleiht ihm ewiges Leben — im Inneren ihres Tempels, ganz wie Athene dem Erechtheus thut. Vielleicht ist auch Phaëthon in die Erdtiefe unter dem Tempel entrückt. das Beiwort μύχιον könnte dies ausdrucken. θεοὶ μύχιοι sind die über dem μυχός eines Hauses waltenden, z. B. über dem θάλαμος als dem innersten Gemach: so 'Αφροδίτη μυχία (Aelian. *h. an* 10, 34). Λητὼ μυχία (Plutarch bei Euseb. *praep. ev.* III 1, 3. p. 84 c.). Eine Göttin Μυχία schlechtweg, Ins aus Mytilene, Collitz, *Dialektins.* 255. Aber als μύχιοι können auch bezeichnet werden die im Erdinneren Wohnenden (μυχῷ χθονὸς εὐρυοδείης Hesiod. Th. 119; häufiger plural. μυχοὶ χθονός: s. Markland zu Eurip. *Suppl.* 545. Vgl. "Αιδος μυχός anth. Pal. 7, 213, 6; auch μυχὸς εὐσεβέων, ἀθανάτων unter der Erde: Kaibel *epigr.* 241a, 18, 658a [*Rhein. Mus.* 34, 192]). So von den Erinyen Orph. *hymn.* 69, 3: μύχιαι, ὑπὸ κεύθεσιν οἰκί' ἔχουσαι ἄντρῳ ἐν ἠερόεντι. Phot. *lex.* 274, 18: μυχόπεδον· γῆς βάθος, "Αιδης.

[2] Dass das μίν v. 550 sich auf Erechtheus bezieht, nicht auf Athene, lehrt der Zusammenhang; Schol. B. L. bestätigen es noch ausdrücklich; an Athene könne bei den Opfern von Stieren und Schafen nicht gedacht

als fortlebend gedacht: Todte durch solche, alljährlich wiederholte, von der ganzen Stadtgemeinde dargebrachte Opfer zu
ehren, ist ein den homerischen Gedichten völlig unbekannter
Gebrauch. Erechtheus ist also gedacht als lebendig hausend
in dem Tempel, in dem Athene ihn niedergesetzt hat, d. h.
in dem alten Heiligthum der Akropolis, das eingeschlossen
war in dem „festen Hause des Erechtheus“, nach dem die
Odyssee (7, 81) die Athene als nach ihrer Behausung sich
begeben lässt. Herrschersitz und Heiligthum der Göttin
waren vereinigt in der alten Königsburg, deren Grundmauern
man kürzlich aufgefunden hat an der Stelle, an der später im
„Erechtheion“ Athene und Erechtheus gemeinsame Ehre genossen[1]. Erechtheus wohnt in der Tiefe, in einer Krypta
jenes Tempels[2], gleich anderen Erdgeistern in Schlangengestalt, ewig lebendig; er ist nicht todt, sondern, wie noch
Euripides, bei sonst anders gewendeter Sage, berichtet, „ein
Erdspalt verbirgt ihn“[3], d. h. er lebt als in die Erdtiefe
Entrückter weiter. Die Verwandlung eines alten, von jeher
in einer Höhle des Burgfelsens hausend gedachten Localgottes[4]
in den dorthin, zu ewigem Leben, erst versetzten Heros liegt,
nach den bisher betrachteten Analogien, deutlich genug vor
Augen. Der Heroenglaube späterer Zeit suchte an der Stelle,
an die das Weiterleben und Wirken eines „Heros“ gebannt
war, dessen Grab: in ganz folgerechter Entwicklung verwandelt
sich auch der lebendig entrückte und verewigte Heros Erech-

---

werden, denn θήλεα τῇ ’Αθηνᾷ θύουσιν. In der That opferte man der
Athene Kühe, nicht Stiere: vgl. P. Stengel, *quaest. sacrific.* (Berl. 1879),
p. 4. 5.

[1] S. Wachsmuth, *Ber. d. sachs. Ges. d. Wiss.* 1887, p. 399 ff.

[2] So war an dem Tempel des Palaemon auf dem Isthmus ein
ἄδυτον καλούμενον, κάθοδος δὲ ἐς αὐτὸ ὑπόγεως, ἔνθα δὴ τὸν Παλαίμονα
κεκρύφθαι (also nicht todt und begraben sein) φασίν. Pausan. 2, 2, 1.

[3] χάσμα κρύπτει χθονός Eurip. *Ion.* 292. — *Erechtheus ab Jove Nep-
tuni rogatu fulmine est ictus.*, Hygin. *fab* 46. Das ist nur eine andere
Art der Entrückung.

[4] Ueber den Zusammenhang des Erechthens mit Poseidon, mit dem
er zuletzt verschmolzen worden ist, ist hier nicht zu reden.

theus in einen **begrabenen**. Den Erichthonios, den sie ausdrücklich mit dem homerischen Erechtheus identificiren, lassen Spätere in dem Tempel der Polias, d. i. eben jenem ältesten Athenetempel der Burg, **begraben** sein[1]. Völlig klar liegt der Stufengang der Verwandlung vor uns, auf dem der alte, in der Tiefe hausende Stammgott, der Sohn der Erde, zum sterblichen, aber zu ewigem Leben entrückten Helden gemacht, in den Schutz der mächtiger gewordenen olympischen Göttin gestellt, mitsammt seinem Höhlensitz in deren Tempelreich hineingezogen, endlich gar zu einem Heros wie andere auch herabgedrückt wird, der gestorben und im Frieden des Tempels der Burggöttin begraben sei.

Nach diesem Vorbilde wird man einige Berichte deuten dürfen, in denen uns nur der letzte Punct der Entwicklung, das Heroengrab im Tempel eines Gottes, unmittelbar gegeben ist. Ein einziges Beispiel möge noch betrachtet werden.

Zu Amyklae unweit von Sparta, in dem heiligsten Tempel des lakonischen Landes, stand das alterthümliche Erzbild des Apollo über einem Untersatz in Altarform, in dem, berichtete die Sage, Hyakinthos begraben lag. Durch eine eherne Thüre an der Seite des Altars sandte man alljährlich an den Hyakinthien dem „Begrabenen" Todtenopfer hinab[2]. Der so Ge-

---

[1] Clemens Al. *protrept.* 29 B. (sammt seinen Ausschreibern, Arnobius u. A.); Apollodor. *bibl.* 3, 14, 7, 1 — Clemens (aus Antiochus von Syrakus) erwähnt auch ein Grab des Kekrops auf der Burg. Es ist unklar, in welchem Verhältniss dieses stand zu dem auf Inschriften erwähnten Κεκρόπιον (*C. I. Att.* 1, 322), τὸ τοῦ Κέκροπος ἱερόν auf der Burg (Lobdekret für die Epheben der Kekropis des Jahres 333: *Bull. de corresp. hellén.* 1889. p. 257. Z. 10).

[2] Ὑακινθίοις πρὸ τῆς τοῦ Ἀπόλλωνος θυσίας ἐς τοῦτον Ὑακίνθῳ τὸν βωμὸν διὰ θύρας χαλκῆς ἐναγίζουσιν· ἐν ἀριστερᾷ δέ ἐστιν ἡ θύρα τοῦ βωμοῦ. Pausan. 3, 19, 3. Aehnliches wird uns spater bei der Betrachtung der Heroenopfer begegnen. Stets setzt dieser naive Opferbrauch körperliche Anwesenheit des Gottes oder „Geistes" an dem Orte in der Erdtiefe voraus, zu dem man die Gaben hinabgiesst oder wirft (wie in die μέγαρα der Demeter und Kore u. s. w.).

ehrte hat keine Aehnlichkeit mit dem zarten Jüngling, von dessen Liebesbund mit Apollo, Tod durch einen Diskoswurf des Gottes und Verwandlung in eine Blume Dichter der helle- nistischen Zeit eine, aus lauter geläufigen Motiven zusammen- gesetzte, fast aller localen Beziehungen baare Fabel erzählen[1]. Die Bildwerke an jenem Altare stellten unter mancherlei Göttern und Heroen den Hyakinthos dar, wie er sammt seiner Schwester Polyboia in den Himmel hinaufgetragen wurde (wo- mit die Verwandlungsfabel nicht stimmen will), und zwar war er bärtig dargestellt, also nicht als jener geliebte Knabe des Apoll[2], sondern als reifer Mann (von dessen Töchtern zudem

---

[1] Die Hyakinthossage in der geläufigen Form findet sich bei Dichtern hellenistischer Zeit und ihren Nachahmern: Nikander, Bion, Ovid u. s. w.; schon Simmias und Euphorion hatten sie erzählt (S. Welcker, *Kl. Schr.* 1, 24 ff.; vgl. G. Knaack, *Anal. Alexandrino-romana* p. 60 ff.). Sie mag wohl in frühere Zeit hinaufreichen: vom Tode des H. durch Apolls Diskoswurf redet schon Eurip. *Hel.* 1472 ff., wenn auch noch nicht von der Liebe des Apoll zum H. So wie sie gewöhnlich erzählt wird, und wohl schon von Nikias vorausgesetzt wurde, hat die Sage keine Local- farbe und wohl auch keinen Localsagengehalt, selbst ätiologisch ist sie nicht, da sie nur im Allgemeinsten den traurigen Charakter des Hya- kinthosfestes motiviren könnte, nicht deren besondere Gebräuche. Es ist eine erotische Sage, in eine Verwandlung auslaufend, wie so viele andere, im Gehalt allerdings mit den Sagen von Linos u. a. verwandt, mit denen man sie zu vergleichen (und, nach beliebtem Schema, als allegorische Dar- stellung der Vernichtung der Frühlingsblüthe durch die Sonnengluth zu deuten) pflegt. Es ist eben eine geläufige Sagenwendung (der Tod durch Diskoswurf auch z. B. in der Geschichte des Akrisios, des Kanobos, des Krokos [s. Haupt, *Opusc.* 3, 574 f. Bei Philo ap. Galen 13, 268 schr. v. 13 ἠιθέοιο, v. 15 etwa: κείνου δὴ σταθμόν]). Unbekannt ist, wie weit die Blume Hyakinthos wirklich eine Beziehung auf den amykläischen Hyakinthos hatte (vgl. Hemsterhus. *Lucian. Bip.* 2, p. 291), vielleicht gar keine (man verwandte keine Hyacinthen an den Hyakinthien); die Namensgleichheit konnte den hellenistischen Dichtern zur Ausschmückung ihrer Verwandlungssage genügen.

[2] Ueberhaupt nicht als Apoll's ἐρώμενος (als welchen sich, trotz des Bartes, den H. des amykl. Altars Hauser, *Philolog.* 52, 218 denkt). Bärtige παιδικά sind (welcher Leser der Anthol. Palat. wüsste es nicht?) undenkbar. Die auf dem Bildwerk zu Amyklae vorausgesetzte älteste Sage weiss dann aber, wenn nichts von dem Liebesverhältniss des Apoll zu H., so jeden- falls auch nichts von dessen frühem Tode u. s. w.

andere Sagen berichten[1]). Von der ächten Sage von diesem
Hyakinthos hat sich kaum eine Spur erhalten; es schimmern
aber dennoch durch die Berichte von jenem Denkmal und von
dem alljährlich zu Ehren des Hyakinthos begangenen Feste
Züge durch, die vielleicht den wahren Charakter des in Amyklae mit und, wie ausdrücklich berichtet wird, vor Apollo[2]
geehrten Dämons erkennen lassen. Man brachte dem Hyakinthos Opfer von der Art derer, die sonst den in der Unterwelt
waltenden Gottheiten gewidmet wurden[3] und sandte die Opfergaben unmittelbar in die Tiefe hinab, in der man also den
Hyakinthos selbst sich hausend dachte. Das grosse Fest der
Hyakinthien zeigte in der Art, wie abwechselnd an ihm Hyakinthos (nach dem, als der Hauptperson, das Fest benannt

---

[1] Die Ὑακινθίδες in Athen galten für Töchter des (seltsamer Weise
nach Athen gekommenen) Hyakinthos „des Lakedämoniers", d. h. eben des
in Amyklae begrabenen. S. Steph. Byz. s. Λουσία; Harpocrat. s. Ὑακινθίδες;
Apollod. 3, 15, 8, 5. 6; Hygin. *fab.* 238 (Phanodem. bei Suidas s. Παρθένοι
setzt willkürlich die Ὑακινθίδες den Ὑάδες oder Töchtern des Erechtheus
gleich. Ebenso Pseudodemosth. *Epitaph* 27). Diese Annahme setzt eine
Sage voraus, nach der Hyak. nicht als Knabe oder halberwachsener
Jüngling starb, wie in der Verwandlungssage. — Die Bärtigkeit des Hyakinthos auf dem Bildwerke des Altars bringt Paus. 3, 19, 8 ausdrücklich
in Gegensatz zu der zarten Jugendlichkeit des Hyakinth, wie Nikias
(2. Hälfte des 4. Jahrh.) auf seinem berühmten Bilde sie dargestellt hatte
und die Liebesfabel sie voraussetzte (πρωθήβην Ὑάκινθον Nic *Ther.* 905).
Pausanias deutet § 5 einen Zweifel an der Richtigkeit der überlieferten
Fabel vom Tode des H. überhaupt an.
[2] πρὸ τῆς τοῦ Ἀπόλλωνος θυσίας Paus. 3, 19, 3. Mehrfach wird
erwähnt, dass einem Heros bei gewissen Festen vor einem Gotte geopfert wurde (vgl. Wassner *de heroum ap. Gr. cultu* p. 48 ff.). Vielleicht
hat das überall seinen Grund darin, dass der Cult des „Heros" (oder
heroisirten Gottes) an jener Stelle älter war als der des erst später
ebendort in den Cult aufgenommenen Gottes. So wurde zu Plataeae an
den Daedalen der Leto vor der Hera geopfert (προθύεσθαι): Plut. bei
Euseb. *Praep. ev.* 3, 84 C. ganz ersichtlich ist dort Hera die später in
den Cult aufgenommene. — Vielleicht führt auch die Form des Namens
Ὑάκινθος darauf, dass dies die Benennung eines uralten Gottes schon
einer vorgriechischen Bevölkerung des Peloponnes sei. S. Kretschmer.
Einl. in d. Gesch. d. gr. Spr. 402—405.
[3] Ὑακίνθῳ ἐναγίζουσιν Paus. 3, 19, 3.

war) und Apollo verehrt wurden, deutlich die nicht zu rechter Verschmelzung gediehene Vereinigung zweier ursprünglich ganz verschiedener Culte, und liess in der schmucklos ernsten, fast düsteren Feier der dem Hyakinthos geweihten Tage, im Gegensatz zu der heiteren Verehrung des Apoll am mittleren Festtage[1], den Charakter des Hyakinthos als eines den unterirdischen Göttern verwandten Dämons deutlich hervortreten. Auf den Bildwerken des Altars war denn auch als seine Schwester dargestellt Polyboia, eine der Persephone ähnliche unterweltliche Gottheit[2]. Hyakinthos war ein alter, unter der Erde hausender Localgott der amykläischen Landschaft, sein Dienst in Amyklae älter als der des Apollo. Aber seine Gestalt ist verblasst, der olympische Gott, der sich (vielleicht erst nach der dorischen Eroberung des achäischen Landes) neben und über dem alten Erdgeiste festgesetzt hat, überstrahlt ihn, ohne doch seine Verehrung ganz zu verdrängen; sein göttliches Leben in der Tiefe kann sich die spätere Zeit nur wie das Fortleben der Psyche eines sterblichen und gestorbenen Heros denken, dessen Leib im „Grabe" ruht unter dem Bilde des

---

[1] Der zweite Tag des Festes war dem Apoll, nicht dem Hyakinthos geweiht: τὸν θεὸν ᾄδουσιν Athen. 4, 139 E (hierher zieht man mit Recht den παιάν, von dem Xenophon *Hell.* 4, 5, 11 redet). Den heiteren Charakter der Festbegehungen an diesem zweiten Tage kann man unmöglich mit Unger, *Philol.* 37, 30, in der Beschreibung des Polykrates bei Athen. 139 E. F. verkennen. Allerdings redet Didymus (dessen Worte Athenaeus ausschreibt) am Anfang (139 D) so, dass man zu dem Glauben verführt werden könnte, alle drei Tage der τῶν Ὑακινθίων θυσία seien, διὰ τὸ πένθος τὸ γενόμενον (γινόμενον?) περὶ τὸν Ὑάκινθον, ohne Lustbarkeit, ohne Kränze, reicheres Mahl, ohne Päan u. s. w. verflossen. Aber er widerlegt sich eben selber in der Schilderung des zweiten Tages, an dem nicht nur bei den Aufführungen, sondern auch bei den Opfern und Mahlen (139 F) Lust herrscht. Man wird also glauben müssen, dass sein Ausdruck am Anfang ungenau ist, und er verstanden wissen will, dass, was er von der Ernsthaftigkeit „wegen der Trauer um Hyakinthos" sagt, sich, wie jene Trauer selbst, auf den ersten Tag des Festes beschränke.

[2] Hesych. Πολύβοια· θεός τις ὑπ᾽ ἐνίων μὲν Ἄρτεμις, ὑπὸ δὲ ἄλλων Κόρη. Vgl. K. O. Müller, *Dorier* 1, 358 (Ἄρτεμις wohl als Hekate).

Gottes, den, um die enge Cultgemeinschaft zu erklären, Dichtersage zu seinem Liebhaber macht, wie sie denselben Gott aus
ganz ähnlichem Grunde zum Liebhaber der Daphne gemacht
hat[1].

4.

So mag unter der Gestalt noch manches Heros, dessen
Grab man in dem Tempel eines Gottes zeigte, ein alter Localgott sich verbergen, dessen Wohnung im Innern der Erde zum
„Grabe" umgedeutet wurde, seit er selbst aus einem göttlichen
Wesen höheren Ranges zum sterblichen Helden herabgesetzt
war. Von besonderen Umständen hing es ab, ob die Ent-
götterung eine vollständige wurde, ob etwa eine (im Localcult
erhaltene) Erinnerung an die alte Gottnatur eine nachträgliche
Wiedererhebung in's Götterreich[2], wohl gar zu den, dem alten
Erddämon ursprünglich fremden olympischen Göttern bewirkt
hat. In der auffälligsten Weise spielen die nach örtlichen und
zeitlichen Verhältnissen wechselnden Auffassungen durcheinander
in den Vorstellungen von Asklepios. Dem Homer und den
Dichtern überhaupt gilt er als sterblicher Held, der die Heil-
kunst von Chiron erlernt habe. Im Cultus wird er zumeist
den oberen Göttern gleichgestellt. In Wahrheit ist ursprünglich auch er ein in der Erde hausender thessalischer Ortsdämon
gewesen, der aus der Tiefe, wie viele solche Erdgeister, Heilung
von Krankheiten, Kenntniss der Zukunft[3] (beides in alter Zeit

---

[1] Eine andere Deutung des in Amyklae vereinigten Cultus des
Apoll und des Hyakinthos giebt Enmann, *Kypros* u. s. w. p. 35, hier und
anderswo von gewissen, aus H. D. Muller's mythologischen Schriften
übernommenen Anschauungen ausgehend, die man im Allgemeinen für
richtig halten müsste, um ihre Anwendung auf einzelne Fälle einleuchtend
zu finden.

[2] Wie sie auch dem Hyakinthos, nach den Darstellungen des amykläischen Altars (Paus. 3, 19) zu Theil wurde. Für seine ursprüngliche
Natur folgt hieraus nichts.

[3] Die mantische Thätigkeit des Askl. tritt in den gewöhnlichen Berichten hinter seiner Heilkraft stark zurück; von Anbeginn waren beide

eng verbunden) heraufsandte. Auch er hat den Uebergang zum Heros leicht gemacht. Den Heros Asklepios trifft des Zeus Blitzstrahl, der hier wie in manchen anderen Sagen nicht das Leben völlig vernichtet, sondern den Getroffenen zu erhöhetem Dasein aus der sichtbaren Welt entrückt[1]. Wir verstehen jetzt leicht, was es heissen will, wenn dann auch dieser alte Erdgott „begraben" heisst; man zeigte sein Grab an verschiedenen Orten[2]. Den ursprünglichen Charakter des Asklepios als eines im Erdinneren hausenden Gottes lassen noch manche Eigenthümlichkeiten des ihm dargebrachten Cultus erkennen[3]. Es fehlt ihm freilich eine wesentliche Eigenschaft solcher Erdgeister: die Gebundenheit an die bestimmte Stätte. Eine unternehmende Priesterschaft hatte, mit ihren Stammesgenossen

---

Wirkungen (wie bei den Erdgeistern oft) eng verbunden. Ganz ausdrücklich Apollodor περὶ θεῶν bei Macrob. *Sat.* 1, 20, 4 *scribit, quod Aesculapius divinationibus et auguriis praesit.* Celsus nannte den Asklepios εὐεργετοῦντα καὶ τὰ μέλλοντα προλέγοντα ὅλαις πόλεσιν ἀνακειμέναις ἑαυτῷ (Origen. *c. Cels.* 3, 3, p. 255/6. Lomm.).

[1] S. Anhang 1.

[2] Cicero, nach den pragmatisirenden „*theologi*", *nat. d.* 3, § 57: *Aesculapius* (der zweite) *fulmine percussus dicitur humatus esse Cynosuris* (dem spartanischen Gau? aus gleicher Quelle Clemens Al. *protr.* p. 18D; Lyd. *de mens.* 4, 90 p. 288 R.); von dem dritten Askl. Cic. § 57: *cuius in Arcadia non longe a Lusio flumine sepulcrum et lucus ostenditur.* Auch den Sitz des Askl. in Epidauros fassten Manche als sein Grab, wenn den Clementin. *Homil.* 5, 21, *Recognit.* 10, 24 (*sepulcrum demonstratur in Epidauro Aesculapii*) zu trauen ist.

[3] Die chthonische Natur des Asklepios zeigt sich namentlich darin, dass die Schlange ihm nicht nur heilig und beigegeben ist, sondern dass er selbst geradezu in Schlangengestalt gedacht wird (vgl. Welcker, *Götterl.* 2, 734). ὄφις, Γῆς παῖς (Herodot 1, 78); in Schlangengestalt erscheinen Gottheiten, die im Erdinnern hausen, dann auch die „Heroen" späterer Auffassung, als χθόνιοι. Weil solche Erdgeister meist mantische Kraft haben, ist die Schlange auch Orakelthier; aber das ist erst secundar. — Auf chthonischen Charakter des A. weist wohl auch das Hahnenopfer, das ihm (von Sokrates vor seinem Abscheiden in die Unterwelt) dargebracht wird, wie sonst den Heroen. So sind auch ἡρῷα in Athen von Asklepiospriestern begangen worden (*C. I. Att.* 2, 453b): vgl. Köhler, *Mitth. d. arch. Inst.* 2, 245 f. (Opfergrube, βόθρος für chthonischen Dienst im Asklepieion zu Athen? s. Köhler, *ebend.* 254).

wandernd, seinen, unter diesen altbegründeten Dienst weit verbreitet und damit den Asklepios selbst an vielen Orten heimisch gemacht. Ihm, dem Zeus Asklepios, auf's Innigste verwandt, aber ihrem ursprünglichen Charakter treuer geblieben sind jene böotischen Erdgeister, von denen unsere Betrachtung ausging. Trophonios, aber auch Amphiaraos, könnte man einen am Boden und in seiner alten Höhlenbehausung haften gebliebenen Asklepios nennen[1]. Auch sie, Amphiaraos und Trophonios, sind zu sterblichen Menschen der Vorzeit geworden in der Phantasie einer Zeit, welche die wahre Art solcher Höhlengeister nicht mehr fasste; aber man hat nie von ihren „Gräbern" geredet, weil die Zeit, die sie heroisirte, noch nichts wusste von menschlichen Helden, die, gestorben und begraben, dennoch lebendig und wirksam geblieben wären. Der Glaube aber an die ununterbrochene Wirksamkeit war es, der jene seltsamen Höhlengötter im Gedächtniss der Menschen erhielt. Sie gelten der epischen und vom Epos inspirirten Sage als menschliche Wesen, nicht gestorben, sondern ohne Trennung von Leib und Seele in die Erdtiefe zu ewigem Leben entrückt. Und aller Zukunft haben sie, auch wo man ihnen nicht nur ewiges Leben zusprach, sondern sie geradezu Götter nannte, als Menschen gegolten, die unsterblich oder gar den Göttern gleich erst geworden

---

[1] Verwandtschaft des Amphiaraos mit Asklepios zeigt sich auch darin, dass man Iaso, eine der um Asklepios gruppirten allegorischen Gestalten, wie gewöhnlich zur Tochter des Asklepios (u. A. Etym. M. 434, 17: Ἰασώ mit Sylburg; vgl. Herondas 4, 6), so auch wohl zur Tochter des Amphiaraos machte: Schol. Arist. *Plut.* 701. Hesych. s. v. (Ihr Bild in seinem Tempel zu Oropos: Paus. 1, 24, 3.) So ist auch Ἀλκανδρος, der Sohn des Trophonios (Charax. Schol. Ar. *Nub.* 508) wohl nicht verschieden von Ἀλκων, dem asklepiadischen Dämon, dessen Priester Sophokles war. Die Bilder des Trophonios hatten den Typus der Asklepiosstatuen. Paus. 9, 39, 3. 4. Troph., Sohn des Valens = Ischys und der Koronis, Bruder des Asklepios: Cic. *n. d.* 3, § 56 nach den *theologi*. Mit Grund, eben der innerlichen Verwandtschaft wegen, nennt neben einander Trophonios, Amphiaraos, Amphilochos und die Asklepiaden Aristides *orat.* 1 p. 78 Dindf.

seien[1]. Und sie sind Vorbilder geworden eines Zustandes, zu dem auch andere Sterbliche wohl erhöhet werden könnten. In der Elektra des Sophokles (v. 836 ff.) beruft sich der Chor, um die Hoffnung auf Fortdauer des Lebens der Abgeschiedenen zu bekräftigen, ausdrücklich auf das Beispiel des Amphiaraos, der noch jetzt unter der Erde mit vollen Seelenkräften walte. Darum eben sind diese und andere, von der alten Sage und Dichtung dargebotenen Beispiele von „Höhlenentrückung" einzelner Helden auch für unsere Betrachtung wichtig: in ihnen, wie nach anderer Richtung in den Sagen von der Inselentrückung, weist das Epos selbst hinaus über seine trübe und resignirte Vorstellung vom Dasein nach dem Tode auf ein erhöhetes Leben nach dem Abscheiden aus dem Reiche des Sichtbaren. Indem es einzelne unter den einst zahlreich in griechischen Landschaften verehrten Höhlengöttern ihrer ursprünglichen Göttlichkeit entkleidete, zu menschlicher Natur herabzog und in die Heldensage verflocht, ihr übermenschliches Weiterleben und (besonders mantisches) Wirken aber, wie es Glaube und Cult der Landesbewohner behauptete, nicht aufhob, schuf es eine Classe von menschlichen Helden, die zu göttlichem Leben erhöhet, von der Oberwelt zwar geschieden, aber nicht dem allgemeinen Seelenreich zugetheilt waren, sondern in unterirdischen Wohnungen an einer ganz bestimmten Stelle einer griechischen Landschaft hausten, menschlichem Leben hilfreich nahe. Die Herabziehung des Göttlichen

---

[1] Den Amphiaraos hatte Sulla zu den „Göttern" gerechnet (und darum das seinem Tempel zugewiesene Gebiet von Oropos von der Verpachtung der Abgaben an die römischen *publicani* ausgeschlossen); der römische Senat lässt es dabei bewenden (Ins. aus Oropos, Ἐφημ. ἀρχαιολ. 1884 p. 101 ff; *Hermes* 20, 268 ff.); die *publicani* hatten geleugnet, *immortales esse ullos, qui aliquando homines fuissent* (Cicero *n. deor.* 3, § 49). Nur dies, dass Amphiaraos jetzt Gott sei, war also von der anderen Seite behauptet, dass er aber ehedem Mensch gewesen sei, nicht geleugnet worden. — Unter den ϑεοί, welche ἐγίνοντο ἐξ ἀνϑρώπων nennt den Amphiaraos noch Pausanias 8, 2, 4; ähnlich Varro bei Servius zur *Aen.* 8, 275. Vgl. Apuleius *de deo Socr.* 15 extr., auch Philo *leg. ad Gaium* § 11.

in's Menschlich-Heroische schlug, da die Eigenschaft des ewigen Fortlebens nicht abgestreift wurde, in eine Steigerung des Menschlichen und Heroischen in das Göttliche um. So leitet uns die epische Dichtung nahe heran an ein Reich von Vorstellungen, das sie selbst freilich, als wäre es nicht vorhanden, nie betritt, und das nun plötzlich vor uns auftaucht.

Die Heroen.

———

Als um das Jahr 620 Drakon zu Athen das Gewohnheits-
recht seiner Vaterstadt zum ersten Mal in schriftlicher Auf-
zeichnung zusammenfasste, gab er auch die Weisung, die
Götter und die vaterländischen Heroen gemeinsam zu verehren
nach dem Brauch der Väter[1].

Hier zum ersten Mal begegnen uns als Wesen höherer
Art, neben den Göttern genannt, und gleich diesen durch regelmässige Opfer zu verehren, die Heroen. Ihr Cult, ebenso
wie der Göttercult, wird als längst bestehend vorausgesetzt; er
soll nicht neu eingerichtet werden, sondern nur erhalten bleiben,
wie ihn väterliche Satzungen gestaltet haben. Wir sehen hier,
an einem wichtigen Wendepunkte griechischer Religionsentwicklung, wie mangelhaft unsere Kenntniss der Geschichte
religiöser Ideen in Griechenlands älterer Zeit ist. Dieses
früheste, uns zufällig erhaltene Zeugniss von griechischem
Heroencult weist über sich selbst hinaus und zurück auf eine
lange Vorzeit der Verehrung solcher Landesschutzgeister; aber
wir haben kaum irgend eine Kunde hiervon aus älterer Zeit[2].

———

[1] Porphyr, *de abstin.* 4, 22.

[2] Nicht ganz deutlich ist, ob man in dem, was Pausanias 2, 2, 2
nach Eumelos über die Gräber des Neleus und Sisyphos berichtet, eine
erste Spur eines Heroenreliquiencultes erkennen dürfe, mit Lobeck, *Agl.* 284.
— Die Orakelverse aus Oenomaos bei Euseb. *pr. ev.* 5, 28 p. 223 B,
in denen Lykurg ermahnt wird, zu ehren Μενέλαν τε καὶ ἄλλους ἀθανά-

Wir würden auch aus den geringen Resten der so bedeutenden Litteratur, namentlich der lyrischen Dichtung des 7. und
beginnenden 6. Jahrhunderts kaum eine Ahnung von dem
Vorhandensein dieses, dem Epos ganz fremden Elementes des
religiösen Lebens der Griechen gewinnen[1]. Wo endlich der
Strom der bis auf unsere Zeit gelangten Litteratur breiter fluthet,
ist freilich auch von Heroen oft die Rede. Pindars Siegeslieder
und Herodots Geschichtswerk vertreten die Generationen, welche
die Perserkriege und die nächsten fünfzig Jahre durchlebten.
Sie lassen mit überraschender Bestimmtheit erkennen, wie
lebendig damals der Glaube an Dasein und Wirksamkeit der
Heroen auch bei gebildeten, aber von der neumodischen Aufklärung wenig berührten Männern war. Im Glauben des
Volkes, in der Religionsübung der Stämme und Städte haben
die heimischen Heroen neben den Göttern ihre unbestrittene
feste Stelle. Bei den Göttern und den Heroen des Landes
schwören die Vertreter der Staaten ihre Eide[2]; die Götter
und Heroen Griechenlands sind es, denen frommer Sinn den
Sieg über die Barbaren zuschreibt[3]. So anerkannt war die

τοὺς ἥρωας, οἳ ἐν Λακεδαίμονι δίῃ, sind wohl recht jung, jünger als die
schon dem Herodot bekannten: ἥκεις, ὦ Λυκόοργε — wiewohl älter als
das 2. Jahrhundert (vgl. Isyllos [Collitz 3342] v. 26). Oenomaos entlehnt
sie (wie alle Orakel, die er in seiner Γοήτων φώρα verarbeitet) einer Sammlung von Orakelsprüchen, gewiss nicht (auch indirect nicht) dem Ephorus,
wie grundlos behauptet wird. — Alt war freilich der Cult der Helena und
des Menelaos in Therapne: s. Ross, *Arch. Aufs.* 2, 341 ff. Man knüpfte in
Sparta begierig an die vordorische legitime Königsherrschaft an. daher
man auch die Gebeine des Orest, des Tisamenos nach Sparta gebracht hatte
und beide dort heroisch verehrte. Mit der Entrückung des Menelaos nach
Elysion (Odyss. δ) hat sein Cult in Therapne nichts zu thun.

[1] Einen Daites, ἥρωα τιμώμενον παρὰ τοῖς Τρωσίν erwähnte Mim-
nermus, *fr.* 18. Früher schon scheint auf heroischen Cult des Achill hinzuweisen Alcaeus *fr.* 48b: Ἀχίλλευ, ὃ γᾶς Συθδίκας μέδεις (s. Wassner, *de
heroum cultu* p. 33).

[2] θεοὶ ὅσοι γῆν τὴν Πλαταιΐδα ἔχετε καὶ ἥρωες, ξυνίστορές ἐστε —
Thucyd. 2, 74, 2; μάρτυρας θεοὺς καὶ ἥρωας ἐγχωρίους ποιήσομαι —
Thuc. 4, 87, 2: vgl. Thuc. 5, 30, 2. 5.

[3] Herodot 8, 109: τάδε γὰρ οὐκ ἡμεῖς κατεργασάμεθα, ἀλλὰ θεοί τε
καὶ ἥρωες.

Giltigkeit des griechischen Heroenglaubens, dass selbst die persischen Magier im Heere des Xerxes in Troas den dort begrabenen Heroen nächtliche Trankopfer darbrachten[1].

2.

Fragt man nach Art und Natur dieser dem Epos noch unbekannten oder in ihm nicht beachteten Gattung höherer Wesen, so giebt uns hierüber Auskunft zwar keine ausdrückliche Wesensbestimmung aus alter Zeit, wohl aber Vieles, was uns von einzelnen Heroen erzählt wird, und vor Allem das, was uns von der besonderen Weise der religiösen Verehrung der Heroen bekannt ist[2]. Die Heroen wurden mit Opfern

---

[1] Herod. 7, 43.

[2] In der ersten Auflage dieses Buches konnte ich in diesem Abschnitt noch nicht Rücksicht nehmen auf den sachlich reichhaltigen Artikel von Deneken über „Heros", in Roschers Mytholog. Lexikon. Ich muss mich auch jetzt begnügen, auf manche dort gebotene schätzbare Materialsammlung im Allgemeinen hinzuweisen. In der Grundvorstellung von Art und Entstehung des Heroenwesens könnte ich mich nur polemisch zu den dort gegebenen Ausführungen verhalten. Der Heroenglaube soll nach jener Darstellung (die hierin der herkömmlichen Auffassung folgt) entstanden sein aus abgeschwächtem Götterglauben, der Stamm der alten Heroen aus ehemals göttlich, mit der Zeit in minderer Ehrfurcht verehrten Gestalten sich zusammensetzen. Nun ist schon der Cult der Heroen keineswegs ein herabgeminderter Göttercult, sondern dem Cult der Ueberirdischen seiner ganzen Art nach grundsätzlich entgegengesetzt; das ἐναγίζειν kann niemals aus dem θύειν, in noch so verblasster Gestalt, erst seinerseits hervorgegangen sein. Und ebensowenig sind aus Göttern jemals (geschweige denn vielfach) Cultheroen direct entstanden. Die „Heroen" (als Cultpersonen) sind durchaus gesteigerte Menschenseelen, nicht depotenzirte Göttergestalten. Dieser Satz bleibt ja völlig in Kraft, wenn auch eine erhebliche Anzahl alter Göttergestalten, nachdem sie in der Vorstellung entgottert und zu sterblichen Helden geworden waren, nach ihrem Tode als menschliche Helden in die Heroenwürde aufgestiegen sind, gleichwie vor und neben ihnen unzählige, einfach menschlich sterbliche, niemals göttliche Naturen auch. Nur weil und nachdem sie Menschen geworden und gewesen sind, können solche ehemalige Göttergestalten zu Heroen werden; unmittelbar vom Gott wird niemand zum Heros. Heros ist eben stets ein gesteigerter Menschengeist, nichts anderes. — Ich gedenke, hier und in diesem Buche überhaupt, weiterer Po-

verehrt, so gut wie die Götter; aber diese Opfer waren sehr verschieden von den Gaben, die man den Olympiern darbrachte[1]. Zeit, Ort und Art sind andere. Man opferte den Göttern am hellen Tage, den Heroen gegen Abend oder Nachts[2]; nicht auf hohem Altar, sondern auf niedrigem, dem Erdboden nahen, bisweilen hohlen Opferheerd[3]. Schwarzfarbige Thiere männlichen Geschlechts schlachtete man ihnen[4], denen man nicht, wie den für Götter bestimmten Opferthieren, den Kopf nach oben, zum Himmel wendet, sondern auf den Boden drückt[5]. Das Blut der Thiere lässt man auf den Boden oder auf den Opferheerd rieseln, den Heroen zur „Blutsättigung"[6]; der Leib wird völlig verbrannt, kein lebender Mensch soll davon geniessen[7]. Diese besondere Art der

---

lemik gegen die verbreitete Annahme eines Hervorganges des Heroenwesens aus schwach gewordenem Götterthum nicht nachzugehn, sondern mich mit der Hinstellung meiner positiven Ansicht von diesen Dingen zu begnügen.

[1] θεῶν ἄλλοις ἄλλαι τιμαὶ πρόσκεινται καὶ ἥρωσιν ἄλλαι, καὶ αὗται ἀποκεκριμέναι τοῦ θείου. Arrian. anab. 4, 11, 3.

[2] Heroenopfer ἐν δυθμαῖσιν αὐγᾶν und die ganze Nacht hindurch: Pindar Isthm. 3, 83 ff. ὑπὸ κνέφας Apollon. Rhod. 1, 587 (= περὶ ἡλίου δυσμάς Schol.) τῷ μὲν (Ἀλεξάνορι) ὡς ἥρωι μετὰ ἥλιον δύναντα ἐναγίζουσιν, Εὐδαμερίωνι δὲ ὡς θεῷ θύουσιν Paus. 2, 11, 7. Dem Myrtilos νύκτωρ κατὰ ἔτος ἐναγίζουσιν (die Pheneaten) Paus. 8, 14, 11. Nachts opfert Solon den Salaminischen Heroen: Plut. Sol. 9. — Nachmittags: ἀπὸ μέσου ἡμέρας soll man den Heroen opfern: Laert. Diog. 8, 33; τοῖς κατοιχομένος ἀπὸ μεσημβρίας: Etym. M. 468, 34. (Vgl. Proclus ad Hesiod. Op. 763. Eustath. Il. Θ 65.) Auch die ἥρωες gehören zu den κατοιχόμενοι: τοῖς ἥρωσιν ὡς κατοιχομένοις ἔντομα ἔθυον, ὑποβλέποντες κάτω ἐς γῆν. Schol. A. D. Il. 1, 459. — Den gewöhnlichen Todten scheint man in späterer Zeit auch am hellen Tage geopfert zu haben (s. Stengel, Chthon. u. Todtencult 422 f.), den „Heroen" wohl immer, wie einst auch den Todten (Il. 23, 218 ff.), gegen Abend oder nachts.

[3] ἐσχάρα. S. oben p. 35,2.

[4] Vgl. Stengel, Jahrb. f. Philol. 1886, p. 322. 329.

[5] Schol. A. D. Il. Α 459. Schol. Apoll. Rhod. 1, 587. ἐντέμνειν. S. Stengel, Ztschr. f. d. Gymnasialw. 1880 p. 743 ff.

[6] αἱμακουρία, Pind. Ol. 1, 90. Plut. Aristid. 21. Das Wort soll böotisch sein, nach Schol. Pind. Ol. 1, 146 (daraus Greg. Corinth. p. 215).

[7] Mit Recht hält (gegen Welcker) Wassner, de heroum ap. Graec.

Heroenverehrung wird denn auch, wo genau geredet wird, nicht mit demselben Worte wie die Opfer für Götter bezeichnet[1]. Bei besonderen Gelegenheiten wird den Heroen ein Opfermahl aus gekochten Speisen hingestellt, zu dem man sie zu Gaste ladet[2]; sie sind in Erdennähe, nicht braucht man ihnen, wie den Olympiern, den Duft der Opfergaben im Dampf nach oben zu schicken.

Dieses Opferritual ist gerade da, wo es von dem bei Verehrung der olympischen Götter üblichen verschieden ist, fast völlig identisch mit der Weise, in der man die im Inneren der Erde wohnenden Gottheiten und in späterer Zeit auch die Seelen verstorbener Menschen verehrte; es wird voll verständlich, wenn wir die Heroen als nahe verwandt den chthonischen Göttern einerseits, den Todten andererseits erkennen. In der That sind sie nichts anderes als die Geister verstorbener Menschen, die im Inneren der Erde wohnen, ewig leben gleich den Göttern da drunten und diesen an Macht nahe kommen. Deutlich bezeichnet ihre Natur als verstorbener, aber der Empfindung nicht beraubter Helden der Vorzeit eine Art der Verehrung, die ihnen und ursprünglich nur ihnen dargebracht wurde, die in regelmässiger Wiederkehr alljährlich gefeierten Leichenspiele.

Wettkämpfe der Fürsten beim Begräbniss eines vornehmen

---

cultu p. 6 daran fest, dass die ἐναγίσματα für Heroen ὁλοκαυτώματα gewesen seien.

[1] ἐναγίζειν für Heroen, θύειν für Götter. Genau ist im Sprachgebrauch namentlich Pausanias, aber auch er, und selbst Herodot, sagt wohl einmal θύειν, wo ἐναγίζειν das Richtigere wäre (z. B. Her. 7, 117: τῷ Ἀρταχαίῃ θύουσι Ἀκάνθιοι ὡς ἥρωι). Andere setzen vielfach θύειν statt ἐναγίζειν, welches als der speciellere Begriff unter θύειν als allgemeinere Bezeichnung des Opferns überhaupt subsumirt werden kann.

[2] Vgl. Deneken, *de theoxeniis* (Berl. 1881), cap. I; Wassner *a. a. O.* p. 12. — Den solcher Art des Opfers zu Grunde liegenden Gedanken lassen Aeusserungen naiver Völker erkennen. Vgl. Réville, *les rel. des peuples non-civilisés* 1, 73. Der *ritus* darf als ein besonders alterthümlicher, schon früher als die Sitte des Opferbrandes üblicher gelten. (Vgl. Oldenberg, *Rel. d. Veda* 344 f.)

Todten kennt Homer: wir haben sie unter den, in epischer Darstellung erhaltenen Ueberresten alten gewaltigen Seelencultes erwähnt[1]. Aber Homer weiss nichts von einer Wiederholung, und gar einer alljährlich wiederholten Feier solcher Leichenspiele[2]. Regelmässig nach Ablauf einer bestimmten Frist neu begangene Festagone gab es in Griechenland erst, seit der Heroencult in Blüthe stand. Viele dieser Wettspiele waren für immer mit den Jahresfesten einzelner Heroen verbunden und bestimmt, deren Andenken zu feiern[3]. Noch in geschichtlich erkennbaren Zeiten sind, meist auf Geheiss des delphischen Orakels, zu Ehren von Heroen jährliche Kampfspiele eingerichtet worden[4]. Es war die besondere Art der Verehrung, die den Heroen zukam, und man wusste ganz gut, dass man in solchen Spielen die Leichenfeier eines Verstorbenen wiederholte[5]. Im Heroencult hat die für griechisches Leben so eigen charakteristische, als Schule des Individualismus der Griechenland gross gemacht hat, bedeutende Einrichtung des „Agon" seine erste Wurzel; nicht sinnlos war es, dass nachmals viele der Sieger an den grossen Agonen selbst durch den Volksglauben in die Schaar der Heroen emporgehoben wurden. Die höchsten, ganz Griechenland versammelnden

---

[1] Oben S. 19 f. — ἐπὶ ᾿Αζᾶνι τῷ ᾿Αρκάδι τελευτήσαντι ἆθλα ἐτέθη πρῶτον· εἰ μὲν καὶ ἄλλα, οὐκ οἶδα, ἱπποδρομίας δὲ ἐτέθη. Pausan. 8, 4. 5.

[2] Auf dasselbe kommt die Aristarchische Beobachtung, dass Homer keinen ἱερὸς καὶ στεφανίτης ἀγών kenne, hinaus. S. *Rhein. Mus.* 36, 544 f. (Wegen der dort angeführten Beobachtung, dass Homer überhaupt Wort und Gebrauch von στέφανος nicht kenne, vgl. noch Schol. Pind. *Nem. introd.* p. 7, 8 ff. Abel. S. auch Merkel, *Apoll. Rhod. proleg.* p. CXXVI. — ἐυστέφανος von στεφάνῃ, nicht von στέφανος: Schol. Φ 511.)

[3] Viele solcher Heroenagone nennt namentlich Pindar.

[4] Z. B., auf Geheiss des Orakels gestiftet, ein ἀγὼν γυμνικὸς καὶ ἱππικός zu Ehren der getödteten Phokäer in Agylla: Herod. 1, 167. Agon für Miltiades, Herod. 6, 38; für Brasidas, Thucyd. 5, 11; für Leonidas in Sparta: Pausan. 3, 14, 1.

[5] An den Iolaïen zu Theben μυρσίνης στεφάνοις στεφανοῦνται οἱ νικῶντες· μυρσίνῃ δὲ στεφανοῦνταῖ διὰ τὸ εἶναι τῶν νεκρῶν στέφος. Schol. Pind. *Isthm.* 3, 117. (Die Myrte τοῖς χθονίοις ἀφιέρωτο: Apollodor. in Schol. Ar. *Ran.* 330. Myrte als Grabschmuck: Eurip. *El.* 324. 511.)

Agone der Pythien, Olympien, Nemeen, Isthmien sind in historisch bekannten Zeiten allerdings Göttern zu Ehren gefeiert worden; dass aber auch sie ursprünglich als Leichenspiele für Heroen eingesetzt und erst nachträglich höheren Schutzherren geweiht worden seien, war wenigstens im Alterthum allgemeine Ueberzeugung[1].

3.

Die Heroen sind also Geister Verstorbener, nicht etwa eine Art Untergötter oder „Halbgötter"[2], ganz verschieden

---

[1] Im Allgemeinen: ἐτελοῦντο οἱ παλαιοὶ πάντες ἀγῶνες ἐπί τισι τετελευτηκόσιν. Schol. Pind. *Isthm.* p. 349 Ab. — (τὰς ἐπιτυμβίους ταυτασὶ πανηγύρεις nennt die vier grossen Wettspiele Clemens Alex. *protr.* 21 C.) Die Nemeen ein ἀγὼν ἐπιτάφιος für Archemoros: Schol. P. *Nem.* p. 7. 8 Ab.; später erst von Herakles dem Zeus geweiht: ibid. p. 11, 8 ff.; 12, 14—13, 4 (vgl. Welcker, *Ep. Cycl.* 2, 350 ff.). Siegeskranz seit den Perserkriegen aus Eppich, ἐπὶ τιμῇ τῶν κατοιχομένων: ibid. p. 10 (Eppich als Gräberschmuck: Schneidewin zu Diogenian. 8, 57. S. unten. σελίνου στέφανος πένθιμος — — Δοῦρις ἐν τῷ περὶ ἀγώνων Photius lex. 506, 5). Schwarzes Gewand der Kampfrichter: ibid. p. 11, 8 ff. Schol. Argum. *Nem.* IV. V. — Die Isthmien als ἐπιτάφιος ἀγών für Melikertes, dann für Sinis oder Skiron. Plut. *Thes.* 25. Schol. Pind. *Isthm.* p. 350—352 Ab. Siegeskranz Eppich oder Fichte, beide als Trauerzeichen, Paus. 8, 48, 2 u. A. (s. Meineke, *Anal. Al.* 80 ff.). — Die Pythien sollen ein ἀγὼν ἐπιτάφιος für Python gewesen sein; die Olympien für Oenomaos, oder für Pelops (Phlegon, *F. H. G.* 3, 603; vgl. P. Knapp, *Correspondenzbl. d. Wurttemb. Gelehrtensch.* 1881 p. 9 ff.). — Nicht Alles wird Speculation an diesen Nachrichten sein. Thatsächlich sind z. B. die Leichenspiele für Tlepolemos auf Rhodos, die Pindar kennt, *Ol.* 7, 77 ff., später auf Helios (vgl. Schol. Pind. *Ol.* 7, 36. 146. 147 übertragen worden (s. Böckh zu V. 77).

[2] „Halbgötter", ἡμίθεοι, ist nicht, wie man hie und da angegeben findet, eine Bezeichnung der Heroen als Geisterwesen, die damit als eine Classe von Mittelwesen zwischen Gott und Mensch bezeichnet würden. Nicht sie nennt man ἡμίθεοι, sondern die Helden und Könige der Sagenzeit, besonders der Kriege um Theben und Troja (Hesiod. *Op.* 160; Il. M 23, hymn. Hom. 31, 19; 32, 13. Callim. *fr.* 1, 19 und so später oft), diese aber als Lebende (so auch Plat. *Apol.* 41 A; vgl. Dionys. Halic. *antiq.* 7, 72, 13: ἡμιθέων γενομένων [auf Erden] αἱ ψυχαί —) nicht als verklärte Geister. Die ἡμίθεοι sind eine Gattung der Menschen, nicht der Geister oder Dämonen, es sind die οἱ πρότερόν ποτ' ἐπέλοντο, θεῶν δ'

von den „Dämonen", wie sie spätere Speculation und dann auch wohl der Volksglaube kennt. Diese sind göttliche Wesen niederer Ordnung, aber von jeher des Todes überhoben, weil sie nie in das endliche Leben der Menschen eingeschlossen waren. Die Heroen dagegen haben einst als Menschen gelebt, aus Menschen sind sie Heroen geworden, erst nach ihrem Tode[1]. Nunmehr sind sie in ein erhöhtes Leben eingetreten, als eine besondere Classe der Wesen, die neben Göttern und Menschen genannt wird[2]. In ihnen treffen wir an, was den

---

ἐξ ἀνάκτων ἐγένονθ᾽ ὅιες ἡμίθεοι (Simonid fr. 36; vgl. Plato Cratyl. 398 D), die Söhne von Göttern und sterblichen Weibern, dann auch (a potiori benannt) deren Genossen. Auch dass man etwa jene ἡμίθεοι genannten Menschen der Vorzeit zu „Heroen" nach ihrem Tode habe werden lassen, weil ihre angeborene halbgöttliche Natur auch dann noch ein besonderes Loos zu verdienen schien, lässt sich aus alter Zeit wohl nicht belegen. Erst bei Cicero (de nat. deor. 3, § 45) scheint etwas wie eine solche Meinung durch. Dass in Griechenlands lebendiger Zeit halbgöttliche Abstammung nicht eine Bedingung der Heroisirung war, zeigt einfach die Thatsache, dass man von der grossen Mehrzahl der „Heroen" Abstammung von einem Gotte gar nicht behauptete. Immerhin dichtete man, um die Würde eines Heros zu erhöhen, ihm gerne einen göttlichen Vater an (vgl. Pausan. 6, 11, 2); Bedingung war dies nicht für Heroisirung (eher für Erhebung aus dem Heroenthum zur Götterwürde).
    [1] μάκαρ μὲν ἀνδρῶν μέτα, ἥρως δ᾽ ἔπειτα λαοσεβής Pind. P. 5, 88f.
    [2] τίνα θεόν, τίν᾽ ἥρωα, τίνα δ᾽ ἄνδρα; Pind. Ol. 2 init. οὔτε θεοὺς οὔτε ἥτωας οὔτ᾽ ἀνθρώπους αἰσχυνθεῖσα Antiphon. 1, 27. Mit Einschiebung der „Dämonen": Götter, Dämonen, Heroen, Menschen: Plato Rep. 3, 392 A; 4, 427 B; Leg. 4, 717 A/B. In spärerer Zeit entsprach die Unterscheidung zwischen θεοί, δείμονες, ἥρωες, wohl wirklich populärer Vorstellung. S. z. B. Collitz, Dialektins. 1582 (Dodona); vgl. 1566. 1585 B — Von Identificirung der Heroen mit den Dämonen (die Nägelsbach, Nachhom. Theol. 104 behauptet) kann nicht die Rede sein. Wenn Philosophen Verstorbene „Dämonen" nennen, so fällt das unter einen ganz anderen Gesichtspunkt. Speciell Plutarchische Speculation ist es, wenn ein Uebergang von Menschen zu Heroen, von diesen zu Dämonen angenommen, die Heroen also wie eine Art niederer Dämonen angesehen werden (def. orac. 10. Rom. 28). — Gar nicht unrichtig bringt ein Scholion zu Eurip. Hecub. 165 Götter und Dämonen, Heroen und Menschen in Parallele. Götter sind ὑψηλότερόν τι τάγμα τῶν δαιμόνων, und so verhalten sich auch οἱ ἥρωες πρὸς τοὺς λοιποὺς ἀνθρώπους, ὑψηλότεροί τινες δοκοῦντες καὶ ὑπερέχοντες.

homerischen Gedichten ganz fremd war, Seelen, die nach
dem Tode und der Trennung vom Leibe ein höheres, unvergängliches Leben haben. Aber wenn die Heroen aus Menschen geworden sind, so
werden doch nicht alle Menschen nach dem Tode zu Heroen.
Vielmehr, wenn auch die Schaar der Heroen nicht eine fest
begrenzte ist, wenn sie auch stetig ihre Reihen vermehrt —
die Heroen bilden eine Ausnahme, eine auserwählte Minderheit, die eben darum den Menschen schlechtweg entgegengesetzt werden kann. Die Hauptgestalten, man kann sagen,
die vorbildlichen Vertreter dieser Heroenschaar sind Menschen,
deren Leben Sage oder Geschichte in ferne Vorzeit setzte,
Vorväter der später Lebenden. Nicht also Seelencult ist der
Heroendienst, sondern, in engerer Begrenzung, ein Ahnencult. Ihr Name schon, so scheint es, bezeichnet die „Heroen"
als Menschen der Vorzeit. In Ilias und Odyssee ist „Heros"
ehrenvolle Benennung der Fürsten, auch freier Männer überhaupt[1]. Die Poesie späterer Jahrhunderte, soweit sie sich
in der Erzählung von Ereignissen der sagenhaften Vorzeit
bewegt, führt auch das Wort Heros in diesem Sinne in ihrem
Sprachgebrauch weiter. Stellt sich aber, in nachhomerischer
Zeit, der Redende, Dichter oder Prosaiker, auf den Standpunkt

---

[1] Aristarchs Beobachtung, dass als ἥρωες bei Homer nicht allein
die Könige, sondern πάντες κοινῶς bezeichnet werden, war gegen die
irrige Begrenzung des Namens durch Ister gerichtet: s. Lehrs, *Aristarch.*[3]
p. 101. Vor Aristarch scheint aber die irrthümliche Vorstellung, dass οἱ
ἡγεμόνες τῶν ἀρχαίων μόνοι ἦσαν ἥρωες, οἱ δὲ λαοὶ ἄνθρωποι allgemein verbreitet gewesen zu sein; sie wird geäussert in den Aristotelischen *Problem.* 19, 48 p. 992b, 18, auch Rhianos theilte sie: s. Schol. T 41 (Mayhoff, *de Rhiani stud. Homer.* p. 46). — Dass ἥρως in den angeblich
„jüngeren" Theilen der Odyssee nicht mehr den freien Mann überhaupt,
sondern allein den Adligen bezeichne (Fanta, *Der Staat in Il. und Od.*
17 f.), trifft nicht zu. δ 268, ϑ 242, ξ 97 ist ἥρωες ehrende Bezeichnung
freier Männer vornehmen Standes, aber eine Beschränkung der Anwendung dieser Benennung nur auf solche ist mit nichts angedeutet.
Zudem kommt ἥρως in weiterer Bedeutung in eben solchen angeblich
und wirklich jüngeren Theilen des Gedichtes ganz unleugbar vor (α 272;
ϑ 483; ω 68 u. s. w.).

seiner eigenen Gegenwart, so sind ihm Heroen, soweit er
lebende Menschen mit diesem Namen bezeichnet, Menschen
jener Zeiten, in denen, nach Ausweis der homerischen Gedichte, dieser Ehrentitel unter Lebenden noch üblich gewesen
zu sein schien, d. h. Menschen der von den Dichtern gefeierten
Vergangenheit[1]. In der hesiodischen Erzählung von den
fünf Geschlechtern der Menschheit ist die Verwendung des
Heroennamens eingeschränkt auf die Helden der Kämpfe um
Theben und Troja: wie mit ihrem besonderen Namen werden
diese als „der Heroen göttliches Geschlecht" bezeichnet[2].
Dem Hesiod sind „Heroen" noch keineswegs verklärte Todte
der Vergangenheit[3]. Er weiss wohl von solchen verklärten
Todten noch fernerer Vorzeit, aber diese nennt er „Dämonen".
Wenn man nun in der folgenden Zeit jene begünstigten Einzelnen, denen nach dem Tode erhöhetes Leben zu Theil wird,
„Heroen" zu nennen sich gewöhnt, so soll dieser Name, in
dem an sich eine Bezeichnung der höheren Natur solcher abgeschiedenen Geister nicht liegt, wahrscheinlich ausdrücken, dass
man die Zeit des Lebens der nach dem Tode also Prive-
ligirten in eine sagenhafte Vergangenheit legte. Wie sie einst
im Leben „Heroen" hiessen, die Menschen der Vergangenheit,
so nennt man sie jetzt auch nach ihrem Tode. Aber der
Begriff des Wortes „Heros" ist geändert, die Vorstellung un-
vergänglichen, erhöhten Lebens hineingelegt. Als etwas Neues,
als eine Form des Glaubens und Cultus, von der wenigstens
die homerischen Gedichte keine Ahnung geben, tritt die Heroenverehrung hervor; und es muss wohl die Vorstellung solcher,

---

[1] So z. B. überall, wo Pausanias von den καλούμενοι ἥρωες redet:
5, 6, 2; 6, 5, 1; 7, 17, 1; 8, 12, 2; 10, 10, 1 u. s. w.

[2] ἀνδρῶν ἡρώων θεῖον γένος Hesiod. *Op.* 159.

[3] Von den „Heroen" seines vierten Geschlechts sind dem Hesiod
ja die grosse Mehrzahl vor Theben und Troja gefallen und todt ohne alle
Verklärung, die wenigen nach den Inseln der Seligen Entrückten dagegen
sind wohl verklärt aber nicht gestorben. Sie für die Vorbilder und
Vorgänger der später verehrten Heroen auszugeben (wie vielfach geschieht),
ist unzulässig.

zu höherem Dasein verklärten Ahnenseelen etwas Neues an sich gehabt haben, wenn man doch zu ihrer Bezeichnung kein eigenes Wort alter Prägung vorfand, sondern ein längst vorhandenes Wort des epischen Sprachschatzes in einem neuen Sinne verwenden musste.

Woher entsprang dieses Neue? Sollte man es aus einer ungehemmten Weiterentwicklung homerischer Weltvorstellung ableiten, so würde man sehr in Verlegenheit um die Nachweisung eines Bindegliedes zwischen zwei so weit getrennten Vorstellungsweisen sein. Es würde nichts helfen, wenn man sagte, der Glanz der epischen Dichtung habe die von dieser Gefeierten so herrlich und ehrwürdig erscheinen lassen, dass sie ganz natürlich in der Phantasie der späteren Geschlechter sich zu Halbgöttern erhöhet hätten und als solche verehrt worden seien. Die homerische Dichtung, alle Vorstellungen von wahrem, bewusstem und thatkräftigem Leben der Seele nach dem Tode streng abschneidend, konnte wahrlich nicht auffordern, gerade ihre Helden, die ja todt und fernab zum Reiche des Hades entschwunden sein sollten, als fortlebend und aus ihren Gräbern heraus wirkend sich zu denken. Auch ist es durchaus unwahrscheinlich, dass in der geschichtlichen Entwicklung es gerade die Helden der epischen Dichtung gewesen seien, von deren Verehrung der Heroencultus ausging: im Cultus wenigstens haben (mit geringen Ausnahmen) diese keineswegs besonders tiefe Wurzeln geschlagen. Und dass ein Cultus überhaupt aus den Anregungen der Phantasie, wie das Epos sie bot, zuerst habe entstehen können, ist an sich schon wenig einleuchtend. Der Cultus aber ist es, auf dem der Heroenglaube eigentlich beruht.

Deutlich ist vielmehr, nach allem bisher Ausgeführten, der Gegensatz des Heroenglaubens zu homerischen Vorstellungen. Der phantastische Gedanke der Inselentrückung, auch der Höhlenentrückung einzelner Menschen, vertrug sich noch mit den Voraussetzungen homerischer Eschatologie; bei der wunderbaren Erhaltung gottgeliebter Menschen in ewigem

Leben trat die Trennung von Seele und Leib nicht ein, und
damit auch deren Folge nicht, das dämmernde Halbdasein der
abgetrennten Seele. Anders das, was man von den Heroen
glaubte: eine Fortsetzung des bewussten Daseins, in der Nähe
der Lebendigen, nach dem Tode, nach und trotz dem Abscheiden der Psyche vom sichtbaren Menschen. Dies wider-
stritt geradezu homerischer Psychologie. Wir müssten gänzlich darauf verzichten, diesen neuen Glauben mit der früheren
Entwicklung in irgend einen inneren Zusammenhang zu bringen — wenn wir uns nicht dessen erinnerten, was uns unsere
bisherige Betrachtung gelehrt hat. In den homerischen Gedichten selbst, von den sonst in diesen herrschenden Vorstellungen von der Nichtigkeit der abgeschiedenen Seelen auffallend abstechend, waren uns Rudimente eines einst sehr lebendigen Seelencultes entgegengetreten, die einen entsprechenden
Glauben an bewusstes Fortleben der Seele, an deren nicht
völliges Abscheiden aus der Nähe der Lebenden voraussetzten.
Aus der Betrachtung der hesiodischen Schilderung der fünf
Geschlechter der Menschen ergab sich, dass in der That Reste
eines alten Glaubens an erhöhtes Weiterleben Verstorbener,
von dem Homer keine deutliche Spur mehr zeigte, sich mindestens in einzelnen Gegenden des binnenländischen Griechenlands erhalten hatten. Aber nur die Verstorbenen sagenhafter
Urzeit galten dem Hesiod als erhöht zu „Dämonen"; aus
späterer Zeit und gar aus seiner eigenen Gegenwart weiss der
Dichter nichts von solchen Wundern zu berichten. Spuren
also eines Ahnencultes begegneten uns hier; ein allgemeiner
Seelencult, sonst die natürliche Fortsetzung des Ahnencultes,
fehlte. Ein allgemeiner Seelencult ist es denn auch nicht,
sondern ein Ahnencult, der uns in der Heroenverehrung entgegentritt. Und so dürfen wir es aussprechen: in dem Heroenwesen sind die noch glimmenden Funken alten Glaubens zur
neuen Flamme angefacht; nicht ein völlig und unbedingt Neues
und Fremdes tritt hervor, sondern ein längst Vorhandenes,
halb Vergessenes ist wieder belebt worden. Jene „Dämonen",

aus Menschen früherer Geschlechter, des goldenen und silbernen,
entstanden, deren Lebenszeit die hesiodische Dichtung in graues
Alterthum zurückgeschoben hatte, was sind sie anders als die
„Heroen", welche die spätere Zeit verehrte, nur unter einem
anderen Namen und an die eigene Gegenwart näher heran-
gezogen?

4.

Wie es nun freilich kam, dass der Ahnencult aus halber
und mehr als halber Vergessenheit zu neuer und dauernder
Bedeutung sich wieder erhob, das können wir nicht sagen.
Eine eigentliche, den Grund und Gang dieses wichtigen
Processes im griechischen Religionsleben nachweisende Erklärung ist uns unmöglich. Wir kennen weder Zeit noch Ort des
ersten stärkeren Hervortretens des neu belebten alten Cultus,
nicht die Art und den Weg seiner Ausbreitung in jener dunklen
Zeit des 8. und 7. Jahrhunderts. Wir können aber wenigstens die Thatsache der Neubelebung des Ahnencultes in Eine
Reihe stellen mit anderen Thatsachen, die uns lehren, dass
in jenen Zeiten aus der Tiefe des Volksglaubens und eines
nie völlig verdrängten alten Götterdienstes manche bis dahin
verborgene oder verdunkelte Vorstellung über Götter- und
Menschenloos die herrschenden homerischen Anschauungen zwar
nicht verdrängte — denn das ist nie geschehen — aber doch
ihnen sich an die Seite stellte. Jene grosse Bewegung, von
der im nächsten Abschnitt einiges zu sagen ist, trug auch den
Heroenglauben empor. Mancherlei begünstigende Umstände
mögen im Besonderen diesen Glauben neu gestärkt haben. Das
Epos selbst war wenigstens an Einem Puncte nahe an die im
Heroenglauben neu auflebenden Vorstellungen heran gekommen.
Die Herabziehung vieler, durch die grossen Gottheiten des
allgemein hellenischen Glaubens verdunkelten Localgötter in
Menschenthum und heroische Abenteuer hatte in einigen Fällen,
in Folge einer Art Compromisses mit dem localen Cult solcher
Götter, die Dichtersage zur Erschaffung eigenthümlicher Ge-

stalten geführt, in denen Mensch und Gott wunderbar gemischt war: einst Menschen unter Menschen sollten nun, nach ihrem Abscheiden, diese alten Helden und Seher ewig leben und wirken, wie die Götter. Man sieht wohl die grosse Aehnlichkeit solcher Gestalten wie Amphiaroos und Trophonios mit den Heroen des späteren Glaubens; in der That werden beide, wo sie nicht Götter heissen, vielfach zu diesen Heroen gerechnet. Aber sie sind doch nur unächte Heroen; Vorbilder für die wahren Heroen können auch sie nicht geworden sein. Sie sind ja lebendig entrückt, und leben weiter, eben weil sie den Tod nicht geschmeckt haben. Sie, mit den Inselentrückten zusammen, zeigen die Unsterblichkeit in der Form, die homerische Dichtung allein kennt. Die Heroen des neu hervordringenden Glaubens dagegen sind völlig gestorben; des Leibes ledig, leben sie dennoch fort. Von den Entrückten der epischen Sage sind sie von Grund aus verschieden. Aus undeutlich dämmernder Erinnerung treten sie als etwas, der vom Epos beeinflussten Vorstellung Fremdes, ja ihr Entgegengesetztes hervor.

Nicht aus dichterischen Bildern und Geschichten hat sich das Heroenwesen entwickelt, sondern aus den Resten eines alten, vorhomerischen Glaubens, die der locale Cultus lebendig erhalten hatte.

5.

Ueberall knüpft sich die Verehrung eines Heros an die Stätte seines Grabes. Das ist die allgemeine Regel, die sich in ungezählten einzelnen Fällen bestätigt. Darum ist, wo ein Heros besonders hoher Verehrung geniesst, sein Grab, als der Mittelpunkt dieser Verehrung, an ausgezeichneter und auszeichnender Stelle errichtet, auf dem Marktplatz der Stadt, im Prytaneum [1], oder, wie das Grab des Pelops in der Altis zu

---

[1] Grab auf dem Markte: Battos in Kyrene (Pind. *P.* 5, 87 ff.) und öfter. Im Prytaneum zu Megara Heroengräber: Paus. 1, 43, 2. 3. Adrast war auf dem Markt zu Sikyon begraben. Kleisthenes, um ihm

Olympia, recht inmitten des heiligen Bezirks und seines Fest-
verkehrs[1]. Oder man legte das Grab des Heros, der Stadt
und Land schützt, in das Thor der Stadt, oder an die äusserste
Grenze des Landes[2]. Wo das Grab ist, da hält man den
Heros selbst fest, das Grab ist sein Aufenthalt[3]: diese Vorstellung gilt überall, wenn sie sich auch nicht überall so derben
Ausdruck gab wie in Tronis im Phokerlande, wo man dem
Heros das Opferblut durch eine Röhre unmittelbar in seinen
Grabhügel hineingoss[4]. Die Voraussetzung ist dabei in der
Regel diese, dass das Heroengrab die Gebeine des Heros ent-
halte. Die Gebeine, jeder Rest seiner Leiblichkeit, fesseln
den Heros an das Grab. Daher, wenn es galt, einen Heros
und seine schützende Macht an die Stadt zu binden, man viel-

einen Possen zu spielen, holte aus Theben den (Leichnam des) im Leben
dem Adrast so verhassten Melanippos und setzte ihn bei ἐν τῷ πρυτα-
νείῳ καὶ μιν ἴδρυσε ἐνθαῦτα ἐν τῷ ἰσχυροτάτῳ. Herodot 5, 67. Themistokles hatte auf dem Markt zu Magnesia am Maeander ein μνημεῖον (Thucyd. 1, 138, 5), d. h. ein ἡρῷον (S. Wachsmuth, *Rhein. Mus.* 52, 140).
[1] τύμβον ἀμφίπολον ἔχων πολυξενωτάτῳ παρὰ βωμῷ. Pind. *Ol.* 1, 93,
d. h. neben dem grossen Aschenaltar des Zeus. Die Ausgrabungen haben
die Pindarische Schilderung wieder vor Augen geführt (vgl. Paus. 5,
13, 1. 2).
[2] Grab im Thorgebäude: ἐν αὐτῇ τῇ πολῇ zu Elis war Aetolos,
Sohn des Oxylos begraben: Paus. 5, 4, 4: vgl. Lobeck, *Aglaoph.* 281, u.
— Grab auf der Landesgrenze: Koroibos, der erste Olympiasieger, war
begraben Ἡλείας ἐπὶ τῷ πέρατι, wie die Inschrift besagte. Paus. 8, 26, 4.
Grab des Koroibos, Sohnes des Mygdon ἐν ὅροις Φρυγῶν Στεκτοργηνῶν.
Paus. 10, 27, 1.
[3] Auf eine eigenthümliche Weise wird das Grab als Aufenthalt der
Heroen angedeutet, wenn die Phliusier vor dem der Demeter geweihten
Feste den Heros Aras und seine Söhne καλοῦσιν ἐπὶ τὰς σπονδάς, indem
sie hinblicken nach den Grabstätten dieser Heroen. Paus. 2, 12, 5.
[4] Jener Heros (Xanthippos oder Phokos) ἔχει ἐπὶ ἡμέρᾳ τε πάσῃ
τιμάς, καὶ ἄγοντες ἱερεῖα οἱ Φωκεῖς τὸ μὲν αἷμα δι' ὀπῆς ἐγχέουσιν ἐς τὸν
τάφον κτλ. Paus. 10, 4, 10. Aehnlich am Grabe des Hyakinthos zu
Amyklae: Paus. 3, 19, 3. Der Sinn solcher Opfer ist in Griechenland
kein anderer als in gleichem Falle bei irgend einem „Naturvolke". Bei
Tylor, *Primitive Cult.* 2, 28 liest man: *In the Congo district the custom
has been described of making a channel into the tomb to the head or mouth
of the corpse, to send down month by month the offerings of food and drink*

fach, auf Geheiss des Orakels, die Gebeine des Heros oder
was man dafür nahm, aus der Ferne holte und in der Heimath
beisetzte. Manche Berichte erzählen uns von solchen Reliquien-
versetzungen [1]. Die meisten fallen in dunkle Vorzeit; aber im
hellsten Licht der Geschichte liess ja, im Jahre 476, das auf-
geklärte Athen die Gebeine des Theseus von Skyros einholen [2],

---

[1] Die meisten Beispiele nennt Lobeck, *Aglaoph*. 281 u. Dort fehlt
der merkwürdigste Fall, der von Herodot 1, 67. 68 ausführlich erzählte von
der Versetzung der Gebeine des Orestes von Tegea nach Sparta (vgl.
Pausan. 3, 3, 6; 11, 10; 8, 54, 4. Der Grund liegt auf der Hand: vgl.
Müller, *Dorier* 1, 66). Sonst: Versetzung der Gebeine des Hektor aus
Ilion nach Theben (Paus. 9, 18, 5. Schol. und Tzetz. *Lycophr.* 1190. 1204);
des Arkas aus Mainalos nach Mantinea (Paus. 8, 9, 3; vgl. 8, 36, 8);
des Hesiod von Naupaktos nach Orchomenos (Paus. 9, 38, 3); der Hippodamia aus Midea in Argolis nach Olympia (Paus. 6, 20, 7); des Tisamenos
von Helike nach Sparta (Paus. 7, 1, 8); des Aristomenes aus Rhodos
nach Messene (Paus. 4, 32, 3). Seltsame Geschichte von dem Schulter-
knochen des Pelops, Paus. 5, 13, 4—6. In allen diesen Fällen erfolgte
die Versetzung auf Geheiss des Orakels (vgl. auch Paus 9, 30, 9—11).
Thatsächlichen Anlass mögen gelegentlich irgendwo aus alten Gräbern
ausgegrabene Gebeine von ungewöhnlicher Grösse gegeben haben; von
solchen Auffindungen wird oft geredet, vgl. W. Schmid, *D. Atticismus*
4, 572 f, und stets war man überzeugt, in solchen Riesenknochen Ueberreste eines τῶν καλουμένων ἡρώων (Paus. 6, 5, 1) vor sich zu haben
(vgl. auch Paus. 1, 35, 5 ff.; 3, 22, 9). Sache des Orakels mochte es
sein, den Namen des betreffenden Heros festzustellen und für ehrenvolle
Beisetzung der Ueberreste zu sorgen. (Ein Beispiel, allerdings aus späterer Zeit. Als man im Bette des abgelassenen Orontes einen thönernen
Sarg von 11 Ellen Länge und darin eine Leiche fand, erklärte das um
Auskunft gefragte Orakel des klarischen Apollo, ᾽Ορόντην εἶναι, γένους δὲ
αὐτὸν εἶναι τοῦ ᾽Ινδῶν. Paus. 8, 29, 4; Philostr. *Heroic.* p. 138, 6—19 Ks.)

[2] Plut. *Cim.* 8. *Thes.* 36. Paus. 3, 3, 7. — Aus dem Jahre 437/6
hört man von einer Versetzung, auf Geheiss des Orakels, der Gebeine
des Rhesos von Troas nach Amphipolis durch Hagnon und seine Athener:
Polyaen. 6, 53. Die Gegend am Ausfluss des Strymon, am Westabhange
des Pangaeos, ist die alte Heimath des Rhesos: schon die Dolonie nennt ihn
einen Sohn des Eïoneus, Spätere, was dasselbe sagen will (s. Konon *narr.* 4),
des Strymon und (gleich Orpheus) einer Muse. Im Pangaeos lebt er
als weissagender Gott: dies muss Volksglaube jener Gegenden gewesen
sein, den der Dichter des „Rhesos" sich nach griechischer Weise motivirt
(v. 955—966). Er ist ein Stammgott der Edoner von demselben Typus
wie der Zalmoxis der Geten, der Sabos, Sabazios anderer thrakischer

und erst als diese im Theseion beigesetzt waren, war auch Theseus völlig an Athen gefesselt.

Weil der Besitz der körperlichen Ueberreste[1] eines Heros auch den Besitz des Heros selbst verbürgte, schützten sich die Städte vielfach vor Fremden, die ihnen die kostbaren Gebeine entführen konnten, durch Geheimhaltung der Grabstätte[2].

Stämme. Für griechische Vorstellung ist er seit der Dichtung der Dolonie, von seinem Cultsitze ganz abgetrennt, zu einem sterblichen Helden geworden, mit dem die Fabel frei schaltete (vgl. Parthen. 36); die Zurückversetzung seiner Gebeine nach der Gegend des unteren Strymon (μνημεῖον τοῦ Ῥήσου in Amphipolis: Marsyas ὁ νεώτερος in Schol. Rhes. 347) und der ohne Zweifel hieran geknüpfte, ihm gewidmete heroische Cult mag eine Art von Legitimirung durch die Griechen der in jenen Gegenden von den athenischen Colonisten angetroffenen Verehrung des Rhesos bedeuten. An der Geschichtlichkeit jenes Vorganges zu zweifeln, finde ich keinen Grund, mögen auch die einzelnen Umstände, wie sie Polyaen berichtet, fabelhaft ausgeschmückt sein. — Cicero behauptet freilich von Rhesos: *nusquam colitur* (*de n. d.* 3, § 45), und das mag für die Ciceronische Zeit richtig sein; für ältere Zeiten lässt einen göttlichen Cult des Rhesos der Schluss der Tragoedie, einen heroischen die Erzählung des Polyaen bestimmt vermuthen.

[1] Bisweilen auch nur einzelner Körpertheile: wie des Schulterblattes des Pelops in Olympia (Paus. 5, 13). In Argos, auf dem Wege zur Akropolis, waren in dem μνῆμα τῶν Αἰγύπτου παίδων deren Köpfe bestattet, der Rest ihrer Leiber in Lerne. Paus. 2, 24, 2.

[2] S. Lobeck, *Aglaoph.* 281, u. Nur so ist auch zu verstehen Sophocl. *O. C.* 1522 f. (anders Nauck). — Ein eigener Fall ist der des Hippolytos in Troezene: ἀποθανεῖν αὐτὸν οὐκ ἐθέλουσι (οἱ Τροιζήνιοι) συρέντα ὑπὸ τῶν ἵππων, οὐδὲ τὸν τάφον ἀποφαίνουσιν εἰδότες · τὸν δὲ ἐν οὐρανῷ καλούμενον ἡνίοχον, τοῦτον εἶναι νομίζουσιν ἐκεῖνον (ἐκεῖνοι?) Ἱππόλυτον, τιμὴν παρὰ θεῶν ταύτην ἔχοντα. Paus. 2, 32, 1. Hier scheint das Grab nicht gezeigt zu werden, weil man den Hippolytos überhaupt nicht als gestorben und also auch nicht als begraben gelten, sondern entrückt und unter die Sterne versetzt sein liess. Ein Grab war aber vorhanden, die Entrückungsfabel also nachträglich ausgedacht. (Vom Tode des H. reden ja die Dichter deutlich genug: aber was geschah mit ihm, nachdem ihn Asklepios auf's Neue zum Leben erweckt hatte? Die italische Virbiussage scheint in Griechenland wenig verbreitet gewesen zu sein. Pausanias 2, 27, 4 kennt sie aus Aricia her.) — Selten einmal wird Besitz der Heroenreliquien gesichert durch Verbrennung der Gebeine und Aussaat der Asche auf dem Markt der Stadt. So Phalantus in Tarent: Justin. 2, 4, 13 ff., Solon auf Salamis (Laert. Diog. 1, 62. Plut. *Solon.* 32).

Ein Grab ist immer nöthig, um den Heros an der bestimmten Stelle festzuhalten, zum mindesten ein „leeres Grabmal", mit dem man sich bisweilen begnügen musste[1]. In solchen Fällen dachte man ihn sich vielleicht durch einen Zauber an jene Stelle gebunden[2]. Sonst ist es der Rest seines ehemaligen Leibes, der ihn gebannt hält. Auch dieser Rest ist noch ein Stück des Heros selbst; wenn auch todt und eine Mumie, heisst es einmal[3], wirkt und handelt er immer noch; seine Psyche, sein unsichtbarer Doppelgänger schwebt nahe der Leiche und dem Grabe.

Dies sind durchweg sehr uranfängliche Vorstellungen, wie sie sich sonst bei Völkern erhalten haben, die bei unentwickelter Bildung auf niedrigem Standpunct stehn geblieben sind[4]. Finden wir solche unter Griechen der nachhomerischen Zeit wirksam, so werden wir nicht glauben wollen, dass sie damals, die Helligkeit und Freiheit der Menschen jener homerischen Welt ablösend, sich ganz neu und zum ersten Mal entwickelt hätten. Sie sind nur unter dem homerischen Rationalismus, der sie früher verdeckte, neu hervorgedrungen. Man möchte meinen, so, wie eben die dem Heroenglauben zu Grunde liegenden Vorstellungen gezeichnet sind, habe schon der Wahn-

---

Sonst dient Zerstreuung der Asche anderen Zwecken. Vgl. Plut. *Lycurg.* 31 extr., Nicol. Damasc. παραδ. 16, p. 170 West.

[1] Einige Beispiele: κενὸν σῆμα des Tiresias zu Theben: Paus. 9, 18, 4; des Achill zu Elis: Paus. 6, 23, 3; der am Krieg gegen Troja betheiligten Argiver zu Argos: Paus. 2, 20, 6; des Iolaos zu Theben: Paus. 9, 23, 1; Schol. Pind. *N.* 4, 32 (im Grabmal des Amphitryon? Pind. *P.* 9, 81), des Odysseus zu Sparta: Plut. *Q. Gr.* 48; des Kalchas in Apulien: Lycophr. 1047f.

[2] Etwa durch ἀνάκλησις der ψυχή? p. oben p. 66, 1 (bei der Gründung von Messene ἐπεκαλοῦντο ἐν κοινῷ καὶ ἥρωάς σφισιν ἐπανήκειν συνοίκους. Paus. 4, 27, 6).

[3] Καὶ τεθνεὼς καὶ τάριχος ἐὼν δύναμιν πρὸς θεῶν ἔχει τὸν ἀδικέοντα τίνεσθαι. Herod. 9, 120.

[4] Hiefür bedarf es keiner Belege im Einzelnen. Nur dieses: das Bestreben, die Gräber versteckt zu halten, begegnet oft und aus denselben Gründen, wie im griechischen Heroencult, bei sog. Naturvölkern. Vgl. hierüber Herbert Spencer, *Princ. d. Sociol.* (d. Uebers.) p. 199.

glaube der Griechen jener Urzeit ausgesehen, die in Mykenae und anderswo die Leichen ihrer Fürsten so eifrig (wie es scheint, sogar durch Einbalsamirung[1]) der Vernichtung zu entziehen bemüht war, ihnen Schmuck und Geräthe in's Grab mitgab, wie zu künftigem Gebrauch und Genuss. Es ist oben ausgeführt worden, wie in den Zeiten, deren Abbild uns Homers Gedichte geben, nächst dem Umschlag der Gesinnung, auch die Gewöhnung an die völlige Vernichtung des Leichnams durch Feuer den Glauben an das Haften der Seele im Diesseits, an den Ueberresten der Leiblichkeit schwächen musste. Völlig abgestorben ist dieser Glaube dennoch nicht. Er erhielt sich, vielleicht eine Zeit lang nur in engeren Kreisen, lebendig da, wo ein Gräbercult sich erhielt, der zwar nicht auf Verstorbene neuerer Zeit sich ausdehnte, aber die längst bestehende Verehrung grosser Todten der Vergangenheit nicht völlig erlöschen liess. Ueber den Königsgräbern auf der Burg zù Mykenae stand ein Opferheerd[2], der von der Fortsetzung alten Cultes der dort Begrabenen Zeugniss giebt. Der homerische Schiffskatalog erwähnt des „Grabes des Aepytos", eines alten arkadischen Landeskönigs, wie eines Mittelpunktes der Landschaft[3]: lässt das nicht an Heilighaltung jenes Grabes denken? Man zeigte und verehrte allerdings an vielen Orten Gräber solcher Heroen, die ihr Dasein nur dichterischer Phantasie verdankten, oder wohl gar nur leere Personificationen waren, abstrahirt aus den Namen von Orten und Ländern, deren Urväter sie sein sollten. In solchen Fällen war der Heroendienst zum Symbol, vielleicht vielfach zu einer kahlen Formalität geworden. Aber von solchen Fictionen eines Ahnencultes kann der Heroengräberdienst nicht ausgegangen

---

[1] S. Helbig, d. homer. Epos aus d. Denkm. erl., p. 41 (1. Ausg.).
[2] S. oben p. 35.
[3] Il. B 603: Οἳ δ᾽ ἔχον ᾽Αρκαδίην ὑπὸ Κυλλήνης ὄρος αἰπύ, Αἰπυτίου παρὰ τύμβον. — Vgl. Paus. 8, 16, 2. 3. — In der Troas sind ähnliche Denkmäler das mehrmals erwähnte Ἴλου σῆμα, das σῆμα πολυσκάρθμοιο Μυρίνης, das „die Menschen" Βατίαια nennen.

sein, sie selbst sind nur als Nachahmungen eines lebensvolleren Dienstes, eines Cultus wirklicher Ahnen verständlich. Hätte ein solcher Cult nicht in thatsächlicher Ausübung vor Augen gestanden, so bliebe unbegreiflich, wie man auf die Nachbildung eines Ahnencultes in der Verehrung blosser Gedankengeschöpfe verfallen konnte. Die Nachbildung lässt ein Urbild, das Symbol das gleichzeitige oder frühere Vorhandensein der entsprechenden Wirklichkeit voraussetzen. Wir wüssten gewiss mehr von dem Ahnencult in alten Königsgeschlechtern, wenn nicht in fast allen griechischen Staaten das Königthum frühzeitig verdrängt und seine Spuren verwischt worden wären. Einzig Sparta mag uns eine Vorstellung geben von dem, was einst an allen Sitzen königlicher Herrschaft herkömmlich sein mochte. Starb dort ein König, so wurde seine Leichenfeier mit ausschweifendem Prunke begangen, sein Leichnam (den man, selbst wenn der Tod in der Fremde eingetreten war, einbalsamirte und nach Sparta brachte) bei den Todten seines Geschlechts beigesetzt, und Ehren dem Verstorbenen erwiesen, nach Xenophons Worten, nicht wie einem Menschen, sondern als einem Heros[1]. Hier haben wir, in einem unfraglich aus

---

[1] Die feierliche Ansage des Todesfalles, das καταμιαίνεσθαι der dazu Berufenen (wie sonst der nächsten Verwandten des Verstorbenen), die Versammlung von Spartiaten, Periöken und Heloten (vgl. Tyrtaeus *fr.* 7) mit ihren Weibern zu Tausenden, die gewaltige Leichenklage und die Lobpreisung des Todten, die Trauer (10 Tage lang kein Marktverkehr u. s. w.): dies Alles schildert Herodot 6, 58. Er vergleicht diese so grossartige Leichenfeier mit dem, bei Bestattung eines asiatischen (persischen) Königs üblichen Prunk. Οὐχ ὡς ἀνθρώπους ἀλλ᾽ ὡς ἥρωας τοὺς Λακεδαιμονίων βασιλεῖς προτετιμήκασιν (die lykurgischen νόμοι durch diese Leichenfeier): Xen. *resp. Lac.* 15, 9. König Agis I. ἔτυχε σεμνοτέρας ἢ κατ᾽ ἄνθρωπον ταφῆς. Xen. *Hell.* 3, 3, 1. — Eine besondere Vornahme beim Begräbniss eines spartanischen Königs erwähnt Apollodor *fr.* 36. — Einbalsamirung der Leichen der in der Fremde gestorbenen Könige: Xen. *Hell.* 5, 3, 19; Diodor. 15, 93, 6; Nepos *Ages.* 8; Plut. *Ages.* 40. — Grabstätte der (noch im Tode weit von einander getrennten) Königshäuser der Agiaden und Eurypontiden: Paus. 3, 12, 8; 14, 2 (vgl. Bursian, *Geogr.* 2, 126). — Uebrigens lässt auch bei Leichenfeiern für die heraklidischen Könige in Korinth in alter Zeit Betheiligung des ganzen Volkes ver-

hoher Vorzeit fortgepflanzten Brauch, die Grundlage für die
Heroisirung der Todten fürstlicher Familien. Auch die Angehörigen adlicher Geschlechter (die z. Th., wie die atheni-
nischen Eupatriden, ihre Stammbäume auf alte Könige zurück-
führten [1]) werden einen Ahnencult aus alter Zeit erhalten
haben. Wie von allem nichtstaatlichen Culte, erfahren wir
von den Culten der alten durch Verwandtschaft und Verschwä-
gerung verknüpften Geschlechtsverbände (γένη, πάτραι) wenig.
Aber, wie aus ihrem Zusammenwachsen die Dorfgemeinde und
endlich der Organismus der griechischen Polis entstanden ist;
so hat auch der Cult, den sie den Ahnen ihrer Geschlechts-
gemeinschaft widmeten, für die mannichfachen Verbände, aus
denen der voll entwickelte Staat sich aufbaute, ein Vorbild
abgegeben [2].

---

muthen, was von dem Zwang für die, Korinth unterworfenen Megarer,
zur Leichenfeier für einen König aus dem Geschlechte der Bakchiaden
nach Korinth zu kommen, erzählt wird. Schol. Pind. *N.* 7, 155 (vgl.
Bekk. *Anecd.* 281, 27 ff. Zenob. 5, 8; Diogenian. 6, 34). — Auf Kreta
τῶν βασιλέων κηδευομένων προηγεῖτο πυρριχίζων ὁ στρατός (wie an Patroklos'
Leichenfeier, Il. 23, 131ff.): Aristoteles in Schol. Vict. Il. Ψ 130.
   [1] Εὐπατρίδαι, οἱ — μετέχοντες τοῦ βασιλικοῦ γένους. Etym. M. 395, 50.
— So die Bakchiaden in Korinth Nachkommen des königlichen Geschlechts
aus dem Hause des Bakchis. Die Βασιλίδαι, oligarchisch regierende Adels-
familien in Ephesos (Aelian *fr.* 48), Erythrae (Aristot. *Polit.* 1205 b, 19),
vielleicht auch in Chios (s. Gilbert, *Gr. Alt.* 2, 153) haben wohl auch
ihren Stammbaum auf die alten Könige in jenen ionischen Städten zurück-
gefuhrt. Ehren der ἐκ τοῦ γένους des Androklos Stammenden zu Ephesos:
Strabo 14, 633. — Der Aegide Admetos, Priester des Apollon Karneios
auf Thera stammt Λακεδαίμονος ἐκ βασιλήων. Kaibel, *epigr.* 191. 192.
   [2] Hier wäre des geist- und gedankenreichen Buches von Fustel
de Coulanges, *La cité antique,* zu gedenken, in dem der Versuch gemacht wird, den Ahnencult, *la religion du foyer et des ancêtres,* als die
Wurzel aller höheren Religionsformen (bei den Griechen: nur dieser Theil
des Buches geht uns hier an) nachzuweisen und zu zeigen, wie aus den
Ahnencultgenossenschaften. von der Familie angefangen, in weiter und
weiter gedehnten Kreisen sich umfassendere Gemeinschaften und aus diesen
zuletzt die πόλις entwickelt habe, als höchster und weitester Staatsverband
und Cultverein zugleich. Der Beweis seiner Vorstellung liegt dem Verfasser jenes Buches wohl eigentlich in der schlichten Folgerichtigkeit, mit
der sich die Einrichtungen und, soweit sie bekannt ist, die Entwicklung

6.

Was uns in Athen und in anderen griechischen Staaten als „Geschlechter" entgegentritt, sind allermeist Vereinigungen, für deren Mitglieder ein nachweislicher verwandtschaftlicher Zusammenhang nicht mehr Bedingung ihrer Zugehörigkeit ist. Die meisten solcher staatlich anerkannten, in sich geschlossenen Geschlechter schaaren sich um die gemeinsame Verehrung bestimmter Götter, viele verehren daneben auch einen Heros, nach dem sich, in solchem Falle, das Geschlecht benennt. Verehrten die Eteobutaden zu Athen den Butes, die Alkmeoniden den Alkmeon, die Buzygen den Buzyges, in Sparta und Argos die Talthybiaden den Talthybios u. s. w., so galt ihnen, wie ja auch der Name des Geschlechts selbst ausdrückt, der gemeinsam verehrte Heros als Ahn des Ge-

des Privatrechts und auch des öffentlichen Rechts aus den von ihm zunächst als Postulate aufgestellten Anfangssätzen ableiten liessen. Ein wirklich historischer Beweis, der nicht von den Folgen auf die Ursachen schliessen müsste, sondern aus bekannten Anfängen zu thatsächlich vorliegenden Entwicklungsstufen fortschreiten könnte, war freilich nicht zu führen. Die ganze Entwicklung müsste ja schon abgeschlossen sein, wo unsere Kenntniss erst anfängt: denn Homer zeigt sowohl die πόλις sammt ihren Unterabtheilungen (κρῖν' ἄνδρας κατὰ φῦλα κατὰ φρήτρας, 'Αγάμεμνον) als die Götterreligion völlig gereift und ausgebildet. Es thut der Anerkennung der fruchtbaren Gedanken des Buches keinen Eintrag, wenn man eingesteht, dass sein Grundgedanke — was das Griechenthum betrifft — nicht über den Stand einer Intuition sich hat erheben lassen, die richtig und wahr sein könnte, aber unbeweisbar bleibt. Hat es eine Zeit gegeben, in der griechische Religion nur im Ahnencult bestand, so tragen doch unsere Blicke nicht in jene dunkle Urzeit lange vor aller Ueberlieferung, in die, von der mächtig alles beherrschenden Götterreligion gleich der ältesten Urkunde griechischen Geistes, selbst der schmale und schlüpfrige Pfad der Schlüsse und Combinationen nicht zurückzuführen scheint. Ich habe daher in dem vorliegenden Werke, so nahe dies, seinem Gegenstande nach, zu liegen scheinen könnte, auf die Versuche, alle griechische Religion aus einem anfangs allein vorhandenen Ahnenculte abzuleiten (wie sie, ausser F. de Coulanges, in England und Deutschland noch manche Gelehrte gemacht haben) keine Rücksicht genommen.

schlechts [1]. Und dieser Ahnencult und der von dem, wenn auch nur fictiven, Ahnen hergeleitete gemeinsame Name unterscheidet die Geschlechter von den Cultgenossenschaften anderer Art, die in Athen seit Kleisthenes mit den Geschlechtern in den Phratrien in rechtlich gleicher Stellung vereinigt sind. Den Genossen dieser Verbände (Orgeonen) fehlte der gemeinsame Name, der denn doch für die Angehörigen eines Geschlechts einen engeren Zusammenhang bezeichnet als den Zusammenhalt einer beliebig gewählten (nicht durch die Geburt angewiesenen) Cultvereinigung.

Ueberall wird in solchen Geschlechtern die Form eines Ahnencultes festgehalten. Und diese Form muss auch hier einst einen vollen Sinn gehabt haben. Wie immer die vom Staate anerkannten Geschlechter sich zu der ihnen eigenthümlichen Gestalt entwickelt haben mögen, ihrem ersten Ursprung nach müssen sie (nicht anders als die römischen *gentes*) auf Geschlechtsverbände zurückgehen, die aus der, im Mannesstamm erweiterten Familie hervorgewachsen und durch wirkliche Verwandtschaft zusammengehalten waren. Auch der nur symbolische Ahnencult der „Geschlechter" späterer Zeit, von denen wohl nicht eines den Grad seiner Abstammung von dem vorausgesetzten Ahnherrn nachweisen konnte, muss entsprungen sein aus dem ächten Ahnencult wirklicher Geschlechtsverbände. Das Nachbild weist auch hier auf das einstige Dasein des Vorbildes hin.

Auch die grösseren Gruppen, in die seit der Reform

---

[1] Die von einem γένος Verehrten gelten als dessen Vorfahren, γονεῖς. Bekker, *Anecd.* 240, 31: (τὰ θύματα δίδωσιν) εἰς τὰ γ ο ν έ ω ν (ἱερὰ) τὰ γένη. — Physische Verwandtschaft, ursprünglich wohl wirklich vorhanden, dann nur noch theilweise nachweisbar, der γεννῆται unter einander bezeichnet der alte Name ὁμογάλακτες für die Angehörigen desselben Geschlechts (Philochorus *fr.* 91—94), eigentlich = παῖδες καὶ παίδων παῖδες (Aristot., *Polit.* 1252 b, 18). — Das Wort πάτρα, gleichbedeutend mit γένος (Μιδυλιδᾶν πάτρα Pind. *P.* 8, 38) bezeichnet noch deutlicher die Angehörigen eines solchen Verbandes als Nachkommen Eines Stammvaters. S. Dikaearch. bei Steph. Byz. s. πάτρα.

des Kleisthenes der athenische Staat zerfiel, konnten nun der Vereinigung um den Cult eines gemeinsam verehrten Heros nicht entbehren; die Heroen der neu angeordneten Phylen[1] hatten ihre Tempel, Landbesitz, Priester, Standbilder und geregelten Cult, nicht minder die Heroen der kleineren, rein localen Abtheilungen, der Demen. Die Fiction eines Ahnencultes wurde auch hier festgehalten: die Namen der Phylen, durchweg patronymisch gebildet, bezeichnen die Angehörigen jeder Phyle als Nachkommen des Heros Eponymos oder Archegetes der Phyle[2]. Die Demen tragen zum Theil ebenfalls patronymische Bezeichnungen, grösstentheils solche, die wir auch als Namen adlicher Geschlechter kennen[3]. Offenbar

---

[1] Deren Namen nach Bestimmung des delphischen Orakels aus hundert der Pythia vorgeschlagenen erwählt wurden. Aristot. Ἀθ. πολ. 21, 6. (Vgl. A. Mommsen, *Philol.* N. F. I 465 f.)

[2] Statt des kahlen: ἐπώνυμοι findet sich auch als Benennung der Phylenheroen das Wort ἀρχηγέται: Aristoph. Γῆρας bei Bekker, *Anecd.* 449, 14; Plato *Lys.* 205 D; vgl. *C. I. Att.* 2, 1191; 1575. Noch deutlicher tritt hervor, dass der Heros als Ahn seiner φύλη gilt, wenn er deren ἀρχηγός heisst: wie Oineus der ἀρχηγός der Oineiden, Kekrops ἀρχηγός der Kekropiden, Hippothoon ἀρχηγός der Hippothoontiden, bei Pseudodemosth. *Epitaph.* § 30. 31. Der ἀρχηγὸς τοῦ γένους ist dessen leiblicher Vorfahr und Stammvater (Pollux 8, 19): so Apollo ὁ ἀρχηγὸς τοῦ γένους der Seleuciden, *C. I. Gr.* 3595. Z. 26; vgl. Isocrat. *Philipp.* 32. So heissen denn auch die Angehörigen einer Phyle geradezu συγγενεῖς ihres Heros eponymos: Pseudodemosth. *Epitaph.* § 28.

[3] So kennen wir δῆμος und γένος der Ioniden, Philaïden, Butaden (über die absichtliche Unterscheidung der Eteobutaden s. Meier, p. 39), Kephaliden, Perithoïden u. s. w. S. Meier *de gentilit. Attica* p. 35. (Solche Demen benennt ἀπὸ τῶν κτισάντων. Andere ἀπὸ τῶν τόπων. Aristot. Ἀθ πολ. 21, 5. Wo dann aus den Ortsnamen eine möglichst dem Namen einer wirklichen Person nahekommende Benennung eines Localheros abstrahirt wurde. Vgl. Wachsmuth, *Stadt Athen* II, 1, 248 ff.). An anderen Orten bestanden ganz ähnliche Verhältnisse. In Teos gleiche Namen der πύργοι (= δῆμοι) und der συμμορίαι (= γένη), z. B. Κολωτίων τοῦ Ἀλκίμου πύργου Ἀλκιμίδης (daneben auch abweichende Namen: Ναίων, τοῦ Μηράδου πύργου, Βρυσκίδης) *C. I. Gr.* 3064 (s. dazu Böckh II, p. 651.). Auf Rhodos heisst sowohl eine πάτρα als deren weitere Oberabtheilung (κτοίνα?) Ἀμφινεῖς: *I. gr. insul. m. Aeg.* I 695. Ἀμφινέων πάτραι· Εὐτελίδαι, Ἀμφινεῖς u. s. w. (Ahnencult, προγονικὰ ἱερά.

hatten sich in solchen Demen die Angehörigen einzelner Adelsgeschlechter zusammen und neben einander angesiedelt. Der
(wirkliche oder auch bereits fingirte) Archeget des Geschlechts
muss dann doch wohl auch als Archeget des Demos gegolten
haben, und hier sieht man, wie der Cult eines Geschlechts-
ahnen, herübergenommen in den Cult einer grösseren Gemeinde, sich erhalten und ausbreiten konnte; an Innigkeit wird
freilich sein Cult bei dieser politischen Ausweitung nicht gewonnen haben.

Ueberall zeigt der Heroencult die Form eines Ahnencultes;
mindestens die wichtigeren, von grösseren Gemeinschaften verehrten Heroen galten überall als Vorfahren und Stammväter
der Landes-, Stadt- und Geschlechtsgemeinden, die sie verehrten. Dass die Personen gerade dieser Urheroen fast ohne
Ausnahme nur in der Dichtung oder der Phantasie ein Dasein
hatten, lässt darauf schliessen, dass, als der Ahnencult im
Heroendienst sich neu belebte, das Gedächtniss der wahren
Archegeten des Landes, der Ahnen der herrschenden Familien
und Geschlechter, mit ihrem Cult in Vergessenheit gerathen
war. Man setzte einen grossen oder bedeutsamen Namen ein,
wo man den richtigen nicht mehr kannte; öfter auch setzte
man, wo der wirkliche Stammvater des Geschlechtes noch
wohlbekannt war, gleichwohl, um den Anfang der Familie
möglichst hoch hinauf zu schieben und göttlichem Ursprung
möglichst zu nähern, an die Spitze der Reihe den Namen eines
Helden urältester Vorzeit[1]. So widmete man seine Verehrung

---

in den rhodischen κτοῖναι bezeugt Hesychius s. κτύναι, s. Martha, *bull.
de corr. hell.* 4, 144.)

[1] So führten sich die Nachkommen des Bakchis in Korinth auf
Aletes zuruck (Diodor. 7, 9, 4; Paus. 2, 4, 3), die Nachkommen des Aepytos in Messanien auf Kresphontes (Paus. 4, 3, 8), die Nachkommen
des Agis und Eurypon in Sparta auf Eurysthenes und Prokles. Die
wahren Ahnen waren in diesen Fällen wohlbekannt, liessen sich auch
(als im Cult zu fest eingewurzelt) nicht völlig verdunkeln: nach wie vor
hiessen jene Geschlechter Βαχχίδαι, Αἰπυτίδαι, nicht Ἡρακλεῖδαι (Diod. a.
a. O.; Paus. 4, 3, 8), die spartanischen Königsfamilien Agiden, Eurypontiden,

dem Scheinbild, oft nur dem Symbol eines Ahnen. Immer hielt man an der Nachbildung eines wirklichen Ahnencultes fest; die Ueberreste eines wirklichen Ahnendienstes gaben das Vorbild, sie sind die wahre Wurzel, aus welcher der Heroenglaube und Heroencult hervorsprossen.

7.

Wie sich dann Ausbildung und Verbreitung des Heroenwesens im Einzelnen vollzog, können wir nicht mehr verfolgen. Die uns erhaltenen Berichte zeigen uns den Zustand der vollen Entwicklung, nicht die Stufen, die zu dieser Entwicklung führten. Von der Menge der in Griechenlands blühendsten Zeiten vorhandenen Heroendienste giebt am ersten eine Ahnung die immer noch sehr grosse Zahl von Heroengräbern und Heroenculten, die Pausanias in dem Bericht über seine Wanderung durch die wichtigsten Landschaften des alternden und in Trümmer fallenden Griechenlands der Antoninenzeit nennt. Als Heroen verehrt wurden fast alle durch die Heldendichtung verklärten Gestalten der Sage, sowohl in ihrer Heimath (wie Achill in Thessalien, Aias auf Salamis u. s. w.) als an anderen Orten, die sich etwa rühmten, ihre Gräber zu besitzen (wie die Delpher das des Neoptolemos, die Sybariten das des Philoktet u. s. w.) oder durch genealogischen Zusammenhang vornehmer Geschlechter der Stadt mit ihnen (wie z. B. Athen mit Aias und dessen Söhnen) verbunden zu sein. In Colonien namentlich mochten mit den Bestandtheilen der Bevölkerung auch die Heroenculte sich oft bunt genug mischen: so verehrte man in Tarent in gemeinsamem Heroencult die Atriden, Tydiden, Aeakiden, Laërtiaden, im Besonderen noch die Agamemnoniden,

---

und die fictiven Ahnen, Eurysthenes und Prokles, brachten es nicht zu dem vollen Ansehen von ἀρχηγέται: Ephorus bei Strabo 8, 366. In anderen, vielleicht zahlreicheren Fällen mag aber doch der fingirte Ahn den früher wohlbekannten wirklichen Stammvater ganz aus dem Gedächtniss verdrängt haben.

auch Achill hatte einen besonderen Tempel[1]. Neben den
grossen Namen, denen in der Hauptsache-doch der alte dichterische Ruhm in den Zeiten verbreiteten Heroendienstes zu
einer nachträglichen Heroisirung verholfen haben mag, begegnen
zahlreiche dunkle Gestalten, deren Andenken einzig der Cult
lebendig erhalten haben kann, den seit Urväterzeit eine beschränkte Gau- oder Stadtgemeinde ihnen widmete. Dies sind
die wahren „Landesheroen“, von deren Verehrung schon Drakon
redet; als wahre Stammväter und rechte Ahnen ihrer Landschaft heissen sie auch „Archegeten“[2]. Von sieben „Archegeten“ von Plataeae, die vor der Schlacht bei jener Stadt
zu verehren Aristides vom delphischen Orakel angewiesen wurde,
erfahren wir die Namen: keiner von ihnen ist sonst bekannt[3].
Es konnte vorkommen, dass der Name eines Heros, dem seit
alter Zeit Verehrung gewidmet wurde, den Anwohnern seines
Grabes selbst nicht mehr bekannt war. In Elis auf dem
Markte stand ein kleiner Tempel, von Holzsäulen getragen;
dass dies eine Grabcapelle sei, wusste man, den Namen aber
des dort beigesetzten Heros konnte man nicht angeben[4]. Auf
dem Markte zu Heraklea am Pontus war ein Grabmal eines
Heros, von wilden Oelbäumen beschattet, es barg den Leichnam
desjenigen Heros, den einst das delphische Orakel die Gründer von Heraklae zu „versöhnen“ geheissen hatte; über seinen
Namen waren die Gelehrten uneinig, die Einwohner von
Heraklea nannten ihn einfach „den heimischen Heros“[5]. Im

---

[1] Ps. Aristot. *mirab.* 106.

[2] Z. B. Paus. 10, 4, 10. In dem Orakel bei Plut. *Sol.* 9: ἀρχηγοὺς
χώρας θυσίαις ἥρωας ἐνοίκους ἵλασο.

[3] Plut. *Aristid.* 11 nennt sieben ἀρχηγέται Πλαταιέων, Clemens
protr. 26 A vier von diesen (Κυκλαῖος scheint verschrieben). Andokrates
scheint der hervorragendste zu sein: sein τέμενος erwähnt Herodot 9, 25;
sein ἡρῷον Thucyd. 3, 24, 1. Es stand in einem dichten Haine: Plut.
a. a. O.

[4] Paus. 6, 24, 9. 10.

[5] Apoll. Rhod. *Argon.* 2, 835—850 erklärt, jener Heros sei Idmon
der Seher, andere nannten ihn Agamestor. Schol. 845: λέγει δὲ καὶ
προμαθίδας, ὅτι διὰ τὸ ἀγνοεῖν ὅστις εἴη ἐπιχώριον ἥρωα καλοῦσιν οἱ

Hippodrom zu Olympia stand ein runder Altar, vor dem die Rennpferde zu scheuen pflegten. Welcher Heros hier begraben liege, war streitig; das Volk nannte ihn kurzweg, weil er die Pferde scheu machte, den Taraxippos[1]. So wurden noch manche Heroen, statt mit Eigennamen, mit Beinamen benannt, die ihre Art, ihre Wirksamkeit, ein äusseres Merkmal ihrer Erscheinung bezeichneten[2]. In Athen verehrte man einen Heros Arzt, einen Heros Feldherr, einen Heros Kranzträger[3].

Ἡρακλεῶται. Es war der vor Gründung der Colonie verehrte Localdämon, dessen Cult die Colonisten sich aneignen. Vgl. den Fall des Rhesos, oben S. 151.

[1] Paus. 6, 20, 15—19. Es war ein runder Altar, nach Manchen τάφος ἀνδρὸς αὐτόχθονος καὶ ἀγαθοῦ τὰ ἐς ἱππικήν (Grab und Altar eines, wie Grab und Altar des Aeakos auf Aegina: Paus. 2, 29, 8), Namens Olenios. Nach anderen Grab des Dameon, Sohnes des Phlius, und seines Pferdes; oder κενὸν ἠρίον des Myrtilos, von Pelops ihm errichtet; oder des Oenomaos; oder des Alkathoos, S. des Porthaon, eines der Freier der Hippodamia (um von der Weisheit des ἀνὴρ Αἰγύπτιος, deren Pausanias an letzter Stelle gedenkt, zu schweigen). Nach Hesych. s. ταράξιππος gar des Pelops selbst; nach Lycophron 42 f. eines Giganten Ischenos (s. Schol. und Tzetz.). Uebrigens schien ein ταράξιππος fast nothwendig zu den Rennbahnen der. grossen Wettkampfstätten zu gehören. Auch der Isthmus und Nemea hatten die ihrigen (Paus. a. a. O. § 19); dass die Rennbahn in Delphi keinen ταράξιππος habe, wird als etwas besonderes von Paus. 10, 37, 4 hervorgehoben. (Vgl. Pollak, Hippodromica [1890] p. 91 ff.)

[2] ἥρως εὔοδος C. I. Gr. 4838 b (vgl. Welcker, Rhein. Mus. N. F. 7, 618). — καλαμίτης ἥρως Demosth. de cor. 129 (mit Schol. und Hesych. s. v.) — ἥρως τειχοφύλαξ, ἐν Μυρίνῃ (Hesych.). — ἥρως ἐπιτέγιος C. I. A. III 1, 290 und I 194 (s. Hiller von Gärtr. Philol. 55, 180 f.). — Nach Oertlichkeiten benannt: ὁ ἐπὶ βλαύτῃ ἥρως Pollux 7, 87. — ἥροιν ἐμ πεδίῳ Att. Ins. bei v. Prott, Leg. Graec. sacr. I p. 5. — In Epidauros auf einem Architrav die Inschrift: ἥρωος κλαικοφόρου (Fouilles d'Épid. I n. 245.) τῷ κλαικοφόρῳ auch auf einer Ins. vom Berge Ithome: v. Prott, a. O. p. 36 (n. 15, Z. 11). — Vielleicht hierhergehörig der ἥρως πάνοψ in Athen (Plat. Lys. Anfang; Hesych. Phot. s. v.).

[3] Ἥρως ἰατρός in Athen. C. I. A. II 403. 404. S. unten. — Einen ἥρως στρατηγός zu Athen nennt eine (späte) Inschrift, Ἐφημ. ἀρχαιολογ. 1884, p. 170. Z. 53. Von ihrer Beschäftigung benannt auch die Heroen Matton, Keraon in Sparta, Deipneus in Achaïa (Polemo, Athen 2, 39 C; 4, 173 F). — Das Στεφανηφόρου ἡρῷον kam bei Antiphon vor, den στεφανηφόρος ἥρως nannte Hellanicus, man kannte seinen Namen nicht.

Mancher Heros mag der Nachbarschaft, die ihn verehrte, einfach als „der Heros" bekannt gewesen sein[1]. In solchen Fällen hat ersichtlich nur das Grab und der Cultus am Grabe

---

Harpocrat. Phot. Suid. s. v.; Bekker. anecd. 301, 19 ff. Vgl. Böckh, Staatsh. 2, 362, C. I. Gr. I, p. 168.

[1] In Phaleron ein Altar, καλεῖται δὲ „ἥρωος": Gelehrte erklärten ihn für einen Altar des Androgeos, Sohnes des Minos: Paus. 1, 1, 4. Ders. 10, 33, 6: Χαραδραίοις (zu Charadra in Phokis) Ἡρώων καλουμένων (also, man nannte sie „die Heroen") εἰσὶν ἐν τῇ ἀγορᾷ βωμοί, καὶ αὐτοὺς οἱ μὲν Διοσκούρων, οἱ δὲ ἐπιχωρίων φασὶν εἶναι ἡρώων. — ἥρωι, ἡρωίνῃ ein Opfer bestimmt (in Marathon): Opferkalender der attischen Tetrapolis (s. IV v. Chr.) bei v. Prott, Leg. Graec. sacr. I p. 48. ἥρωι ἡρωίνῃ ibid. p. 2 (C. I. A. I 4), saec. V. — Beschluss, eine Urkunde aufzustellen im Piraeeus παρὰ τὸν ἥρω: Dittenberger, Syll. inscr. 440, 26. C. I. A. II. 1546. 1547: ἥρω ἀνέθηκεν ὁ δεῖνα. Roehl, I. G. Ant. 29: (Mykenae) τοῦ ἥρωός ἠμι (vgl. Furtwängler, Ath. Mitth. 1896 p. 9) ibid. 323: — ἀνέθηκαν τῷ ἥρωι (Lokris). — Auf den verschiedenen über einander gelegten Stuckschichten der ἐσχάρα in dem sogen. Heroon westlich von der Altis in Olympia stand die Inschrift: Ἥρωος, Ἥρωορ, einmal auch Ἡρώων. Es scheint mir kein Grund vorzuliegen, unter diesem namenlos gelassenen Heros gerade Iamos, den Stammvater der Iamiden zu verstehen (mit Curtius, die Altäre von Olympia [Abh. d. Berl. Akad. 1881] p. 25). Warum sollte der, keineswegs in Vergessenheit gerathene Name dieses hochangesehenen mantischen Heros verschwiegen sein? Man nannte den Namen des Heros nicht mehr, weil man ihn eben nicht zu nennen wusste. (Namenlose ἥρωες ἐπιχώριοι, die nach Einigen den grossen Brandaltar des Zeus in Olympia errichtet hatten, erwähnt Paus. 5, 13, 8.) In einzelnen Fällen erklärt sich die Namenlosigkeit eines Heros aus der Scheu vor dem Aussprechen furchtbarer Namen, die auch sonst bei Unterirdischen (Erinyen, auch Seelengeistern, Rhein. Mus. 50, 20, 3) gern verschwiegen oder umschrieben wurden. Vgl. z. B. Antonin. Lib. p. 214, 19. West. (Darum wohl Narkissos als ἥρως σιγηλός bezeichnet: Strabo 9, 404.) Umgekehrt war es eine besondere Ehrung, wenn man beim Opfer für einen Heros dessen Namen ausrief. Τῷ Ἀρταχαίῃ θύουσι Ἀκάνθιοι ἐκ θεοπροπίου ὡς ἥρωι, ἐπουνομάζοντες τὸ οὔνομα Herodot. 7, 117. Ὕλᾳ θύουσιν, καὶ αὐτὸν ἐξ ὀνόματος εἰς τρὶς ὁ ἱερεὸς φωνεῖ κτλ. Anton. Lib. 26 extr. Vgl. Paus. 8, 26, 7. (ἐπικαλούμενοι τὸν Μυίαγρον.) — Die völlige Analogie mit dem Göttercult springt in die Augen. Man verehrte ja auch an manchen Orten Griechenlands namenlose (oder nur mit einem Epitheton benannte) Götter, ἄγνωστοι θεοί, wie in Olympia (Paus. 5, 14, 8) und sonst. In Phaleron βωμοὶ θεῶν τε ὀνομαζομένων ἀγνώστων καὶ ἡρώων (scil. ἀγνώστων?). Paus. 1, 1, 4. (ἀγνῶτες θεοί: Pollux 8, 119. Hesych. s. v. βωμοὶ ἀνώνυμοι in Attika: Laert. D. 1, 110.)

des Heros dessen Andenken erhalten; es mochten wohl Legenden von seinem Thun und Treiben als „Geist" umlaufen, aber was ihn einst im Leben ausgezeichnet und zur Heroenwürde hatte gelangen lassen, war vergessen. Gewiss sind gerade dies sehr alte Heroenculte gewesen. Und wie man in den angeführten Fällen zu Elis, Heraklea, Olympia unter dem namenlosen Grabstein bald diesen, bald jenen Helden der Vorzeit vermuthungsweise begraben sein liess, so mag man oft genug sich nicht auf Vermuthungen beschränkt, sondern willkürlich aber erfolgreich irgend einen glänzenden Namen aus der Heldensage zum Inhaber eines solchen herrenlos gewordenen alten Grabheiligthums gemacht haben.

8.

Im Ganzen war man um grosse oder bedeutungsvolle Namen nicht verlegen, wenn es galt, die Stadtheroen zu benennen. Namentlich der Begründer der Stadt und ihrer Götterdienste und des ganzen geheiligten Kreises, der das Leben der Bürger umschloss, genoss regelmässig als Heros Archegetes hoher Verehrung[1]. Natürlich waren es meist mythische, auch wohl willkürlich fingirte Gestalten, welche die Städte und Städtchen Griechenlands und auch die Pflanzstädte in der Fremde als ihre „Begründer" verehrten. Seit man aber nach überlegtem Plane Colonien unter einem, meist mit Beirath des Orakels bestimmten, weite Machtvollkommenheit geniessenden[2] Führer aussandte und anlegte, rückten auch diese wirklichen Oikisten nach dem Tode regelmässig in den Rang der Heroen ein. Von dem Ehrengrab des heroisirten Gründers von Kyrene auf dem Marktplatz der Stadt redet Pindar[3]; die

---

[1] Τλαπολέμῳ ἀρχαγέτᾳ Pind. Ol. 7, 78; vgl. P. 5, 56. Die Regel bezeichnet Ephorus bei Strabo 8, p. 366: — οὐδ' ἀρχηγέτας νομισθῆναι· ὅπερ πᾶσιν ἀποδίδοται οἰκισταῖς.

[2] Δημοκλείδην δὲ καταστῆσαι τὴν ἀποικίαν αὐτοκράτορα. Volksbeschluss über Brea: C. I. Att. I 31.

[3] Pind. P. 5, 87 ff.

Bewohner des thrakischen Chersonnes opferten dem Miltiades, Sohn. des Kypselos als ihrem Oikisten, „wie es Sitte ist", und feierten ihm jährliche Wettspiele[1]; in Katana auf Sicilien lag Hieron von Syrakus begraben und wurde als Gründer der Stadt mit heroischen Ehren gefeiert[2]. In Abdera setzten die Teïer, als sie die Stadt neu gründeten, den alten Gründer Timesios auf's Neue in die Ehren des Heros ein[3]. Dagegen konnte auch einmal der alte und wahre Oikistes von der, der Mutterstadt feindlich gewordenen Bevölkerung einer Colonie seiner Ehren entsetzt, statt seiner ein anderer in die höchsten Heroenehren, als nachträglich erwählter „Gründer" eingesetzt werden: wie es im Jahr 422 mit Hagnon und Brasidas in Amphipolis geschah[4].

Hier sieht man die Heroisirung schon aus dem heiligen Dunkel der Vorzeit in die nächste Gegenwart herübergezogen und bemerkt die Profanirung des Glaubens und Cultes durch politische Nebengedanken. Der Name „Heros", ursprünglich einen Verklärten aus längst vergangener Zeit bezeichnend, musste schon den allgemeineren Sinn eines auch nach dem Tode höherer Natur und Lebenskraft Geniessenden angenommen haben, wenn solche Heroïsirung jüngst Verstorbener möglich wurde. Wirklich schien zuletzt jede Art von Auszeichnung im Leben eine Anwartschaft auf die Heroenwürde nach dem Tode zu geben. Als Heroen galten nun grosse Könige, wie Gelon von Syrakus, Gesetzgeber wie Lykurg von Sparta[5], auch die Genien der Dichtkunst, von Homer bis Aeschylus und Sophokles[6], nicht weniger die hervorragendsten

---

[1] Herodot. 6, 38.

[2] Diodor. 11, 66, 4.

[3] Herodot. 1, 168.

[4] Thucyd. 5, 11. — Aehnlich im 4. Jahrhundert zu Sikyon, wo den von Männern der Gegenpartei ermordeten Euphron, den Führer des Demos, οἱ πολῖται αὐτοῦ ὡς ἄνδρα ἀγαθὸν κομισάμενοι ἔθαψάν τε ἐν τῇ ἀγορᾷ καὶ ὡς ἀρχηγέτην τῆς πόλεως σέβονται. Xenoph. Hell. 7, 4, 12.

[5] Heroische Verehrung der Gesetzgeber von Tegea: Paus. 8, 48, 1.

[6] Bei Sophokles hatte die Heroisirung noch einen besondern super-

unter den Siegern in Wettkämpfen der Körperkraft. Einem der Sieger zu Olympia, dem Philippos von Kroton, dem schönsten Manne Griechenlands zu seiner Zeit, errichteten, wie Herodot (5, 47) erzählt, die Egestäer auf Sicilien einen Heroentempel über seinem Grabe, eben seiner grossen Schönheit wegen, und verehrten ihn mit Heroenopfern.

Religiöse oder superstitiöse Motive fehlten dennoch nicht immer. Sie waren vorzugsweise im Spiel in den zahlreichen Fällen, in denen die Heroenwelt einen Zuwachs gewann durch die Weisungen des delphischen Orakels. Seit aus dunkeln Anfängen der delphische Priesterstaat sich zu der Würde einer anerkannten höchsten Autorität in allen Angelegenheiten des geistlichen Rechtes emporgeschwungen hatte, wurde das Orakel, wie bei allen Begebenheiten, die auf Zusammenhang mit einem Reiche unsichtbarer Mächte hinzuweisen schienen, so namentlich auch bei dauernder Unfruchtbarkeit und Dürre des Bodens und bei pestartigen Krankheiten, die eine Landschaft betroffen hatten, um die Ursache des Unglücks befragt. Sehr häufig lautete die Antwort dahin, dass Grund des Leidens der Zorn eines Heros sei, den man durch Opfer und Stiftung eines dauernden Dienstes zu versöhnen habe; oder es wurde empfohlen, zur Abwendung des Unheils die Gebeine eines Heros aus der Fremde zu holen, daheim beizusetzen, und dem Heros eine geregelte Verehrung zu widmen[1]. Zahlreiche Heroenculte

---

stitiösen Grund: er hatte den Asklepios einst in seinem Hause als Gast aufgenommen (und ihm einen Dienst gestiftet), galt darum als besonders gottbegünstigt, und wurde nach seinem Tode als Heros Δεξίων verehrt. Etym. M. 256, 7—13. (In dem Heiligthum des Amynos, eines asklepiadischen Daemons, im Westen der Akropolis, ist ein Ehrendecret der ὀργεῶνες τοῦ Δεξίωνος zusammt denen des Amynos und des Asklepios, aus dem Ende des 4. Jahrh. v. Chr., gefunden worden: *Athen. Mittheil.* 1896 p. 299.). So sind noch manche Sterbliche, bei denen Götter als Gäste eingekehrt waren, heroisirt worden; vgl. Deneken, *De theoxeniis,* cap. II.

[1] In sämmtlichen oben p. 161 aufgezählten Beispielen war die Versetzung der Heroengebeine durch das delphische Orakel anempfohlen. Typische Beispiele für die Stiftung heroischer Jahresfeste auf Befehl des Orakels: Herodot 1, 167; Pausan. 8, 23, 7; 6, 38, 5.

sind auf diese Weise gestiftet worden: die Beispiele gehören nicht nur einer halb sagenhaften Vorzeit an. Als nach dem Tode des Kimon auf Cypern Pest und Unfruchtbarkeit ausbrach, befahl das Orakel den Bewohnern von Kition, den Kimon „nicht zu vernachlässigen", sondern ihn als einen „Höheren", d. h. als Heros zu verehren[1]. Auch wenn ängstliche Religiosität das Orakel wegen wunderbarer Gesichte, die Jemand gehabt hatte, oder etwa wegen seltsamer Erscheinungen an der Leiche eines jüngst Verstorbenen[2] um Auskunft fragte, deutete die Antwort auf die Thätigkeit eines Heros, dem nun ein geregelter Cultus zu stiften sei. Standen wichtige Unternehmungen eines Staates bevor, Eroberung fremden Landes, Entscheidungsschlachten im Kriege, so hiess das Orakel die Anfragenden, die Heroen des Landes, dem die Eroberung galt oder in dem die Schlacht geschlagen werden sollte, vorher zu versöhnen[3]. Selbst ohne besonderen Anlass hiess bisweilen das Orakel einen Verstorbenen als Heros ehren[4].

Eigenthümlich ist der Fall des Kleomedes von Astypalaea. Dieser hatte bei der 71. Olympienfeier (486) seinen

---

[1] Plut. *Cimon* 19. Gewährsmann ist Nausikrates ὁ ῥήτωρ, der Schüler des Isokrates. Der Gott befiehlt μὴ ἀμελεῖν Κίμωνος: Kimons Geist rächte sich also durch die Pest und γῆς ἀφορία wegen „Vernachlässigung", er verlangte einen Cult.

[2] Erscheinung in der Schlacht bei Marathon, Befehl des Orakels τιμᾶν Ἐχετλαῖον ἥρωα. Paus. 1, 32, 5. — Bienenschwarm in dem abgeschnittenen Kopfe des Onesilos zu Amathus; das Orakel befiehlt den Kopf zu bestatten, Ὀνησίλῳ δὲ θύειν ὡς ἥρωι ἀνὰ πᾶν ἔτος. Herodot 5, 114.

[3] Vor der Schlacht bei Plataeae: Plut. *Aristid.* 11. Vor der Einnahme von Salamis befiehlt das Orakel dem Solon ἀρχηγοὺς ἥρωας ἵλασο. Plut. *Sol.* 9.

[4] Dem Perser Artachaies, aus Achämenidischem Geschlecht, den Xerxes, als er gestorben war, sehr feierlich bei Akanthos bestatten liess, θύουσι Ἀκάνθιοι ἐκ θεοπροπίου ὡς ἥρωι, ἐπουνομάζοντες τὸ οὔνομα. Herodot 7, 117 (der Ἀρταχαίου τάφος blieb eine bekannte Oertlichkeit: Aelian *h. an.* 13, 20). Schwerlich war der Grund seiner Heroisirung durch das Orakel seine ungewöhnliche Leibesgrösse, von der Herodot redet.

Gegner im Faustkampf getödtet, und war, von den Hellanodiken seines Siegeskranzes für verlustig erklärt, tief gekränkt nach Astypalaea zurückgekehrt. Dort riss er die Säule ein, welche die Decke einer Knabenschule stützte, und floh, wegen des Mordes der Knaben verfolgt, in den Athenetempel, wo er sich in eine Kiste verbarg. Vergebens suchte man den Deckel der Kiste zu öffnen, endlich erbrach man mit Gewalt die Kiste, fand aber den Kleomedes nicht darin, weder lebend noch als Leiche. Den Gesandten, welche die Stadt an das Orakel schickte, wurde geantwortet, Kleomedes sei ein Heros geworden, man solle ihn mit Opfern ehren, da er nicht mehr sterblich sei[1]. Und somit verehrten die Einwohner von Astypalaea den Kleomedes als Heros. Hier mischt sich in die reine Vorstellung von Heroen als nach dem Tode zu göttlichem Leben Erhöheten der alte, von der Blüthezeit des Epos her unvergessene Glaube an die Entrückung einzelner Menschen, die ohne zu sterben aus der Sichtbarkeit verschwinden, um mit Leib und Seele zu ewigem Leben einzugehn. Mit Kleomedes schien ein solches Wunder sich wieder einmal begeben zu haben, er war „verschwunden“, „entrafft“[2]; ein „Heros“ konnte er gleichwohl nur darum heissen, weil man für Entrückte, die nicht mehr sterbliche Menschen und doch nicht Götter waren, keinen allgemeinen Namen hatte. Das Orakel nennt den Kleomedes „den letzten der Heroen“; es schien wohl an der Zeit, den übermässig weit gedehnten Kreis der Heroisirten endlich zu schliessen. Das delphische Orakel[3]

---

[1] Paus. 6, 9, 6. 7, Plutarch *Romul.* 28. Oenomaus cyn. bei Euseb. *praep. evang.* 5, 34. Auch Celsus κ. Χριστιανῶν spielt auf das Mirakel an: Origen. *c. Cels.* 3, 33 p. 292. Lomm. vgl. 3, 3 p. 256; 3, 25 p. 280.

[2] Kleomedes μοίρᾳ τινὶ δαιμονίᾳ διέπτη ἀπὸ τῆς κιβωτοῦ Cels. bei Orig. *c. Cels.* 3, 33 p. 293 Oenomaus bei Euseb. *pr. ev.* 5, 34, 6 p. 265, 3 ff. Dind.: οἱ θεοὶ ἀνηρείψαντό σε, ὥσπερ οἱ τοῦ Ὁμήρου τὸν Γανυμήδην. Dadurch haben die Götter (nach der, von Oen. verhöhnten Volksmeinung) dem Kleom. Unsterblichkeit gegeben, ἀθανασίαν ἔδωκαν p. 256, 29.

[3] Selten hört man von anderen Orakeln, die zur Heroenverehrung anleiten. So aber Xenagoras bei Macrob. *Sat.* 5, 18, 30: bei Miss-

selbst hatte mit Bedacht dazu beigetragen, ihre Zahl zu ver-
grössern; auch hielt es den Vorsatz, nun ein Ende zu machen,
keineswegs [1].

Auf welchen Voraussetzungen der Glaube an die unbedingte Autorität beruhte, welche die Griechen aller Stämme
dem Orakel in Gegenständen, die mit dem Heroenwesen zu-
sammenhingen, einräumten, ist verständlich genug. Der Gott
erfindet nicht neue Heroen, er vermehrt nicht aus eigener Macht
und Willkür die Schaar der Ortsheiligen, er findet sie da, wo
sie menschliche Augen nicht sehen können, er, der alles durch-
schaut, erkennt als Geist die Geister und sieht sie thätig, wo
der Mensch nur die Folgen ihrer Thätigkeit empfindet. So
leitet er die Fragenden an, den wahren Grund ihrer Leiden
zu heben, übernatürliche Ereignisse zu verstehen durch Anerkennung und Verehrung der Macht eines der Unsichtbaren.
Er ist dem Gläubigen, hier wie auf allen Gebieten religiösen
Lebens, der „wahre Ausleger" [2], er deutet nur das wirklich
Vorhandene, er schafft nichts Neues, wenn auch den Menschen
die durch ihn ihnen zukommende Kunde völlig neu ist. Wir
freilich werden fragen dürfen, welches Motiv die kluge delphische Priesterschaft zu der Erschaffung und Erneuerung so vieler
Heroendienste bewogen haben mag. In ihrer Begünstigung

---

wachs auf Sicilien ἔθυσαν Πεδιοκράτῃ τινὶ ἥρωι προστάξαντος αὐτοῖς τοῦ ἐκ
Παλικῶν χρηστηρίου (derselbe Heros wohl ist Pediakrates, einer der von
Herakles getödteten sechs στρατηγοί der ἐγχώριοι Σικανοί auf Sicilien,
welche μέχρι τοῦ νῦν ἡρωικῆς τιμῆς τυγχάνουσιν. Diod. 4, 23, 5; aus
Timaeus?).

[1] Die Verse jenes Orakels über Kleomedes: ἔσχατος ἡρώων κτλ.
mögen recht alt sein, eben weil ihre Behauptung sich nicht bestätigt hat.
Wenn Orakel, deren Inhalt eintrifft, mit Recht für später gemacht gelten
als die Ereignisse, die sie angeblich voraussagen, so wird man billig
solche Orakel, deren Verkündigungen durch Vorfälle späterer Zeit als
unrichtig erwiesen werden, für älter als diese Vorfälle, die ihren Inhalt
widerlegen, halten müssen.

[2] οὗτος γὰρ ὁ θεὸς περὶ τὰ τοιαῦτα πᾶσιν ἀνθρώποις πάτριος ἐξηγητὴς
ἐν μέσῳ τῆς γῆς ἐπὶ τοῦ ὀμφαλοῦ καθήμενος ἐξηγεῖται, nach dem Worte
des Plato, *Rep.* 4, 427 C.

des Heroenglaubens ist unverkennbar System, wie durchweg in der Thätigkeit des Orakels auf religions-politischem Gebiete. War es Priesterpolitik, die sie hier, wie an so vielen anderen Stellen, möglichst viele Objecte des Glaubens und des Cultus aufzufinden und auszudenken bewog? Auf der immer weiteren Ausbreitung, dem immer tieferen Eindringen einer ängstlichen Scheu vor überall unsichtbar wirkenden Geistermächten, einer Superstition, wie sie Homers Zeitalter noch nicht kannte, beruhte zu einem grossen Theil die Macht des in diesem Wirrsal dämonischer Wirkungen einzig leitenden Orakels, und man kann nicht verkennen, dass das Orakel diese Deisidämonie begünstigt und an seinem Theil gross gezogen hat. Unzweifelhaft waren aber die Priester des Orakels selbst in dem Glauben ihrer Zeit befangen, auch den Heroenglauben theilten sie jedenfalls. Es wird ihnen ganz natürlich erschienen sein, wenn sie die in den ängstlichen Anfragen wegen der Ursachen von Pest und Dürre schon halb vorausgesetzte Herleitung des Unheils von der Thätigkeit eines zürnenden Heros mehr bestätigten als zu erdenken brauchten. Sie werden nur in den einzelnen Fällen (und allerdings mit freier Erfindung der besonderen Einzelumstände) ausgeführt haben, was der verbreitete Volksglaube ihrer Zeit im Allgemeinen vorschrieb. Es kommt aber hinzu, dass das Orakel Alles, was den Seelencult fördern und stärken konnte, in seinen Schutz nahm; soweit man von einer „delphischen Theologie“ reden kann, darf man den Glauben an Fortleben der Seelen nach dem Tode in seinen populären Formen und den Cult der abgeschiedenen Seelen zu den wichtigsten Bestandtheilen dieser Theologie rechnen. Wir haben hiervon später noch einiges zu sagen. Lebten die Priester in solchen Vorstellungen, so lag es ihnen sehr nahe, bei seltsamen Vorfällen, bei Noth und schwerer Zeit, als wahre Urheber des Unheils die Geister verstorbener Helden der Sage, auch wohl Mächtiger der letzten Zeiten thätig zu denken und in diesem Sinne die Gläubigen zu bescheiden. So wurde der delphische Gott der Patron des Heroenwesens, wie er als ein

Patron der Heroen diese alljährlich am Theoxenienfeste zum Mahl in seinen Tempel zusammenrief[1].

9.

Von allen Seiten begünstigt, vermehrte der Heroenglaube die Gegenstände seiner Anbetung in's Unübersehbare. Nach den grossen, alle heiligsten Gefühle der Griechen tief aufregenden Freiheitskämpfen gegen die Perser schien es nicht zu viel, wenn selbst ganze Schaaren der für die Freiheit Gefallenen zu Heroen erhöhet würden; bis in späte Zeit fand alljährlich der feierliche Zug zu Ehren der bei Plataeae gebliebenen Griechen statt und das Opfer, bei dem der Archon der Stadt die Seelen „der wackeren Männer, die für Griechenland gestorben waren", zum Mahl und Blutsättigung herbeirief[2]. Auch bei Marathon verehrte man die dort einst im Kampfe Gefallenen und Begrabenen als Heroen[3].

Aus der übergrossen Menge der Heroisirten schied sich eine Aristokratie von Heroen höheren Ranges aus, vornehmlich solche Gestorbene, die, seit Alters durch Sage und Dich-

---

[1] γίνεται ἐν Δελφοῖς ἥρωσι ξένια, ἐν οἷς δοκεῖ ὁ θεὸς ἐπὶ ξένια καλεῖν τοὺς ἥρωας Schol. Pind, N. 7. 68.

[2] Plut. *Aristid.* 21. — Grab der im Perserkriege gefallenen Megarenser auf dem Markte der Stadt: *C. I. Gr.* 1051 (= Simonid. *fr.* 107 Bgk.), Paus. 1, 43, 3. Von heroischen Ehren für diese erfährt man nichts, sie sind aber wohl vorauszusetzen. — So hatte man in Phigalia auf dem Markte ein Massengrab der hundert, einst für Phigalia im Kampfe gefallenen Oresthasier, καὶ ὡς ἥρωσιν αὐτοῖς ἐναγίζουσιν ἀνὰ πᾶν ἔτος. Paus. 8, 41, 1.

[3] Paus. 1, 32, 4: σέβονται δὲ οἱ Μαραθώνιοι τούτους, οἳ παρὰ τὴν μάχην ἀπέθανον, ἥρωας ὀνομάζοντες. Sie lagen auf dem Schlachtfeld begraben: Paus. 1, 29, 4; 32, 3. Allnächtlich hörte man auf dem Schlachtfelde Gewieher der Rosse und Kampfeslärm. Wer dem Geistertreiben zuzusehen versuchte, dem bekam es schlecht (Paus. ebend.). Anblick der Geister macht blind oder tödtet. Von Göttern ist das ohnehin bekannt (χαλεποὶ δὲ θεοὶ φαίνεσθαι ἐναργῶς). Wegen der Folgen des Erblickens eines Heros vgl. die Erzählung des Herodot 6, 117.

tung verherrlicht, über ganz Hellas hin einen Ruhm hatten,
etwa die, welche Pindar[1] einmal zusammen nennt: die Nachkommen des Oeneus in Aetolien, Iolaos in Theben, Perseus in
Argos, die Dioskuren in Sparta, das weitverzweigte Helden-
geschlecht der Aeakiden in Aegina, Salamis und an vielen
anderen Orten. Ja, von höherem Glanze umstrahlt, schienen
manche der grossen Heroen von der Menge der anderen Heroen
sogar dem Wesen nach verschieden zu werden. Zu den Göttern
erhob nun der Glaube den Herakles, den Homer noch nicht
einmal als „Heros" in neuerem Sinne kannte, den manche Orte
auch ferner noch als „Heros" verehrten[2]. Asklepios galt bald
als Heros, bald als Gott, was er von Anbeginn an gewesen
war[3]. Und' noch manchem Heroisirten begann man „als einem
Gotte" zu opfern[4], wohl nicht ohne Einfluss des delphischen
Orakels, das wenigstens bei Lykurg den Uebergang von heroischer zu göttlicher Verehrung selbst angebahnt zu haben scheint[5].
Die Grenzen zwischen Heros und Gott fingen an, fliessend zu
werden, nicht selten wird ein Heros von beschränktester Local-

---

[1] Pind. *I.* 4, 26 ff. (vgl. *N.* 4, 46 ff.).

[2] Herodot (2, 44) hilft sich mit der Unterscheidung eines Gottes
Herakles von dem Heros Herakles, Sohn des Amphitryon: καὶ δοκέουσι
δέ μοι οὗτοι ὀρθότατα Ἑλλήνων ποιέειν, οἳ διξὰ Ἡράκλεια ἱδρυσάμενοι ἔκτην-
ται καὶ τῷ μὲν ὡς ἀθανάτῳ Ὀλυμπίῳ δὲ ἐπωνυμίην θύουσι, τῷ δ' ἑτέρῳ ὡς
ἥρωι ἐναγίζουσι. Verbindung von θύειν und ἐναγίζειν für Herakles in
Einem Opfer, zu Sikyon: Paus. 2, 10, 1. Herakles ἥρως θεός: Pindar
N. 3, 22.

[3] Wechsel zwischen heroischer und göttlicher Verehrung, z. B. auch
bei Achill. Gott war er z. B. in Epirus (als Ασπετος angerufen Plut.
Pyrrh. 1), auf Astypalaea (Cic. *nat. d.* 3, § 45), in Erythrae (Inschr. aus
dem 3. Jahrhundert: Dittenberger *syll. inscr.* 370, 50. 75) u. s. w. Als
Heros wurde er verehrt in Elis, wo ihm ἐκ μαντείας ein leeres Grab
errichtet war und an seinem Jahresfeste die Weiber ihn, bei Sonnen-
untergang, κόπτεσθαι νομίζουσιν, also wie einen Gestorbenen beklagen.
Paus. 6, 23, 3.

[4] Ich will keine Beispiele häufen, vgl. nur etwa Plut. *mul. virtut.*
p. 255 E: τῇ Λαμψάκῃ πρότερον ἡρωικὰς τιμὰς ἀποδιδόντες, ὕστερον ὡς θεῷ
θύειν ἐψηφίσαντο.

[5] In den bekannten Versen: ἥκεις, ὦ Λυκόοργε κτλ. Herodot
1, 65.

geltung als „Gott" bezeichnet[1], ohne dass wir darum an eine
förmliche Erhöhung zum Götterrang und hiermit verbundene
Veränderung des Opferritus zu denken hätten. Die Heroen-
würde schien offenbar etwas entwerthet zu sein, wenn auch die
Zeit noch nicht eingetreten war, in der die Benennung eines
Verstorbenen als Heros kaum noch etwas diesen vor anderen
Todten Auszeichnendes bedeutete.

10.

Bei aller Ausdehnung, ja Verflüchtigung des Heroen-
begriffes behielt im Volke der Heroenglaube lange Geltung
und kernhaften Inhalt. Wenig stand diese Art des Geisterglaubens dem Glauben an die hohen Götter selbst an Bedeutung nach. War der Kreis der Geltung der einzelnen Stadtheroen ein enger begrenzter, so standen ihren Verehrern diese
Ahnengeister, die ihnen und der Heimath allein gehörten,
um so näher und waren ihnen vertrauter als andere Unsichtbare höheren Ranges. Unvergänglich wie die Götter, stehen die
Heroen diesen in der Achtung nicht allzu fern, „nur dass sie
ihnen an Macht nicht gleich kommen"[2]. Denn sie sind auf
einen engeren Wirkungskreis beschränkt, auf ihre Heimath und
den begrenzten Kreis ihrer Verehrer. Sie sind local gebunden, wie die olympischen Götter längst nicht mehr (ein Heros,
der vom Localen losgelöst ist, strebt schon in's Göttliche hinüber). Local gebunden sind ja sicherlich diejenigen Heroen,
die aus der Tiefe, in der sie wohnen, Hilfe in Krankheiten
oder Verkündigung der Zukunft heraufsenden. Nur an ihrem
Grabe kann man solche Wirkungen von ihnen erhoffen, denn

---

[1] So nennt Eupolis den Heros Akademos, Sophokles den Heros
Kolonos einen θεός u. dgl. m. S. Nauck zu Soph. *O. C.* 65.

[2] [οἱ ἥρωες καὶ αἱ ἡρωίδες τοῖς θεοῖς τὸν αὐτὸν ἤχουσι λόγον (nämlich
für die Traumdeutung)], πλὴν ὅσα δυνάμεως ἀπολείπονται. Artemidor.
onirocr. 4, 78. — Paus. 10, 31, 11: die Alten hielten die Eleusinische
Weihe τοσοῦτον ἐντιμότερον als alle anderen Religionsübungen ὅσῳ καὶ
θεοὺς ἐπίπροσθεν ἡρώων.

nur da ist ihr Aufenthalt. In ihnen tritt die Verwandtschaft des Heroenglaubens mit dem Glauben an jene in der Erde hausenden Götter, von denen einiges im vorigen Abschnitt gesagt ist, besonders deutlich hervor; ja, was die völlig an das Local gebundene Wirksamkeit und deren Beschränkung auf die Iatromantik betrifft, fallen beide Art von Geistern völlig zusammen.

Hilfe in Krankheiten erwartete man namentlich, wie von Asklepios selbst, so von den Asklepiaden, Machaon, der ein Grab und Heiligthum bei Gerenia an der Küste Lakoniens hatte, und Podalirios. Dieser war in Apulien, in der Nähe des Berges Garganus, begraben. Hilfesuchende legten sich auf dem Felle des als Opfer geschlachteten Widders im Heroon des Podalirios zum Schlaf nieder und empfingen von dem Heros sowohl andere Offenbarungen als die von Heilmitteln für Krankheiten von Mensch und Vieh[1]. Auch der Sohn des Machaon, Polemokrates, heilte in seinem Heiligthum zu Eua in Argolis[2]. In Attika gab es einen Heros Iatros in der Stadt, dessen Hilfe in Krankheiten zahlreiche, in sein Heiligthum gestiftete silberne Nachbildungen geheilter Gliedmaassen dankbar bezeugten[3]. Ein anderer Heros Iatros, dessen Name

---

[1] Machaons μνῆμα und ἱερὸν ἅγιον bei Gerenia: Paus. 3, 26, 9. Seine Gebeine hatte Nestor aus Troja mitgebracht: § 10. Vgl. Schol. Marc. und Tzetz. Lycophr. 1048. Zuerst opferte ihm Glaukos, Sohn des Aepytos: Paus. 4, 3, 9. — Podalirios. Sein ἡρῷον lag am Fusse des λόφος Δρίον beim Berge Garganus, 100 Stadien vom Meere entfernt. Ῥεῖ δ᾽ ἐξ αὐτοῦ ποτάμιον πάνακες πρὸς τὰς τῶν θρεμμάτων νόσους: Strabo 6, p. 284. Die im Texte angegebene Art der Incubation beschreibt Lycophron v. 1047—1055. Auch er redet von einem (vom Heilen so benannten) Flusse Ἄλθαινος (vgl. Etym. M. 63, 3, aus Schol. Lyc.), der zur Heilung mitwirke, wenn man sich mit seinem Wasser besprenge. Aus Timaeus? vgl. Tzetzes zu 1050. (Man vergleiche übrigens die Quelle bei dem Amphiaraïum zu Oropos: Paus. 1, 34, 4.)

[2] Paus. 2, 38, 6. — Der Bruder des Polemokrates, Alexanor, hatte ein Heroon zu Titane im Gebiete von Sikyon: Paus. 2, 11, 7; 23, 4, aber (obwohl schon sein Name dergleichen vermuthen liesse) von Hilfe in Krankheit wird nichts gemeldet. — Andre Asklepiaden: Nikomachos, Gorgasos, Sphyros (Wide, *Lakon. Culte* 195).

[3] Heiligthum des Ἥρως ἰατρός, in der Nahe des Theseion: Demosth.

Aristomachos gewesen -sein soll, hatte in Marathon ein Heilorakel[1]. — Selten gewährten Heilung von Krankheiten andere
als diese Asklepiadischen Heroen. Traumweissagungen anderer
Art spendeten aus ihren Gräbern heraus vor Allem solche
Heroen, die einst im Leben Wahrsager gewesen waren, wie
Mopsos und Amphilochos zu Mallos in Kilikien, Amphilochos
auch in Akarnanien, Tiresias zu Orchomenos, Kalchas in
Apulien, in der Nähe des oben erwähnten Heroon des Podalirios[2]. Aber auch Odysseus hatte ein Traumorakel bei den

de falsa leg. 249; *de cor.* 129; Apollon. *vit. Aesch.* p. 265, 5 f. West.
Beschlüsse wegen Einschmelzung silberner Weihgeschenke (3. u. 2. Jahrh.)
C. I. Att. 2, 403 404. — Nach Usener, *Götternamen* 149—153 wäre Ἰατρός
der Eigenname dieses Heros (eigentlich eines „Sondergottes"), nicht
appellativische Benennung eines namenlosen Heros (wie in ἥρως στρατηγός,
στεφανηφόρος, κλαικοφόρος — dieser an zwei verschiedenen Orten, wie
auch der ἥ. ἰατρός —: s. oben p. 173, 2). Der Ἰατρός werde ἥρως beigenannt,
um ihn zu unterscheiden von einem θεὸς Ἰατρός. Das wäre aber doch nur
dann möglich, wenn es einen Gott gäbe, der ἰατρός nicht nur war und
mit diesem Epitheton bezeichnet wurde (wie Ἀπόλλων, Ποσειδῶν ἰατρός),
sondern mit seinem Eigennamen hiess: einen solchen giebt es aber nicht.
Aus dem menschlichen Eigennamen Ἰατροκλῆς die Existenz eines Gottes
Ἰατρός zu erschliessen (Us. 151), wäre doch nur dann ohne weiteres gerechtfertigt, wenn es nicht unter den mit -κλῆς componirten Eigennamen (Uebersicht bei Fick, *Griech. Personennamen*[2] p. 165 ff.) eine so
sehr grosse Zahl gäbe, deren erster Theil nichts weniger als ein Götter-
name ist. — Die Benennung ἥρως ἰατρός anders zu beurtheilen als die
analoge eines ἥρως στρατηγός, ἥρως τειχοφύλαξ u. s. w. scheint kein Grund
zu sein. — Es gab übrigens auch νύμφαι ἰατροί, περὶ Ἠλείαν. Hesych.

[1] *C. I. A.* 2, 404 bezeichnet den Heros, auf den sich der Beschluss
bezieht, als den ἥρως ἰατρὸς ὁ ἐν ἄστει. Hiermit ist bereits ein anderer
ἥρως ἰατρός ausserhalb Athens vorausgesetzt. Wenn nun das rhetor.
Lexicon bei Bekker *anecd.* 262, 16 f. (vgl. Schol. Demosth. p. 437, 20. 21.
Dind.) von einem ἥρως ἰατρός des Namens Aristomachos, ὃς ἐτάφη ἐν
Μαραθῶνι παρὰ τὸ Διονύσιον redet, so ist damit zwar der von Demosthenes
gemeinte ἥρως ἰατρός unrichtig beschrieben (denn der ist ὁ ἐν ἄστει), aber
der ausserhalb des ἄστυ in Attika verehrte Heros Arzt richtig bezeichnet.
S. L. v. Sybel, *Hermes* 20, 43.

[2] Kenotaph des Kalchas (dessen Leib in Kolophon bestattet sein
sollte: Νόστοι; Tzetz. Lyc. 427; Schol. Dionys. Perieg. 850) in Apulien,
nahe dem Heroon des Podaliros: Lycophr. 1047 ff. Ἐγκοίμησις an seinem
Heroon, Schlaf auf dem Fell des geopferten schwarzen Widders: Strabo 6,
p. 284. Also ebenso wie nach Lykophron in dem Heiligthum des Poda-

Eurytanen in Aetolien[1], Protesilaos an seinem Grabmal bei
Elaius auf dem thracischen Chersonnes[2], Sarpedon in Kilikien,
angeblich auch in Troas[3], Menestheus, der athenische Heer-

lirios. Man könnte fast an eine Verwechslung des Strabo oder des
Lykophron glauben; aber der Ritus kann in beiden Heiligthümern derselbe gewesen sein: wie er sich denn ebenso in Oropos im Traumorakel
des Amphiaraos findet (Paus. 1, 34, 5). — Heutzutage verehrt man bei
Monte Sant' Angelo, unter dem Garganus, den Erzengel Michael, der im
5. Jahrhundert dort erschien und zwar in einer Höhle, die man vielleicht
mit Recht als den ehemaligen Sitz des Incubations-Orakels des Kalchas
ansieht (Lenormant, *à travers l'Apulie et la Lucanie* [Paris 1883] I, p. 61).
Michael hat auch sonst das Amt (das meist wohl den heil. Kosmas und
Damian zugefallen ist), alte Incubationsmantik in christlicher Verkleidung
fortzusetzen (so in dem Michaëlion bei Constantinopel, dem alten Σω-
σθένιον: s. Malal. p. 78. 79. Bonn.; Sozom. *h. eccl.* 2, 3).

[1] Lycophr. 799 f. Aristoteles und Nicander bei Schol. zu d. St.
Gab es eine Sage, die dort den Odysseus gestorben sein liess? Lykophron
selbst berichtet freilich alsbald (805 ff.) ganz anderes, zur Verwunderung
seiner Scholiasten; vielleicht denkt er (wie bei Kalchas) 799 f., trotz des
Traumorakels, nur an ein κενὸν σῆμα des Odysseus in Aetolien.

[2] Grabmal des Prot.: Herodot 9, 116 ff. Lycophr. 532 ff. ἱερὸν
τοῦ Πρωτεσιλάου Thucyd. 8, 102, 3. Orakel: Philostrat. *Heroic.*, namentlich p. 146 f. Kays. Besonders war es auch Heilorakel: Philostrat.
p. 147, 30 f.

[3] Ein Orakel „*Sarpedonis in Troade*" erwähnt, in einer flüchtigen
Aufzählung von Orakelstätten, Tertullian *de anima* 46. Es wäre schwer
zu sagen, wie der homerische Sarpedon (nur an diesen könnte man hier
denken), dessen Leib ja feierlich nach Lykien gebracht ist, in Troas ein
Orakel haben konnte. Es mag ein Schreibfehler des Tertullian vor-
liegen. — Bei Seleucia in Kilikien ein Orakel des Apollon Sarpedonios:
Diodor. 32, 10, 2; Zosimus 1, 57. Schon Wesseling zu Diodor vol. 2,
p. 519 verwies auf den genaueren Bericht in der *vita S. Theclae* des
Basilius, Bischof von Seleucia. S die Auszüge daraus bei R. Köhler,
Rhein. Mus. 14, 472 ff. Dort wird das Orakel als ein Traumorakel des
Sarpedon selbst, an seinem Grabe bei Seleucia befragt, beschrieben. Und
zwar ist, wie Köhler hervorhebt, von Sarpedon, dem Sohne der Europa,
dem Bruder des Minos, die Rede (dieser kretische Sarpedon kam zuerst
bei Hesiod vor, von dem homerischen ist er ganz verschieden: Aristonic.
zu Z 199. Ja, Homer kennt überhaupt neben Rhadamanthys keinen
anderen Bruder des Minos: Il. 14, 322. Manche setzten ihn dennoch
dem homerischen Sarpedon, dem Lykier [Zrppädoni auf dem Obelisk von
Xanthos: Lyc. inscr. Taf. VII Z. 6], gleich; er habe drei γενεαί durchlebt: Apollodor. 3, 2, 4; vgl. Schol. V. Il. Z 199. Ein Kunststück im

führer, fern in Spanien[1], Autolykos in Sinope[2], vielleicht auch Anios auf Delos[3]. Eine Heroïne, Hemithea genannt, hatte ein Traumorakel, in dem sie auch Heilung von Krankheiten spendete, zu Kastabos in Karien[4]; Pasiphaë weissagte in Träumen zu Thalamae an der lakonischen Küste[5]. — Da

Geschmack des Hellanicus. Andere machten den kretischen S. zum Grossvater des lykischen: Diodor. 5, 79, 3). Das Orakel war eigentlich dem Sarpedon geheiligt, Apollo scheint sich auch hier an die Stelle des „Heros" geschoben zu haben, wie an die Stelle des Hyakinthos in Amyklae. Dass Sarpedon darüber nicht ganz vergessen wurde, zeigt jener christliche Bericht. Vielleicht galt Apoll nur als Patron des Orakels, dessen eigentlicher Hüter doch Sarpedon blieb. Gemeinsamkeit des Cultus bedeutet es wahrscheinlich, wenn Apoll dort Ἀπόλλων Σαρπηδόνιος hiess: so gab es in Tarent, wohl aus Sparta und Amyklae übertragen, einen τάφος παρὰ μέν τισιν Ὑακίνθου προσαγορευόμενος, παρὰ δέ τισιν Ἀπόλλωνος Ὑακίνθου (woran nichts zu ändern ist): Polyb. 8, 30, 2; in Gortyn einen Cult des Atymnos (Solin. p. 82, 2 ff.), des Geliebten des Apollo (oder des Sarpedon), der auch als Apollon Atymnios (Nonnus Dion.) verehrt wurde.

[1] Die Einwohner von Gadeira opfern dem M.: Philostr. V. Apoll. 5, 4. p. 167, 10. Τὸ Μενεσθέως μαντεῖον am Baetis erwähnt Strabo 3. p. 140. Wie er dahin kam, ist unbekannt.

[2] Strabo 12, p. 546. Aut. kam dorthin als Theilnehmer am Amazonenzug des Herakles und am Argonautenzuge. Apoll. Rhod. 2, 955 bis 961. Plut. Lucull. 23.

[3] Den Anios (vgl. Meineke, Anal. Alex. 16. 17; Wentzel, bei Pauly-Wissowa s. Anios) lehrt Apollo die Mantik und verleiht ihm grosse τιμάς: Diodor 5, 62, 2. Als μάντις nennt ihn auch Clemens Al. Strom. I, p. 334 D. Vermuthlich galt er also als mantischer Heros in dem Cult, den man ihm auf Delos widmete (δαίμονας ἐπιχωρίους aufzählend nennt Clemens Al. protr. 26 A auch: παρὰ δ' Ἠλείοις Ἄνιον: παρὰ Δηλίοις corrigirte schon Sylburg). Priester des Anios, ἱερεὺς Ἀνίου auf Delos: C. I. Att. 2, 985 D, 10; E 4. 53.

[4] Diodor. 5, 63, 2. Dort wird sie identificirt mit Molpadia, Tochter des Staphylos. Dann wäre ἡμιθέα wohl eigentlich eine appellativische Bezeichnung der Heroine, deren Eigenname zweifelhaft war, wie der Name der oben S. 173 f. ganannten Heroen. (Ganz verschieden ist von dieser H. die gleichnamige Tochter des Kyknos.)

[5] Plut. Agis 9; vgl. Cic. de divin. 1, 43. Da zu Thalamae ein Traumorakel der Ino erwähnt wird, vor deren Tempel ein Bild der Pasiphaë stand (Paus. 3, 26, 1), so ist vielleicht, mit Welcker, Kl. Schr. 3, 92, anzunehmen, dass dasselbe Orakel einst der P., dann der Ino geheiligt war. (Nur daran, dass Pasiphaë = Ino wäre, ist natürlich nicht

für keinen dieser Heroen ein besonderer Grund in der Sage gegeben war, der gerade von ihm mantische Thätigkeit erwarten liess, so wird man glauben müssen, dass Kenntniss der Zukunft und Vermittlung solcher Kenntniss an die noch Lebenden den zum Geisterdasein erhobenen Seelen der Heroen überhaupt zukam. Die uns zufällig erhaltenen Nachrichten lehren uns einige völlig und dauernd eingerichtete Heroenorakel kennen; es mag deren noch manche gegeben haben, von denen wir nichts hören, und vereinzelte und gelegentlich ausgeübte mantische Thätigkeit mag auch anderen Heroen nicht verwehrt gewesen sein[1].

11.

Sind die Orakelheroen durchaus an die Stätte ihres Grabes gebunden, so zeigt auch, was uns an Legenden, die von Erscheinungen einzelner Heroen oder ihrem unsichtbaren Thun erzählen, erhalten ist, diese Heroen, wie in unsern Volkssagen die Geister alter Burgen und Höhlen, in die Grenzen ihrer

---

zu denken, wie denn auch W. das wohl nicht meint. Ino mag sich an Stelle der P. eingeschoben haben.) Μαντεῖον τῆς Πασιφίλης auch erwähnt bei Apollon *mirab.* 49: s. dazu Müller, *Fr. hist.* 2, 288.

[1] Etwas derartiges scheint angedeutet zu werden bei Pindar *Pyth.* 8, 57: ich preise den Alkmaeon, γείτων ὅτι μοι καὶ κτεάνων φύλαξ ἐμῶν ὑπάντασέ τ᾽ ἰόντι γᾶς ὀμφαλὸν παρ᾽ ἀοίδιμον μαντευμάτων τ᾽ ἐφάψατο συγγόνοισι τέχναις. Die vielbesprochenen Worte kann ich nur so verstehen. Alkmäon hatte ein ἡρῷον neben Pindars Hause („Hüter seines Besitzes" kann er genannt werden entweder nur als Schutzgeist seiner Nachbarn, oder weil Pindar Gelder in seinem Heiligthum deponirt hatte, nach bekannter Sitte [s. Büchsenschütz, *Besitz u. Erwerb im cl. Alt.* p. 508 ff.]); als einst P. nach Delphi zu gehen ım Begriff stand, „machte sich Alkmäon an die in seinem Geschlechte üblichen Wahrsagekünste" (τέχναις zu verb. mit ἐφάψ. nach Pindarischer Constructionsweise), d. h. er gab ihm im Traum eine Weissagung (worauf bezüglich. deutet P. nicht an), wie das im Geschlecht der Amythaoniden üblich war, nur gerade sonst nicht Sache des Alkmäon, der, anders als sein Bruder Amphilochos, nirgends ein eigentliches Traumorakel gehabt zu haben scheint (nur ein Flüchtigkeitsversehen wird es sein, wenn Clemens Al. *Strom.* I p. 334 D dem Alkmäon, statt des Amphilochos, das Orakel in Akarnanien zuertheilt).

Heimath, in die Nähe ihrer Gräber und ihrer Cultstätten gebannt. Es sind meist schmucklose Geschichten von dem Groll
eines Heros, wenn dessen Rechte gekränkt oder sein Cult ver-
nachlässigt war. In Tanagra[1] war ein Heros Eunostos, der,
durch trügerische List eines Weibes um's Leben gekommen,
kein Weib in seinem Haine und an seinem Grabe duldete[2];
kam doch eine von dem verhassten Geschlechte dorthin, so war
Erdbeben oder Dürre zu befürchten, oder man sah den Heros
zum Meere (das alle Befleckungen abwäscht) hinabgehen, sich
zu reinigen. In Orchomenos ging ein Geist „mit einem Steine“
um und verwüstete die Gegend. Es war Aktäon, dessen sterbliche Reste darauf, nach Geheiss des Orakels, feierlich beigesetzt wurden; auch stiftete man ihm ein ehernes Bild, das
mit Ketten an einen Felsen angefesselt wurde und beging
alljährlich ein Todtenfest[3]. Von dem Groll des Minos gegen
die Kreter, weil sie seinen gewaltsamen Tod nicht gerächt,
dagegen dem Menelaos zu Hülfe gezogen waren, erzählt mit
ernstem Gesicht Herodot[4]. Schon ein tieferer Sinn liegt in
der ebenfalls von Herodot überlieferten Legende vom Heros
Talthybios, der, nicht eigene Unbill, sondern ein Vergehen gegen
Recht und sittliche Satzung rächend, die Spartaner wegen der
Ermordung persischer Gesandten, er selbst der Hort der Boten

---

[1] Plutarch, *Q. Gr.* 40.

[2] So darf zu dem Heroen des Okridion auf Rhodos kein Herold
kommen: Plut. *Q. Gr.* 27, kein Flötenbläser kommen zu, der Name des
Achill nicht genannt werden an dem Heroon des Tenes auf Tenedos:
ibid. 28. Wie alter Groll eines Heros auch in seinem Geisterleben fort-
dauert, davon ein lehrreiches Beispiel bei Herodot 5, 67.

[3] Paus. 9, 38, 5. Die Fesseln sollen jedenfalls das Bild (als Sitz
des Heros selbst) an den Ort seiner Verehrung binden. So hatte man in
Sparta ein ἄγαλμα ἀρχαῖον des Enyalios in Fesseln, wo eben die γνώμη
Λακεδαιμονίων war, οὔποτε τὸν Ἐνυάλιον φεύγοντα οἰχήσεσθαί σφισιν ἐνεχό-
μενον ταῖς πέδαις. Paus. 3, 15, 7. Aehnlich anderwärts: s. Lobeck,
Aglaoph. 275 (vgl. noch Paus. 8, 41, 6). Aus dem auffallenden Anblick
des Bildes am Felsen wird dann wohl die (aetiologische) Legende von
dem πέτραν ἔχον εἴδωλον entstanden sein.

[4] Her. 7, 169. 170.

und Gesandten, strafte[1]. Das furchtbarste Beispiel von der
Rache eines Heros hatte man an der Sage des Ortsheros der
attischen Gemeinde Anagyrus. Einem Landmann, der seinen
heiligen Hain umgehauen hatte[2], liess der Heros erst die Frau
sterben, gab dann der neuen Gattin des Mannes eine sträfliche
Leidenschaft zu dessen Sohne, ihrem Stiefsohne, ein; dieser
widersteht ihrem Verlangen, wird von der Stiefmutter beim
Vater verklagt, von diesem geblendet und auf einer einsamen
Insel ausgesetzt: der Vater, aller Welt verhasst geworden,
erhängt sich selbst, die Stiefmutter stürzt sich in einen
Brunnen[3].

An dieser Erzählung, die auch dadurch merkwürdig ist,
weil in ihr dem Heros, wie sonst wohl den Göttern, eine Einwirkung auf das Innere des Menschen, seine Stimmung und
seine Entschlüsse zugetraut wird, mag ein an Poesie höheren
Styls gewöhnter Geschmack manches abgerundet haben[4]. Im
Allgemeinen tragen die Heroenlegenden einen völlig volksthümlichen Charakter. Es ist eine Art von niederer Mythologie,
die in ihnen noch neue Schösslinge trieb, als die Götter- und
Heldensage nur noch in der Ueberlieferung sich erhielt, Dichtern
zu unerschöpflicher Combination überlassen, aber nicht mehr
aus dem Volksmunde frisch nachquellend. Die Götter schienen
zu fern gerückt, ihr sichtbares Eingreifen in das Menschenleben
schien nur in alten Sagen aus der Vorzeit glaublich. Die
Heroengeister schwebten näher den Lebenden, in Glück und

---

[1] Herod. 7, 134—137.

[2] Heiligkeit der einem Heros gewidmeten Bäume und Haine: vgl.
Aelian. *var. hist.* 5, 17; Paus. 2, 28, 7, namentlich aber Paus. 8, 24, 7.

[3] Die Geschichte von der Rache des Heros Anagyros erzählen, mit
einigen Varianten in Nebendingen, Hieronym. bei Suidas s. Ἀνάγυρ.
δαίμων = Apostol. *prov.* 9, 79; Diogenian. *prov.* 3, 31 (im cod. Coisl.: I
p. 219 f. Gotting.). Vgl. Zenob. 2, 55 = Diog. 1, 25. — Aehnliche Sagen
von einem δαίμων Κιλίκιος, Αἴνειος lässt voraussetzen, lehrt aber nicht
kennen Macarius *prov.* 3, 18 (II, p. 155. Gott.).

[4] Die Erzählung bei Suidas geht auf den Bericht des Hieronymus
Rhod. περὶ τραγῳδιοποιῶν (Hier. *fr.* 4. Hill.) zurück, der die Sage mit
dem Thema des Euripideischen Phoinix in Vergleichung brachte.

Unglück spürte man ihre Macht; in Märchen und Sagen des
Volkes, die sich an Ereignissen der eigenen Gegenwart erzeugen
konnten, bilden sie nun das übernatürliche Element, ohne dessen
Hereinspielen Leben und Geschichte für eine naive Auffassung
keinen Reiz und keine Bedeutung haben.

Wie solche Heroenmärchen aussehn mochten, kann statt
vieler, die wohl einst umliefen, ein uns zufällig erhaltenes Beispiel lehren. Bei Temesa in Lucanien ging einst ein Heros
um, und erwürgte, wen er von den Einwohnern ergreifen
konnte. Die Bewohner von Temesa, die schon an Auswanderung aus Italien dachten, wandten sich in ihrer Noth an
das delphische Orakel, und erfuhren da, dass das Gespenst
der Geist eines einst von Einwohnern des Landes wegen Schän-
dung einer Jungfrau erschlagenen Fremden sei[1]; man solle ihm
einen heiligen Bezirk weihen, einen Tempel bauen und zum
Opfer ihm alljährlich die schönste der Jungfrauen von Temesa
preisgeben. So thaten die Bürger von Temesa, der Geist liess
ihnen im Uebrigen Ruhe, aber alljährlich fiel ihm das gräss-
liche Opfer. Da kam, in der 77. Olympiade, ein berühmter
Faustkämpfer, Euthymos aus Lokri, von Olympia sieggekränzt
nach Italien zurück; er hörte zu Temesa von dem eben bevor-
stehenden Opfer, drang in den Tempel ein, wo die auserlesene
Jungfrau auf den Heros wartete; Mitleid und Liebe ergriff
ihn. Und als der Heros nun herankam, liess der schon in so
vielen Zweikämpfen Siegreiche sich in einen Kampf mit ihm
ein, trieb ihn schliesslich in's Meer, und befreite die Landschaft

---

[1] Nach Pausanias wird der Geist als der eines Gefährten des
Odysseus erklärt. Strabo nennt genauer den Polites, einen der Genossen
des Odysseus. Aber die Copie eines alten Gemäldes, welches das Abenteuer darstellte, nannte den Dämon vielmehr Lykas, und zeigte ihn
schwarz, in furchtbarer Bildung und mit einem Wolfsfell bekleidet.
Letzteres wohl nur andeutend statt völliger Wolfsgestalt, wie sie der
athenische Heros Lykos zeigte (Harpocrat. s. δεκάζων). Wolfsgestalt für
einen todtbringenden Geist der Unterwelt, wie noch öfter (vgl. Roscher,
Kynanthropie 60. 61). Dies wird die ältere Sagengestalt sein. Erst nachträglich mag der Dämon heroisirt worden sein.

von dem Ungethüm. Es ist wie in unserm Märchen von dem Jungen, der auszog, das Gruseln zu lernen[1]; und natürlich, da nun das Land erlöst ist, feiert der Ritter „Wohlgemuth" glänzende Hochzeit mit der befreiten Schönen. Er lebte bis in das höchste Alter, da aber stirbt er nicht, sondern wird lebend entrückt und ist nun selbst ein Heros [2]. —

Solche Helden der panhellenischen Kampfspiele wie Euthymos einer war, sind Lieblingsgestalten der Volkssage, sowohl im Leben als in ihrem Geisterdasein als Heroen. Gleich von dem Zeitgenossen des Euthymos, Theagenes von Thasos, einem der gefeiertsten Sieger in allen grossen Wettkämpfen, lief eine Geschichte um, wie nach seinem Tode ein Gegner sein ehernes Standbild nächtlich gepeitscht habe, bis einst das Bild

---

[1] Im Uebrigen klingt die Geschichte ja vornehmlich an griechische Märchen, in denen von ähnlichen Befreiungsthaten erzählt wird; nicht nur an die Sagen von Perseus und Andromeda, Herakles und Hesione, sondern auch an den Kampf des Herakles mit Thanatos um Alkestis bei Euripides, des Koroibos mit der Ποίνη in Argos, wird man sich erinnert fühlen. Bis in Einzelheiten stimmt aber die Sage von Euthymos und dem Heros von Temesa überein mit der entlegenen Fabel von dem bei Krisa am Fuss des Parnass hausenden Unthier Lamia oder Sybaris, das Eurybatos bezwingt, wie sie, nach Nikanders Ἑτεροιούμενα, Antoninus Liberalis cap. 8 erzählt (und wie sie noch heute als Märchen erzählt wird. S. B. Schmidt, *Gr. Märchen* 142, 246 f.). Es wird gleichwohl nicht nöthig sein, Nachahmung der einen Erzählung in der anderen anzunehmen, beide geben, unabhängig von einander, den gleichen (übrigens bei allen Völkern verbreiteten) Märchentypus wieder. Das von dem Helden bezwungene Ungeheuer ist stets ein chthonisches Wesen, eine Ausgeburt der Hölle: Thanatos, Poine, Lamia (dies der Artname, Σύβαρις scheint der Specialname dieser bestimmten Lamia zu sein), der gespenstische „Heros" zu Temesa.

[2] Paus. 6, 6, 7—11 (der Hauptbericht); Strabo 6, p. 255; Aelian. *v. h.* 8, 18; Zenob. 2, 31. Suidas s. Εὔθυμος. Die Entrückung bei Paus. Ael. und Suidas. Nach Aelian geht er zum Flusse Kaikinos bei seiner Vaterstadt Lokri und verschwindet (ἀφανισθῆναι). (Der Flussgott Kaikinos galt als sein wahrer Vater. Paus. 6, 6, 4) Vermuthlich wird in der Nähe des Flusses das Heroon des Euthymos gewesen sein. Heroenwürde des Euthymos durch Blitzschlag in seine Standbilder bestätigt: Kallimah. *fr.* 399 (Plin. *v. h.* 7, 152. Schol. Pausan., *Hermes* 29, 148). Unterschrift des Standbildes des E. zu Olympia: *Archäol. Zeitung* 1878 p. 82.

auf ihn fiel und ihn erschlug, wie dann die Thasier das mörde-
rische Bild in's Meer versenkten, aber nun (in Folge des Zornes
des Heros) durch Unfruchtbarkeit geplagt wurden, bis sie, auf
mehrmals wiederholte Anweisung des delphischen Orakels, das
versenkte Standbild wieder auffischten, neu aufrichteten, und
ihm „wie einem Gotte" opferten[1]. — Merkwürdig ist diese Geschichte auch dadurch, dass hier, im Gefolge des Heroenglaubens,
die alterthümlich rohe, bei allen der Idololatrie ergebenen Völkern vorkommende Vorstellung, dass die Macht eines „Geistes"
in seinem Abbilde wohne, so unbefangen wie selten hervortritt.
Sie liegt noch manchen Sagen von der Rache stummer Bilder
an ihren Beleidigern zu Grunde[2]. Die Standbilder des Theagenes übrigens heilten noch in späten Zeiten Fieberkranke[3],
ebenso die eines anderen berühmten Faustkämpfers, des Polydamas von Skotussa[4]. Ein achäischer Olympionike, Oibotas
von Dyme, hatte durch einen Fluch Jahrhunderte lang[5] Siege
der Achäer im Wettkampf verhindert; als er versöhnt war,
knüpfte an sein Standbild sich die Verehrung der Achäer, die
in Olympia sich zu einem Wettkampf anschickten[6].

---

[1] Paus. 6, 11, 2—9. Dio Chrys. or. 31, p. 618, 619 R. Vgl. auch
Oenomaus bei Euseb. praep. ev. 5, 34, 9—15. Oenomaus spielt § 16 auf
eine sehr ähnliche Legende von einem Pentathlos Euthykles in Lokri und
seinem Standbilde an.

[2] Bekannt ist, aus Aristoteles Poet. 9, p. 1425 a, 7 ff. (mirab. ausc.
158), die Geschichte von Mitys (oder Bitys) in Argos. Noch einige solche
Legenden verzeichnet Wyttenbach, Plut. Moral. VII, p. 361 (Oxon.); vgl.
noch Theocrit. idyll. 23. — Wie in der Geschichte vom Theagenes das
Standbild als des Mordes schuldig bestraft wird, so liegt in der That die
Vorstellung von fetischartiger Beseelung lebloser Körper dem alten Brauch
des athenischen Blutrechts, im Prytaneion zu richten περὶ τῶν ἀψύχων τῶν
ἐμπεσόντων τινὶ καὶ ἀποκτεινάντων (Poll. 8, 120 nach Demosth. Aristocr. 76,
vgl. Aristot. Ἀθ. πολ. 57, 4), zu Grunde. Von Anfang an nur symbolisch
kann ja solches Gericht nicht gemeint gewesen sein.

[3] Lucian deor. concil. 12. Paus. 6, 11, 9.

[4] Lucian a. a. O. Ueber Polydamas s. Paus. 6, 5 und, ausser vielen
anderen, Euseb. Olympionic. Ol. 93, p. 204 Sch.

[5] Sein Sieg war in Ol. 6 (s. auch Euseb. Olympionic. Ol. 6, p. 196)
errungen, das Standbild wurde ihm erst Ol. 80 gesetzt: Paus. 7, 17, 6.

[6] Paus. 7, 17, 13. 14.

12.

Der Heroenglaube nahm doch auch einen höheren Schwung. Nicht nur in freien Kampfspielen, auch in wahrer Noth, in den Kämpfen um alle höchsten Güter, um Freiheit und Bestand des Vaterlandes waren die Heroen den Griechen zur Seite. Nirgends tritt uns so deutlich entgegen, wie wahr und lebendig damals unter den Griechen der Heroenglaube war, als in dem was uns von Anrufung der Heroen und ihrer Einwirkung in den Perserkriegen erzählt wird. Bei Marathon sahen Viele, wie eine Erscheinung des Theseus in voller Rüstung den Kämpfern voran gegen die Barbaren stürmte[1]. In dem Gemälde des Panainos (Bruders des Phidias) in der bunten Halle zu Athen trat unter den Marathonkämpfern ein Heros Echetlos hervor, von dessen Erscheinung in der Schlacht eine eigene Legende erzählt wurde[2]. In dem Kriege gegen Xerxes wurde Delphi durch zwei der einheimischen Heroen gegen einen persischen Streifzug vertheidigt[3]. Am Morgen vor Beginn der Seeschlacht bei Salamis beteten die Griechen zu den Göttern, die Heroen aber riefen sie unmittelbar zu thätlicher Hilfe: den Aias und Telamon rief man von Salamis herbei, um Aeakos und die anderen Aeakiden wurde ein Schiff nach Aegina ausgeschickt[4]. So wenig waren den Griechen diese Heroengeister nur Symbole oder grosse Namen; man erwartete ihr körperliches Eingreifen in der Entscheidungsstunde. Und sie kamen und halfen[5]: nach gewonnener Schlacht wurde, wie den Göttern, so auch dem Heros Aias ein Dreiruderer aus der Kriegsbeute als Dankes-

---

[1] Plut. *Thes.* 35. [2] Paus. 1, 13, 3; 32, 5.
[3] Herodot 8, 38. 39.
[4] Herodot 8, 64. Man bemerke den Unterschied: ε ὔ ξ α σ ϑ α ι τοῖσι ϑεοῖσι καὶ ἐ π ι κ α λ έ σ α σ ϑ α ι τοὺς Αἰακίδας σ υ μ μ ά χ ο υ ς. So heisst es bei Herodot 5, 75, dass in's Feld den Spartanern beide Tyndariden ἐπίκλητοι εἴποντο. (Die Aegineten schicken die Aeakiden den Thebanern zu Hilfe, die Thebaner aber, da die Hilfe nichts fruchtete, τοὺς Αἰακίδας ἀπεδίδοσαν. Herodot 5, 80. 81.)
[5] Plut. *Themist.* 15.

opfer gewidmet[1]. Ein Salaminischer Localheros, Kychreus, war den Griechen zu Hilfe gekommen, in Schlangengestalt, in der die Heroen, wie die Erdgötter, oft erschienen[2]. Mit Ueberzeugung bekannte man nach der Schlacht, der Sieg sei Göttern und Heroen zu verdanken[3]. Die Heroen und ihre Hilfe sind es, wie Xenophon ausspricht, die im Kampfe gegen die Barbaren „Griechenland unbesiegbar machten"[4]. Seltener hören wir von thätigem Eintreten der Landesheroen bei Kämpfen griechischer Staaten unter einander[5].

Auch in das engste Leben der Einzelnen greifen, störend oder fördernd, die Heroen ein, wie einst in der Fabelzeit die Götter. Man wird sich an bekannte Göttersagen erinnert fühlen, und doch den Abstand vom Erhabenen zum Idyllischen ermessen, wenn man bei Herodot treuherzig und umständlich erzählt findet, wie einst Helena, in eigener Gestalt einer Amme begegnend, die an ihrem Grabe zu Therapne um Schönheit für ihr hässliches Pflegekind gebetet hatte, das Kind durch Bestreichen zum schönsten Mädchen in Sparta machte[6]; oder wie der Heros Astrabakos in der Gestalt des Ariston, Königs von Sparta, zu dessen Gemahlin schleicht und sie zur Mutter des Demaratos macht[7]. Das Heroon dieses Astrabakos lag

---

[1] Herodot. 8, 121.

[2] Kychreus: Paus. 1, 36, 1. Der Heros selbst erscheint als Schlange (wie z. B. auch Sosipolis in Elis, vor der Schlacht: Paus. 6, 20, 4. 5; Erichthonios: Paus. 1, 24, 7), wie denn οἱ παλαιοὶ μάλιστα τῶν ζώων τόν δράκοντα τοῖς ἥρωσι συνῳκείωσαν (Plut. *Cleom.* 39). Der Heros selbst ohne allen Zweifel war die in Eleusis gehaltene Tempelschlange, der Κυχρείδης ὄφις, den nach der rationalisirenden Erzählung des Strabo 9, p. 393/4 Kychreus nur aufgenährt hätte.

[3] Themistokles bei Herodot 8, 109.

[4] Xenophon *Cyneg.* 1, 17.

[5] Die Dioskuren halfen den Spartanern im Kriege: Herodot 5, 75; der lokrische Aias den Lokrern in Italien: Paus. 1, 29, 12. 13. Konon 18 (ausgeschmückte, nicht mehr naive Legende, von beiden aus gleicher Quelle entnommen).

[6] Herodot 6, 61 (aus Herodot Paus. 3, 7, 7). Zu Therapne das Grab der Helena: Paus. 3, 19, 8.

[7] Herodot 6, 69. So galt auf Thasos der vorhin genannte Theagenes

gleich vor der Thüre des Hauses des Ariston[1]; so legte man oft gleich neben der Hausthür das Heiligthum eines Heroen an, der dann wohl ein besonderer Beschützer seines Nachbarn wurde[2].

In allen Lagen des Lebens, in Glück und Noth, sind die Heroen den Menschen nahe, dem Einzelnen wie der Stadt. Von dem Heros, den eine Stadt verehrt, wird jetzt oft (wie sonst von den Stadtgöttern) gesagt, dass er sie beherrsche, innehabe, über ihr walte[3]; er ist ihr rechter Schirmherr. Es

nicht als Sohn des Timosthenes, τοῦ Θεαγένους δὲ τῇ μητρὶ Ἡρακλέους συγγενέσθαι φάσμα ἐοικὸς Τιμοσθένει. Paus. 6, 11, 2. — An die Fabel von Zeus und Alkmene erinnert man sich ohnehin. Man beachte aber, wie nahe solche Geschichten, wie die bei Herodot so treuherzig erzählte, an bedenkliche Novellen streifen, in denen irgend ein profaner Sterblicher bei einer arglosen Frau, in Verkleidung, die Rolle eines göttlichen oder dämonischen Liebhabers spielt. Dass auch in Griechenland derartige Geschichten umliefen, lässt sich vielleicht aus Eurip. Ion. 1530 ff. schliessen. Ovid, Met. 3, 281 sagt geradezu: multi nomine divorum thalamos iniere pudicos. Ein Abenteuer dieser Art erzählt der Verfasser der Briefe des Aeschines N. 10 und er weiss gleich noch zwei ähnliche Beispiele beizubringen (§ 8. 9), die er gewiss nicht selbst erfunden hat. — In neueren Zeiten haben sich Orient und Occident an solchen Geschichten vergnügt: orientalische Mustererzählung ist die „vom Weber als Vischnu" im Pantschatantra (s. Benfey, Pantsch. I, § 56), occidentalische die Novelle des Boccaccio von dem Alberto von Imola als Engel Gabriel, Decam. 4, 2. — Recht nachdenklich stimmt auch der Bericht von einem in Epidauros geschehenen Mirakel: eine unfruchtbare Frau kommt in das Heiligthum des Asklepios, um in der ἐγκοίμησις Rath zu suchen. Ein grosser δράκων nähert sich ihr und sie bekommt ein Kind. Ἐφημ. ἀρχαιολογ. 1885. p. 21, 22, Z. 129 ff.

[1] ἐκ τοῦ ἡρωίου τοῦ παρὰ τῇσι θύρῃσι τῇσι αὐλείῃσι ἱδρυμένου. Herod.

[2] Der Heros ἐπὶ προθύρῳ: Callimach. epigr. 26; ein Heros πρὸ πύλαις, πρὸ δόμοισιν: spätes Epigramm aus Thracien: Kaibel epigr. 841; ἥρωας πλησίον τῆς τοῦ ἰδόντος οἰκίας ἱδρυμένους: Artemidor. onirocr. p. 248, 9. Herch. So ist auch Pindars Wort von dem Heros Alkmaeon als seinem γείτων zu verstehen, Pyth. 8, 57. S. oben p. 189, 1. Eine Aesopische Fabel (161 Halm) von dem Verhältniss eines Mannes zu seinem Nachbarheros handelnd, beginnt: ἥρωά τις ἐπὶ τῆς οἰκίας ἔχων τούτῳ πολυτελῶς ἔθυεν. Vgl. auch Babrius, fab. 63. — Verwandt ist es, wenn der Sohn dem Vater ein Grabmal an der Thüre seines Hauses errichtet: s. die schönen Verse des Euripides, Hel. 1165 ff.

[3] Κύπρῳ ἔνθα Τεῦκρος ἀπάρχει. Salamis ἔχει Aias, Achill seine

mochte wohl in mancher Stadt so sein, wie es von einigen erzählt wird, dass der Glaube an den Stadtheros in ihnen lebendiger war, als der an die allen gemeinsamen Götter[1]. Das Verhältniss zu den Heroen ist ein näheres als das zu der Majestät der oberen Götter, in anderer und innigerer Weise verknüpft der Heroenglaube die Menschheit mit einer höheren Geisterwelt. Von einem Ahnencult war der Heroenglaube ausgegangen, ein Ahnencult war der Heroendienst in seinem Kerne geblieben, aber er hatte sich ausgedehnt zu einem Cult grosser und durch eigenthümliche Kräfte mannichfacher (und keineswegs vorzugsweise sittlicher) Art über die Menge sich erhebender Seelen von Menschen auch späterer, ja der nächstvergangenen Zeiten. Hierin liegt seine eigentliche Bedeutung. Die Geisterwelt ist nicht verschlossen, lehrt er; wieder und wieder steigen einzelne Menschen nach Vollendung des irdischen Lebens in ihre höheren Kreise empor. Der Tod endigt nicht alles bewusste Leben, nicht alle Kraft schlingt die Dumpfheit des Hades ein.

Dennoch ist es nicht der Heroenglaube, aus dem sich der Glaube an eine, allen menschlichen Seelen ihrer Natur nach zukommende Unsterblichkeit entwickelt hat. Dies konnte auch seine Wirkung nicht sein. Wie von Anbeginn unter den Schaaren der Seelen, die zum Hades strömen, die Heroen, denen ein anderes Loos fiel, nur eine Minderheit von Auserwählten bildeten, so blieb es. Mochte die Zahl der Heroisirten noch so sehr anwachsen, in jedem einzelnen Falle des Uebertrittes einer menschlichen Seele in die Heroenwürde begab sich auf's Neue ein Wunder, aus dessen noch so häufiger

---

Insel im Pontus, Θέτις δὲ κρατεῖ Θϑίᾳ, und so Neoptolemos in Epeiros: Pindar. *N.* 4, 46—51; ἀμφέπει vom Heros: *Pyth.* 9, 70; τοῖς ϑεοῖς καὶ ἥρωσι τοῖς κατέχουσι τὴν πόλιν καὶ τὴν χώραν τὴν Ἀϑηναίων: Demosth. *cor.* 184.

[1] Alabandus, den die Bewohner von Alabanda „*sanctius colunt quam quemquam nobilium deorum*“: Cicero *nat. d.* 3, § 50 (bei Gelegenheit einer im 4. Jahrhundert spielenden Anekdote). — *Tenem, qui apud Tenedios sanctissimus deus habetur:* Cicero *Verr.* II 1 § 49.

Wiederholung eine Regel, ein für Alle giltiges 'Gesetz sich nicht ergeben konnte.

Der Heroenglaube, wie er sich allmählich entwickelt und ausgebreitet hatte, führt unstreitig weit ab von den Bahnen homerischer Gedanken über die Dinge nach dem Tode; er treibt nach der entgegengesetzten Richtung. Aber ein Glaube an die, in ihrem Wesen begründete Unsterblichkeit der menschlichen Seele, war mit dem Heroenglauben noch nicht gegeben, auch nicht (was noch etwas andres wäre) die Grundlage für einen allgemeinen Seelencult. Damit solche Erscheinungen, nach aber nicht aus dem Heroenglauben, hervortreten und dann neben dem ungeminderten Heroenglauben sich erhalten konnten, war eine Bewegung nöthig, die aus anderen Tiefen hervorströmte.

Der Seelencult.

————

Die griechische Bildung tritt uns in den homerischen Gedichten so allseitig entwickelt und in sich gerundet entgegen,
dass, wer keine weiter reichende Kunde hätte, meinen könnte,
hier sei die unter den gegebenen Bedingungen des eigenen
Volkswesens und der äusseren Verhältnisse den Griechen er-
reichbare Höhe eigenthümlicher Cultur endgiltig erreicht. In
Wahrheit stehen die homerischen Dichtungen auf der Grenz-
scheide einer älteren, zu vollkommener Reife gelangten Ent-
wickelung und einer neuen, vielfach nach anderem Maasse bestimmten Ordnung der Dinge. Sie selbst spiegeln in einem
idealen Bilde die Vergangenheit ab, die im Begriff stand, Abschied zu nehmen. Die tiefe Bewegung der darnach folgenden Zeiten können wir wohl an ihren endlichen Ergebnissen
ermessen, die in ihr wirksamen Kräfte an einzelnen Symptomen
errathen, in der Hauptsache aber gestattet die trümmerhafte
Ueberlieferung aus dieser Zeit der Umwandlungen uns kaum
mehr als das Vorhandensein aller Bedingungen einer gründ-
lichen Umgestaltung des griechischen Lebens deutlich zu erkennen. Wir sehen, wie bis dahin mehr zurückstehende
griechische Stämme in den Vordergrund der Geschichte treten,
auf den Trümmern des Alten neue Reiche, nach dem Rechte
der Eroberung gestaltet, errichten, ihre besondere Art der
Lebensstimmung zur Geltung bringen; wie in weit verbreiteten

Colonien das Griechenthum sich ausdehnt, in den Colonien, wie es zu geschehen pflegt, den Stufengang der Culturentwicke-lung in schnellerer Bewegung durchmisst. Handel und Gewerb-thätigkeit blühen auf, gesteigerte Bedürfnisse hervorrufend und befriedigend; neue Schichten der Bevölkerung dringen nach oben; das Regiment der Städte kommt in's Wanken, die alten Königsherrschaften werden abgelöst durch Aristokratie, Tyrannis, Volksherrschaft; in friedlichen und (namentlich im Osten) feind-lichen Berührungen tritt den Griechen fremdes Volksthum, auf allen Stufen der Culturentwicklung stehend, näher als bisher und übt mannichfachen Einfluss.

Inmitten dieser grossen Bewegung mussten auch dem geistigen Leben neue Triebe zuwachsen. Dass man in der That begann, von dem Herkömmlichen, der Ueberlieferung der, in dem Abbild der homerischen Gedichte scheinbar so fest auf sich selbst beruhenden alten Cultur sich abzulösen, zeigt sich am deutlichsten eben auf dem Gebiete der Poesie. Die Dichtung befreit sich von der Alleinherrschaft der epischen Form. Sie lässt ab von dem fest geregelten Rhythmus des epischen Verses; wie sie damit zugleich den gegebenen Vorrath geprägter Worte, Formeln und Bilder aufgibt, so verändert und erweitert sich ihr nothwendig auch der Kreis der An-schauungen. Der Dichter wendet nicht mehr den Blick ab von der eigenen Zeit und der eigenen Person. Er selbst tritt in den Mittelpunkt seiner Dichtung, und fur den Ausdruck der Schwingungen des eigenen Gemüthes findet er sich den eigen-sten Rhythmus, im engen Bunde mit der Musik, die erst in dieser Zeit ein wichtiges und selbständiges Element griechischen Lebens wird. Es ist, als entdeckten die Griechen nun erst den vollen Umfang ihrer Fähigkeiten, und wagten sich ihrer frei zu bedienen. Die Hand gewinnt im Laufe der Jahrhunderte immer voller die Macht, in jeder Art der Plastik jene Welt der Schönheit aus der Phantasie in die Sichtbarkeit überzu-führen, in deren Trümmern noch uns sinnfälliger und ohne vermittelnde Reflexion deutlicher als selbst in irgend welchen

litterarischen Leistungen das ewig Giltige griechischer Kunst
sich offenbart. Die Religion konnte nicht, allein unberührt von dem
allgemeinen Umschwung, im alten Zustande verharren. Noch
mehr freilich als auf anderen Gebieten ist uns hier das Innere
der Bewegung verborgen. Wir sehen manche äussere Veränderung, aber von dem treibenden Leben, das sie hervorrief,
schlagen kaum einzelne abgerissene Laute an unser Ohr. Leicht
erkennt man, bei einer Vergleichung der späteren Religions-
zustände mit den homerischen, wie sich die Objecte des
Cultus ungemein vermehrt haben, wie der Cultus sich reicher
und feierlicher gestaltet, im Bunde mit den musischen Künsten
das religiöse Festleben der griechischen Städte und Stämme
sich schön und vielgestaltig entwickelt. Tempel und Bildwerke
geben von der erhöheten Macht und Bedeutung der Religion
anschauliches Zeugniss. Dass im Inneren, im religiösen Glauben
und Denken, sich vieles neu gestaltete, müsste schon der weithin sichtbare Glanz des jetzt erst zu voller Wirkung gelangenden Orakels zu Delphi mit allen aus diesem geistigen
Centrum bestimmten Neubildungen des griechischen Religions-
lebens vermuthen lassen. In dieser Zeit bildete sich, unter
dem Einfluss der vertieften moralischen Empfindung, jene Umbildung auch der religiösen Welterklärung aus, die uns dann
bei Aeschylus und Pindar vollendet entgegentritt. Die Zeit war
entschieden „religiöser“ als die, in deren Mitte Homer steht.
Es ist als ob die Griechen damals eine Periode durchlebt hätten,
wie sie Culturvölkern immer einmal wiederkehren, wie auch die
Griechen sie später wiederholt erlebten: in denen der Sinn
aus einer wenigstens halb errungenen Freiheit von Beängstigung
und Beschränkung durch geglaubte unsichtbare Gewalten sich,
unter dem Einfluss schwerer Erlebnisse, zurücksehnt nach
einer Einhüllung in tröstliche, den Menschengeist mancher
eigenen Verantwortung entlastende Wahnvorstellungen.

Das Dunkel dieser Entwicklungszeiten verbirgt uns auch
das Werden und Wachsen eines von dem homerischen wesent-

lich verschiedenen Seelenglaubens. Die Ergebnisse der Entwicklung liegen uns klar genug vor Augen; und wir können noch unterscheiden, wie ein geregelter Seelencult und zuletzt ein in vollem Sinne so zu nennender Unsterblichkeitsglaube sich ausbilden im Gefolge von Erscheinungen, die theils das Emporkommen alter, in der vorigen Periode unterdrückter Elemente des religiösen Lebens bedeuten, theils den Eintritt ganz neuer Kräfte, die im Verein mit dem neugewordenen Alten ein Drittes aus sich hervorgehen lassen.

I.

Cultus der chthonischen Götter.

Was der vergleichenden Betrachtung in der nachhomerischen Religionsentwicklung wie ein neuer Bestandtheil entgegentritt, ist vornehmlich der Cult der chthonischen, d. h. im Inneren der Erde hausenden Götter. Und doch kann man nicht daran zweifeln, dass diese Gottheiten zum ältesten Besitze des griechischen Glaubens gehören, schon darum nicht, weil sie, an den Boden der Landschaft, die sie verehrt, gebunden, die ächtesten Localgötter, die wahren Heimathsgötter sind. Es sind Gottheiten, die auch Homer kennt; aber die Dichtung hat sie, aller landschaftlichen Beschränkung entkleidet, in ein fernes, lebenden Menschen unzugängliches Höhlenreich jenseits des Okeanos entrückt. Dort walten Aïdes und die schreckliche Persephoneia als Hüter der Seelen; auf das Leben und Thun der Menschen auf Erden können sie aus jener unerreichbaren Ferne keinen Einfluss üben. Der Cultus kennt auch diese Gottheiten nur nach ihren besonderen Beziehungen auf die einzelnen Landschaften, die einzelnen Cultusgemeinden. Von diesen verehrt eine jede, unbekümmert um ausgleichende Vorstellungen von einem geschlossenen Götterreiche (wie sie das Epos nährte), unbekümmert um gleiche, concurrirende Ansprüche der Nachbargemeinden, die Unterirdischen als nur ihrem Boden, ihrer Landschaft Angehörige; und erst in diesem localen Cultus zeigen die chthonischen Götter ihr wahres Gesicht, wie es der Glaube ihrer Verehrer schaute. Sie sind Götter einer sesshaften, ackerbauenden, binnenländischen Bevölkerung; unter dem Erdboden wohnend, gewähren sie den Bewohnern des Landes, das sie verehrt, ein Doppeltes: den Lebenden segnen sie den Anbau des Ackers, die Zucht der Feldfrüchte, und nehmen die Seelen der Todten auf in ihre Tiefe[1]. An einzelnen Orten senden sie auch Wahrsagungen von zukünftigen Dingen aus dem Geisterreiche empor.

Als der erhabenste Name unter diesen Unterirdischen begegnet uns der des Zeus Chthonios. Dies ist zugleich die allgemeinste und die exclusivste Bezeichnung des unterirdischen Gottes schlechtweg: denn diesen generellen Sinn der Bezeichnung des „Gottes" überhaupt hat, in Verbindung mit näher bestimmenden Beiwörtern, der Name „Zeus" in vielen Localculten bewahrt. Auch die Ilias nennt einmal den „unterirdischen Zeus"; aber ihr ist er nichts anderes als der Herr im fernen Todtenreiche, Hades, der auch in der hesiodischen Theogonie einmal „Zeus der Chthonische" heisst[2]. Aber das Ackerbaugedicht des Hesiod heisst den böotischen Landmann bei der Bestellung des Ackers um Segen beten zum chthonischen Zeus; „für die Feldfrucht" opferte man dem Zeus Chthonios auf Mykonos[3].

---

[1] Diese doppelte Wirksamkeit der χθόνιοι erklärt sich aus ihrer Natur als Geister der Erdtiefe auf das Natürlichste. Es ist gar keine Veranlassung, anzunehmen, dass die Einwirkung auf den Segen der Felder diesen Gottheiten erst nachträglich zugewachsen sei (mit Preller, *Dem. u. Perseph.* 188 ff., dem Manche gefolgt sind). Noch weniger Grund haben wir, die Hut der Seelen und die Sorge für die Feldfrucht in eine Art von allegorisirender Parallele zu setzen (Seele = Samenkorn), wie seit K. O. Müller ganz gewöhnlich geschieht.

[2] Ζεὺς καταχθόνιος Il. 9, 457. θεοῦ χθονίου — — ἰφθίμου ᾿Αίδεω Hes. *Th.* 767 f. Ersichtlich besteht hier kein Unterschied zwischen καταχθόνιος und χθόνιος, wie ihn Preller, *Dem. u. Pers.* 187 statuiren möchte.

[3] Hesiod. *Op.* 465 εὔχεσθαι δὲ Διὶ χθονίῳ Δημήτερί θ᾿ ἁγνῇ κτλ.

Häufiger als unter diesem allgemeinsten und erhabensten Namen[1] begegnet uns dieser Gott der Lebenden und Todten unter mancherlei Verhüllungen. Man nannte die Gottheiten der Erdtiefe am liebsten mit freundlichen Schmeichelnamen, die zu Gunsten des Erhabenen oder des Segensreichen ihres Waltens das Grauen, das die andere Seite ihres Wesens erregte, mit begütigendem Euphemismus verschleierten[2]. So hatte Hades viele wohlklingende Benennungen und Bei-

---

Es ist unzulässig, diesen Ζεὺς χθόνιος durch gewundene Erklärung (wie sie Lehrs, *Popul. Aufs.*[2], p. 298 f. vorträgt) zu etwas anderem als eben einem unterirdischen Zeus umzuwandeln. Der Gott der Unterwelt, von dem olympischen Zeus völlig verschieden (Ζεὺς ἄλλος Aeschyl.), ist hier ein Segensspender für den Landmann. In der Opferordnung von Mykonos (Dittenberger, *Syll. inscr.* 373, 26) wird vorgeschrieben zu opfern: ὑπὲρ καρπῶν (καμπῶν der Stein) Διὶ Χθονίῳ Γῇ Χθονίῃ ΔΕΡΤΑ μέλανα (δερτὰ wohl = *hostias pelle spoliatas* [Prott *Leg. Gr. sacr.* I p. 17]; wobei freilich die Hinzufügung der Farbe des nicht mehr sichtbaren Felles wunderlich ist) ἐτήσια; ξένῳ οὐ θέμις (ὑπὲρ καρπῶν gehört zu Διὶ etc., wie der auf dem Stein vor ὑπὲρ angebrachte Trennungsstrich beweist: s. *Bull. de corresp. hellén.* 1888, p. 460 f.). — Zeugnisse dieser Art lassen am deutlichsten erkennen, wie unrichtig es wäre, aus dem „Begriffe des Chthonischen" alle Segenskräfte auszuschliessen und das Chthonische lediglich als eine Macht des Todes und der Vernichtung in Natur- und Menschenwelt aufzufassen, mit H. D. Müller (dem denn auch jene Stelle der Ἔργα böse Schwierigkeiten macht: *Mythol. d. griech. St.* 2, 40). Nach einem abstract zu formulirenden Begriff des Chthonischen wird man überhaupt nicht zu suchen haben; fällt aber die segnende und belebende Thätigkeit auch noch in die Natur der χθόνιοι als solcher, so fällt freilich H. D. Müllers scharfsinnig ersonnene und verfochtene Theorie dahin, nach der das Chthonische nur Eine Seite des Wesens gewisser Gottheiten ausmachen soll, die daneben noch eine andere, positiv schaffende und segnende, olympische Seite haben.

[1] Ζεὺς χθόνιος zu Korinth: Paus. 2, 2, 8; zu Olympia: Paus. 5, 14, 8.

[2] So heisst Persephone Ἁγνή, Δέσποινα u. s. w. (Lehrs, *Popul. Aufs.* 288), auch Μελιτώδης, Μελίβοια; Μελινδία, Gattin des Hades: Malalas p. 62, 10 (ob Μελίνοια? wie Hekate Μειλινόη heisst, *h. Orph.* 71). Ἀρίστη χθονία Pariser Zauberbuch 1450. — Hekate Καλλίστη, Εὐκολίνη (κατ' ἀντίφρασιν, ἡ μὴ οὖσα εὔκολος Et. M.), die Erinyen Σεμναί Εὐμενίδες; ihre Mutter Εὐωνύμη (= Γῆ): Ister in Schol. Soph. *O. C.* 42 (aus gleicher Quelle Schol. Aeschin. 1, 188) u. s. w. Vgl. Bücheler, *Rhein. Mus.* 33, 16. 17.

namen[1]; so verehrte man den unterirdischen Zeus an vielen Orten unter dem Namen des Zeus Eubuleus, Buleus[2], anderswo, besonders in Hermione, als Klymenos[3]. Zeus Amphiaraos, Zeus Trophonios, die wir vorhin in ihrer heroisirten Gestalt betrachtet haben, sind nichts anderes als solche, mit ehrenvollen Beinamen benannte Erdgötter, die von ihrer Würde als vollgiltige Götter einiges eingebüsst[4] und nur die mantische Kraft desto stärker entwickelt haben. Auch Hades, der Herrscher im entlegenen Dunkelreiche, tritt in die Reihe dieser, je nach dem Orte ihrer Verehrung verschieden benannten Gestaltungen des Zeus

---

[1] Πολυδέκτης, Πολυδέγμων, ᾽Αγησίλαος (Kaibel, ep. gr. 195; s. Bentley ad Callim. lav. Pall. 130; Preller, Dem. u. Pers 192; Welcker, Gotterl. 2, 482), Εὐκλῆς (s. Bücheler, Rhein. Mus. 36, 332 f.) — Εὔκολος (entsprechend jenem Εὐκολίνη) fällt als Beiname des Hades fort, wenn Köhler, C. I. A. II 3, 1529 richtig umschreibt ῾Ηδύλος — Εὐκόλου.

[2] Cult des Ζεὺς Εὐβουλεύς auf Amorgos, Paros (Inss. cit. von Foucart., bull. de corresp. hell. 7, 402), des Ζεὺς Βουλεύς auf Mykonos (Dittenb., Syll. 373, 18; Ζεὺς Βουλαῖος. Ins v. Pergamon I 246, z. 49 gehört wohl nicht hierher), des Εὔβουλος (ursprünglich Beiname des Hades: Orph. Hymn. 18, 12) in Eleusis (neben ὁ θεός, ἡ θεά): Dittenb. (Syll. 13, 39. C. I. A. 2, 1620 c. d. (Zum menschlichen Hirten macht den Eubuleus die athenische Legende: Clemens Alex. Protr. p. 11 C D; Schol. Luc., Rhein. Mus. 25, 549) Εὐβουλεύς einfach = Hades: Nicand. Al. 14; Grabschrift aus Syros Kaibel, ep. 272, 9 u. ö. So wird auch der in Kyrene verehrte Ζεὺς Εὐβουλεύς (Hesych. s. Εὐβ.) ein Ζεὺς χθόνιος gewesen sein. Eubuleus ist auch Beiname des Dionysos als Zagreus (Iakchos), d. h. des unterweltlichen Dionys. — Uebrigens, woher diese Bezeichnung des Unterweltgottes als „wohl berathender" (boni consilii praestitem, wie Macrob. Sot. 1, 18, 17 Εὐβουλῆα übersetzt)? schwerlich, weil er sich selbst besonders guten Rath weiss (so fasst den Sinn des Beinamens Diodor 5, 72, 2). Sondern wohl, weil er Orakelgott ist, als solcher Anfragenden guten Rath ertheilt. So heisst als Orakelgott Nereus bei Pindar, P. 3, 92 εὔβουλος; ebenso Isthm. 7, 32: εὔβουλος Θέμις.

[3] Lasos, fr. 1 (Bergk, lyr.[4] 3, 376) u. s. w. — Weihung dem Κλύμενος aus Athen: C. I. Gr. 409. — Hesych. Περικλύμενος᾽ ὁ Πλούτων (nicht zufällig heisst auch der zauberhaft begabte Sohn des Neleus Periklymenos). Klymenos = Hades Kaib. epigr. topid 522 a, 2.

[4] Der Name Τρεφώνιος, Τροφώνιος deutet noch darauf hin, wie man einst eine Förderung der Nährkraft der Erde von diesem Ζεὺς χθόνιος erhoffte. In dem Trophonioscult der späteren Zeit hat sich keine Spur solchen Glaubens erhalten.

Chthonios. Als dem Könige über die Schatten im Erebos, wie ihn Homer kennt, sind ihm Altäre und Opfer nicht gewidmet[1], wohl aber als dem Localgotte einzelner Landschaften. Im Peloponnes hatte man Cultstätten des Hades in Elis, in Triphylien[2], Sitzen einer sehr alten Cultur; und es ist glaublich genug, dass aus jenen Gegenden auswandernde Stämme und Geschlechter zur Verbreitung des bei ihnen heimischen Dienstes des chthonischen Gottes über andere griechische Länder beigetragen haben[3]. Auch Hades wird seinen peloponnesischen Verehrern ein Gott des Erdsegens nicht minder als der Todten gewesen sein[4], sogut wie er Herr der Seelen auch da ist, wo man, „aus Scheu vor dem Namen Hades"[5], ihn nur nach seiner segenspendenden Kraft benannte als Pluton, Pluteus, Zeus Pluteus.

Die Sorge für die Lebenden und die Todten theilt die weibliche Gottheit der Erdtiefe, mit dem Namen der Erde selbst, Gaia, Ge, benannt. Wo sie verehrt wurde, hoffte man von ihr Segen des Landbaues, aber auch die Herrschaft über die Seelen stand ihr zu, mit denen gemeinsam man sie anrief und ihr opferte[6]. Ihre Heiligthümer blieben in Ehren, nament-

---

[1] ἐν οὐδεμιᾷ πόλει "Αιδου βωμός ἐστιν. Αἰσχύλος φησίν· μόνος θεῶν γὰρ Θάνατος οὐ δώρων ἐρᾷ κτλ. (fr. 161 N.): Schol. A. B. Il. I 158.

[2] In Elis ἱερὸς τοῦ "Αιδου περίβολός τε καὶ ναός Paus. 6, 25, 2. Cult der Demeter und Kore und des Hades in dem sehr fruchtbaren Triphylien: Strabo 8, 344.

[3] Kaukonen aus Pylos, an ihrer Spitze Neliden, kommen nach Attika; Zusammenhang mit dem Cult der χθόνιοι in Phlya, in Eleusis. S. K. O. Müller, Kl. Schr. 2, 258. Einige geschichtliche Grundlage mögen solche Berichte haben. Die ausgeführten Darstellungen von H. D. Müller, Mythol. d. Gr. St. 1, cap. 6; O. Crusius in Ersch u. Grubers Encyklop. u. „Kaukones" rechnen freilich mit zu vielen unsicheren Factoren, als dass die Resultate irgendwelche Sicherheit haben könnten.

[4] "Αιδης — τοῖς ἐνθάδε τοσαῦτα ἀγαθὰ ἀνίησιν: Plato Cratyl. 403 E. Ὁ "Αιδης οὐ μόνον τὰς ψυχὰς συνέχει, ἀλλὰ καὶ τοῖς καρποῖς αἴτιός ἐστιν ἀναπνοῆς καὶ ἀναδόσεως καὶ αὐξήσεως: Schol. B L. Il. O 188.

[5] Οἱ πολλοὶ φοβούμενοι τὸ ὄνομα Πλούτωνα καλοῦσιν αὐτόν (τὸν "Αιδην) Plato Cratyl. 403 A.

[6] An den Genesia (Nekysia) Opfer für Ge und die Todten: Hesych.

lich zu Athen und an dem Stammsitze uralter Götterdienste, zu Olympia[1]. Aber ihre Gestalt scheint aus der riesenhaften Unbestimmtheit der Götter ältester Vorzeit nicht völlig zu festerer Deutlichkeit umgebildet worden zu sein. Erdgöttinnen jüngerer und klarerer Bildung verdrängen sie; am längsten hält sie die mantische Kraft fest, die sie aus der Erdtiefe, dem Sitze der Geister und Seelen, an alten Orakelstätten heraufsendet, aber auch hierin räumt sie Orakelgöttern anderer Art, wie Zeus und Apollo, vielfach den Platz. Ein Dichter nennt sie wohl einmal neben dem grossen Herrn der Unterwelt[2]; im lebendigen Cultus begegnet sie selten in den Gruppen männlicher und weiblicher Gottheiten chthonischen Charakters, die an vielen Orten gemeinsam verehrt wurden. Vor Allem in Hermione blühte seit Alters ein heiliger Dienst der unterirdischen Demeter, in Verbindung mit dem des unterirdischen Zeus unter dem Namen Klymenos, und der Kore[3]. An anderen

---

s. Γενέσια. — χοαὶ Γῇ τε καὶ φθιτοῖς, Aeschyl. *Pers.* 220; bei Seelenbeschwörung Anrufung des Hermes, der Ge und des Aïdoneus: Aesch. *Pers.* 628 ff., 640 ff.; vgl. *Choeph.* 124 ff. — Auf Defixionen Anrufung des Hermes und der Γῇ κάτοχος: *C. GI. r.* 528. 529.

[1] Γαῖος in Olympia: Paus. 5, 14, 10; vgl. E. Curtius, *Die Altare v. Olympia*, p. 15. — Auf Kos hätte man angeblich einst die Ge μόνην θεῶν verehrt: Anton. Lib. 14 (nach Boios). Neben Ζεὺς Χθόνιος wird Γῇ χθονίη verehrt auf Mykonos: Dittenb. *Syll.* 373, 26.

[2] πότνια Γῇ Ζαγρεῦ τε, θεῶν πανυπέρτατε πάντων, Alkmaeonis *fr.* 3 (Kink).

[3] Cult des Klymenos und der Demeter Χθονία (ihr Fest Χθόνεια: s. auch Aelian, *h. an.* 11, 4) in Hermione: Paus. 2, 35, 4 ff. (Von Hermione, meint Paus. 3, 14, 5, sei der Dienst der Dem. Χθονία nach Sparta übertragen, was richtig sein könnte.) Auch die Kora, als Μελίβοια, nennt daneben Lasos von Hermione, *fr.* 1 (p. 376 Bgk.). Weiheinschriften (*C. I. Gr.* 1194—1200) nennen neben der Demeter Chthonia auch wohl den Klymenos und die Kora. Einmal (*Bull. de corresp. hellén.* 1889, p. 198, N. 24) nur Δάματρι, Κλυμένῳ. Demeter war offenbar die Hauptgöttin: vgl. *C. I. Gr.* 1193. — Da die Verehrung der Damater Chthonia den Hermionensern und den Asinäern gemeinsam war (*C. I.* 1193), so wird man glauben dürfen, dass dieser Cult dem Stamme der in Hermione mit Doriern vermischten, aus dem argolischen Asine von den Doriern vertriebenen Dryoper ursprünglich angehörte. An das Wahngebilde

Orten verehrte man Pluton und dieselben zwei Göttinnen, oder
Zeus Eubuleus und die gleichen u. s. w. [1]. Die Benennungen
des unterirdischen Gottes wechseln und schwanken, unwandel-

---

irgend welcher, von den dryopischen Einwanderern einst verdrängten
„Pelasger" die Ursprünge des Demetercultes jener Gegenden anzuknüpfen,
ist gar keine Veranlassung.

[1] Man verehrte gemeinsam: Zeus Eubuleus, Demeter, Kore auf
Amorgos; Zeus Eubuleus, Demeter thesmophoros, Kore, Here, Babo auf
Paros; Pluton, Demeter, Kore, Epimachos, Hermes in Knidos; Pluton und
Kore in Karien. S. die Nachweise bei Foucart, *bull. de corresp. hell.* 7,
402 (von dessen eignen Ausführungen ich mir nichts aneignen kann).
Auf Delos Demeter, Kore, Zeus Eubuleus: *Bull. corr. hell.* 14, 505, A. 4.
Ebenso in Korinth Pluton, Demeter und Kore: Paus. 2, 18, 3; Hades,
Demeter und Kore in Triphylien: Strabo 8, 344. Man beachte auch den
Götterkreis zu Lebadea im Trophonioscult: Paus. 9, 39. — In Eleusis
verehrte man neben Demeter und Kore auch den Pluton: *C. I. A.* 2,
834 b. Es gab aber eben dort noch andere Gruppen gemeinsam ver-
ehrter χθόνιοι: abermals τὼ θεώ, mit Triptolemos verbunden, und eine
zweite Trias: ὁ θεός, ἡ θεά und Eubuleus. *C. I. A.* 4, 27 b; 2, 1620 b c;
3, 1108. 1109. Diese zweite Trias, die auf dem Steine, *C I. A.* I 5 (aus
dem Anfang des 5. Jahrh.) noch nicht mitgenannt wird, mag in eleusinischen Staatscult erst nachher aufgenommen worden sein (s. Ziehen, *Leg.
Graec. sacr.* [Dissert.] p. 9. 10). Die unbestimmt bezeichneten θεός und
θεά mit den Namen bestimmter chthonischer Gottheiten benennen zu
wollen (wie z. B. Kern, *Ath. Mitth.* 1891, p. 5. 6 versucht), ist ein
fruchtloses Bemühen. Nach Löschke, *Die Enneakrunosepis. bei Paus.*,
p. 15. 16 wären jene eleusinischen Gottheiten nach Athen übertragen,
an der Eumenidenschlucht angesiedelt und statt ὁ θεός, ἡ θεά und Eu-
bulus benannt worden Hermes, Ge und Pluton. Aber diese dort nach
Paus. 1, 28, 6 zugleich mit den Σεμναί verehrten Gottheiten mit dem
eleusinischen Götterkreise in Verbindung zu setzen, veranlasst im Grunde
nichts weiter als die Identificirung der Σεμναί mit Demeter und Kore,
und diese beruht auf nichts anderem als einem Einfall K. O. Müller's
(*Aesch. Eumen.*, p. 176), der auch dann noch in der Luft schweben
würde, wenn die Combinationen uber „Demeter Erinys", mit denen er in
Verbindung gebracht ist, nicht auf gar so unsicherem Fundamente ruhten.
(Den eleusinisch-athenischen Eubuleus mit Pluton zu identificiren, ist schon
darum unthunlich, weil in dem chthonischen Cult jener Orte Εὐβουλεύς,
ursprünglich wirklich der Name eines unterirdischen Gottes, sich zu
dem Namen eines Heros entwickelt hat, der nunmehr neben den
chthonischen Göttern steht.) — Mit der scheuen Bezeichnung ὁ θεός, ἡ
θεά lässt sich vergleichen die Anrufung auf einer defixio aus Athen,
C. I. Gr. 1034: δαίμονι χθονίῳ καὶ τῇ χθονίᾳ καὶ τοῖς χθονίοις πᾶσι κτλ.

bar kehren die Namen der Demeter und ihrer göttlichen Tochter wieder. Einzeln oder zusammen, und im Verein mit anderen verwandten Gottheiten verehrt, nehmen diese zwei Göttinnen bei weitem die erste Stelle im Cult der Unterirdischen ein. Der Glanz und die weite und dichte Verbreitung ihres Cultes über alle griechischen Städte des Mutterlandes und der Colonien beweist mehr als irgend etwas anderes, dass seit homerischer Zeit eine Wandlung auf dem Gebiete des religiösen Gefühls und des Gottesdienstes vorgegangen sein muss. Homer giebt weder von der Art noch der Bedeutung des späteren Cultes der Demeter und Persephone eine Ahnung. Ihm ist Persephone einzig die ernste, unnahbare Königin im Todtenreiche, Demeter durchaus nur eine Göttin des Ackersegens[1], gesondert vom Kreise der Olympier, aber auch von engerer Gemeinschaft mit der Tochter fehlt jede Andeutung[2]. Jetzt treten, in bewegtem Hin und Wieder, die beiden Göttinnen in nächste Verbindung, und es ist als tauschten sie gegenseitig etwas von ihren früher gesonderten Eigenschaften aus: beide sind nun chthonische Gottheiten, des Ackersegens und der Obhut der Seelen gemeinsam waltend. Wie sich im Einzelnen die Wandlung vollzogen hat, können wir nicht mehr erkennen. Von einzelnen Mittelpunkten des Cultus der zwei Göttinnen, der namentlich im Peloponnes seit uralter Zeit bestand[3], mag sich in dem Jahrhundert der

---

[1] Vgl. Mannhardt, *Mythol. Forschungen* (1884), p. 225 ff.

[2] Dass aber schon dem Homer Persephone Tochter der Demeter und des Zeus ist, lässt sich nicht leugnen. Mit Verweisung auf Il. Ξ 326, Od. λ 217 hatte Preller's Zweifel schon K. O. Müller, *Kl. Schr.* 2, 91 kurz und treffend abgewiesen: gleichwohl halt H. D. Müller in seiner Reconstruction des Demetermythus daran fest, dass die vom Hades entführte Göttin erst nachträglich zur Tochter der Demeter gemacht worden sei. — Die homerischen Gedichte scheinen die Sage vom Raube der Persephone durch Aïdoneus zu kennen, aber noch nicht (was in dem eleusinischen Glaubenskreise das Wichtigste wurde) die Geschichte von der periodischen Wiederkehr der Geraubten auf die Oberwelt. Vollkommen überzeugend redet über die viel verhandelte Frage Lehrs, *Popul. Aufs.*[2], p. 277 f.

[3] Alt ist der Demetercult auch in Phthiotis (— Πύρασον, Δήμητρος

grossen Völkerverschiebungen ein von dem homerisch-ionischen wesentlich verschiedener Glaube verbreitet haben, wie denn in späterer Zeit die besondere Gestaltung des in Eleusis gepflegten Cultus der eng verbundenen Göttinnen sich durch förmliche Missionen weithin ausgearbeitet hat. Es scheint auch, dass Demeter, in deren Namen schon man eine zweite „Mutter Erde" wiedererkennen wollte, sich hier und da im Cultus an die Stelle der Gaia setzte und damit in innigere Beziehung zu dem Reiche der Seelen in der Erdtiefe trat.

2.

Wie sich die Zahl der Unterirdischen vermehrte, ihr Cult sich hob und ausdehnte, gewannen diese Gottheiten eine ganz andere Bedeutung für die Lebenden als einst für die Griechen des homerischen Zeitalters. Oberwelt und Unterwelt sind einander näher gerückt, das Reich der Lebenden grenzt an jenes jenseitige Land, dessen die chthonischen Götter walten. Der alte Glaube, dass in Erdhöhlen der eigenen Landschaft, die man bewohnt und bebaut, der Gott, nicht unerreichbar, hause, bricht hier und da hervor, nicht mehr völlig durch den dichterischen Glanz der allein herrschenden olympischen Götterwelt verschüchtert. Wir haben in einem früheren Abschnitt von Amphiaraos bei Theben, von Trophonios in der Höhle bei Lebadea, von dem Zeus in der idäischen Höhle geredet, auch von jenem Zeus, den Hinabsteigende in einer Höhle in Epirus thronen sahen. Dies sind Rudimente desselben Glaubens, der ursprünglich allem localen Cultus der Unterirdischen zu Grunde liegt. Das Reich der chthonischen Götter, der Geister und Seelen schien in der Nähe zu sein. „Plutonien", d. h.

τέμενος, Il. B 695 f. — ἔχουσαι ᾿Αντρῶνα πετρήεντα hymn. Cer. 490), auf Paros, auf Kreta. Dass sich der Gang der Ausbreitung des Demetercultes im Einzelnen nachweisen lasse (wie mehrfach versucht worden ist), ist eine der auf diesen Gebieten gewöhnlichen Illusionen, die ich nicht theilen kann.

directe Eingänge zur Unterwelt hatte man an manchen Stellen [1],
Psychopompeia, Felsschluchten, durch welche die Seelen herauf

---

[1] Aornon und νεκυομαντεῖον (ψυχοπομπεῖον Phot. s. Θεοὶ Μολοττικοί;
vgl. Append. prov. 3, 18. Eustath. Od. κ. 514) zu Ephyre am Fl.
Acheron in Thesprotien, aus Herodots Erzählung von Periander bekannt
(Her. 5, 92). Dort war die Einfahrt des Orpheus in die Unterwelt locali-
sirt. Paus. 9, 30, 6 (vgl. auch Hygin. *fab.* 88, p. 84, 19. 20 Schm.) —
Eingang zum Hades am Taenaron, durch den Herakles den Kerberos
heraufgeschleppt hatte (Schol. Dion. Per. 791 etc), mit ψυχομαντεῖον: vgl.
Plut. *ser. num. vind.* 17 p. 560 E (sonst Stat. *Theb.* 2, 32 ff., 48 f. u. s. w.).
— Aehnlicher Hadeseingang zu Hermione: s. unten; καταβάσιον ᾅδου bei
Aigialos (= Sikyon): Callimach. *fr.* 110. — Bei Phigalia in Arkadien ein
ψυχομαντεῖον, befragt vom König Pausanias: Paus. 3, 17, 9. — Berühmter
ist das ψυχομαντεῖον bei Heraklea Pont.: s. *Rhein. Mus.* 36, 556 (auch
hier war Kerberos zu Tage gekommen: Pomp. Mela I § 103). Dorthin
wendete sich Pausanias nach Plutarch *ser. num. vind.* 10; *Cimon.* 6. —
Altberühmt (wohl schon von Sophokles [*fr.* 682] erwähnt) das Πλουτώνιον
und ψυχομαντεῖον bei Cumae in Italien: vgl. *Rhein. Mus.* 36, 555 (ein
italischer Grieche wendet sich an τι ψυχομαντεῖον. Plut. *Consol. Apoll.* 14
p. 109 C.) — Dann die asiatischen Πλουτώνια und Χαρώνεια: bei Acharaka
in Karien (Strabo 14 p. 649. 650), bei Magnesia am Mäander (ἄορνον
σπήλαιον ἱερόν, Χαρώνιον λεγόμενον Strabo 14, 636), bei Myus (Strabo 12,
579. Dies wird τὸ ἐν Λάτμῳ ὄρυγμα sein, dessen unter anderen Χαρώνια
gedenkt Antig. Caryst. *mirab.* 123; der daneben genannte Κίμβρος καλού-
μενος ὁ περὶ Φρυγίαν βόθυνος mag wohl, wie Keller z. Antig. vermuthet,
der von Alkman bei Strabo 12, 580 erwähnte βόθυνος Κερβήσιος ἔχων
ὀλεθρίους ἀποφοράς in Phrygien sein. Vielleicht ist dieser — nach den
Korybanten genannt? s. Bergk zu Alkman *fr.* 82 — nicht verschieden
von der Höhle in Hierapolis); vor Allem die Orakelhöhle im Πλουτώνιον
zu Hierapolis in Phrygien (in die, ohne von den ausströmenden Dun-
sten getödtet zu werden, sich nur die Galli der Grossen Mutter, die
Matris Magnae sacerdos, wagen konnten: Strabo 13, 629. 630. Plin. *n.
h.* 2, § 208). Sie befand sich unter einem Tempel des Apollo, ein rich-
tiges καταβάσιον ᾅδου, gläubigen τετελεσμένοι allenfalls zugänglich: s. den
sehr merkwürdigen Bericht des Damascius, *V. Isid.* p. 344 b 35—345 a,
27 Bk. (In Hierapolis Cult der Echidna: s. Gutschmid, *Rhein. Mus.* 19,
398 ff. Auch dies ist ein chthonischer Cult: νέρτερος Ἔχιδνα Eurip.
Phoen. 1023; Echidna unter den Schrecken des Hades: Aristoph. *Ran.*
473.) — Dies sind die *mortifera in Asia Plutonia, quae vidimus*: Cic.
de divin. 1, § 79 (vgl. Galen. 3, 540; 17, 1, 10). — Hadeseingänge hatte
man aber auch überall da, wo man die Höhle zeigte, durch die Aïdoneus, als er die Kore raubte, herauffuhr oder hinabfuhr. So bei Eleusis
(τόθι περ πύλαι εἰσ' Ἀίδαο h. Orph. 18, 15): Paus. 1, 38, 5, bei Kolonos
(Schol. Soph. *O. C.* 1590. 1593), bei Lerna (Paus. 2, 36, 7), bei Pheneos

an's Licht gelangen konnten. Inmitten der Stadt Athen galt die Schlucht am Areopag als Sitz der Unterirdischen[1]. Am deutlichsten war die, in den homerischen Gedichten vorausgesetzte Trennung der Lebenden von den Unterirdischen aufgehoben in Hermione. Dort lag hinter dem Tempel der Chthonia ein heiliger Bezirk des Pluton, des Klymenos mit einer Schlucht, durch die einst Herakles den Kerberos heraufgeholt hatte, und ein „Acherusischer See"[2]. So nahe schien das Reich der Seelen, dass ihren Todten die Hermionenser den üblichen Fährgroschen für Charon, den Fergen der Unterwelt, nicht mitgaben[3]: für sie, denen der Acheron im eigenen Lande lag, gab es kein trennendes Gewässer zwischen der Heimath der Lebenden und der Abgeschiedenen.

(ein χάσμα ἐν Κυλλήνῃ: Conon *narrat.* 15), wohl auch auf Kreta (vgl. Bacchyl. bei Schol. Hes. *Theog.* 914); bei Enna auf Sicilien (ein χάσμα κατάγειον: Diodor 5, 3, 3; Cic. *Verr.* 4, § 107), bei Syracus an der Quelle Kyane (Diod. 5, 4, 2); bei Kyzikos (Propert. 4, 22, 4).

[1] Die Σεμναί wohnen dort in dem χάσμα χθονός (Eurip. *El.* 1266f.) am Ostabhang des Hügels.

[2] Paus. 2, 35, 10. Der Tempelbezirk war ein Asylon. Phot. *lex.* s. Ἑρμιόνη; Bekk. *anecd.* 256, 15. Zenob. *prov.* 2, 22 (Aristoph. Βαβυλ.). — Den Kerberos bringt Herakles zu Hermione an's Licht: Eurip. *Herc. fur.* 615. Einen Acheron, auch wohl eine Ἀχερουσιὰς λίμνη, hatte man auch in Thesprotien, Triphylien, bei Heraklea am Pontos, bei Cumae, bei Cosentia in Bruttium. Alles Stätten alten Hadescultes und grosser Nähe der Unterwelt.

[3] Strabo 8, 373 (das Gleiche berichtet Kallimachos *fr.* 110 von den Einwohnern von Αἰγιαλός [wohl == Sikyon; dort Demetercult: Paus. 2, 11, 2. 3; vgl. 2. 5, 8. Hesych. ἐπωπίς· Δημήτηρ παρὰ Σικυωνίοις], wo ebenfalls ein καταβάσιον ᾅδου war). — „Hermione" scheint eine Art von appellativer Bedeutung gewonnen zu haben. In den Orphischen *Argonautica* wird in den fabelhaften Nordwesten Europas, in die Nähe des goldenströmenden Acheron eine Stadt Hermioneia verlegt, in der (wie stets an den Rändern der οἰκουμένη) wohnen γένη δικαιοτάτων ἀνθρώπων, οἶσιν ἀποφθιμένοις ἄνεσις ναύλοιο τέτυκται u. s. w. (1135—1147). Hier liegt also Hermione unmittelbar an dem Lande der Seelen und der Seligkeit, das den alten Einwohnern der peloponnesischen Stadt vielmehr im Bereich ihrer eigenen Heimath zu liegen schien. — Seltsam Hesych. Ἑρμιόνη· καὶ ἡ Δημήτηρ καὶ ἡ Κόρη ἐν Συρακούσαις. Gab es auch dort einen Ort Hermione? s. Lobeck, *Paralip.* 299.

Wichtiger als diese Näherrückung des dunklen Reiches (dessen örtliche Fixirung doch zumeist der Phantasie überlassen geblieben sein wird) ist, dass die Unterirdischen der Empfindung wieder näher traten. Die Gedanken wenden, an so vielen Festen und Gedenktagen, sich häufiger in's Jenseits hinüber; die Götter, die dort herrschen, verlangen und lohnen die Verehrung des Einzelnen wie der Stadt. Und im Gefolge der chthonischen Götter, stets nahe mit ihnen verbunden, finden die Seelen der Todten einen Cult, der in Vielem über die Sitte der homerischen Zeit hinausgeht.

II.

Pflege und Verehrung der Todten.

Die nächste Verpflichtung der Ueberlebenden gegen den Verstorbenen ist die, den Leib auf die übliche Weise zu bestatten. Diese Zeit nimmt es hiermit ernster als die homerische: während bei Homer es vorkommt, dass im Kriege gefallenen Feinden das Begräbniss versagt wird, gilt es jetzt als eine religiöse Pflicht, die selten verletzt wird, die Leichen der Feinde zur Bestattung auszuliefern. Vollends Angehörige der eigenen Stadt der Grabesehren zu berauben, ist äusserster Frevel; man weiss, wie furchtbar an den Feldherren in der Arginusenschlacht das aufgeregte Volk von Athen eine solche Vernachlässigung rächte. Nichts entbindet den Sohn von der Verpflichtung, den Vater zu bestatten und ihm die Grabesspenden zu widmen[1]. Entziehen sich dennoch die Angehörigen dieser Pflicht, so gebietet in Athen dem Demarchen das Gesetz, für die Bestattung der Mitglieder seines Demos zu sorgen[2].

---

[1] Der Sohn hat gegen den Vater, wenn dieser ihn zur Unzucht vermiethet, nicht mehr die Pflicht der Ernährung und Beherbergung im Leben: ἀποθατόντα δ' αὐτὸν θαπτέτω καὶ τἆλλα ποιείτω τὰ νομιζόμενα. Solon. Gesetz bei Aeschines, *Timarch* 13.

[2] Demosthenes 43, 57. 58.

Ueber das Gesetz hinaus reicht die religiöse Anforderung. Bei dem heiligen Ackerfeste der Demeter rief der Buzyges zu Athen einen Fluch aus über die, welche einen Leichnam unbestattet liegen liessen[1]. Was die chthonischen Götter so in ihren Schutz stellten, ist nicht eine Maassregel der Gesundheitspolizei; nicht dieser, sondern einzig den „ungeschriebenen Satzungen" der Religion genügt Antigone, wenn sie die Leiche des Bruders mit leichtem Staube bedeckt: schon die symbolische Bestattung wendet den „Greuel" (ἄγος) ab. Regungen reiner Pietät mögen sich angeschlossen haben; aber die eigentlich bestimmende Vorstellung war jene schon in der Ilias begegnende[2], dass die Seele des Unbestatteten im Jenseits keine Ruhe finde. Sie geht als Gespenst um, ihr Zorn trifft das Land, in dem sie widerwillig festgehalten ist, so dass die Verhinderung des Begräbnisses „schlimmer wird für die Hindernden als für die des Begräbnisses nicht theilhaftig Gewordenen"[3]. Hingerichtete Verbrecher wirft der Staat wohl unbestattet in eine Grube[4], Vaterlandsverräthern und Tempelräubern versagt er die Bestattung in der Heimatherde[5], und das ist eine furcht-

---

[1] Schol. Soph. *Antig.* 255. Philo bei Euseb. *pr. ev.* 8, 358 D. 359 A. S. Bernays *Berichte der Berl. Akad.* 1876, p. 604, 606 f.

[2] Il. 23, 71 ff.

[3] Isokrates 14, 55.

[4] Das βάραθρον in Athen, den Καιάδας in Sparta. Doch wurde oft die Leiche den Angehörigen ausgeliefert zur Bestattung, und überhaupt sollte die Versagung der Bestattung jedenfalls nur eine temporäre sein; es ist undenkbar, dass man die Leichen in freier Luft habe verfaulen lassen wollen.

[5] Athenisches Gesetz: Xen. *Hell.* 1, 7, 22; allgemein griechisches Recht wenigstens in Bezug auf Tempelräuber: Diodor. 16, 25. Beispiele der Handhabung dieses Gesetzes aus dem 5. und 4. Jahrhundert bespricht W. Vischer, *Rhein. Mus.* 29, 446 ff. — Selbstmördern wurden an einigen Orten die Grabesehren vorenthalten (in Theben, auf Cypern), auch in Athen bestand der Brauch, die Hand des Selbstmörders abzuhauen und für sich zu bestatten (Aesch. *Ktes.* 244. Dies Strafe der αὐτόχειρες. Erhungerung schien leidlicher und kam vielleicht darum so oft als Selbstmordart vor). S. Thalheim, *Gr. Rechtsalt.* p. 44 f. Vielleicht dass also doch die, von den Aufgeklärten späterer Zeit durchaus nicht getheilten

bare Strafe: denn, wird auch der Verbannte in der Fremde bestattet[1], so fehlt doch seiner Seele dort die dauernde Pflege, wie sie, im Seelencult, nur die Familie ihren verstorbenen Angehörigen daheim widmet und nur an der Stelle, wo deren Ueberreste ruhen, widmen kann[2].

Was uns von einzelnen Gebräuchen der Bestattung bekannt ist, weicht in den Grundzügen von dem, was sich im homerischen Zeitalter als durch den Glauben nicht mehr völlig erklärte Sitte erhalten hatte, nicht wesentlich ab. Was uns als neues entgegentritt, mag zumeist auch nur neubelebter uralter Gebrauch sein. In einzelnen Zügen macht sich die Heiligkeit des Actes deutlicher bemerkbar.

Der Leichnam wird, nachdem Auge und Mund von der Hand des nächsten Verwandten geschlossen sind, von den Frauen aus der Verwandtschaft gewaschen und gesalbt, in reine Ge-

---

religiösen Bedenken der Pythagoreer (und Platoniker) gegen die Selbstbefreiung aus einem unerträglich gewordenen Leben auf populärer Empfindung und Glaubensweise beruhten. (Dass aber der Leiche des Selbstmörders nur Begräbniss, nicht Verbrennung zugestanden werden dürfe, lässt sich als alter Glaube nirgends nachweisen. Aias wurde nach der Ἰλιὰς μικρά nach seinem Selbstmord begraben, nicht verbrannt διὰ τὴν ὀργὴν τοῦ βασιλέως [fr. 3; Apollodor. *bibl. epit.* 5, 7]: die Fabelei des Philostratus [*Heroic.* p. 188, 30 ff. Kays.], dass Kalchas das Verbrennen von Selbstmördern für nicht ὅσιον erklärt habe, aus dem alten Gedicht abzuleiten [mit Welcker, *Kl. Schr.* 2, 291], haben wir gar keine Veranlassung.)

[1] Vgl. die Worte des Teles περὶ φυγῆς bei Stob. *Flor.* 40, 8 (I p. 745, 17 ff.: Hens); auch das Wort des Krates Cyn. an Demetrius von Phaleron, bei Plut. *adul. et am.* 28 p. 69 C/D. Beachtenswerth ist übrigens, dass im 4. und noch im 3. Jahrhundert eine Widerlegung der Meinung: ὅμως δὲ τὸ ἐπὶ ξένης ταφῆναι ὄνειδος noch nothwendig war. Später, als der von den Cynikern (und nach ihrem Vorbild von Teles) gepredigte Kosmopolitismus wirklich Gemeingut geworden war, schienen auch in Schriften περὶ φυγῆς besondere Trostgründe gegen den Schmerz der Beerdigung in der Fremde nicht mehr nöthig zu sein, weder dem stoisirenden Musonius noch dem platonisirenden Plutarch. (Vgl. auch Philodem. π. θανάτου p. 33. 34. Mekl.)

[2] Dies ist der Grund, warum so vielfach die Gebeine oder die Asche eines in der Fremde Gestorbenen von den Angehörigen eingeholt und daheim beigesetzt worden sind. Beispiele bei Westermann zu Demosthen. *gegen Eubul.* § 70 (vgl. noch Plutarch *Phoc.* 37).

wänder gekleidet und zu feierlicher Ausstellung im Inneren des Hauses auf dem Lager gebettet. In Athen breitete man, aus einem superstitiösen Grunde, der Leiche Origanon unter [1]; auch legte man ihr vier gebrochene Weinreben unter, wie denn auch im Grabe der Leichnam auf Weinreben gebettet wurde [2]; unter das Lager wurden Salbgefässe jener schlanken Bildung gestellt, wie sie die Gräber so zahlreich zurückgegeben haben, an die Thüre des Gemaches zur Reinigung der durch die Annäherung an den Leichnam religiös Befleckten, wenn sie das Haus wieder verlassen, ein Wassergefäss voll reinen, aus fremdem Hause entlehnten Wassers [3]. Cypressenzweige, an der

---

[1] Aristoph. *Eccl.* 1030. Origanon (Doste, weisser Thymian) hat apotropäische Kraft; es verscheucht böse Geister. Die Alten wussten von der Kraft dieser Pflanze, Schlangen, Ameisen und anderes Ungeziefer zu verscheuchen (Aristot *h. an.* 4, 8 p. 534 b, 22 [Plin. *n. h.* 10, 195]; Theophrast. *Caus. Plant.* 6, 5, 1; Dioscorid. *mat. med* 3, 29; I p. 375 Spr., *Geopon.* 12, 19, 7; vgl. Nicolas ad *Geopon.* 13, 10, 5). Neuerer Aberglaube verwendet sie, um Wichtel und Nixen, Hexen und Gespenster fernzuhalten (Grimm, *D. Mythol.*[4] p. 1015; III p. 471, n. 980). Legt man Doste und Tarant den Wöchnerinnen bei, so können ihnen die Volande und Gespenster nichts thun, „weil solche Kräuter diesen zuwider". (J. Chr. Männlingen bei Alwin Schultz, *Alltagsleben e d Fr u im 18. Jahrh.* p. 195 f.). Beide Wirkungen hängen zusammen. Durch scharfen Geruch von Kräutern und verbrannten Stoffen werden so Schlangen wie *nocentes spiritus, monstra noxia* verscheucht: Pallad. *de re rust.* 1, 35 (p. 45 Bip.). Die *monstra noxia* wohl eben, sofern sie in Gestalt von Schlangen oder Insekten der Leiche sich nähern möchten (wie jenes Leichengespenst bei Apuleius, *met.* 2, 24 sich als Wiesel gestaltet heranmacht und dort die den Leichen gefährlichen *versipelles, et aves et rursum canes et mures, immo vero etiam muscas induunt:* cap. 22). So ist auch das Origanon an der Leiche ein kathartisches, d. h. unterirdische Geister verscheuchendes Mittel.

[2] Aristoph. *Eccles.* 1031. Auf Weinreben lag in einzelnen der vor Kurzem vor dem Dipylon zu Athen aufgedeckten Gräbern der Leichnam. *Athen. Mitth.* 1893 p. 165. 184. Ein superstitiöser Grund (wie deutlich bei der Lagerung auf Olivenblättern: s. unten) ist auch hier vorauszusetzen, aber schwer nachweisbar (vgl. Fredrich, *Sarkophagstudien*, Nachr. d. Gott. Ges. d. Wiss. Phil. Cl. 1895 p 18, 69; Anrich, *D gr. Mysterienwesen* 102, 3). Lustrale Wirkung scheint die ἄμπελος sonst nicht zu haben.

[3] λήκυθοι, τοὔστρακον: Arist. *Eccl.* 1032 f.; χέρνιψ ἐπὶ φθιτῶν πύλαις.

Hausthür befestigt, deuten von Aussen Aengstlichen an, dass
eine Leiche drinnen ruhe[1]. Das Haupt des Todten pflegte
man nach einer, dem Homer noch unbekannten Sitte mit
Kränzen und Binden zu schmücken, wie es scheint zum Zeichen
der Ehrfurcht vor der höheren Weihe des nun Geschiedenen[2].
Die Ausstellung der Leiche, einen ganzen Tag dauernd,
hatte gewiss nicht ursprünglich den Zweck einer öffentlichen
Leichenschau in polizeilichem Interesse, den ihr spätere Schriftsteller zuschreiben[3]. An der aufgebahrten Leiche fand die

Eurip. *Alcest.* 98 ff. Das Gefäss hiess ἀρδάνιον: Schol. Arist. *Eccl.* 1030;
Poll 8, 65 (vgl. Phot. 346, 1: ὀρδάνιον). Es enthielt Wasser, aus einem
anderen Hause entliehen: Hesych. s. ὄστρακον (offenbar, weil das Wasser
des Hauses, in dem die Leiche ruht, für unrein galt. So wird z. B., wo
das Feuer „verunreinigt" ist, von fernher anderes geholt: Plut. *Quaest.*
Gr. 24 ; *Aristid.* 20). Es reinigten sich damit die das Haus wieder Ver-
lassenden: Hesych. s. ἀρδάνια, s. πηγαῖον, πηγαῖον ὕδωρ, Ein Loorbeer-
zweig (als Sprengwedel, wie gewöhnlich bei Lustrationen) lag darin: Schol.
Eurip. *Alcest.* 98.

[1] Serv. *Aen.* 3, 681: *apud Atticos funestae domus huius (cupressi)*
fronde velantur. Der Zweck mag gewesen sein, Abergläubische vor Annäherung an das „unreine" Haus zu warnen (Art des δεισιδαίμων ist es
οὔτε ἐπιβῆναι μνήματι, οὔτε ἐπι νεκρὸν οὔτ' ἐπὶ λεχὼ ἐλθεῖν ἐθελῆσαι
Theophr. *char.* 16). Wenigstens wird dies als Grund für gleiche Sitte in
Rom angegeben: Serv. *Aen.* 3. 64; 4, 507.

[2] Bekränzung des Todten, später gewöhnliche Sitte, wird wohl zuerst erwähnt in der (freilich zeitlich unbestimmbaren) epischen Ἀλκμαιωνίς,
fr. 2 (p. 76 Kink.). Auf der Archemorosvase ist es ein Mythenkranz,
den eine Frau dem Archemoros auf das Haupt zu setzen im Begriffe ist.
Die Myrthe ist den χθόνιοι heilig und daher sowohl den Mysten der Demeter als den Todten der Myrtenkranz eigenthümlich (S. Apollodor. in
Schol. Arist. *Ran.* 330; Ister in Schol. Soph. *O. C.* 681. Auch Grabmale
bekränzte, bepflanzte man vorzugsweise mit Myrten. Eurip. *El.* 324. 512;
vgl. Theophrast. *h. plant.* 5, 8, 3; Virg. *Aen.* 3, 23. Nicht die Todten,
sondern ebenfalls die Gräber bekränzte man gern mit σέλινον, Eppich.
Plut. *Timol.* 26; *Symp.* 5, 3, 2; Diogenian. 8, 57 u. a. Vgl. oben p. 151, 5.).
Die Bekränzung bedeutet stets eine Art der Heiligung irgend einem
Gotte. Nach Tertullian (*de corona militis* 10) werden die Todten be-
kränzt, *quoniam et ipsi idola statim fiunt habitu et cultu consecrationis.*)
(Dies trifft den wahren Sinn jedenfalls eher als die Meinung des Schol.
Ar. *Lys.* 601: στέφανος ἐδίδοτο τοῖς νεκροῖς ὡς τὸν βίον διηγωνισμένοις.)

[3] Plato *Leg.* 12, 959 A. Poll. 3, 65. Noch um einen seltsamen
Grund vermehrt bei Photius s. πρόθεσις.

Todtenklage statt, und dieser Raum zu geben war der Zweck der Ausstellung. Die Sitte des altattischen Eupatridenstaates hatte den Leichenpomp in jeder Hinsicht sehr hoch gesteigert, einen ausschweifenden Seelencult genährt. Solon's Gesetzgebung hatte solchen Ueberschwang vielfach zu beschränken und zu mildern. So musste sie auch die Neigung, die Klagefeier an der Leiche ungebührlich auszudehnen, eindämmen. Nur die Weiber aus der nächsten Verwandtschaft, der allein der Seelencult als Pflicht oblag, sollten theilnehmen[1], die gewaltsamen Ausbrüche des Schmerzes, das Kratzen der Wangen, das Schlagen der Brust und des Hauptes, wurden untersagt[2], ebenso das Anstimmen von „Gedichten"[3], d. h. wohl förmlichen Leichengesängen, dergleichen Homer an Hektors Bahre die Weiber vortragen lässt. Bei Gelegenheit einer Bestattung die Todtenklage auf andere als den gerade Verstorbenen auszudehnen, musste ausdrücklich verboten werden[4]. Diese Verbote

---

[1] Zulassung zur πρόθεσις der Leiche (und Leichenklage) wie zum Leichenzug (der ἐκφορά) nur der Weiber aus der Verwandtschaft μέχρι ἀνεψιότητος: Gesetz bei Demosth. 43, 62. 63, d. h. innerhalb der ἀγχιστεία, der überhaupt allein der Seelencult jeder Art oblag. Nur diese Weiber der Verwandtschaft sind durch den Todesfall μιαινόμεναι (vgl. Herodot. 6, 58): dies der Grund der Beschränkung nach der Leichenordnung von Keos (Dittenb. Syll. 468, 25 ff.), die sogar innerhalb des Kreises der Frauen der ἀγχιστεία noch eine engere Auswahl vorschreibt. (Das Gesetz redet von Z. 22: μὴ ὑποτιθέναι etc. von der πρόθεσις, obwohl im Anfang nur von der ἐκφορά die Rede gewesen war.)

[2] ἀμυχὰς κοπτομένων ἀφεῖλεν. Plut. Solon. 21. — Die Demokratisirung des Lebens mag in Attika, nach Solons Zeiten, solche Vorschriften, die den Pomp der Leichenbegängnisse, wie sie die altadelige Zeit gekannt hatte, einschränkten, wirksam zu machen gedient haben. Das κόπτεσθαι ἐπὶ τεθνηκότι scheint aber in Uebung geblieben zu sein: Schlagen des Hauptes bei der Leichenklage wird auf attischen Vasen (s. g. Prothesisvasen) gern abgebildet: z. B. Monum. dell' instit. VIII 4. 5; III 60 u. a. (s. Benndorf, Griech. u. Sicil. Vasenb. 6).

[3] τὸ θρηνεῖν πεποιημένα Plut. Solon 21. Damit werden gemeint sein vorbereitete, etwa bei eigenen θρήνων σοφισταί bestellte, nicht improvisirte und wie unwillkürlich ausbrechende Klagelieder.

[4] Plut. Sol. 21: καὶ τὸ κωκύειν ἄλλον ἐν ταφαῖς ἑτέρων ἀφεῖλεν. Das soll wohl bedeuten: Solon verbot, bei Bestattungen Anderer einen Andern,

galten wohl schon für die an der Begräbnissstelle Versammelten. Schon vor dem Hinaustragen der Leiche zur Bestattung, noch im Hause, Opferthiere zu schlachten, war alte Sitte; es scheint, dass auch dies Solon verbot[1]. So hatte auch in anderen Staaten die Gesetzgebung die Neigung zu ausschweifender Heftigkeit der Todtenklage einzudämmen[2], die im alten Griechenland so gut wie bei so vielen „Naturvölkern", bei denen sie sich in voller Gewaltsamkeit austobt, nicht schlichter Pietät und einfach menschlicher, zu Lärm und Ungestüm nie sonderlich aufgelegter Trauer entsprang, sondern dem alten Glauben, dass der unsichtbar anwesenden Seele des Geschiedenen die

---

von dem gerade Begrabenen Verschiedenen, zu bejammern (ἑτέρων nur der Abwechslung wegen neben ἄλλον, völlig = ἄλλων; wie bei attischen Autoren öfter: μὴ προιέμενον ἄλλον ἑτέρῳ τὴν ἀλλαγήν, Plat. *Leg.* 8, 849 E; ἕτερον — ἄλλον Isocr. 10, 36 u. a.). Die Neigung, bei einer Bestattung die Klage auch auf andre Verstorbene auszudehnen, setzt auch das Verbot in der Leichenordnung der πατρία der Λαβυάδαι in Delphi (5./4. Jahrh. vor Chr.) voraus (*Bull. corr. hell.* 1895 p. 10.), Z. 39 ff.: τῶν δὲ πρόστα τεθναχότων ἐν τοῖς σαμάτεσσι μὴ θρηνεῖν μηδ' ὀτοτύζειν (bei der Bestattung eines Anderen). Denkt an etwas dergleichen schon Homer: Πάτροκλον πρόφασιν — T 302?

[1] In alter Zeit war es in Athen Sitte ἱερεῖα προσφάττειν πρὸ τῆς ἐκφορᾶς, also noch im Hause des Todten: [Plat.] *Minos* 315 C. Ein solches Opfer vor der ἐκφορά (die erst v. 1261 ff. beschrieben wird) setzt auch bei der Bestattung der im Meer Verstorbenen voraus Euripides, *Hel.* 1255: προσφάζεται μὲν αἷμα πρῶτα νερτέροις — (mit ungenauem Ausdruck — denn das πρό wird dann sinnlos — heisst προσφάγιον dann auch das Opfer am Grabe: so auf der Keïschen Ins. Dittenb. 468, 12; πρόσφαγμα so: Eurip. *Hecub.* 41). Plut. (*Sol.* 21) von Solon: ἐναγίζειν δὲ βοῦν οὐκ εἴασεν. Vermuthlich verbot Solon das Stieropfer vor der ἐκφορά: denn auf ein solches Verbot scheint ja der Verf. des Platon. Minos anspielen zu wollen.

[2] Die Solonischen Einschränkungen, sagt Plutarch (*Sol.* 21) seien grössten Theils auch in „unsere" (die böotischen) νόμοι aufgenommen (wie denn, nach Cicero's unanfechtbarem Zeugniss, Solons Leichenordnungen, *eisdem prope verbis* in die zehnte der zwölf Tafeln von den Decemviri aufgenommen worden sind). Einschränkung der Trauerfeierlichkeiten in Sparta: Plut. *Lyc.* 27 (daraus *Instit. Lacon.* 238 D), in Syrakus durch Gelon: Diodor. 11, 38, 12; vgl. „Charondas", Stob. *Flor.* 44, 40 (II p. 183, 13 ff. Mein.); für ihre Angehörigen schränkt sie einigermaassen ein (gegen Anfang des 4. Jahrh. vor Chr.) die πατρία der Λαβυάδαι in Delphi auf ihrem, im *Bull. de corr. hell.* 1895 p. 9 ff. edirten τεθμός.

heftigsten Aeusserungen des Schmerzes um seinen Verlust die liebsten seien[1]. Die heftige Klage gehört bereits zum Cult der abgeschiedenen Seele. Die Einschränkung des herkömmlichen Jammergeschreies mag sich ihrerseits — wenigstens soweit sie wirksam wurde — auch nicht allein auf rationelle Erwägungen (die in solchen Angelegenheiten wenig fruchten), sondern ebenfalls auf superstitiös-religiöse Gründe gestützt haben[2].

Die Ausstellung der Leiche scheint durchweg nur einen Tag gedauert zu haben[3]. Am frühen Morgen des dritten

---

[1] Ganz naiv äussert sich die solchen gewaltsamen Klagen, Selbstverletzungen und anderen heftigen Schmerzensäusserungen an der Leiche zu Grunde liegende Vorstellung, wenn z. B. auf Tahiti die, welche sich bei der Trauer selbst verwundeten, dabei „die Seele des Verstorbenen anriefen, damit sie ihre Anhänglichkeit sehe" (Ratzel, *Volkerkunde* 2, 337 f.). — Vgl. Waitz-Gerland, *Anthropol.* 6, 402.

[2] Es ist eine sehr alte, bei vielen Völkern verbreitete Vorstellung, dass allzu heftige Klage um einen Todten dessen Ruhe störe, so dass er wiederkehrt. S. Mannhardt, *German. Mythen* (1858) p. 290 (für Deutschland im besonderen vgl. Wuttke, *Deutsch. Volksabergl.*[2], § 728, p. 431; Rochholz, *D. Glaube u. Brauch* 1, 207). Aehnlicher griechischer Volksglaube wird angedeutet bei Lucian, *de luctu* 24 (wobei die späte Zeit des Zeugen nicht gegen das Alter des Glaubens spricht). Zu den allzu lange klagenden Hinterbliebenen wird gesagt: μέχρι τίνος ὀδυρόμεθα; ἔασον ἀναπαύσασθαι τοὺς τοῦ μακαρίου δαίμονας. — Bei Plato, *Menex.* 248 E sagen die Todten: δεόμεθα πατέρων καὶ μητέρων εἰδέναι ὅτι οὐ θρηνοῦντες οὐδὲ ὀλοφυρόμενοι ἡμᾶς ἡμῖν μάλιστα χαριοῦνται (also dem Todten wollte man, nach gewöhnlicher Ansicht auch in Griechenland, mit der heftigen Klage eine Liebe thun: s. d. vorhergehende Bemerkung), ἀλλὰ — — οὕτως ἀχάριστοι εἶεν ἂν μάλιστα. Denn, nach „Charondas", Stob. *flor.* 44, 40 (p. 183, 15) ἀχαριστία ἐστὶ πρὸς δαίμονας χθονίους λύπη ὑπὲρ τὸ μέτρον γιγνομένη.

[3] ἐκφέρειν τὸν ἀποθανόντα τῇ ὑστεραίᾳ ἧ ἂν προθῶνται, πρὶν ἥλιον ἐξέχειν: Solon. Gesetz bei Demosth. 43, 62; vgl. Antiph. *de chor.* 34. Klearch bei Proclus *ad Plat. Remp.*, p. 63, 6 Sch.: Kleonymos in Athen τεθνάναι δόξας τρίτης ἡμέρας οὔσης κατὰ τὸν νόμον προὐτέθη, d. h. es war am Morgen des 3. Tages, unmittelbar vor der ἐκφορά, die πρόθεσις hatte den 2. Tag ausgefüllt („ganz anders" Maass, *Orpheus* [1895] p. 232, 46, aber schwerlich richtiger. Dass ein τεθνάναι δόξας, also der Umgebung todt zu sein Scheinender von eben dieser Umgebung als nur scheintodt — was er thatsächlich war — erkannt und demgemäss behandelt worden

Tages[1] nach dem Tode wurde die Leiche mitsammt dem Lager, auf dem sie gebettet war, aus dem Hause getragen. Zu grossem Prunke der Ausstattung des Leichenzuges mussten hier und da die Gesetze steuern[2]. Wie feierlich und glanzvoll in der Zeit der alten Adelsherrschaft auch dieser Theil des Todtencultus sich gestaltete, kann uns, wenn sie nur irgend der Wirklichkeit entspricht, die Darstellung eines Leichenzuges auf einer der hochalterthümlichen „Dipylonvasen"[3] lehren. Hier ist die Leiche auf einem von zwei Pferden gezogenen Wagen hoch aufgebahrt, Männer mit Schwertern an der Seite, eine ganze Schaar wehklagend das Haupt schlagender Weiber folgt. In Athen beschränkte das Gesetz wenigstens für Weiber die Leichenfolge auf die Nächstverwandten (bis in's dritte Glied); Männer, den Weibern vorangehend, scheinen ohne solche Einschränkung zugelassen worden zu sein[4]. In Athen scheint

---

sei, hat wohl wenig Einleuchtendes). Ebenso in der analogen Geschichte von Thespesios von Soli, Plutarch *de sera num. vind.* 22 p. 563 D: τριταῖος, ἤδη περὶ τὰς ταφὰς αὐτάς, ἀνήνεγκε (Philostrat. *V. Apoll.* 3, 38 p. 114, 28 Ks.: die Frau des eben verstorbenen Mannes περὶ τὴν εὐνὴν ὕβρισε, τριταίου κειμένου [τοῦ ἀνδρός, scil.] γαμηθεῖσα ἑτέρῳ: d. h. unmittelbar vor der ἐκφορά, noch bei Anwesenheit des Verstorbenen im Hause). Gleiche Sitte wird für die Griechen auf Cypern vorausgesetzt bei Anton. Lib. 39, p. 235, 21 West: ἡμέρᾳ τρίτῃ τὸ σῶμα προήνεγκαν εἰς ἐμφανές (εἰς τοὐμφανές?) οἱ προσήκοντες. Auch nach Platons Bestimmung *Leg.* 12, 959 A soll stattfinden τριταία πρὸς τὸ μνῆμα ἐκφορά.

[1] Vor Sonnenaufgang: Demosth. 43, 62 (ausdrücklich eingeschärft durch Gesetz des Demetrius Phal.: Cic. *leg.* 2, 66). Dagegen galt es als schimpflich, noch während der Nacht begraben zu werden: ἡ κακὸς κακῶς ταφήσῃ, νυκτὸς οὐκ ἐν ἡμέρᾳ Eurip. *Troad.* 448.

[2] So namentlich die Leichenordnung von Keos, Dittenb. *Syll.* 468; vgl. Plut. *Sol.* 21; Bergk, *Rhein. Mus.* 15, 468. Leichenordnung der Labyaden (Delphi) Z. 29f.: στρῶμα δὲ ἒν ὑποβαλέτω καὶ ποικεφάλαιον ἒν ποτιθέτω (dem Todten).

[3] Abgebildet *Monum. d. inst.* IX 39.

[4] Das Gesetz bei Demosth. 43, 62 (vgl. 64) giebt Beschränkungen bei der Leichenfolge nur für Weiber (und auch da nur für solche unter 60 Jahren) an; Männer scheinen demnach promiscue zugelassen worden zu sein. Es heisst auch bei Plut. *Sol.* 21, bei der ἐκκομιδή habe Solon nicht verboten ἐπ' ἀλλότρια μνήματα βαδίζειν — nämlich den Männern, muss man denken. Die Männer gingen im Zuge voran, die Weiber

ein Gefolge gemietheter karischer Weiber und Männer, die ihre heimischen Trauerweisen anstimmten, nicht verboten gewesen zu sein[1]. Auf Keos und anderswo schreiben Gesetze schweigenden Zug zum Grabe vor[2]. Im Ganzen war, in der Beschränkung eng bürgerlichen Lebens, „das Wilde, Barbarische"[3] der Trauerbezeigungen, das in früheren Zeiten vorgeherrscht haben soll, zu einer mässigen Symbolik abgedämpft. Ueber die Einzelheiten der Bestattung sind wir ungenügend unterrichtet. Gelegentliche Aussagen der Schriftsteller lassen erkennen, was auch die Gräberfunde in griechischen Landschaften bestätigen, dass neben der in homerischer Zeit allein üblichen Verbrennung auch die ältere Sitte, die Leichen unverbrannt beizusetzen, in Uebung blieb[4]. Der Leib sollte

---

folgten: Demosth. 43, 62. Ebenso offenbar in Keos: Dittenb. 468, 19. 20. — Pittakos (als Aesymnet in Mitylene) verbot völlig *accedere quemquam in funus aliorum*. Cic. *de leg.* 2, § 65. Leichenordnung der Labyaden (Delphi) Z. 42 ff.: von der Beisetzung ἀπίμεν οἴκαδε ἕκαστον, ἔχθω ὁμεστίων καὶ πατραδελφεῶν καὶ πενθερῶν κἠκγόνων καὶ γαμβρῶν (also den Ascendenten und Descendenten des Verstorbenen je im nächsten Glied).

[1] Als bestehende Sitte erwähnt dies Plato *Leg.* 7, 800 E. Vgl. dort die Schol., Hesych. s. Καρῖναι. Menander Καρίνη, *Com.* Mein. 4, p. 144 (Karisch-phrygische Trauerflöten: Ath. 4, 174 F; Pollux 4, 75. 79).

[2] τὸν θανόντα δὲ φέρεν κατακεκαλυμμένον σιωπῇ μέχρι ἐπὶ τὸ σῆμα. Dittenb. *Syll.* 468, 11. Leichenordnung der Labyaden (Delphi) Z. 40 ff.: τὸν δὲ νεκρὸν κεκαλυμμένον φερέτω σιγᾷ, κἠν ταῖς στροφαῖς („an den Strassenbiegungen") μὴ καττιθέντων μηδαμεῖ, μηδ' ὀτοτυζόντων ἔχθος τᾶς ϝοικίας πρίγ κ' ἐπὶ τὸ σᾶμα ἵκωντι· τηνεῖ δ' ἔναγος ἔστω κτλ. (das Letzte noch nicht glaublich erklärt).

[3] Solon milderte (angeblich unter dem Einfluss des Epimenides) bei den Leichenfeiern τὸ σκληρὸν καὶ τὸ βαρβαρικὸν ᾧ συνείχοντο πρότερον αἱ πλεῖσται γυναῖκες. Plut. *Sol.* 12.

[4] Unter den, von Becker, *Charikles*[2] 3, 98 ff. besprochenen Aussagen einzelner Schriftsteller seit dem 5 Jahrhundert sprechen für Begraben als herrschende Sitte wesentlich nur Plut. *Sol.* 21: οὐκ εἴασεν (Solon) συντιθέναι πλέον ἱματίων τριῶν, Plut. *Lycurg.* 27: συνθάπτειν οὐδὲν εἴασεν (Lykurg), ἀλλὰ ἐν φοινικίδι καὶ φύλλοις ἐλαίας θέντες τὸ σῶμα περιέστελλον; vgl. Thucyd. 1, 134, 4. Verbrennen als das Ueblichere setzt dagegen für Athen (im 4. Jahrh.) voraus Isaeus 4, 19: οὔτ' ἔκαυσεν οὔτ' ὠστολόγησεν, ebenso (im 3. Jahrh) das Testament des Peripatetikers Lykon (Laert. 5, 70): περὶ δὲ τῆς ἐκφορᾶς καὶ καύσεως ἐπιμεληθήτωσαν

nicht spurlos vernichtet werden. Aus der Asche des Scheiterhaufens sammelt der Sohn sorgfältig die Reste der Gebeine des Vaters[1], um sie in einer Urne oder Kiste beizusetzen. Bleibt der Leib unverbrannt, so wird er nach einer, deutlich als aus der Fremde herübergenommen sich verrathenden Sitte in Särgen aus Thon oder Holz geborgen[2] oder auch wohl (und das wird der ältere, einheimisch griechische Brauch sein) ohne Sarg in die Erde versenkt und auf eine Blätterlage gebettet[3],

κτλ. (vgl. auch Teles bei Stob. flor. 40, 8; I p. 747, 5 H: τί διαφέρει ὑπὸ πυρὸς κατακαυθῆναι — dies wird hier als griechische Bestattungsweise vorausgesetzt). — Die vor dem Dipylon in Athen kürzlich aufgedeckten Gräber zeigen in ältester Zeit die Todten fast ausnahmslos begraben (ohne Sarg); die folgenden Zeiten (bis in's 6. Jahrh.) verbrannten zumeist ihre Todten, später scheint Begraben häufiger geworden zu sein (s. den Bericht von Brückner und Pernice über die Ausgrabungen vor dem Dipylon, Athen. Mittheil. 1893 p. 73—191). So herrschte denn in Attika in späteren Zeiten das Begraben vor (L. Ross, Archaeol. Aufs. 1, 28), ebenso, wesentlich wohl weil es billiger war als das Verbrennen, in anderen Gegenden Griechenlands (einige Nachweisungen im Bull. corr. hell. 1895 p. 144, 2).

[1] ὠστολόγησεν, Isaeus 4, 19.

[2] Die Sitte der ἐκφορά auf offener κλίνη reimt sich nicht mit der Absicht, den Leib des Todten in einen Sarg zu legen, sondern hat offenbar zur Voraussetzung, dass man draussen den Leichnam entweder unverkapselt in die Erde legen oder ihn verbrennen werde. Die (wohl aus dem Orient entlehnte) Sitte der Einsargung hat sich dann angeschlossen, ist aber mit den altüberlieferten Sitten bei der ἐκφορά nie recht in's Gleiche gesetzt worden.

[3] Eingrabung ohne Sarg war üblich in den Gräbern der „mykenäischen" Periode; desgleichen in denen aus Attika's ältester Zeit. Und nur Beibehaltung dieser alten Sitte war es, wenn die Spartaner ἐν φοινικίδι καὶ φύλλοις θέντες τὸ σῶμα περιέστελλον (bestatteten): Plut. Lycurg. 27. Hier zeigt alles das Festhalten an uraltem Brauch. Die Leichen werden, nach ältester Sitte, beigesetzt, nicht verbrannt. Sie werden umhüllt mit einem Purpurtuch. Purpurfarbe ist sonst in Sparta den Kriegsund Festgewändern eigen (Müller, Dorier 2, 248); hier ist sie im chthonischen Dienst angewandt. ἔχει γάρ τινα τὸ πορφυροῦν χρῶμα συμπάθειαν πρὸς τὸν θάνατον, sagt ganz richtig Artemidor. onirocr. 1, 77 p. 70, 11 H. Schwerlich kommt dies daher, weil das Blut rothe Farbe hat: sowenig wie deswegen πορφύρεος θάνατος gesagt wird. So werden aber schon Il. 24, 796 Hektors Gebeine πορφυρέοις πέπλοισι umhüllt (die verbrannten Gebeine statt des ganzen Leibes; deutlich ein Rudiment älterer Sitte, die

oder, wo es die Bodenbeschaffenheit zuliess, in Felskammern frei auf ein steinernes Lager gelegt[1].

Der frei gewordenen Seele bleibt ein Haft an dem Reste des Leibes, den sie einst bewohnt. Ihr zum Gebrauch und zur Ergötzung ist, wenn auch längst nicht mehr ihr gesammter Besitz (wie wohl ehedem), doch vielfacher Vorrath an Geschirr und Geräth dem Leichnam beigegeben, dergleichen uns geöffnete Gräber wiedergeschenkt haben[2]. Aber auf eine Ewig-

sich in Sparta unversehrt erhalten hatte. Aehnliches Il. 23, 254. Und so sind z. B. in den Gräbern vor dem Dipylon zu Athen verbrannte Gebeine in ein Tuch gehüllt gefunden worden: *Athen. Mitth.* 18, 160—161. 185). Das Haupt des ermordeten Bruders φοινικίδι ἐκαλυψάτην καὶ ἐθαψάτην die zwei anderen Kabiren, nach der heiligen Sage bei Clemens Al. *protr.* 12 C. Die Purpurfarbe hat noch mehrfach bei chthonischem Cult eine Stelle: wie bei jenen feierlichen ἀραί, die eine Auslieferung an die Unterirdischen bedeuten, bei [Lysias] 6, 51; bei den Heroenopfern in Plataeae: Plut. *Aristid.* 21; bei der Einholung der Gebeine des Rhesos (oben p. 161, 2): Polyaen. 6, 53; beim Eumenidenopfer· Aesch. *Eum.* 1028. — Die Beisetzung in Blättern hielten, als alte Sitte, auch die Pythagoreer fest: sie bestatteten (ohne Verbrennung: Jamblich. *V. Pyth.* 154) ihre Todten *in myrti et oleae et populi nigrae* (lauter den χθόνιοι geweihte Bäume) *foliis* (Plin. *n. h.* 35, 160). In Athen fand in den Gräbern vor dem melitischen Thore Fauvel (bei Ross, *Arch. Aufs.* 1, 31) *le squelette couché sur un lit épais de feuilles d'olivier encore en état de brûler.* (Olivenkerne in mykenischen Gräbern: Tsundas, Ἐφημ. ἀρχ. 1888 p. 136; 1889, p. 152.)

[1] So wird es beschrieben in dem Briefe des Hipparch bei Phlegon *mirab.* 1, ähnlich Xenoph. Ephes. 3, 7, 4 (S. meinen *Griech. Roman,* p. 391 A. 2). Beisetzung auf solchen steinernen κλῖναι verlangt auch Plato für seine Euthynen (*Leg.* 12, 947 D). Und in dieser Weise wurden wohl die Leichen gebettet in den mit einzelnen Lagern versehenen Felsgrabkammern, wie sie z. B. auf Rhodos, auf Kos gefunden sind (s. Ross, *Arch. Aufs.* 2, 384 ff., 392). Vgl. namentlich die Beschreibungen von Heuzey, *Mission archéol. de Macédoine ('Texte),* p. 257 ff. (1876). Es ist die in Etrurien (nach griechischem Vorbild?) üblich gewordene Art der Bestattung: dort hat man mehrfach Skelette frei auf gemauerten Betten in den Grabkammern liegend gefunden.

[2] Als ob der Todte noch nicht ganz dahin wäre, καὶ ὅπλα καὶ σκεύη καὶ ἱμάτια συνήθη τοῖς τεθνηκόσιν συνθάπτοντες ἥδιον ἔχουσιν. Plut. *ne p. q. suav. v. s. Ep.* 26 p. 1104 D. Beschränkendes Gesetz der Labyaden in Delphi (z. 19 ff.) ὅδ' ὁ τεθμὸς περ τῶν ἐντοθηκῶν· μὴ πλέον πέντε καὶ τριάκοντα δραχμᾶν ἐνθέμεν, μήτε πριάμενον μήτε Ϝοίκω.

keit solches Schattenlebens dachten die Griechen nicht hinaus.
Aengstliche Veranstaltungen zur dauernden Erhaltung der
Leichen, durch Einbalsamirung und ähnliche Mittel, wie sie
an einzelnen Leichen der mykenäischen Schachtgräber angewendet worden sind[1], waren in diesen späteren Zeiten nur
noch, als eine Alterthümlichkeit, bei der Beerdigung der spartanischen Könige üblich.

2.

Ist der Leib bestattet, so ist die Psyche des Verstorbenen
in die Schaar der unsichtbaren Wesen, der „besseren und
höheren"[2] eingetreten. Dieser Glaube, der dem Aristoteles
seit undenklicher Vorzeit unter den Griechen lebendig zu sein
schien, tritt in dem Cult dieser nachhomerischen Jahrhunderte
aus der Trübung, die ihn in homerischer Zeit verhüllt hatte,
völlig deutlich hervor. Die Seele des Verstorbenen hat ihre
besondere Cultgemeinde, die sich naturgemäss aus dessen
Nachkommen und Familie zusammensetzt und auf diese sich
beschränkt. Es hatte sich die Erinnerung an eine älteste Zeit
erhalten, in welcher der Todte im Inneren seines Hauses, der
nächsten Stätte seines Cultes, beigesetzt wurde[3]. Das muss

---

[1] Helbig, D. Hom. Epos 41.

[2] βελτίονες καὶ κρείττονες Aristoteles im Dial. Eudemos, bei Plut.
cons. ad Apoll. 27.

[3] [Plato] Minos 315 D. Hieran zu zweifeln ist leere Willkür; man
kann nicht einmal vorbringen, was gegen die gleiche auf Rom bezügliche
Nachricht (bei Servius ad Aen. 5, 64; 6, 162) eingewendet zu werden
pflegt: dass mit dieser Erzählung nur das Entstehen des häuslichen Laren-
dienstes erklärt werden solle. Denn eben dieser Dienst fehlte den Griechen, oder war doch so verdunkelt, dass um seinetwillen sicherlich keine
hypothetische Begründung erfunden wurde. — Neben dem Heerde und
Altar der Hestia wird die älteste Ruhestätte des Familienhauptes gewesen sein. Als die Gattin des Phokion dessen Leib in der Fremde
hatte verbrennen lassen, ἐνθεμένη τῷ κόλπῳ τὰ ὀστᾶ καὶ κομίσασα νύκτωρ
εἰς τὴν οἰκίαν κατώρυξε παρὰ τὴν ἑστίαν. Plut. Phoc. 37. — Irrig glaubte
man in den merkwürdigen Felsgräbern im Gebiet der Pnyx zu Athen
solche, im Inneren der Häuser liegende Gräber aufgefunden zu haben.
S. Michhöfer, in Baumeisters Denkm. 153 b.

einer Zeit ganz natürlich erschienen sein, die von dem später
bis zur Peinlichkeit ausgebildeten Begriff der ritualen „Reinheit" noch nicht viel wusste: denn dass etwa der Grieche, wie es
viele „Naturvölker", bei denen die gleiche Sitte des Begräbnisses
der Todten in der eigenen Hütte herrscht, machen, das un-
heimlich gewordene Haus nun geräumt und dem Geiste des
darin Begrabenen zu ausschliesslichem Besitz überlassen hätte [1],
haben wir keinen Grund zu glauben. Wenigstens innerhalb
der Stadt die Todten zu begraben, fand man auch später in
einigen dorischen Städten unbedenklich [2]. Auch wo aus religiöser Bedenklichkeit und aus Gründen bürgerlicher Zweckmässigkeit die Gräber vor die Mauern der Stadt verwiesen
waren, hielt die Familie ihre Gräber beisammen, oft in weit-
läuftigen, ummauerten Bezirken [3]; wo ein ländliches Grundstück

---

[1] So machen es die Einwohner von Neuseeland, die Eskimos u. s. w.
(vgl. Lubbock, *Prehistoric times* p. 465; 511 etc.)

[2] So in Sparta und Tarent. S. Becker, *Charikles*[2] 3, 105. Wären
aber jene vom Blitz erschlagenen und dann πρὸ τῶν θυρῶν ihrer Häuser
bestatteten und durch στῆλαι geehrten Tarentiner, von denen Klearch bei
Athen. 12, 522 F. erzählt, wirklich die Frevler gewesen, als welche die
Legende sie erscheinen lässt, so wäre ohne Zweifel auch in Tarent solches
Begräbniss im Innern der Stadt, und gar, wie sonst nur Heroen geschieht (s. oben p. 197, 2), an den Hausthüren ihnen nicht gewährt worden.
Dieses Bedenken zu beseitigen durch gewaltsame Aenderung des: πρὸ
τῶν θυρῶν in: πρὸ τῶν πυλῶν macht, wie leicht zu ersehen, schon das
voranstehende ἑκάστῃ τῶν οἰκιῶν ὅσους κτλ. unmöglich. Die Legende wird
unwahr sein, und jene διόβλητοι (denen man, als Heroen, keine Todtenklage und gewöhnliche χοάς gewidmet zu haben scheint) zu den durch
ihren Blitztod vielmehr Geehrten und Erhöheten (s. oben p. 142, 1) gehört
haben. So werden auch die von Becker a. a. O. erwähnten Gräber auf
dem Markt zu Megara Heroengräber gewesen sein. S. oben p. 182, 2.
In der Anlegung von Heroengräbern in Mitten der Städte, auf dem
Marktplatz u. s. w. (vgl. p. 159 f.) zeigt sich recht handgreiflich der
Wesensunterschied, den man zwischen Heroen und Todten gewöhnlicher
Art festsetzte.

[3] Das μνῆμα κοινὸν πᾶσι τοῖς ἀπὸ Βουσέλου γενομένοις war ein πολὺς
τόπος περιβεβλημένος, ὥσπερ οἱ ἀρχαῖοι ἐνόμιζον. Demosth 43, 79. Die
Buseliden bildeten nicht etwa ein γένος, sondern eine Gruppe von fünf
durch nachweisliche Verwandtschaft verbundenen οἶκοι. Grabgemeinschaft
der Genossen eines γένος im staatsrechtlichen Sinne bestand nicht mehr

Familienbesitz war, umschloss dieses auch die Gräber der Vorfahren[1].

Wo es auch lag, das Grab war heilig, als die Stätte, an der die Nachkommen den Seelen der vorangegangenen Familienmitglieder Pflege und Verehrung widmeten. Die Grabsäule bezeichnete die Heiligkeit des Ortes[2]; Baumpflanzungen, bisweilen ganze Haine, die das Grab (gleich so vielen Altären und Tempeln der Götter) umgaben[3], sollten den Seelchen als Lustort dienen[4].

(s. Meier, *de gentil. Att* 33; Dittenberger, *Hermes* 20, 4). Familiengräber waren auch die Κιμώνεια μνήματα (Plut. *Cim.* 4. Marcellin. *v. Thuc.* 17, Plut. *X orat.* p. 838 B). Man hielt aus den verständlichsten Gründen darauf, dass kein der Familie Fremder in dem Familiengrabe Aufnahme fand: aber, wie später auf Grabschriften so häufig Strafbestimmungen das Beisetzen Fremder verhindern sollen, so musste schon Solon in Bezug auf die Gräber verordnen, *ne quis alienum inferat.* Cic. *de leg.* 2, § 64.

[1] Der bei Demosthenes 55, 33 ff. Redende spricht von παλαιὰ μνήματα der πρόγονοι der früheren Besitzer seines χωρίον (Landgutes). Und diese Sitte, auf dem eigenen Besitz die Todten der Familie zu begraben καὶ τοῖς ἄλλοις χωρίοις συμβέβηκε. Den Timarhos bittet seine Mutter, τὸ Ἀλωπέκηϲσι χωρίον (11—12 Stadien vor der Stadtmauer gelegen) ἐνταφῆναϲ ὁπολιπεῖν αὐτῇ (dennoch verkauft er es): Aeschin. *g. Tim.* § 99. In Ostattika Beispiele ummauerter Familiengrabstätten mit vielen Grabstellen: Belger, *Die myken. Localsage von den Gräbern Agamemnons u. d. Seinen* (Progr., Berlin 1893) p. 40. 42. In dieser Weise die Familiengräber auf dem eigenen Grund und Boden zusammenzuhalten, war allgemeiner Gebrauch, der an die älteste Sitte, den Hausherrn im eigenen Hause zu begraben, nahe genug heran kommt. — Bei Plut. *Aristid.* 1. erwähnt Demetrius Phal. ein in Phaleron gelegenes Ἀριστείδου χωρίον, ἐν ᾧ τέθαπται.

[2] Beschränkung des eingerissenen Luxus in Grabsäulen in Athen durch Demetrius von Phaleron: Cic. *de leg.* 2, 66. (Strafansetzungen, εἴ τίς κα θά[πτῃ ἢ ἐπί]ϲταμα ἐφιϲτᾷ κτλ. in einem Gesetz aus Nisyros [*Berl. Philol. Wochenschr.* 1896 p. 190; 420] beziehen sich aber jedenfalls nicht auf ein allgemeines Verbot, Grabsteine zu setzen.)

[3] Vgl. Curtius, *Zur Gesch. des Wegebaus bei d. Gr.* p. 262.

[4] *Nemora aptabant sepulcris, ut in amoenitate animae forent post vitam.* Serv. Virg. *Aen.* 5, 760. *In lucis habitant manes piorum.* Id. *Aen.* 3, 302; vgl. dens. zu *Aen.* 1, 441; 6, 673. Mein Grab, sagt der Todte, liegt in einem von Vögeln belebten Haine, ὄφρα καὶ εἰν Ἄϊδι τερπνὸν ἔχοιμι τόπον. Kaibt *epigr. lap.* 546, 5—14.

Die Opfergaben begannen wohl meistens gleich bei der Bestattung. Hierbei Spendegüsse aus Wein, Oel und Honig darzubringen, mag allgemein üblich gewesen sein[1]. Blutige Opfer, wie sie bei Homer am Scheiterhaufen des Patroklos, auch des Achill, dargebracht werden, können in älterer Zeit nicht ungewöhnlich gewesen sein. Solon verbot ausdrücklich, ein Rind am Grabe zu opfern[2], in Keos wird ebenso ausdrücklich durch das Gesetz gestattet, bei der Bestattung „ein Voropfer darzubringen, nach Vätersitte"[3]. — Von der Bestattungsfeier zurückgekehrt, begehen die Familienangehörigen, nachdem sie sich einer religiösen Reinigung[4] unterzogen haben, bekränzt (während sie vorher der Bekränzung sich enthalten hatten)[5], das Leichenmahl[6]. Auch dies war ein Theil des Seelencultes. Die Seele des Verstorbenen galt als anwesend, ja als der Gastgeber[7]; Scheu vor dem unsichtbar Theilnehmenden war es, welche die Sitte eingab, nur lobpreisend seiner bei

---

[1] Vgl. die Ins. von Keos, Dittenb. 468, 8. 9. Eurip. *Iph. Taur.* 633 ff.

[2] ἐναγίζειν δὲ βοῦν οὐκ εἴασεν. Plut. *Sol.* 21.

[3] προσφαγίῳ (bei der Bestattung) χρῆσθαι κατὰ τὰ πάτρια. Dittenb. *Syll.* 468, 13. Im Allgemeinen sind aber blutige Opfer am Grabe von Privatpersonen mit der Zeit immer seltener geworden. S. Stengel, *Chthon. u. Todtencult* 430 f.

[4] S. namentlich die Ins. von Keos, Z. 15 ff., 30. Die nach altathenischer Sitte zugezogenen ἐγχυτρίστριαι ([Plat.] *Minos* 315 C) scheinen Weiber gewesen zu sein, die mit dem in Töpfen aufgefangenen Blut der Opferthiere die μιαινόμενοι reinigten. Der Name selbst lässt dies vermuthen, auch kommt unter anderen, sicher verkehrten Erklärungen bei den Scholiasten zu *Min.* l. l. auch eine auf diesen Sinn führende vor (anders Schol. Ar. *Vesp.* 289).

[5] περὶ τὰ πένθη — ὁμοπαθείᾳ τοῦ κεκμηκότος κολοβοῦμεν ἡμᾶς αὐτοὺς τῇ τε κουρᾷ τῶν τριχῶν καὶ τῇ τῶν στεφάνων ἀφαιρέσει. Aristot. *fr.* 98.

[6] περίδειπνον. Ein solches als überall üblich vorausgesetzt bei Aeneas Tact. 10, 5. Dies Mahl der Angehörigen (nur sie sind zugelassen: Demosth. 43, 62) meint auch wohl Heracl. Pont. *polit.* 30, 2: παρὰ τοῖς Λόκροις ὀδύρεσθαι οὐκ ἔστιν ἐπὶ τοῖς τελευτήσασιν, ἀλλ᾽ ἐπειδὰν ἐκκομίσωσιν εὐωχοῦνται.

[7] ἡ ὑποδοχὴ γίνεται ὑπὸ τοῦ ἀποθανόντος Artemidor. *onirocr.* p. 271, 10 H.

dem Mahle zu gedenken[1]. Das Leichenmahl war eine Mahlzeit für die überlebenden Angehörigen, im Hause des Todten ausgerichtet. Dem Todten allein wurde an seinem Grabe[2] eine Mahlzeit aufgetragen am dritten und neunten Tage nach der Bestattung[3]. Am neunten scheint nach alter Sitte die Trauerzeit ein Ende gefunden zu haben[4]. Wo diese länger

---

[1] Cic. *de leg.* 2, § 63 (dabei λέγειν ἐπιδέξια ἐπὶ τεθνηκότι: Anaxandridas bei Athen. 11, 464 A.). Dort freilich: *mentiri nefas erat.* Dagegen: εἰώθεσαν οἱ παλαιοὶ ἐν τοῖς περιδείπνοις τὸν τετελευτηκότα ἐπαινεῖν, καὶ εἰ φαῦλος ἦν. Zenob. 5, 28 u. a. Paroemiogr. — Sonst mag wohl an diesen Gedächtnisstagen der Jammer der Todtenklage erneuert worden sein: die Leichenordnung der Labyaden in Delphi verbietet ausdrücklich (nicht die Feier, aber) das Jammern an solchen Todtenfeiertagen; Z. 46 ff.: μηδὲ τᾷ ὁστεραίᾳ (nach der Bestattung; an welchem Tage wohl das περιδείπιον stattfand) μηδὲ ἐν ταῖς δεκάταις μηδ᾽ ἐν τοῖς ἐνιαυτοῖ[ς] (man sollte doch erwarten: ἐν τ. ἐνιαυτίοις: vgl. p. 235, 1; 236, 3) μήτ᾽ οἰμώζειν μήτ᾽ ὀτοτόζειν.

[2] Am Grabe selbst fanden diese Todtenmahlzeiten statt: vgl. Arist. *Lysistr.* 612 f. ἥξει σοι —; Isaeus 9, 39 τὰ ἔνατα ἐπήνεγκα.

[3] Die τρίτα und ἔνατα fanden statt jedenfalls am 3. und 9. Tage nicht nach dem eingetretenen Tode, sondern nach der Bestattung Die Erwähnungen dieser Opfer bei Aristoph. *Lys.* 612 ff., Isaeus u. a. geben freilich keine deutliche Vorstellung. Aber, wenn die τρίτα am 3. Tage nach dem Todestage stattgefunden hätten, so wären sie ja auf den Tag der ἐκφορά selbst gefallen, und dem widerspricht alles. Auch fiel das, offenbar griechischer Sitte nachgebildete römische *novemdial* auf den 9. Tag nach der Bestattung, nach dem unzweideutigen Zeugniss des Porphyrio zu Hor. *epod.* 17, 48 *(nona die qua sepultus est).* Dasselbe ergiebt sich aus Virgil *Aen.* 5, 46 ff. und 105. (Vgl. Apulei. *metam.* 9, 31; p. 173, 28 Eyss.)

[4] Für Rom ist dies als Grund der Novemdialienfeier deutlich bezeugt; für Griechenland ist dasselbe mindestens sehr wahrscheinlich (vgl. K. O. Müller, *Aesch. Eum* p. 143, Leist, *Graecoitalische Rechtsgesch.* p. 34). — Neun ist, wie leicht zu bemerken, namentlich bei Homer runde Zahl, d. h. eine Abtheilung zeitlicher Abschnitte nach Gruppen von Neunern war in alter Zeit sehr üblich und geläufig. (Vgl. jetzt Kaegi, *„Die Neunzahl bei den Ostariern"* [Philolog. Abh. für Schweizer-Sidler 50 ff.]) — Die Trauerriten, eigentlich bestimmt, bedrohliche Einwirkungen des Abgeschiedenen abzuwehren, dauern zunächst bis zu dem Tage, bis zu dem eine Rückkehr der „Seele" zu befürchten ist (ausgesprochen so in Indien: s. Oldenberg, *Rel. d. Veda* 589). Am neunten Tage nach dem Tode kann, nach altem Glauben, die

ausgedehnt wurde, erstreckte sich auch die Reihe der ersten
Todtenspenden auf eine weitere Zeit. Sparta hatte eine Trauerzeit von elf Tagen[1]; in Athen schloss sich bisweilen dem Opfer
am dritten und neunten ein wohl auch mehrmals wiederholtes[2] Opfermahl am dreissigsten Tage an[3].

Seele des Todten noch einmal wiedererscheinen. S. unten, p. 679, 2
(der 1. Aufl.).

[1] χρόνος πένθους von elf Tagen, dann Abschluss der Trauer mit
einem Opfer an die Demeter. Plut. *Lycurg.* 27. Vgl. Herod. 6, 58 extr.
Die Labyaden in Delphi begehen den zehnten Tag nach dem Begräbniss als Trauerfest (s. p. 232, 1). In Griechenland ist diese Trauerfrist
wohl sonst nicht nachweisbar (Dittenb. *Syll.* 379, 5 ist anders), sie
kehrt aber in Indien und Persien wieder (Kaegi, *D. Neunzahl bei den
Ostariern* p. 5; 11), und mag uralt sein.

[2] Lex. rhet. Bekk. *Anecd.* 268, 19 ff.; etwas abweichend Photius
lex. s. καθέδρα· τῇ τριακοστῇ (πρώτῃ Phot. A statt Λ) ἡμέρᾳ τοῦ ἀποθανόντος οἱ προσήκοντες συνελθόντες κοινῇ ἐδείπνουν ἐπὶ τῷ ἀποθανόντι — καὶ
τοῦτο καθέδρα ἐκαλεῖτο (Phot. add.: ὅτι καθεζόμενοι ἐδείπνουν καὶ τὰ νομιζόμενα ἐπλήρουν·). ἦσαν δὲ καθέδραι τέσσαρες. (Der letzte Satz fehlt bei Phot.)
Also ein Mahl der Anverwandten des Verstorbenen, diesem zu Ehren,
gefeiert „am 30. Tage": vermuthlich doch nichts anderes als die sonst
öfter genannten τριακάδες. Die Schmausenden sassen dabei, nach alter,
bei Homer herrschender, für Weiber überall, für Männer späterhin nur
in Kreta beibehaltener Sitte (s. Müller, *Dorier* 2, 270). Vielleicht ebenfalls diese im Cultus festgehaltene alte Sitte ist in den sitzenden Figuren
der spartanischen Reliefs mit Darstellungen von „Todtenmahlen" beibe-
halten. Solche καθέδραι fanden viere statt. Damit wäre die Trauer auf
vier Monate ausgedehnt: so wird für Gambreion vorgeschrieben (Ditten-
berg. *Syll.* 470, 11 ff.), dass die Trauer höchstens drei, für Frauen
vier Monate dauern dürfe. Allmonatlich wiederholte Gedenkfeiern für
Verstorbene begegnen öfter. Allmonatliche Feiern der εἰκάδες für
Epikur, nach seinem Testamente, Laert. 10, 18 (Cic. *Fin.* 2, 101.
Plin. *n. h.* 35, 5); κατὰ μῆνα Opfer für vergötterte Ptolemäer: *C. I. Gr.*
4097, 48. (Auch in Indien und Persien wurde das am dreissigsten
Monatstage dargebrachte Todtenopfer mehrmals wiederholt. Kaegi a. a.
O. p. 7. 11.)

[3] Die Lexicographen (Harpocrat. Phot. u. a.; unklar auch Bekk.
anecd. 308, 5) reden über τριακάς so, dass man nicht deutlich sieht, ob
das Opfer am 30. Tage nach dem Begräbniss oder nach eingetretenem
Tode (ἡ τριακοστὴ ἡμέρα διὰ θανάτου Harp. Phot. μετὰ θάνατον corrig.
Schömann zu Isaeus p. 219, aber διὰ θανάτου soll, nach Analogie von
Ausdrücken wie: διὰ χρόνου, διὰ μέσου [selbst διὰ προγόνων „seit der Zeit

War die Reihe der an das Begräbniss sich anschliessenden
Begehungen gänzlich vollendet, so lag die Pflege der Grabstätte, aber nicht minder die Seelenpflege des vorangegangenen
Familienmitgliedes den Angehörigen ob; zumal der Sohn und
Erbe hatte keine heiligere Pflicht als die, der Seele des Vaters
„das Uebliche“ (τὰ νόμιμα) darzubringen. Ueblich waren zunächst
Todtenspenden an gewissen regelmässig wiederkehrenden Todtenfeiertagen. Am 30. des Monats fand herkömmlich ein Fest
der Todten statt[1]. Regelmässig wird in jedem Jahre, an den

---

der Vorfahren“ Polyb. 21, 21, 4] nicht ganz correct ·gebildet, eben dies:
„nach dem Tode“, bedeuten) oder das am 30. Monatstage den Todten
herkömmlich dargebrachte Opfer gemeint ist. Aber deutlich ist bei Lysias
1, 14 die Vorstellung ausgesprochen, dass die Trauer bis zum 30. Tage
dauern sollte (s. Becker, *Charikl.*[2] 3, 117), und somit wird man die τριακάδες, wo sie in einer Reihe mit τρίτα und ἔνατα stehen, auf den 30. Tag
nach der Bestattung beziehen müssen. So auch die Inschr. von Keos,
Dittenb. 468, 21: ἐπὶ τῷ θανόντι τριηκόστια μὴ ποιεῖν. Ueber Argos, Plut.
Qu Graec. 24, p. 296 F. Die τριακάδες waren offenbar in Athen (wenigstens
im 4. Jahrhundert) nicht so fest in der Sitte begründet, wie die τρίτα
und ἔνατα; nur diese pflegt z. B. Isaeus als unerlässliche νομιζόμενα zu
erwähnen: 2, 36. 37; 8, 39. Wie es scheint, darf man· die τριακάδες auch
gar nicht (wie meistens geschieht) kurzweg den τρ. und ἔνατα, als gleich-
artig, anreihen: diese waren Opfer für den Todten, die τριακάδες, scheint
es, Gedächtnissmahle der Verwandten. — Diese Trauerfristen darf man, wie
Vieles im Todtencult, aus uralter Vorzeit überliefert denken. Der dritte,
der neunte (oder der zehnte), der dreissigste Tag nach dem Begräbniss
waren Stufentage für die abnehmende „Unreinheit“ der Angehörigen des
Todten, wie es scheint, schon in „indogermanischer“ Urzeit; bis zum
9. Tage sind die Angehörigen noch in Berührung mit dem Abgeschiedenen, und darum „unrein“; der 30. ist ein abschliessendes (oft aber auch
wiederholtes) Gedächtnissfest. Vgl. Kaegi, *Die Neunzahl b. d. Ostariern* (des
Separatabdrucks) p. 5; 10; 12; Oldenberg, *Rel. d. Veda* 578. In christ-
lichem, kirchlich sanctionirtem Gebrauch sind frühzeitig der dritte, neunte,
vierzigste Tag (zuweilen auch der 3., 7., 30.: Rochholz, *Deutscher Gl. u.
Brauch* 1, 203) nach dem Tode, oder nach dem Begräbniss, als Gedenk-
tage festgesetzt und z. Th. bis heute festgehalten worden. S. *Acta soc. phil.
Lips.* V 304 f.

[1] τὰ νεκύσια τῇ τριακάδι ἄγεται: Plutarch. *prov. Alex.* 8, p. 6, 10
Crus. (App. prov. Vatic. in Schneidewins krit. Apparat zu Diogenian 8, 39).
Todtenfeier der Diener für die verstorbenen Herren (ἀλλαθεάδες: Collitz 1731,
13; 1775, 29; 1796, 6) zweimal monatlich, an der νουμηνία und am sie-

„Genesia", die Wiederkehr des Geburtstages des Verstorbenen mit Opfern gefeiert[1]. Der Tag, an dem er einst in's Leben eingetreten war, hat noch für die Psyche des nun Verstorbenen Bedeutung. Man sieht wohl, dass zwischen Leben und Tod keine unüberschreitbare Kluft liegt; es ist, als wäre das Leben gar nicht unterbrochen durch den Tod.

Neben diesen wechselnden Genesien der einzelnen Familien bestand in Athen ein ebenfalls Genesia genanntes, von allen Bürgern zugleich den Seelen ihrer Angehörigen am 5. Boëdromion begangenes Fest[2]. Wir hören noch von Nemesia als

---

benten: Collitz, *Dialektins*. (Delphi) 1801, 6. 7. Die drei letzten Tage des Monats sind in Athen den Unterirdischen heilig und darum ἀποφράδες: Etym. M. 131, 13 ff. Etym. Gud. 70, 3 ff. (vgl. Lysias bei Athen. 12, 551 F). An diesen Tagen wurden Mahlzeiten (auf den Dreiwegen und sonst) hingestellt der Hekate (Ath. 7, 325 A), der Hekate καὶ τοῖς ἀποτροπαίοις (Plutarch. *Sympos.* 7, 6. p. 709 A); auch die Seelen der Todten wurden bedacht. Schol. Plat. *Leg.* 7, 800 D: ἀποφράδες ἡμέραι, ἐν αἷς τοῖς κατοιχομέναις χοὰς ἐπιφέρουσιν.

[1] Der Sohn dem verstorbenen Vater ἐναγίζει καθ᾽ ἕκαστον ἐνιαυτόν Isaeus 2, 46. Dieses alljährlich einmal dargebrachte Todtenopfer (θυσία ἐπέτειος, welche παῖς πατρί darbringt) ist, nach Herodot. 4, 26, das bei den Hellenen (überall, so scheint es) gefeierte Fest der Γενέσια. Wie der Name sagt, fiel diese Feier auf den wiederkehrenden Tag der Geburt (nicht des Todes, wie unrichtig angiebt Ammonius p. 34. 35 Valck.) des verehrten Vorfahren (vgl. Schol. Plat. *Alcib.* 121 C). So ordnet Epikur im Testament (bei Laert. D. 10, 18) alljährliche Feier seines Geburtstages an. Eine ähnliche Stiftung *C. I. Gr.* 3417. Dem Hippokrates ἐναγίζουσι die Koer alljährlich am 27. Agrianios, als an seinem Geburtstage: Soran. *vit. Hippocr.* p. 450, 13. 14. West. (Auch Heroenfeiern fallen auf den Geburtstag des gefeierten Heros: Plut. *Arat* 53. Und so fallen Fest und Geburtstag der Götter zusammen: des Hermes auf den 4. Monatstag, der Artemis auf den 6., des Apoll auf den 7. u. s. w. Dies sind allmonatlich wiederholte Geburtstagsfeiern. Wohl nach solchen Vorbildern beg4ng man in Sestos im 2. Jahrhundert τὰ γενέθλια τοῦ βασιλέως, d. h. eines unter die Götter versetzten Attaliden, καθ᾽ ἕκαστον μῆνα: Dittenb. *Syll.* 246, 36. Feier der ἔμμηνος γενέσιος des regierenden Kaisers: *Ins. v. Pergamon* II 374 B, 14. Ganz nach heidnischem Ritus feiern noch spät die Kephallenier dem Epiphanes, Sohn des Karpokrates, κατὰ νουμηνίαν, γενέθλιον ἀποθέωσιν Clem. Al. *Strom.* III. p. 428 B. C.

[2] Dieses Staatsfest meint Phrynichus, *ecl.* p. 103 Lob., wenn er,

einem (wohl zur Abwendung des stets gefürchteten Zornes dieser Geister bestimmten) Feste der Seelen zu Athen[1], auch von mancherlei Seelenfesten in anderen Staaten[2].   In Athen

zum Unterschied von der (erst spät üblich gewordenen) Geburtstagsfeier Lebender (γενέθλια), die Γενέσια bezeichnet als ᾿Αθήνησιν ἑορτή [πένθιμος add. Meursius; vgl. Hesych. s. γενέσια, Bekk. *anecd.* 231, 19]. Der Antiattikistes, übrigens thöricht gegen Phrynichus polemisirend (p. 86, 20 ff.), fügt noch die deutlichere Angabe (aus Solons ἄξονες und Philochorus hinzu, dass die ἑορτὴ δημοτελής der Γενέσια zu Athen am 5. Boëdromion begangen worden sei. An der Richtigkeit dieser Nachricht zu zweifeln (wie geschehen ist), haben wir nicht den entferntesten Grund. Neben den vielen wechselnden parentalia der Familien gab es ebenso in Rom ein gemeinsames, öffentliches Jahresfest der Parentalia (im Februar). Aehnlich im alten Indien: Oldenberg, *Rel. d. Veda* 550, 3.

[1] Die Νεμέσεια erwähnt Demosth. 41, 11; nach dem Zusammenhang ist an eine Feier, welche die Tochter dem verstorbenen Vater weiht, zu denken. Dass also die Nemeseia ein Todtenfest sein mögen, ist eine ganz richtige Vermuthung (μήποτε —) der Lexikographen (s. Harpocrat. s. v., Bekk. *anecd* 282. 22 f., beide Glossen vereint bei Phot. Suid. s. νεμέσια). Weiter wussten sie offenbar nichts von diesem Feste. Die Nemeseia seien „ohne Zweifel" identisch mit den Γενέσια, behauptet Mommsen, *Heortol.* 209. Dies anzunehmen sehe ich durchaus keinen Grund. — Der Name νεμέσεια bezeichnet das Fest als ein dem „Groll" der Todten, der νέμεσις τῶν θανόντων (Sophocl. *El.* 792 φθιμένων ὠκοτάτη νέμεσις Kaib. *ep. lap.* 119; vgl. 195) — die leicht zur personificirten Νέμεσις wird (ἔστι γὰρ ἐν φθιμένοις Νέμεσις μέγα, Kaib. *ep. lap.* 367, 9) — geweihtes. Der Cult der Seelen, wie der Unterirdischen überhaupt, ist stets vorwiegend ein apotropäischer (*placantur sacrificiis, ne noceant* Serv. *Aen.* 3, 63): die Nemeseia sollten eben auch apotropäisch wirken.

[2] In Apollonia auf Chalkidike pflegte man alljährlich τὰ νόμιμα συντελεῖν τοῖς τετελευτηκόσιν, früher im Elaphebolion, später im Anthesterion: Hegesander bei Athen. 8, 334 F. — ἐνιαύσια als jährliches Seelenfest (wohl eher als sacra privata zu denken) auf Keos: Dittenb. *Syll.* 469. — Nach einem Todtenfeste (νεκύσια, wie sie als geläufigen Begriff neben περίδειπνα nennt Artemidor *onirocr.* 4, 81) benannt ist der knossische (nach Hemerol. Flor. allgemein kretische) Monat Νεκύσιος (Vertrag kret. Städte, *Bull. de corresp. hellén.* 3, 294, Z. 56 f.). — Einen Monat ᾿Αγριώνιος, ᾿Αγριάνιος hatte man in Böotien, ferner zu Byzanz, Kalymna, Kos, Rhodos   Hesych. ᾿Αγριάνια · νεκύσια παρὰ ᾿Αργείοις, καὶ ἀγῶνες ἐν Θήβαις (wegen des Agon der Agr. s. die Ins. aus Theben. *Athen. Mittheil.* 7. 349). — ἐτελεῖτο δὲ καὶ θυσία τοῖς νεκροῖς ἐν Κορίνθῳ, δι' ἣν

fiel das Hauptfest aller Seelen in den Schluss des dionysischen Anthesterienfestes im Frühjahr, von dem es einen Theil bildete. Es war die Zeit, zu der die Todten heraufkamen in das Reich der Lebendigen, wie in Rom an den Tagen, an denen „mundus patet", wie in den Zwölfen, nach dem Glauben unseres Volkes. Die Tage gehörten den Seelen (und ihrem Herrn, Dionysos) an, es waren „unreine Tage"[1], zu bürgerlichen Geschäften ungeeignet; die Tempel der Götter blieben da geschlossen[2]. Zum Schutz gegen die unsichtbar umgehenden Geister wandte man allerlei erprobte Mittel an: man kaute beim Morgenausgang Blätter vom Weissdorn, man bestrich die Thürpfosten mit Pech: so hielt man die Unheimlichen fern[3].

τῆς πόλεως ἐν τοῖς μνήμασιν οὔσης ἐπέρχεται ὁ Ἀλήτης κτλ. Schol. Pind. *Nem.* 7, 155.

[1] Hesych. s. μιαραὶ ἡμέραι. Phot. *lex.* s. μιαρὰ ἡμέρα.

[2] συγκλεισθῆναι τὰ ἱερά an den Choën: Phanodem. Athen. 10, 437 C.

[3] Ph. s. μιαρὰ ἡμέρα · ἐν τοῖς Χουσὶν Ἀνθεστηριῶνος μηνός, ἐν ᾧ (ἐν οἷς?) δοκοῦσιν αἱ ψυχαὶ τῶν τελευτησάντων ἀνιέναι, ῥάμνον ἕωθεν ἐμασῶντο καὶ πίττῃ τὰς θύρας ἔχριον. Derselbe s. ῥάμνος · φυτόν, ὃ ἐν τοῖς Χουσὶν ὡς ἀλεξιφάρμακον ἐμασῶντο ἕωθεν · καὶ πίττῃ ἐχρίοντο τὰ σώματα (schr. δώματα) · ἀμίαντος γὰρ αὕτη · διὸ καὶ ἐν ταῖς γενέσεσι τῶν παιδίων χρίουσι τὰς οἰκίας εἰς ἀπέλασιν τῶν δαιμόνων. — Von der abwehrenden, böse Geister vertreibenden Natur des Pechs und seiner Verwendung in griechischem Aberglauben erinnere ich mich nicht anderswo noch gelesen zu haben. (Brand und Rauch des Pechs [auch des ἄσφαλτος: Diphilus com. ap. Clem. Al. *Strom.* VII 713 D] wie des Schwefels gehören zu Zauberwerk und καθαρμοί [— τὰ καθάρσια· ταῦτα δέ ἐστι δᾷδες καὶ θεῖον καὶ ἄσφαλτος, Zosimus II 5 p. 67, 19 Bk.]: aber das ist etwas anderes). Bekannter ist die Zauber abwehrende Kraft des ῥάμνος. Er hilft gegen φάρμακα und φαντάσματα; daher man ihn ἐν τοῖς ἐναγίσμασι vor die Thüre hängt: Schol. Nic. *Ther.* 860 (Euphorion und Sophron hatten auf diesen Aberglauben angespielt). Vgl. Anon. *de virb. herbar.* 9—13; 20 ff. und die Schol. (p. 486 ed. Haupt, *Opusc.* 2); auch Dioscorides, *mat. med.* 1, 119 extr. (ῥάμνος verscheucht auch giftige Thiere: Dioscor. *mat. med.* 3, 12. So helfen Origanon, Skilla ebenfalls sowohl gegen Dämonen als gegen ἰοβόλα). In Rom ist es speciell der Weissdorn, spina alba, dem diese reinigende Kraft zugeschrieben wird. Ovid. *F.* 6, 131 (beim Hochzeitszuge wird eine Fackel aus spina alba gebraucht [Fest. 245 a, 3], und zwar *purgationis causa*: Varro ap. Charis. p. 144, 22 K). — An den Choën kaut man ῥάμνος (seine Blätter oder Spitzen), um dessen Kraft auf den eigenen Leib zu übertragen. So nimmt (gleich der Pythia) der Aber-

Den eigenen Todten brachte die Familie Gaben dar, den Seelenopfern ähnlich, die an Seelentagen noch bis in unsere Zeiten bei vielen Völkern den Verstorbenen gespendet wurden. Man brachte Weihegüsse den Todten dar[1], am letzten Tage des Festes, den Chytren, der keinem der Olympier, nur dem unterirdischen Hermes, dem Seelengeleiter geweiht war, stellte man diesem Gott, aber „für die Todten" in Töpfen (nach denen der Tag benannt war) gekochte Erdfrüchte und Sämereien hin[2]. Vielleicht warf man auch, als Seelenopfer, Honigkuchen in einen Erdschlund im Tempel der Ge Olympia[3].

---

gläubische (ebenfalls an den Choën?) Lorbeerblätter in den Mund καὶ οὕτω τὴν ἡμέραν περιπατεῖ. Theophrast *char.* 16. Auch der Lorbeer hat unter vielen andern wunderbaren Eigenschaften die Kraft, Geister zu verscheuchen: ἔνθα ἂν ᾖ δάφνη, ἐκποδὼν δαίμονες *Geopon.* 11, 2, 5. 7. Lyd. *de mens.* p. 152, 15 R.

[1] Schol. Arist *Acharn.* 961 p. 26, 8 ff. Dübn. — Zu den νεκρῶν δεῖπνα riefen die προσήκοντες die Seelen der verstorbenen Familienmitglieder herbei (mit einziger Ausnahme derer, die sich erhängt hatten): Artemidor, *onirocr.* p. 11, 10 f. Hch. (Vgl. was von den νεκύσια in Bithynien Arrian bei Eustath. zu Od. ι 65 erzählt.) So wohl auch an den Anthesterien.

[2] Die χύτραν πανσπερμίας stellte man auf dem Hermes, ἱλασκόμενοι τὸν Ἑρμῆν καὶ περὶ τῶν ἀποθανόντων. Schol. Ar. *Ach.* 1076 (Didymus aus Theopomp.) — τοὺς τότε παραγενομένους (schr. περιγινομένους, nämlich aus der Fluth) ὑπὲρ τῶν ἀποθανόντων ἱλάσασθαι τὸν Ἑρμῆν. Schol. Ar. *Ran.* 218 (nach Theopomp). Es war ein nur hingestelltes, nicht in Brand und Rauch zum Himmel geschicktes Opfer, wie es bei Theoxenien (vornehmlich zu Ehren chthonischer Götter) üblich war, und bei Heroenopfern. Aehnlich die Ἑκάτης δεῖπνα, und namentlich die Opfer für die Erinyen: τὰ πεμπόμενα αὐταῖς ἱερὰ πόπανα καὶ γάλα ἐν ἄγγεσι κεραμείοις. Schol. Aeschin. 1, 188.

[3] Etym. M. 774, 56: Ὑδροφόρια· ἑορτὴ Ἀθήνησι πένθιμος (soweit auch Hesych. s. v.) ἐπὶ τοῖς ἐν τῷ κατακλυσμῷ ἀπολομένοις. Erinnerungsfest an die Deukalionische Fluth sollte auch das Chytrenfest sein; die Fluth sollte sich in den Erdschlund im Tempel der Γῆ Ὀλυμπία verlaufen haben: Paus. 1, 18, 7; und wenn nun Pausanias hinzufügt: ἐς-βάλλουσιν ἐς αὐτὸ (den Schlund) ἀνὰ πᾶν ἔτος ἄλφιτα πυρῶν μέλιτι μάξαντες, so liegt es allerdings nahe, mit Preller, *Dem. u. Perseph.* 229 Anm.. in den Hydrophorien einen mit den Chytren verbundenen Festgebrauch, von dem Pausanias einen Theil beschreibt, wiederzuerkennen. Verbindung der Todten und der Γῆ auch an den Γενέσια (Hesych. s. v.) — Ὑδροφόρια

Aúch im Hause wird man die hereinschwärmenden Seelen bewirthet haben; zuletzt wurden die nicht für die Dauer willkommenen Gäste ausgetrieben, ganz wie es am Schluss der Seelenfeste bei Völkern alter und neuerer Zeiten zu geschehen pflegt[1]. „Hinaus, ihr Keren, die Anthesterien sind zu Ende" rief man den Seelchen zu, wobei man bemerkenswerther Weise ihnen den uralten Namen gab, dessen ersten Sinn schon Homer vergessen hat, nicht aber attische Volkssprache[2].

ein Apollofest auf Aegina: Schol. Pind. *N.* 5, 81 (worüber phantasievoll K. O. Müller, *Aesch. Eum* p. 141).

[1] Die grösste Aehnlichkeit mit dem athenischen Brauch hat das, was Ovid, *Fast.* 5, von den Lemurien zu Rom erzählt. Zuletzt Austreibung der Seelen: *Manes exite paterni!* (442). Aehnlich an Seelenfesten vieler Orten. Besonders in Indien: Oldenberg, *Rel. des Veda* 553. Vgl. auch den esthnischen Brauch: Grimm, *D. Mythol.*[4] 3, 489, 42. Von den alten Preussen berichtet (nach Joh. Meletius, 1551) Christ. Hartknoch, *Alt und Neues Preussen* (1684) p. 187. 188: am 3. 6. 9. und 40. Tage „nach der Leichenbegängnüss" fand ein Mahl der Anverwandten des Verstorbenen statt, dessen Seele auch hereingerufen und (gleichwie noch andere Seelen) bewirthet wurde. „Wenn die Mahlzeit verrichtet war, stund der Priester von dem Tische auff, fegte das Hauss auss, und jagte die Seelen der Verstorbenen, nicht anders als die Flöhe, herauss mit diesen Worten: Ihr habt gegessen und getrunken, o ihr Selgen, geht herauss, geht herauss". Am Schluss des den Todten geweiheten Laternenfestes zu Nangasaki (Japan) wird, nach beendigter Bewirthung der Seelen, grosser Lärm im ganzen Hause verführt „damit ja kein Seelchen zurückbleibe und Spuk treibe — sie müssen ohne Gnade hinaus": *Preuss. Expedition nach Ostasien* 2, 22. Andere Beispiele von Seelenaustreiben bei Tylor, *Primit. cult.* 2, 181. 182. (Die Geister werden, ganz materiell gedacht, durch Keulenschläge in die Luft, durch geschwungene Fackeln u. dgl. vertrieben, wie die ξεινικοὶ θεοί von den Kauniern: Herodot. 1, 172. Man vergleiche einmal hiemit was, aus altem Aberglauben schöpfend wie oft, die Orphischen Hymnen von Herakles erflehen: ἐλθὲ μάκαρ — ἐξέλασον δὲ κακὰς ἄτας, κλάδον ἐν χερὶ πάλλων, πτηνοῖς τ᾽ ἰοβόλοις κῆρας χαλεπὰς ἀπόπεμπε (12, 15. 16), und man wird gewahr werden, wie nahe noch solche personificirte ἄται und κῆρες den zürnenden „Seelen" stehen, aus denen sie auch wirklich entstanden sind. Vgl. übrigens hymn. Orph. 11, 23; 14, 14; 36, 16; 71, 11. — κῆρας ἀποδιοπομπεῖσθαι Plut. *Lys.* 17.)

[2] θύραζε Κῆρες, οὐκ ἔτ᾽ Ἀνθεστήρια. So die richtige Form des Sprüchworts (Κᾶρες die später verbreitetste und mit falschem Scharfsinn erklärte Gestaltung), richtig erklärt von Photius *lex.* s. v.: ὡς κατὰ τὴν πόλιν

Der Einzelne mag noch viele Gelegenheiten gefunden haben, seinen Todten Gaben darzubringen und Verehrung zu bezeigen. Der Cult, den die Familien den Seelen ihrer Vorfahren widmet, unterscheidet sich von der Verehrung der unterirdischen Götter und der Heroen kaum durch etwas anderes als die viel engere Begrenzung der Cultgemeinde. Die Natur selbst verband hier die Opfernden und Verehrenden, und nur sie, mit dem Gegenstand ihrer Andacht. Wie sich, unter dem Einflusse einer alles Erhabene mehr und mehr zum Idyllischen einebnenden Civilisation, der Seelencult zu einer eigenen Traulichkeit ausbilden konnte, davon empfinden wir einiges bei dem Anblick bildlicher Darstellungen solchen Cultes auf den, freilich meist erst dem vierten Jahrhundert angehörigen Salbgefässen, wie sie in Attika bei der Bestattung gebraucht und dann dem Todten in's Grab mitgegeben wurden. Ein Hauch schlichter Gemüthlichkeit liegt auf diesen skizzenhaften Bildchen. Man sieht die Trauernden mit Bändern und Gewinden das Grabmal schmücken; die Verehrer nahen mit der Geberde der Anbetung, sie bringen mancherlei Gegenstände des täglichen Gebrauches, Spiegel, Fächer, Schwerter u. dgl. dem Todten zur Ergötzung[1]. Bisweilen sucht ein Lebender die Seele durch Musik zu erfreuen[2]. Auch Ofergaben, Kuchen,

---

τοῖς Ἀνθεστηρίοις τῶν ψυχῶν περιερχομένων. — Κῆρες ist eine, offenbar uralte Bezeichnung für ψυχαί, bei Homer schon fast völlig verdunkelt (noch durchscheinend Il. B 302, Od. ξ 207, wo die Κῆρες genannt werden als die andere ψυχαί zum Hades entraffen), dem Aeschylus (wohl aus attischem Sprachgebrauch) noch vertraut, wenn er den Keren der Schicksalswägung bei Homer kurzweg ψυχαί substituirte und aus der Kerostasie eine Ψυχοστασία machte (worüber sich Schol. A. Il. Θ 70, AB. Il. X 209 verwundern). S. O. Crusius, in Ersch und Grubers Encycl. „Keren" (2, 35, 265—267).

[1] Vgl. die Zusammenstellungen bei Pottier, *Les lécythes blancs attiques à reprós. funér.*, p. 57. 70 ff.

[2] Nicht alle, aber doch einzelne der Scenen, auf denen Leierspiel am Grabe auf den Lekythen dargestellt wird, sind so zu verstehen, dass Lebende dem Todten zur Ergötzung Musik machen. S. Furtwängler, zur *Sammlung Saburoff.* I, Taf. LX.

Früchte, Wein werden dargebracht; es fehlen blutige Opfer[1].
Einst herrschte erhabenere, wohl auch angstvollere Vorstellung[2].
Von solcher geben in der feierlichen Haltung ihrer Darstellungen die viel älteren Reliefbilder Kunde, die sich auf Grabstätten in Sparta gefunden haben. Dem thronenden Elternpaar
nähern sich da, in kleinerer Bildung, die anbetenden Familienmitglieder; sie bringen Blumen, Granatäpfel, aber auch wohl
ein Opferthier, einen Hahn, ein Schwein, einen Widder. Andere, jüngere Typen solcher „Todtenmahle" zeigen die Verstorbenen stehend (neben einem Pferde nicht selten) oder auf
einem Ruhebette liegend, und die Trankspende der Ueberlebenden entgegennehmend[3]. Diese Bildwerke lassen uns den

---

[1] S. Benndorf, *Sicil. u. unterital. Vasenb.*, p. 33.

[2] Wie die Auffassung des Geistertreibens der Todten und, ihr entsprechend, der Seelencult einst angstvoller und erhabener, dem Cult der
χϑόνιοι durchaus gleichstehend war, im Verlauf der Zeit aber das Verhältniss der Lebenden zu den Abgeschiedenen ein vertrauteres und dem
nach der Seelencult weniger ängstlich, mehr pietatvoll sorgend als nur
apotropäisch wurde, fuhrt genauer aus P. Stengel, *Chthonischer und Todtencult* (Festschrift f. Friedländer) p. 414 ff.

[3] Die Reliefbilder eines einzeln oder neben einer Frau thronenden,
den Kantharos zum Empfang der Spende vorstreckenden Mannes, dem
sich meist eine Gruppe kleiner gebildeter Adoranten nähert, deren älteste,
bei Sparta gefundene Exemplare in das 6. Jahrhundert zurückgehen,
deutet man jetzt (namentlich nach Milchhöfer's Forschungen) wohl allgemein als Darstellungen des Familienseelencultes. Sie sind die Vor-
läufer der Darstellungen ähnlicher Spendescenen, auf denen (nach jungerer
Sitte) der Heros auf der Kline gelagert die Anbetenden empfängt.
(Dass auch diese Gattung der Todtenmahlrelefs Opferscenen darstellt,
beweist klärlich die Anwesenheit der Adoranten, die vielfach auch Opfer
heranführen. Mit der von ihm, *Athen. Mittheil.* 1896 p. 347 ff., empfohlenen
Annahme, dass die Darstellungen nicht Opfer, sondern das συμπόσιον ver-
gegenwärtigen sollen, an dem im Jenseits der Verstorbene sich ergötze,
kann H. v. Fritze die Anwesenheit dieser Adoranten nur so gezwungen
in einen fictiven Zusammenhang bringen [p. 356 ff.], dass eben hieran
ganz offenbar seine Annahme sich als falsch erweist. πυραμίδες und
Weihrauch bei den Darbringungen sprechen keineswegs entschieden gegen
deren Natur als Todtenopfer.) Gleiche Bedeutung haben die namentlich
in Böotien gefundenen Reliefs, auf denen der Verehrte auf einem Pferde
sitzend oder ein Pferd führend die Spende empfängt (Uebersicht bei
Wolters, *Archäol. Zeitung* 1882 p. 299 ff., vgl. auch Gardner, *Journal of*

Abstand wahrnehmen, in den die abgeschiedenen Geister von den Lebenden gerückt schienen; die Todten erscheinen hier in der That wie „bessere und mächtigere" Wesen; bis zu ihrem Eintritt in heroische Würde ist der Weg nicht mehr weit. Trankspenden, wie sie hier die Abgeschiedenen empfangen, aus Honig, Wasser, Milch, auch Wein und anderen Flüssigkeiten gemischt, nach einem genau geregelten Ritual dargebracht, bildeten stets einen wesentlichen Theil der Todtenopfer[1]. Sonst

---

hellenic studies 1884 p. 107—142; Furtwängler, *Sammlung Sabouroff* I p. 23 ff.). Die Verehrer bringen Granaten, einen Hahn (z. B. *Athen. Mittheil.* II, Taf. 20. 22), ein Schwein (Hahn und Schwein: Thebanisches Relief, *Athen. Mittheil.* III 377; Schwein: Böotisches Relief, *Mitth.* IV, Taf. 17, 2), einen Widder (Relief aus Patras: *Mittheil.* IV 125 f. Vgl. den Widderkopf auf einem Grabmal aus dem Gebiet von Argos, *Mittheil.* VIII 141). Dies sind Gaben, wie sie für Unterirdische sich ziemen. Den Granatapfel kennt man ja als Speise der χϑόνιοι aus dem Demeterhymnus; Schwein und Widder sind die als Opfer den χϑόνιοι verbrannten Hauptbestandtheile bei kathartischen und hilastischen Gebräuchen. Der Hahn kommt natürlich hier nicht vor, weil er dem Helios und der Selene heilig war (vgl. Laert. Diog. 8, 35; Iamblich. *V. Pyth.* 84), sondern als Opferthier der χϑόνιοι (auch des Asklepios), daher auch bei Beschwörungen und Zauber viel gebraucht [Dieterich, *Pap. mag.* 185, 3]; als solches war er den Mysten der Demeter in Eleusis als Speise verboten: Porphyr. *de abstin.* 4, 16 p. 255, 5 N. Schol. Lucian. im *Rhein. Mus.* 25, 558, 26. Wer von der Speise der Unterirdischen geniesst, ist ihnen verfallen. — Andererseits sind die thronenden oder liegenden Seelengeister jener Reliefs in Verbindung gebracht mit einer Schlange (*Mitth.* II, T. 20. 22; VIII, T. 18, 1 u. s. w.), einem Hunde, einem Pferde (bisweilen sieht man nur einen Pferdekopf). Die Schlange ist das wohlbekannte Symbol des Heros; Hund und Pferd bedeuten sicherlich nicht Opfergaben (wie Gardner p. 131 meint), ihren wirklichen Sinn hat man noch nicht enträthseln können. Das Pferd (bisweilen auch bei Frauen stehend, und somit schwerlich etwa ritterlichen Stand bezeichnend) ist, glaube ich, ebenfalls ein Symbol des nun in das Geisterreich eingetretenen Verstorbenen, wie die Schlange auch (anders Grimm, *D. Myth.*[4] p. 701 f., 704). Ueber den Hund habe ich keine sichere Meinung; genrehafte Bedeutung hat er schwerlich, so wenig wie irgend etwas auf diesen Bildwerken.

[1] Die χοαί, ἅπερ νεκροῖσι μειλικτήρια, aus Wein, Honig, Wasser, Oel, wie sie in der Tragödie am Grabe des Vaters von den Kindern dargebracht werden (Aesch. *Pers.* 609 ff. *Cho.* 84 ff. Eurip. *Iph. T.* 159 ff.) sind den im wirklichen Leben üblichen Todtenspenden nachgebildet. Honig und Wasser (μελίκρατον) bildete stets den Hauptbestandtheil (vgl.

auch blutige Opfer, namentlich Schafe (seltener Rinder) schwarzer Farbe, die, den Seelen zum alleinigen Genuss, ganz verbrannt werden mussten, wie das bei allen Opfern für unterirdische Geister geschah[1].

Dieser ganze Cult, sinnlich wie er war, beruht auf der Voraussetzung, die auch bisweilen laut wird, dass die Seele des Todten sinnlichen Genusses der dargebrachten Gaben fähig und bedürftig sei[2]. Sie ist auch sinnlicher Wahrnehmung nicht beraubt. Aus dem Grabe hervor hat sie noch Empfindung von den Vorgängen in dessen Nähe[3], es ist nicht gut, ihre Aufmerksamkeit zu erregen, besser thut man, schweigend

---

Stengel, *Philolog.* 39, 378 ff., *Jahrb. f. Philol.* 1887 p. 653). Das Ritual bei der Darbringung eines ἀπόνιμμα, eigentlich eines kathartischen Spendeopfers, das aber auch εἰς τιμὴν τοῖς νεκροῖς dargebracht wird, beschreibt (unvollständig ausgezogen) Kleidemos ἐν τῷ Ἐξηγητικῷ Ath. 9, 409 E f. (Auffallend ähnlich Vornahme und Spruch beim indischen Todtenopfer: Oldenberg, *Rel. d. Veda* 550. Hier mag Uraltes sich erhalten haben.) Dasselbe sind wohl die χθόνια λουτρὰ τοῖς νεκροῖς ἐπιφερόμενα (Zenob. 6, 45 u. a.). Mit den Ὑδροφόρια (wie man gemeint hat) haben diese nichts gemein.

[1] Das gewöhnlich bei ἐναγίσματα für Todte als Opfer dienende Thier ist ein Schaf; andere Thiere werden seltener verwendet. Schwarze Farbe ist Regel. Das Opfer wird ganz verbrannt. Vgl. die Zusammenstellungen von Stengel, *Ztschr. f. Gymnas. W.* 1880 p. 743 f., *Jahrb. f. Philol.* 1882 p. 322 f., 1883 p. 375. — Phot. καυστόν· καρπωτόν δ ἐναγίζεται τοῖς τετελευτηκόσιν (vgl. Hesych. καυτόν). — Speise der Todten doch wohl, an die τρίτα und sonstigen Todtenmahlzeiten, und nicht der Lebenden beim περίδειπνον war das σέλινον (Todtenpflanze: s. oben p. 220,2), daher es zu Mahlzeiten Lebender nicht verwendet werden durfte: Plin. *n. h.* 20, 113 nach Chrysipp und Dionysius. (In den Kabirmysterien hatten die ἀνακτοτελέσται, noch einen eigenen Grund, aus dem sie verboten, Eppich αὐτόριζον ἐπὶ τραπέζης τιθέναι. Clem. Al. *protr.* 12 C.)

[2] Die Opfergaben das Mahl des Todten: Aeschyl. *Choeph.* 483 ff. (vgl. Lucian *de luctu* 9; *Charon* 22). Der Todte angerufen zu kommen, um die Spende zu trinken (ἐλθὲ δ' ὡς πίῃς —): Eurip. *Hec.* 535 ff. Die gewöhnliche Meinung war, dass ὁ νεκρὸς πίεται von den Trankspenden (Anth. Palat. 11, 8. Kaibel, *epigr.* 646, 12), αἱ γὰρ χοαὶ παραψυχή τις εἰσεφέρετο τοῖς εἰδώλοις τῶν τετελευτηκότων κτλ. Lyd. *de mens.* p. 182 R.

[3] Sie empfindet es, wenn Freunde oder Feinde ihrem Grabe nahen. S. Isaeus 9, 4. 19.

an Gräbern vorüber zu gehen[1]. Um die Gräber, die Stätte
ihres Cultus, dachte sich das Volk, nach einem bekannten
Worte des Platon, die Seelen der Verstorbenen flattern und
schweben[2]; die Bilder der attischen Salbgefässe illustriren
diesen Glauben, indem sie die Seelen der Todten um das
Grabmal fliegend darstellen, durch das winzige Maass dieser
Flügelgestalten aber zugleich deren etwas widerspruchsvolle un-
körperliche Körperlichkeit und ihre Unsichtbarkeit für irdische
Augen andeuten[3]. Bisweilen werden auch die Seelen sichtbar,
am liebsten, gleich den unterirdischen Göttern und den Heroen,
in Schlangengestalt[4]. Sie sind auch nicht unbedingt an die
Umgebung des Grabes gefesselt. Bisweilen kehren sie in ihre

---

[1] Schol. Ar. *Av.* 1490 (mit Berufung auf die Τιτανόπανες des Myrtilos,
Dichters der alten Komödie). Phot. *lex.* s. κρείττονες (Hesych. s. κρείττονας)·
οἱ ἥρωες· δοκοῦσι δὲ κακωτικοὶ εἶναι· δι᾽ ὃ καὶ οἱ τὰ ἡρῷα παριόντες σιωπῶσιν.
(ἥρωες, ἡρῷα hier nach dem, in später Zeit allgemein üblichen Sprachgebrauch einfach = τετελευτηκότες und μνήματα gewöhnlicher Art). —
Da auch der Heros höherer Art im Grabe wohnt, so geht man auch
z. B. an dem Grabmal des Narkissos, ἥρως Σιγηλός, schweigend vorbei:
Strabo 9, 404 (wie an Hain und Schlucht zu Kolonos, wo die Erinyen
hausen: Soph. *O. C.* 130 ff.) Die zu Grunde liegende Empfindung ist
begreiflich und daher die Sitte weit verbreitet: z. B. bei Negern in West-
afrika: Réville, *relig. des peuples non civil.* 1, 73. Deutscher Aberglaube
(Grimm, *D. Myth.*[4] 3, 463, No. 830): „man soll dem Todten keinen Namen
zurufen; sonst wird er aufgeschrieen".

[2] Plato *Phaed.* 81 C. D. Die ψυχή — ὥσπερ λέγεται, περὶ τὰ μνή-
ματά τε καὶ τοὺς τάφους κυλινδομένη· περὶ ἃ δὴ καὶ ὤφθη ἄττα ψυχῶν
σκιοειδῆ φαντάσματα, κτλ.

[3] S. O. Jahn, *Archäol. Beitr.* 128 ff. Benndorf, *Griech. u. sicil.*
Vasenb. p. 33 f., p. 65 (zu Taf. 14. 32); auch Pottier, *Les lécythes blancs*
p. 65, 2 (der, p. 76 ff., eine bedenkliche Theorie von einem angeblichen
Éros funèbre anknüpft).

[4] In Schlangengestalt sieht man den Bewohner eines Grabes nicht
selten auf Vasenbildern dargestellt, am Fusse seines Grabhügels u. s. w.
z. B. auf der Prothesisvase, Monum. d. Inst. VIII 4. 5 u. ö: s. Luckenbach,
Jahrb. f. Philol. Suppl. 11, 500. — Schlangen als Verkörperungen von
χθόνιοι aller Art, Göttern der Erdtiefe, Heroen und einfachen Todten
sind uns schon mehrfach begegnet und werden uns noch öfter vorkommen.
Hier sei nur hingewiesen auf Photius *lex.* s. ἥρως ποικίλος· — διὰ τὸ τοὺς
ὄφεις ποικίλους ὄντας ἥρωας καλεῖσθαι.

alten Wohnstätten, unter die Lebenden zurück, auch ausser jenen Seelentagen im Anthesterion. Auch die Griechen kannten den Brauch, zu Boden Gefallenes nicht aufzuheben, sondern es den im Hause umirrenden Seelen zum Raub zu überlassen [1]. Ist sie unsichtbar den Lebenden nahe, so vernimmt die Seele auch, was etwa Jemand Uebles von ihr redet; sei es um ihrer Machtlosigkeit zu Hilfe zu kommen, oder umgekehrt um vor der Rache der unsichtbar Mächtigen zu warnen, verbot ein Solonisches Gesetz das Schmähen eines Todten. Das ist der wahre und im Volksglauben begründete Sinn des: *de mortuis nil nisi bene*. Den Verleumder eines Todten haben dessen Nachkommen gerichtlich zu verfolgen [2]. Auch dies gehört zu ihren religiösen Pflichten gegen die Seele des Todten.

---

[1] Das auf die Erde Gefallene gehört den ἥρωες (= Seelen Verstorbener): Aristoph. Ἥρωες, *fr.* 291 Dind. τοῖς τετελευτηκόσι τῶν φίλων ἀπένεμον τὰ πίπτοντα τῆς τροφῆς ἀπὸ τῶν τραπεζῶν (worauf Euripides im Bellerophontes anspiele): Athen. 10, 427 E. Daher Pythagoreisches σύμβολον (wie meist, auf alten Seelenglauben begründet): τὰ πεσόντα ἀπὸ τραπέζης μὴ ἀναιρεῖσθαι. (Laert. Diog. 8, 34. Suid. s. Πυθαγόρα τὰ σύμβολα). Auf diesen Aberglauben bezieht sich auch der angeblich in Kroton giltige νόμος, τὸ πεσὸν ἐπὶ τὴν γῆν κωλύων ἀναιρεῖσθαι: Iamblich. *V. Pyth.* 126. Aehnlicher Glaube und Brauch in Rom: Plin. *n. h.* 28, § 27. Bei den alten Preussen galt die Regel, beim Mahl auf die Erde gefallene Bissen nicht aufzuheben, sondern für arme Seelen, die keine Blutsverwandte und Freunde, die für sie sorgen müssten, auf der Welt haben, liegen zu lassen. S. Chr. Hartknoch, *Alt und Neues Preussen* p. 188. Aehnlich anderwärts: s. Spencer, *Princ. d. Sociol.* (Uebers.) I p. 318.

[2] Solonisches Gesetz: Demosth. 20, 104; 40, 49. Plut. *Sol.* 21: — Σόλωνος ὁ κωλύων νόμος τὸν τεθνηκότα κακῶς ἀγορεύειν. καὶ γὰρ ὅσιον, τοὺς μεθεστηκότας ἱεροὺς νομίζειν. Dies erinnert an die Worte aus dem Εὔδημος des Aristoteles bei Plut. *cons. ad Apoll.* 27: τὸ ψεύσασθαί τι κατὰ τῶν τετελευτηκότων καὶ τὸ βλασφημεῖν οὐχ ὅσιον ὡς κατὰ βελτιόνων καὶ κρειττόνων ἤδη γεγονότων. (Chilon Stob. *flor.* 125, 15: τὸν τετελευτηκότα μὴ κακολόγει, ἀλλὰ μακάριζε). Ein ganz besonders schlimmer Frevel ist es, ψεύσασθαι κατὰ τοῦ τελευτήσαντος: Isaeus 9, 6. 23 26. (Der κακολόγος pflegt u. a. κακὰ εἰπεῖν περὶ τῶν τετελευτηκότων: Theophr. *char.* 28.) Der Erbe des Verstorbenen hat, wie ihm der Seelencult für jenen überhaupt Pflicht ist, den Verleumder desselben gerichtlich zu verfolgen (s. Meier und Schömann, *Att. Process*[2] p. 630).

3.

Wie aller Cult hat es der Seelencult mehr zu thun mit dem Verhältniss des Dämons zu den Lebenden als mit dessen Natur und Wesen, wie sie etwa an und für sich betrachtet sich darstellen mögen. Eine dogmatische Bestimmung dieses Wesens fordert er nicht und bietet er nicht. Doch liegt eine allgemeine Vorstellung von der Natur der abgeschiedenen Seele, die sich nur genauer Formulirung entzieht, dem Cult zu Grunde. Man bringt den Seelen Opfer, wie den Göttern [1] und Heroen auch, weil man in ihnen unsichtbar Mächtige [2] sieht, eine besondere Art der „Seligen“, wie man schon im 5. Jahrhundert die Verstorbenen nannte. Man will sie gnädig stimmen [3], oder auch ihren leicht gereizten Zorn [4] abwenden. Man hofft auf ihre Hilfe in aller Noth; ganz besonders aber, glaubt man,

---

[1] Von den Todten sagt Aristoph. *Tagenist.* fr. 1, 12 Bgk: καὶ θύομέν γ' αὐτοῖσι τοῖς ἐναγίσμασιν, ὥσπερ θεοῖσι κτλ.

[2] κρείττονες: Hesych. Phot. s. v. Aristoteles bei Plut. *cons. ad Apoll.* 27.

[3] ἴλεως ἔχειν (τοὺς τελευτήσαντας): Plato *Rep.* 4, 427 B.

[4] Dass die ἥρωες δυσόργητοι καὶ χαλεποὶ τοῖς ἐμπελάζουσι γίγνονται (Schol. Arist. *Av.* 1490) gilt, wie von den eigentlich so genannten „Heroen“ (s. oben p. 190 ff. die Legenden vom Heros Anagyros, dem Heros zu Temesa u. s. w.), auch von den in ungenauer, später allgemein üblich gewordener Bezeichnung „Heroen“ genannten Seelen der Todten überhaupt — χαλεποὺς καὶ πλήκτας τοὺς ἥρωας νομίζουσι, καὶ μᾶλλον νύκτωρ ἢ μεθ' ἡμέραν: Chamaeleon bei Athen. 11, 461 C (daher die Vorkehrung gegen nächtlich begegnende Gespenster: Athen. 4, 149 C). Vgl. Zenob. 5, 60. Hesych. Phot. s. κρείττονες. — Dass die ἥρωες nur Schlimmes thun und senden konnen, nichts Gutes (Schol. Ar. *Av.* 1490; Babrius *fab.* 63) ist später Glaube; weder für Heroen noch für gewöhnliche Todte gilt dies im Glauben älterer Zeiten. Die Vorstellung von der schadenfrohen, gewaltthätigen Natur der Unsichtbaren, ursprünglich auf „Götter“ so gut bezüglich wie auf Heroen und Seelen, ist mehr und mehr auf die unteren Klassen der κρείττονες beschränkt worden, und haftet zuletzt an diesen so ausschliesslich, dass sie als wesentliches Unterscheidungsmerkmal zwischen ihnen und den Göttern gelten kann (was sie keineswegs von Anfang an war), dergestalt, dass Bosheit aus dem Wesen der Götter und umgekehrt Güte aus dem der Heroen und Seelen ausgeschlossen scheint.

können sie, ähnlich den chthonischen Göttern, in deren Reich
sie eingegangen sind, dem Ackerbau Segen bringen[1], und bei
dem Eintritt einer neuen Seele in das Leben förderlich sein.
Daher den Seelen der Vorfahren bei der Hochzeit Trankopfer
dargebracht werden[2]. Auch die Tritopatoren, zu denen man
in Attika bei Gründung einer Ehe um Kindersegen flehte[3],
sind nichts anderes als die Seelen der Ahnen[4]; wenn sie uns

---

[1] Aristoph. *Tagenist.* 1, 13: — καὶ χοάς γε χεόμενοι (den Todten)
αἰτούμεθ᾽ αὐτοὺς τὰ καλὰ δεῦρ᾽ ἀνιέναι (angebl. παροιμία, nach einem
Tragiker jedenfalls, Anrede an eine Todte: ἐκεῖ βλέπουσα, δεῦρ᾽ ἀνίει
τἀγαθά Schol. Arist. *Ran.* 1462; von dem Interpolator des Aristophanes
an jener Stelle nachgeahmt). Dies „Heraufsenden des Guten" ist zwar auch
im weitesten Sinne verstehbar (vgl Aesch. *Pers.* 222); aber man wird
sich doch im Besonderen bei solcher Bitte um ἀνιέναι τἀγαθά erinnert
fühlen an Demeter ἀνησιδώρα (Paus. 1, 31, 4; Plut. *Sympos.* 9, 14, 4), an
Γῆ ἀνησιδώρα. διὰ τὸ καρποὺς ἀνιέναι (Hesych.). Soph. *O. C.* 262: εὔχομαι
θεοὺς μήτ᾽ ἄροτον αὐτοῖς γῆς ἀνιέναι τινά —. Und dass man wirklich Förderung des Ackerbaues von den Todten, die in der Erde wohnen, erwarten
konnte, mag namentlich eine sehr beachtenswerthe Bemerkung in der
hippokrateischen Schrift περὶ ἐνυπνίων (II p. 14 Kühn; VI p. 658 Littré
[π. διαίτης 4, 92]) lehren. Sieht man im Traume ἀποθανόντας, weiss-
gekleidet, etwas gebend, so ist das ein gutes Vorzeichen: ἀπὸ γὰρ τῶν
ἀποθανόντων αἱ τροφαὶ καὶ αὐξήσιες καὶ σπέρματα γίνονται. In Athen bestand
die Sitte, auf das frische Grab alle Arten von Samen zu streuen: Isigon.
mirab. 67; Cicero *de leg.* 2, 63. Der (jedenfalls religiose) Grund wird
verschieden angegeben (eine dritte, nicht glaublichere Erklärung bietet
K. O. Müller, *Kl. Schr.* 2, 302 f.). Am nächsten liegt doch wohl anzunehmen, dass die Saat der Erde unter den Schutz der nun selbst zu erd-
bewohnenden Geistern gewordenen Seelen der Todten gestellt werden
sollte. (Man beachte übrigens die vollkommen gleiche Sitte im alten
Indien. Oldenberg, *Rel. d. Veda* 582.)

[2] Elektra bei Aeschyl. *Choeph.* 486 ff. gelobt der Seele ihres Vaters.
κἀγὼ χοάς σοι τῆς ἐμῆς παγκληρίας οἴσω πατρῴων ἐκ δόμων γαμηλίους:
πάντων δὲ πρῶτον τόνδε πρεσβεύσω τάφον. — Als chthonische Mächte bringen
auch die Erinyen dem Ackerbau und der Kinderzucht Segen. *Rhein.
Mus.* 50, 21. Um Kindersegen wird auch Γῆ angerufen.

[3] Φανόδημός φησιν ὅτι μόνοι ᾿Αθηναῖοι θύουσιν καὶ εὔχονται αὐτοῖς
ὑπὲρ γενέσεως παίδων, ὅταν γαμεῖν μέλλωσιν Phot. Suid. s. τριτοπάτορες.

[4] τριτοπάτορες bedeutet schon der Wortform nach nichts anderes
als πρόπαπποι. τριτοπάτωρ ist der Urgrossvater, ὁ πάππου ἢ τήθης πατήρ
(Aristot. bei Pollux 3, 17). Wie μητροπάτωρ ist ὁ μητρὸς πατήρ, πατροπάτωρ ὁ πατρὸς πατήρ (Pollux 3, 16), προπάτωρ der Vorvater, ψευδοπάτωρ

zugleich als Windgeister bezeichnet werden[1], so zeigt oder verbirgt sich hier ein vereinzeltes Stück ältesten Volksglaubens:

= ψευδὴς πατήρ, ἐπιπάτωρ der Stiefvater (μητρομήτωρ = μητρὸς μήτηρ), so ist τριτοπάτωρ der dritte Vorvater, der Vater des πατροπάτωρ, der πρόπαππος. Die τριτοπάτορες (Nebenform τριτοπατρεῖς: Philoch. bei Suidas s. τριτοπάτορες: Dittenb. *Syll. inscr.* 303; v. Prott, *Leg. Graec. sacr.* I. p. 49, Z. 32; 52; in orphischen Versen [vgl. Lobeck, *Agl.* 764] können sie auch nur so, nicht τριτοπάτορες genannt worden sein) sind also die τρίτοι πατέρες (sowie die τριτέγγονοι die τρίτοι ἔγγονοι, die ἔγγονοι im dritten Geschlecht). Die „dritten Vorväter" sind dann aber (s. Lobeck *Agl.* 763 f.) die Urahnen überhaupt, οἱ προπάτορες (Hesych.), οἱ πρῶτοι ἀρχηγέται (Bekk. *anecd.* 307, 16.) Eigentlich jedenfalls die Ahnen des Einzelnen, seine leiblichen γονεῖς (deren Reihe meistens nicht hinaufgeführt wird über den πρόπαππος [Isaeus 8, 32], d. i. den τριτοπάτωρ), dann wohl auch die „Ahnen" des Menschengeschlechts überhaupt (nach der Deutung des Philochorus, bei Phot. Suid. s. τριτοπ.; vgl. Welcker, *Gotterl.* 3, 72). — Es sei hier nur hingedeutet auf die vollkommen analoge Vorstellung der alten Inder von den „Drittvätern", Vater, Grossvater, Urgrossvater als den Sapindavätern, über die die Linie der Vorväter nicht hinaufgeführt wurde (Kaegi, *D. Neunzahl* p. 5. 6).

[1] Mit grosser Bestimmtheit werden die Tritopatoren bezeichnet als ἄνεμοι (Demon bei Phot. Suid. s. τριτοπάτορες), δεσπόται ἀνέμων (Phot. s. τριτοπάτωρ; Tzetzes Lycophr. 738). Orphische Dichtung machte θυρωροὺς καὶ φύλακας τῶν ἀνέμων aus ihnen. Dies ist schon freie Ausdeutung; der attische Glaube, den Demon ausspricht, weiss davon nichts. Zweifellos nur Speculation und Fiction ist es, wenn man ihre Zahl (ähnlich wie die ursprünglich ebenfalls unbegrenzte der Horen, der Erinyen u. s. w.) auf drei beschränkte, und sie nun mit bestimmten Namen benannte (Amalkeides u. s. w., Orpheus), oder mit den drei Hekatoncheiren gleichsetzte (Kleidemos im ᾿Εξηγητικόν). In Wahrheit und nach ächtem, noch deutlich durch alle Trubungen von Missverständniss und Missdeutung durchscheinenden Glauben sind die τριτοπάτορες Ahnenseelen, die zugleich Windgeister sind. Man fleht zu diesen Geistern um Kindersegen: mit Recht bringt Lobeck, *Agl.* 755 ff. mit diesem Gebrauch die Orphische Lehre in Zusammenhang, dass die Menschenseele mit dem Wind von aussen in den Menschen hineinkomme. Nur ist auch dies schon eine speculirende Ausschmückung des Volksglaubens von den Tritopatoren (den die Orphiker unmöglich, wie Welcker, *Gotterl.* 3, 71 meint, „erfunden" haben können: sie deuten ihn sich ja auf ihre Art, fanden ihn also vor). Entschlagen wir uns aller Speculation, so erkennen wir in den Tritopatoren Ahnenseelen, die zu Windgeistern geworden sind und mit anderen ψυχαί (die ja auch vom Windhauche benannt sind) im Winde fahren, von denen, als von wahren πνοιοὶ ζωογόνοι, ihre Nachkommen Hilfe erhoffen, wenn es sich um Lebendigwerden einer neuen ψυχή

die abgeschiedenen Seelen werden zu Geistern der Luft, die im Winde fahrenden Geister sind frei gewordene Seelen. —

4.

Aber wenn es im eigenen Interesse gut und gerathen ist, diese unsichtbaren Seelenmächte, sich durch Opfer geneigt zu machen und wohlwollend zu erhalten, so ist doch in viel höherem Maasse ihre Verehrung eingegeben durch ein Gefühl der Pietät, das nicht mehr auf eigenen Vortheil, sondern auf Ehre und Nutzen der verehrten Todten bedacht ist; und diese freilich eigenthümlich gefärbte Pietät giebt dem Seelencult und den ihm zu Grunde liegenden Vorstellungen erst ihre besondere Art. Die Seelen sind abhängig von dem Culte der noch im Leben stehenden Mitglieder ihrer Familie, ihr Loos bestimmt sich nach der Art dieses Cultes[1]. Völlig verschieden ist der Glaube, in dem dieser Seelencult wurzelt, von der Vorstellungsweise der homerischen Gedichte, nach der die Seelen, fern in das Reich des Hades gebannt, aller Pflege und Sorge der Lebenden auf ewig entzogen sind; völlig verschieden auch von dem Glauben, den die Mysterien ihren Gläubigen einpflanzten. Denn nicht nach ihrem (religiösen oder moralischen) Verdienste empfängt hier die abgeschiedene Seele Vergeltung im Jenseits. In geschiedenem Bette fliessen diese Glaubens-

handelt. Seelen als Windgeister sind sehr wohl verständlich; bei den Griechen ist diese Vorstellung nur vereinzelt erhalten und ebendarum werden solche vereinzelt im Glauben lebendig gebliebene Windseelen zu besonderen Dämonen, die Tritopatoren nicht anders als die Harpyien (s. *Rhein. Mus.* 50, 3 ff.).

[1] Ganz naiv spricht sich der Glaube aus in den Worten des Orestes bei Aeschyl. *Choeph.* 483 ff. Er ruft der Seele des Vaters zu: οὕτω (wenn du mir beistehst) γάρ ἄν σοι δαῖτες ἔννομοι βροτῶν κτιζοίατ'· εἰ δὲ μή, παρ' εὐδείπνοις ἔσει ἄτιμος ἐμπύροισι κνισωτοῖς χθονός. Und so gilt auch für alte Zeit der von Lucian, *de luctu* 9 verhöhnte Glaube: τρέφονται δὲ ἄρα (die Todten) ταῖς παρ' ἡμῖν χοαῖς καὶ τοῖς καθαγιζομένοις ἐπὶ τῶν τάφων· ὡς εἴ τῳ μὴ εἴη καταλελειμμένος ὑπὲρ γῆς φίλος ἢ συγγενής, ἄσιτος οὗτος νεκρὸς καὶ λιμώττων ἐν αὐτοῖς πολιτεύεται.

richtungen neben einander her. Am nächsten berührt sich ohne Frage der Seelencult und sein Glaubenskreis mit. dem Heroencult, aber der Unterschied ist dennoch ein grosser. Hier ist nicht mehr von irgend einem, durch göttliches Wunder verliehenen Privilegium einzelner Bevorzugter die Rede; jede Seele hat Anspruch auf die sorgende Pflege der Ihrigen, einer jeden wird ihr Loos bestimmt nicht nach ihrem besonderen Wesen und ihrem Thun bei Leibesleben, sondern je nach dem Verhalten der Ueberlebenden zu ihr. Darum denkt beim Herannahen des Todes ein jeder an sein „Seelenheil", das heisst aber, an den Cult, den er seiner, vom Leibe geschiedenen Seele sichern möchte. Bisweilen bestimmt er zu diesem Zwecke eine eigene, testamentarisch festgesetzte Stiftung[1]. Wenn er einen Sohn hinterlässt, so wird für die Pflege seiner Seele hinreichend gesorgt sein; bis zu der Mündigkeit des Sohnes wird dessen

---

[1] Epikur bestimmt in seinem Testamente gewisse πρόσοδοι zu den alljährlich seinen Eltern, seinen Brüdern und ihm selbst darzubringenden ἐναγίσματα: Laert. Diog. 10, 18. — Dem Ende des 3. Jahrhunderts gehört das „Testament der Epikteta", d. h. die Inschrift an, welche die Stiftung der Epikteta (auf Thera, wie jetzt sicher bewiesen ist: s. Ἐφημ. ἀρχαιολ. 1894 p. 142) für die jährliche Begehung eines dreitägigen Opferfestes für die Musen und „die Heroen", d. h. für ihren Mann, sich selbst und ihre Söhne, durch ein hiefür eigens gestiftetes κοινὸν τοῦ ἀνδρείου τῶν συγγενῶν (sammt Weibern der Verwandtschaft) enthält, und dazu die Satzungen dieser Opfergenossenschaft (C. I. Gr. 2448). — Die Opfer für die Todten bestehen dort (VI 6 ff.) aus einem ἱερεῖον (d. h. Schaf) und ἱερά, nämlich ἐλλύται von fünf Chöniken Weizenmehl und einem Stater durren Käse (ἐλλ. sind eine Art Opferkuchen, speziell den Unterirdischen dargebracht: wie dem Trophonios zu Lebadea; s. Collitz, Dialektins. 413, und dazu die Anm. p. 393), dazu Kränzen. Geopfert werden sollen die üblichen Theile des Opferthieres, ein ἐλλύτης, ein Brod, ein πάραξ (d. i. βάραξ, βήρηξ; Wechsel von Tenuis und Media, wie noch öfter) und einige ὀψάρια (d. i. Fischchen: vgl. die ἀποπυρίς für den Todten, Collitz, Dialektins. 3634 [Kos]). Das Uebrige verzehrt wohl die Festgemeinde; jene Stücke, heisst es, καρπωσεῖ der das Opfer Ausrichtende, d. h. er soll sie den Heroen aufopfern, indem er sie ganz verbrennt. Vgl. Photius καυστόν· καρπωτόν, ὃ ἐναγίζεται: τοῖς τετελευτηκόσιν (καρπῶσαι, κάρπωμα, ὁλοκάρπωσις etc. häufig in der Septuaginta). Vgl. Photius s. ὁλοκαρπούμενον, s. ὁλοκαυτισμός. καρποῦν = ὁλοκαυτοῦν, Opferkalender von Kos, Collitz 3636. Vgl. Stengel, Hermes 27, 161f.

Vormund die geziemenden Gaben darbringen[1]. Auch Sclaven,
die er freigelassen hat, werden sich dem regelmässig fortgesetzten Culte des einstigen Herrn nicht entziehen[2]. Wer
sterbend keinen Sohn hinterlässt, der denkt vor Allem daran,
den Sohn einer anderen Familie in die seinige aufzunehmen,
dem mit seinem Vermögen vor Allem die Verpflichtung zufällt,
dem Adoptivvater und dessen Vorfahren dauernden und regel-
mässigen Cult zu widmen, und so für deren Seelen Sorge zu
tragen. Dies ist der wahre und ursprüngliche Sinn aller Adoption; und wie ernstlich man solche Sorge um die rechte Pflege
der abgeschiedenen Seele nahm, das lässt am deutlichsten
Isaeos erkennen in jenen Erbschaftsreden, in denen er mit
vollendeter, fast unmerklicher Kunst den einfachen und ächten
Empfindungen schlichter, von keiner Aufklärung bei dem
Glauben der Väter gestörter athenischer Bürgersleute Ausdruck giebt[3].

---

[1] S. Isaeus 1, 10.

[2] In Freilassungsurkunden wird bisweilen bestimmt, dass die Freigelassenen beim Tode den Herren θαψάντω;'καὶ τὰ ὥρια αὐτῶν ποιησάτω-
σαν: so auf der Inschr. aus Phokis, Dittenb. *Syll. inscr.* 445. (Häufig sind
derartige Bestimmungen namentlich auf den delphischen Freilassungsurkunden. S. Büchsenschütz, *Bes. u. Erw. i. gr. Alt.* 178 Anm. 3. 4.) τὰ ὥρια,
von Todtenopfern gesagt (Collitz, *Dialektins.* 1545. 1546; ὡραίων τυχεῖν
Eurip. *Suppl.* 177) bedeutet die καθ᾿ ὥραν συντελούμενα ἱερά (Hesych. s.
ὡραῖα; Leichenordnung der Labyaden Z. 49 ff.: τὰς, δ᾿ ἄλλας θοίνας κατ᾿
τὰν ὥραν ἀγαγέσθαι), die in regelmässiger Wiederkehr (ταῖς ἱκνουμέναις
ἡμέραις: p. 259, 1) zu begehenden Opfer. (So τελεταὶ ὥριαι Pind. *P.*
9, 98.) Gemeint sind wohl im besonderen die ἐνιαύσια ἱερά (s. p. 232, 1;
235, 1; 236, 3). Bekränzung des Grabmals κατ᾿ ἐνιαυτὸν τοῖς ὡρίοις (scil.
ἁμέραις) Collitz 1775, 21 κατ᾿ ἐνιαυτὸν ὡραῖα ἱερὰ ἀπετέλουν (den Heroen)
Plat. *Critias* 116 C.

[3] Hier die in den Reden des Isaeus vorkommenden Aussagen,
welche das oben Gesagte besonders deutlich erkennen lassen. Der kinder-
lose Menekles ἐσκόπει ὅπως μὴ ἔσοιτο ἄπαις, ἀλλ᾿ ἔσοιτο αὐτῷ ὅστις ζῶντα
γηροτροφήσοι καὶ τελευτήσαντα θάψοι αὐτὸν καὶ εἰς τὸν ἔπειτα χρόνον τὰ
νομιζόμενα αὐτῷ ποιήσοι 2, 10 Pflege im Alter, Begräbniss und fernere
Sorge für die Seele des Todten bilden ein Continuum, in dem das rituale,
den Familiencult sichernde Begräbniss durch die eigenen ἔκγονοι eine sehr
wichtige Stelle einnimmt (vgl. Plat. *Hipp. mai.* 291 D. E.: κάλλιστον ist
es, nach populärer Auffassung, dem Menschen — — ἀφικομένῳ ἐς γῆ-

Aller Cult, alle Aussicht auf volles Leben und — so darf man die naive Vorstellung aussprechen — auf Wohlsein der

ρας, τοὺς αὐτοῦ γονέας τελευτήσαντας καλῶς περιστείλαντι ὑπὸ τῶν αὐτοῦ ἐκγόνων καλῶς καὶ μεγαλοπρεπῶς ταφῆναι. Medea zu ihren Kindern, bei Eurip. *Med.* 1019: εἶχον ἐλπίδας πολλὰς ἐν ὁμῖν γηροβοσκήσειν τ᾽ ἐμὲ καὶ κατθανοῦσαν χεροῖν εὖ περιστελεῖν, ζηλωτὸν ἀνθρώποισιν). Um nun dieser Seelenpflege theilhaftig zu werden, muss der Todte einen Sohn hinterlassen: diesem allein liegt sie als heilige Pflicht ob. Daher nimmt, wer keinen Sohn hinterlässt, den erwählten Erben seines Vermögens, durch Adoption in seine Familie auf. Erbschaft und Adoption fallen in solchen Fällen stets zusammen (auch in der 1. Rede, wo zwar von Adoption nicht ausdrücklich geredet, diese aber doch wohl vorausgesetzt wird). Mit grösster Deutlichkeit wird als Motiv der Adoption die Sorge um regelrechte Pflege der eigenen Seele des Adoptirenden durch den Adoptivsohn ausgesprochen: 2, 25; 46; 6, 51; 65; 7, 30; 9, 7; 36. Eng und nothwendig verbunden ist daher das εἶναι κληρονόμον καὶ ἐπὶ τὰ μνήματα ἰέναι, χεόμενον καὶ ἐναγιοῦντα (6, 51). Kennzeichen des Erben ist τὰ νομιζόμενα ποιεῖν, ἐναγίζειν, χεῖσθαι (6, 65). Vgl. auch Demosth. 43, 65. Die Pflichten gegen die Seele des Verstorbenen bestehen darin, dass der Erbe und Sohn für ein feierliches Begräbniss, ein schönes Grabmahl sorgt, die τρίτα καὶ ἔνατα darbringt, καὶ τἄλλα τὰ περὶ τὴν ταφήν: 2, 36. 37; 4, 19; 9, 4. Dann aber hat er den Cult regelmässig fortzusetzen, dem Verstorbenen zu opfern, ἐναγίζεσθαι καθ᾽ ἕκαστον ἐνιαυτόν (2, 46), überhaupt ihm καὶ εἰς τὸν ἔπειτα χρόνον τὰ νομιζόμενα ποιεῖν (2, 10). Und wie er für den Verstorbenen dessen häuslichen Cultus fortsetzt, seine ἱερὰ πατρῷα 2, 46 (z. B. für den Zeus Ktesios: 8, 16), so muss er auch, wie einst Jener, den πρόγονοι des Hauses regelmässige Opfer darbringen: 9, 7. So pflanzt sich der Cult der Familienahnen fort. — Alles erinnert hier auf das Stärkste an die Art, wie für die fortgesetzte Seelenpflege, namentlich auch durch Adoption, gesorgt wird in dem Lande des blühendsten Ahnencultes, China. Die Sorge um Erhaltung des Familiennamens, die bei uns wohl das Hauptmotiv zu Adoptionen männlicher Nachkommen bildet, konnte in Griechenland, wo nur Individualnamen üblich waren, nicht in gleicher Weise wirksam sein. Gleichwohl kommt auch dies als Anregung zur Adoption eines Sohnes vor: ἵνα μὴ ἀνώνυμος ὁ οἶκος αὐτοῦ γενῆται 2, 36; 46; vgl. Isocrat. 19, 35 (auch Philodem π. θαν. p. 28, 9 ff. Mekl). Der οἶκος nennt sich eben doch nach einem seiner Vorfahren (wie jene Βουσελίδαι, von denen Demosthenes redet), und dieser Gesammtname verschwindet, wenn der οἶκος keine männlichen Fortsetzer hat. Ausserdem wird sich der Adoptirte den Sohn des Adoptirenden nennen, und insofern dessen Namen erhalten, den er etwa auch, nach bekannter Sitte, dem ältesten (Demosth. 39, 27) seiner eigenen Söhne beilegen wird. (An eine ähnliche Fortpflanzung des Namens ist wohl auch bei Eurip. *Iph. Taur.* 683—686 gedacht.)

vom Leibe geschiedenen Seele beruht auf dem Zusammenhalt der Familie; für die Familie sind die Seelen der vorangegangenen Eltern, in einem eingeschränkten Sinne freilich, Götter — ihre Götter[1]. Man kann kaum daran zweifeln, dass wir hier auf die Wurzeln alles Seelenglaubens getroffen sind, und wird geneigt sein, als einer richtigen Ahnung der Meinung derjenigen Raum zu geben, die in solchem Familien-Seelencult eine der uranfänglichen Wurzeln alles Religionswesens erkennen, älter als die Verehrung der hohen Götter des Staates und der Volksgemeinde, auch als die der Heroen, als der Seelen der Ahnherren weiterer Verbände des Volkes. Die Familie ist älter als der Staat[2], und bei allen Völkern, die über die Familienbildung nicht fortgeschritten sind bis zur Staatenbildung, finden wir unfehlbar diese Gestaltung des Seelenglaubens wieder. Er hat sich bei den Griechen, die so viel Neues im Verlauf der Geschichte aufgenommen haben, ohne das Aeltere darum aufzugeben, im Schatten der grossen Götter und ihres Cultes, mitten in der übermächtigen Ausbreitung der Macht und der Ordnungen des Staates erhalten. Aber er ist durch diese

---

[1] Unter Berufung auf φῆμαι, πολλαὶ καὶ σφόδρα παλαιαί, hält Plato, *Leg.* 11, 927 A, fest: ὡς ἄρα αἱ τῶν τελευτησάντων ψυχαὶ δύναμιν ἔχουσί τινα τελευτήσασαι, ᾗ τῶν κατ᾽ ἀνθρώπους πραγμάτων ἐπιμελοῦνται. Daher die ἐπίτροποι verwaister Kinder πρῶτον μὲν τοὺς ἄνω θεοὺς φοβείσθων - -, εἶτα τὰς τῶν κεκμηκότων ψυχάς, αἷς ἐστὶν ἐν τῇ φύσει τῶν αὐτῶν ἐκγόνων κήδεσθαι διαφερόντως, καὶ τιμῶσί τε αὐτοὺς εὐμενεῖς καὶ ἀτιμάζουσι δυσμενεῖς. Beschränkt ist hier eigentlich nur der Kreis der Wirkung (und entsprechend der Verehrung) der ψυχαί, nicht die Kraft dieser Wirkung.

[2] Mindestens unter Griechen, wie schon antike Speculation wahrnahm (Aristot. *Polit.* 1, 2; Dikaearch bei Steph. Byz. s. πάτρα [der sich die πάτρα, wie es scheint, durch „endogamische" Ehen zusammengehalten denkt]). Und soviel wird man jedenfalls den Auseinandersetzungen Fustel de Coulanges' (*La cité antique*) zugestehen müssen, dass Alles in der Entwicklung des griechischen Rechts und Staatslebens zu der Annahme führe, dass am Anfang griechischen Lebens die Sonderung nach den kleinsten Gruppen stand, aus deren Zusammenwachsen später der griechische Staat entstand, die Trennung nach Familien und Sippen, nicht (wie es anderswo vorkommt) das Gemeinschaftsleben in Stamm oder Horde. Wie soll man sich aber griechische Götter denken ohne die Stammgenossenschaft, die sie verehrt?

grösseren und weiterreichenden Gewalten eingeschränkt und in seiner Entwicklung gehemmt worden. Bei freierer Ausbildung wären wohl die Seelen der Hausväter zu der Würde mächtig waltender Geister des Hauses, unter dessem Heerde sie ehemals zur Ruhe bestattet wurden, gesteigert worden. Aber die Griechen haben nichts, was dem italischen Lar familiaris völlig entspräche[1]. Am nächsten kommt diesem noch der „gute Dämon", den das griechische Haus verehrte. Seine ursprüngliche Natur als einer zum guten Geist seines Hauses gewordenen Seele eines Hausvaters ist bei genauerem Zusehen noch erkennbar; aber die Griechen hatten dies vergessen[2].

---

[1] Der Begriff des Lar familiaris lässt sich mit griechischen Worten nicht unpassend umschreiben als ὁ κατ' οἰκίαν ἥρως, ἥρως οἰκουρός, wie Dionys von Halikarnass und Plutarch in ihrer Wiedergabe der Sage von der Ocrisia thun (ant. 4, 2, 3; de fort. Roman. 323 C). Aber das ist kein den Griechen geläufiger Begriff. Nahe kommt dem latein. genius generis = lar familiaris (Laberius 54 Rib.) der merkwürdige Ausdruck ἥρως συγγενείας C. I. Att. 3, 1460. Der Grieche verehrt im Hause, am häuslichen Heerde (in dessen μυχοί „wohnt" die Hekate: Eurip. Med. 397) nicht mehr die Geister der Vorfahren, sondern die θεοὶ πατρῷοι, κτήσιοι, μύχιοι, ἑρκεῖοι, die man mit den römischen Penaten verglich (Dionys. ant. 1, 67, 3; vgl. Hygin bei Macrob. Sat. 3, 4, 13); aber ihre Verwandtschaft mit den Geistern des Hauses und der Familie ist viel weniger durchsichtig als bei den Penaten der Fall ist. (Wohl nach römischen Vorbildern: δαίμονες πατρῷοι καὶ μητρῷοι, von dem sterbenden Peregrinus angerufen: Luc. Peregr. 36. Στέφανος τοῖς τοῦ πατρὸς αὐτοῦ δαίμοσιν, Ins. aus Lykien, C. I. Gr. 4232 = Bull. corr. hell. 15, 552, n. 26. τοῖς δαίμοσι τῆς ἀποθανούσης γυναικός. Philo, Leg. ad Gaium § 9. Mehr bei Lobeck, Agl. 769 Anm.)

[2] Der ἀγαθὸς δαίμων, von dem namentlich attische Schriftsteller oft reden, hat sehr unbestimmte Züge; man verband kaum noch deutliche Vorstellungen von einem göttlichen Wesen genau fassbarer Art und Gestalt mit diesem, an sich zu allzu allgemeiner Auffassung einladenden Namen. Dass seine ursprüngliche Art die eines Dämons des Ackersegens sei (wie Neuere versichern), ist ebenso wenig Grund zu glauben, als dass er identisch sei mit Dionysos, wie im Zusammenhang einer albernen, selbsterfundenen Fabel der Arzt Philonides bei Athen. 15, 675 B behauptet. Auf Verwandtschaft des ἀγαθὸς δαίμων mit chthonischen Mächten weist Mancherlei. Er erscheint als Schlange (Gerhard, Akad. Abh. 2, 24), wie alle χθόνιοι. (Auf die Schlange an einem Zauberbild schreibt man τὸ ὄνομα τοῦ ἀγαθοῦ δαίμονος. Pariser Zauberbuch 2427 ff.) Eine bestimmte

5.

Wir können nicht mehr deutlich erkennen, wie der Seelencult in nachhomerischer Zeit sich neu belebt und in auf- oder

---

Art giftfreier Schlangen (beschrieben nach Archigenes bei dem von mir
hervorgezogenen Vaticanischen Iologen: *Rhein. Mus.* 28, 278. Vgl.
Phot. *lex.* s. παρεῖαι ὄφεις, und namentlich s. ὄφεις παρείας 364, 1) nannte
man ἀγαθοδαίμονες; in Alexandria opferte man diesen am 25. Tybi als
τοῖς ἀγαθοῖς δαίμοσι τοῖς προνοουμένοις τῶν οἰκιῶν: Pseudocallisth.
1, 32 (cod. A), als *„penates dei“*, wie Jul. Valer. p. 38, 29 ff. (Kuebl.)
übersetzt. Hier ist der ἀγ. δ. deutlich ein haushütender guter Geist.
Nur wenn man ihn so fasst, versteht man, wie man ἀγαθῷ δαίμονι sein
Haus „weihen“ konnte: wie Timoleon zu Syrakus that (ἀγαθῷ δαίμονι
Plut. *de se ips. laud.* 11 p. 542 E; τὴν οἰκίαν ἱερῷ δαίμονι καθιέρωσεν
Plut. *Timol.* 36 ist offenbar alter Schreibfehler). Vgl. das Wort des
Xeniades, Laert. D. 6, 74. Solche haushütende Geister kennt ja auch
unser Volksglaube sehr wohl, da aber „lässt sich der Uebergang der
Seelen in gutmüthige Hausgeister oder Kobolde noch nachweisen“
(Grimm, *D. Myth.*⁴ p. 761). Nach dem häuslichen Mahle gebührt der
erste Schluck ungemischten Weines als Spende (σπεῖσον ἀγαθοῦ δαίμονος
Aristoph.) dem ἀγαθὸς δαίμων (s. Hug, *Plat. Sympos.*² p. 23). Dann
folgt die Spende an Zeus Soter. Aber man liess auch, statt des ἀγ. δ.,
dem Zeus Soter vorangehen die „Heroen“ (Schol. Pind. *Isthm.* 5, 10.
S. Gerhard p. 39): diese treten also an die Stelle des ἀγ. δ., worin sich
Wesensverwandtschaft des ἀγ. δ. mit diesen Seelengeistern verräth. In
dieselbe Richtung weist, dass im Trophoniosheiligthum bei Lebadea ἀγαθὸς δαίμων unter vielen anderen Gottheiten chthonischen Charakters
verehrt wird (Paus. 9, 39, 4), dort neben Tyche, mit der er auch auf
Grabinschriften bisweilen zusammen genannt wird (z. B. *C. I. Gr.* 2465 f.),
sowie Tyche ihrerseits neben chthonischen Gottheiten, Despoina, Pluton,
Persephone erscheint (*C. I. Gr.* 1464, Sparta). Auf Grabschriften tritt
bisweilen: δαιμόνων ἀγαθῶν vollständig = *Dis Manibus* ein: z. B. Δαιμόνων ἀγαθῶν Ποτίου *C. I. Gr.* 2700 b. c (Mylasa); δαιμόνων ἀγαθῶν
Ἀρτέμωνος καὶ Τίτου *Mittheil. Athen.* 1889 p. 110 (Mylasa). Vgl. die Inss.
aus Mylasa, *Athen. Mitth.* 1890 p. 276. 277 (n. 23. 24. 25. 27). Selten
der Singular. Δαίμονος ἀγαθοῦ Ἀριστέου κτλ. *Bull. corr. hell.* 1890 p. 628
(Karien.) (δαίμοσιν ἑαυτοῦ τε καὶ Λαιτιτίας τῆς γυναικὸς αὐτοῦ = *Dis
Manibus suis et Laetitiae uxoris*, zweisprachige Ins. [Berroea] *C. I. Gr.*
4452; cfr. 4232; auch 5827). Dies unter römischem Einfluss; aber es
bleibt nicht minder beachtenswerth, dass man eben δαίμων ἀγαθός und
Di Manes gleichsetzte, den δαίμων ἀγαθός also als einen aus einer abgeschiedenen Menschenseele gewordenen Dämon fasste. — Der Gegenstand
liesse sich genauer ausführen als hier am Platze ist.

absteigender Richtung entwickelt hat. Einzelne Thatsachen treten immerhin deutlich hervor. An einzelnen, bereits bemerklich gemachten Anzeichen können wir abnehmen, dass der Cult der Todten in früheren Zeiten, als noch die adelichen Geschlechter die Städte regierten, mit grösserem Aufwand und lebhafterer Inbrunst betrieben wurde als in den Jahrhunderten, über die unsere Kenntniss wenig hinaus reicht, dem sechsten und fünften. Und wir müssen auf einen, der grösseren Stärke des Cultus entsprechenden, lebhafteren Glauben an Kraft und Würde der Seelen in jenen früheren Zeiten schliessen. Mit grosser Macht scheint damals der alte Glaube und Brauch durch die Verdunkelung, die Gleichgiltigkeit der in den homerischen Gedichten zu uns redenden Zeit hervorgebrochen zu sein. Einem einzelnen der griechischen Stämme hierbei eine besonders eingreifende Thätigkeit zuzuschreiben, haben wir keine Veranlassung. Je nach der Sinnesart und der Culturentwicklung der Bewohner der einzelnen Landschaften zeigt freilich auch ihr Seelencult wechselnde Züge. In Attika wird, mit der Ausbreitung demokratischen Wesens, die Grundstimmung mehr und mehr die einer pietätvollen Vertraulichkeit; in Lakonien, in Böotien[1] und wo sonst alte Art und Sitte sich dauernder erhielt, blieben höher gesteigerte Vorstellungen vom Dasein der Abgeschiedenen, strengerer Cult, in Kraft. Anderswo, wie in Lokris, auf der Insel Keos[2], scheint nur eine sehr abge-

---

[1] In Böotien (wie sonst namentlich in Thessalien) ist die Bezeichnung des Todten als ἥρως, die immer eine höhere Auffassung seines Geisterdaseins ausdrückt, besonders häufig auf Grabsteinen anzutreffen. Hiervon Genaueres weiter unten. Die Inschriften sind meist jungen Datums. Aber schon im 5. Jahrhundert (allenfalls Anfang des 4.) war Heroisirung gewöhnlicher Todten in Theben verbreitete Sitte, auf die Platon der Komiker im „Menelaos" anspielte: τί οὐκ ἀπῆγξω, ἵνα Θήβησιν ἥρως γένῃ; (Zenob. 6, 17 u. a. Mit der thebanischen Sitte, Selbstmördern die Todtenehren zu verweigern, bringen die Paroemiographen Platons Wort unpassend und gegen dessen Absicht in Verbindung. Treffend urtheilt Keil, Syll. inscr. Boeot. p. 153).

[2] Bei den epizephyrischen Lokrern ὀδύρεσθαι οὐκ ἔστιν ἐπὶ τοῖς τελευτήσασιν, ἀλλ' ἐπειδὰν ἐκκομίσωσιν, εὐωχοῦνται. Ps. heraclid. polit. 30, 2. Bei

schwächte Weise des Seelencultes sich erhalten zu haben. Seit vorrückende Cultur den Einzelnen von der Ueberlieferung seines Volkes unabhängiger machte, werden auch innerhalb eines jeden Stammes und Staates die Stimmungen und Meinungen der Einzelnen mannigfach abgestuft gewesen sein. Homerische, aus der Dichtung Jedermann geläufige Vorstellungen mögen sich trübend eingeschlichen haben: selbst wo mit voller Innigkeit der Seelencult betrieben wird, bricht doch einmal unwillkürlich die, im Grunde mit solchem Cult unverträgliche Meinung durch, dass die Seele des also Geehrten „im Hades“ sei[1]. Schon in früher Zeit wird die, noch über Homer hinausgehende Annahme laut, dass den Tod überhaupt nichts überdaure; auch attische Redner dürfen ihrem Publicum von der Hoffnung auf fortdauerndes Bewusstsein und Empfindungsfähigkeit nach dem Tode mit einem Ausdruck des Zweifels reden. Aber solche Zweifel beziehen sich auf die theoretische Ansicht von der Fortdauer des Lebens der Seele. Der Cult der Seelen bestand in den Familien fort. Selbst ein Ungläubiger, wenn er

---

den Einwohnern von Keos legen die Männer keine Trauerzeichen an; die Frauen freilich trauern um einen jung gestorbenen Sohn ein Jahr lang. Ders. 9, 4 (s. Welcker, *Kl. Schr.* 2, 502). Die nach athenischem Muster erlassene Leichenordnung von Iulis (Dittenb. *Syll.* 468) lässt allerdings bei dem Volke eher eine Neigung zu ausschweifender Trauerbezeigung voraussetzen.

[1] Z. B. Isaeus 2, 47: βοηθήσατε καὶ ἡμῖν καὶ ἐκείνῳ τῷ ἐν Ἄιδου ὄντι. Genau genommen kann dem zum Hades Abgeschiedenen Niemand mehr βοηθεῖν. Solche Widersprüche zwischen einem Todtencult im Hause oder am Grabe und der Vorstellung des Abscheidens der Seelen in ein unzugängliches Jenseits bleiben wenigen Völkern erspart: sie entstehen aus dem Nebeneinanderbestehen von Vorstellungen verschiedener Phantasierichtungen (und eigentlich verschiedener Culturstufen) über diese dunkelen Gebiete. Eine naive Volkstheologie hilft sich wohl aus solchem Widerspruch, indem sie dem Menschen zwei Seelen zuschreibt, eine, die zum Hades geht, während die andere bei dem entseelten Leibe bleibt und die Opfer der Familie geniesst (so nordamerikan. Indianer: Müller, *Gesch. d. amerikan. Urrel.* 66; vgl. Tylor, *Primit. cult.* 1, 392). Diese zwei Seelen sind Geschöpfe zweier in Wahrheit einander aufhebender Vorstellungskreise.

sonst ein treuer Sohn seiner Stadt und eingewurzelt in ihren alten Sitten war, konnte in seinem letzten Willen ernstlich Sorge für den dauernden Cult seiner Seele und der Seelen seiner Angehörigen tragen: wie es, zur Verwunderung der Späteren[1], Epikur in seinem Testament macht. Selbst der Unglaube hielt sich eben an den Cult, wie an anderes Herkömmliche, und der Cult erzeugte doch immer wieder bei Vielen den Glauben, der ihn allein rechtfertigte.

---

[1] — *idne testamento cavebit is, qui nobis quasi oraculum ediderit, nihil post mortem ad nos pertinere?* Cicero *de finib.* 2, 102. — Uebrigens scheint auch Theophrast eine Bestimmung über regelmässige Feier seines Gedächtnisses (durch die Genossen des Peripatos?) getroffen zu haben. Harpocr. 139, 4 ff.: μήποτε δὲ ὕστερον νενόμισται τὸ ἐπὶ τιμῇ τινὰς τῶν ἀπο-θανόντων συνιέναι καὶ ὀργεῶνας ὁμοίως ὠνομάσθαι· ὡς ἔστι συνιδεῖν ἐκ τῶν Θεοφράστου διαθηκῶν. Das bei Laert. Diog. erhaltene Testament des Th. schweigt hiervon.

III.

Elemente des Seelencultes
in der Blutrache und Mordsühne.

—————

Auf die Neubelebung und Ausbildung des Seelencultes
hat auch jene priesterliche Genossenschaft, welcher bei der
Ordnung der Verehrung unsichtbarer Mächte die griechischen
Staaten höchste Entscheidung zugestanden, die Priesterschaft
des delphischen Orakels, ihren Einfluss geübt. Auf Anfrage des
Staates bei bedrohlichen Himmelserscheinungen gab wohl der
Gott die Anweisung, neben den Opfern für Götter und Heroen
auch „den Todten an den richtigen Tagen durch ihre Angehörigen opfern zu lassen nach Brauch und Herkommen"[1].
Was im einzelnen Falle bei Verehrung einer abgeschiedenen
Seele das heilige Recht fordere, lehrte zu Athen den Zweifeln-
den einer der „Exegeten", vermuthlich aus demjenigen Exegeten-
collegium, das unter dem Einflusse des delphischen Orakels
eingesetzt war[2]. Auch das Recht der Todten schirmte der

—————

[1] Orakel bei Demosth. 43, 66 (vgl. 67): τοῖς ἀποφθιμένοις ἐν ἱκνου-
μένᾳ ἀμέρᾳ (ἐν ταῖς καθηκούσαις ἡμέραις § 67) τελεῖν τοὺς καθήκοντας καττὰ
ἀγημένα. — τὰ ἀγημένα = τὰ νομιζόμενα „das Gebräuchliche" (Buttmann,
Ausf. Gramm. § 113 A. 7, 2 p. 84 Lob.).
[2] Befragung, bei Todtenopfern, des ἐξηγητής: Isaeus 8, 39; der

Gott; dass seine Wahrsprüche die Heiligkeit des Seelencultes bestätigten, musste zu dessen Erhaltung und Geltung in der Ehrfurcht der Lebenden wirksam beitragen[1].

Tiefer haben die delphischen Satzungen eingegriffen, wo es sich handelte um den Cult nicht eines friedlich Verstorbenen, sondern eines durch Gewaltthat dem Leben Entrissenen. In der Behandlung solcher Fälle zeigt sich die Wandlung, die in nachhomerischer Zeit der Seelenglaube durchgemacht hat, in auffälliger Bestimmtheit.

Die homerischen Gedichte kennen bei der Tödtung eines freien Mannes keinerlei Betheiligung des Staates an der Verfolgung des Mörders. Die nächsten Verwandten oder Freunde des Erschlagenen[2] haben die Pflicht, an dem Thäter Blut-

---

ἐξηγηταί (die genaue Anweisung und Rath geben): [Demosth.] 47, 68 ff. Harpocrat. s. ἐξηγητής· ἔστι δὲ καὶ ἃ (viell. ὅτε τὰ) πρὸς τοὺς κατοιχομένους νομιζόμενα ἐξηγοῦντο τοῖς δεομένοις. Timaeus lex. Plat. ἐξηγηταί· τρεῖς γίνονται πυθόχρηστοι (dies anders als wörtlich, dahin also, dass das Collegium der πυθόχρ. ἐξηγ. aus drei Mitgliedern bestand, zu verstehen, ist kein Grund: s. R. Schöll, Hermes 22, 564), οἷς μέλει καθαίρειν τοὺς ἄγει τινὶ ἐνισχηθέντας. Die Reinigung der ἐναγεῖς berührt sich nahe mit dem eigentlichen Seelencult. Freilich kamen Vorschriften zu solchen Reinigungen auch ἐν τοῖς τῶν Εὐπατριδῶν (so Müller, Aesch. Eum. 163, A. 20) πατρίοις vor: Ath. 9, 410 A, und so mag auch das Collegium der ἐξ Εὐπατριδῶν ἐξηγηταί in solchen Fällen Bescheid gegeben haben: das hindert nicht, die Angabe des Timaeus in Betreff der ἐξηγ. πυθόχρηστοι für richtig zu halten. (Sühnungen sind nicht allein, wiewohl vorzüglich, dem Apollinischen Cult eigen.)

[1] Ausdrücklich beruft sich, zur Bekräftigung des Glaubens an die Fortdauer der Seele des Menschen nach dem Tode des Leibes, auf die Aussprüche der Orakel des delphischen Gottes Plutarch de ser. num. vind. 17 p. 560 C. D. ἄχρι τοῦ πολλὰ τοιαῦτα προθεσπίζεσθαι, οὐχ ὅσιόν ἐστι τῆς ψυχῆς καταγνῶναι θάνατον.

[2] Dass schon bei Homer der Kreis der ἀγχιστεῖς (im Sinne des attischen Gesetzes) zur Blutrache berufen ist, ist gewiss aus inneren Gründen glaublich; nachweisen lässt es sich aus homerischen Beispielen nicht. Nicht ganz genau sind Leist's Zusammenstellungen, Graecoital. Rechtsgesch. p. 42. Es kommt vor: der Vater als berufener Rächer des Sohnes, der Sohn als Rächer des Vaters, der Bruder als der des Bruders (Od. 3, 307; Il. 9, 632 f.; Od. 24, 434), einmal sind Bluträcher κασίγνητοί τε ἔται τε des Erschlagenen: Od. 15, 273. ἔται ist ein sehr weiter Begriff,

rache zu nehmen. In der Regel entzieht dieser sich der Vergeltung durch die Flucht in ein fremdes, gegen seine That gleichgiltiges Land; von einem Unterschied in der Behandlung vorbedachten Mordes, unfreiwilliger oder gar gerechtfertigter Tödtung hört man nichts[1], und es wurde vermuthlich, da damals noch keine geordnete Untersuchung die besondere Art des vorliegenden Falles feststellte, die Verschiedenheit der einzelnen Arten des Todtschlages von den Verwandten des Erschlagenen gar nicht beachtet. Kann sich der Mörder den zur Blutrache Berufenen durch die Flucht entziehen, so können diese ihrerseits auf die rächende Vergeltung, die eigentlich den Tod des Mörders forderte, verzichten, indem sie sich durch eine Busse, die der Thäter erlegt, abfinden lassen, und dieser bleibt dann ungestört daheim[2]. Es besteht also im Grundsatz die Forderung der Blutrache, aber der vergeltende Mord des Mörders kann abgekauft werden. Diese starke Abschwächung des alten Blutrachegedankens kann nur entsprungen sein aus ebenso starker Abschwächung des Glaubens an fortdauerndes Bewusstsein, Macht und Recht der abgeschiedenen Seele des Ermordeten, auf dem eben die Blutracheforderung begründet war. Die Seele des Todten ist machtlos, ihre Ansprüche sind leicht abzufinden mit einem Wergelde, das den Lebenden ent-

---

nicht einmal auf Verwandtschaft beschränkt, jedenfalls nicht = Vettern (ἔται καὶ ἀνεψιοί neben einander Il. 9, 464). — Auch nach attischem Gesetz ging ja unter Umständen die Pflicht der Verfolgung des Mörders über die ἀνεψιαδοῖ hinaus bis zu weiteren Verwandten und selbst bis zu den φράτορες des Ermordeten [Gesetz bei Demosth. 43, 57].

[1] Flucht und zwar ἀειφυγία, wegen φόνος ἀκούσιος: Il. 23, 85 ff. (der Fliehende wird θεράπων des ihn in der Fremde Aufnehmenden: v. 90; vgl. 15, 431 f.; das wird die Regel gewesen sein). — Flucht wegen φόνος ἑκούσιος (λοχησάμενος 268) Od. 13, 259 ff. Und so öfter.

[2] Il. 9, 632 ff.: καὶ μέν τίς τε κασιγνήτοιο φονῆος ποινὴν ἢ οὗ παιδὸς ἐδέξατο τεθνηῶτος· καί ῥ' ὁ μὲν ἐν δήμῳ μένει αὐτοῦ πόλλ' ἀποτίσας, τοῦ δὲ τ' ἐρητύεται κραδίη καί θυμὸς ἀγήνωρ ποινὴν δεξαμένου. Hier ist sehr deutlich ausgesprochen, dass es nur darauf ankommt, des Empfängers der ποινή „Herz und Gemüth" zu beschwichtigen; von dem Erschlagenen ist nicht die Rede.

richtet wird. Im Grunde ist die abgeschiedene Seele bei
dieser Abfindung gar nicht mehr betheiligt, es bleibt nur ein
Geschäft unter Lebenden[1]. Bei der Verflüchtigung des Seelenglaubens fast zu völliger Nichtigkeit, wie sie die homerischen Gedichte überall zeigen, ist diese Abschwächung des Glaubens an
einem einzelnen Puncte nicht überraschend. Es tritt aber auch
hier, wie bei einer Betrachtung des homerischen Seelenglaubens
überall, hervor, dass die Vorstellung von Machtlosigkeit und
schattenhafter Schwäche der Seelen nicht die ursprüngliche ist,
sondern einer älteren, die den Seelen dauerndes Bewusstsein
und Einfluss auf die Zustände unter den Lebendigen zutraut,
erst im Laufe der Zeit sich untergeschoben hat. Von jener
älteren Vorstellung giebt die auch noch im homerischen
Griechenland unvergessene Verpflichtung zur Blutrache nach-
drücklich Zeugniss.

In späterer Zeit ist die Verfolgung und Bestrafung des
Todtschlags nach wesentlich anderen Grundsätzen geordnet.
Der Staat erkannte sein Interesse an der Ahndung des
Friedensbruches an; wir dürfen annehmen, dass in griechischen
Städten überall der Staat in seinen Gerichtshöfen an der ge-
geregelten Untersuchung und Bestrafung des Mordes sich be-
theiligte[2]. Deutlicheren Einblick haben wir auch hier nur in

---

[1] Sehr wohl denkbar ist, dass die ποινή (wie K. O. Müller, *Aesch.
Eum.* 145 andeutet) entstanden sein möge aus einer Substituirung eines
stellvertretenden Opferthieres an Stelle des eigentlich dem Todten als
Opfer verfallenen Mörders: wie so vielfach alte Menschenopfer durch
Thieropfer ersetzt worden sind. Dann ging ursprünglich auch die ποινή
noch den Ermordeten an. Aber in homerischer Zeit wird nur noch an
die Abfindung des lebenden Rächers gedacht. — Auf keinen Fall ist in
der Möglichkeit, Blutrache abzukaufen, die Folge einer Milderung alter
Wildheit der Rache durch den Staat zu erkennen. Der Staat hat hier
nichts gemildert, denn er kümmert sich bei Homer überhaupt um die
Behandlung von Mordfällen gar nicht. Ob die stipulirte ποινή entrichtet
worden ist oder nicht, darüber kann ein Gericht stattfinden (Il. 18,
497 ff.), so gut wie über jedes συμβόλαιον; die Verfolgung der Mörder
und ihre Modalitäten bleiben völlig der Familie des Ermordeten überlassen.

[2] Wir wissen sehr wenig Einzelnes hiervon. In Sparta οἱ γέροντες

die athenischen Verhältnisse. In Athen haben nach altem, seit der gesetzlichen Festsetzung durch Drakon niemals ausser Geltung gekommenen Rechte zur gerichtlichen Verfolgung des Mörders die nächsten Verwandten des Ermordeten (nur unter besonderen Umständen entferntere Verwandte oder selbst die Genossen der Phratria, der er angehört hatte) das ausschliessliche Recht, aber auch die unerlässliche Verpflichtung. Offenbar hat sich in dieser Anklagepflicht der Verwandten ein, nach den Anforderungen des Staatswohls umgestalteter Rest der alten Blutrachepflicht erhalten. Es ist der gleiche, zu enger sacraler Gemeinschaft verbundene Kreis der Verwandten bis in das dritte Glied, denen die Erbberechtigung zusteht zugleich mit der Pflicht des Seelencultes, die hier vor allen dem durch Gewalt um's Leben Gekommenen zu „helfen" berufen sind[1]. Der Grund dieser, aus der alten Blutrache abgeleiteten

(δικάζουσι) τὰς φονικὰς (δίκας) Aristot. *Polit.* 3, 1 p. 1275 b, 10 (ebenso in Korinth: Diod. 16, 65, 6 ff.). Auf unfreiwilligen Todtschlag stand Verbannung, und zwar (strenger als in Athen), wie es scheint, auf immer. Der Spartiate Drakontios, im Heere der Zehntausend dienend, ἔφυγε παῖς ὢν οἴκοθεν παῖδα ἄκων κατακανὼν (also wie Patroklos, *Il.* 23) ξυήλῃ πατάξας. Xen. *Anab.* 4, 8, 25. Zeitweilige Verbannung musste längst abgelaufen sein. — In Kyme Spuren von gerichtlicher Verfolgung des Mordes (mit Zeugen): Aristot. *Pol.* 2, 8, p. 1269 a, 1 ff. — In Chalkis ἐπὶ Θράκῃ galten Gesetze des Androdamas aus Rhegion περί τε τὰ φονικὰ καὶ τὰς ἐπικλήρους, Aristot. *Polit.* 2, 12, p. 1274 b, 23 ff. — In Lokri Gesetze des Zaleukos, angeschlossen an kretische, spartanische und Areopagitische Satzungen: das letztere doch ohne Zweifel im Blutrecht, das also staatlich geregelt war. (Strabo 6, 260, nach Ephorus.)

[1] Die Reihe der Erbberechtigten geht nach athenischem Gesetz hinab μέχρι ἀνεψιδῶν παίων (Gesetz bei Demosth. 43, 51; vgl. § 27); ebenso die Pflicht zur Verfolgung des Mörders μέχρι ἀνεψιαδῶν (Demosth. 47, 12; ἐντὸς ἀνεψιότητος, wohl ebenso gemeint, Gesetz bei Demosthenes 43, 57). Die so durch Erbrecht und Blutrachepflicht Verbundenen bilden die ἀγχιστεία, die Reihe der Verwandten, die in rein männlicher Linie zusammenhängend den gleichen Mann zum Vater, Grossvater oder Urgrossvater haben (soweit hinauf geht die Linie der γονεῖς: Isaeus 8, 32, vgl. oben p. 248, Anm.). Bei vielen Völkern der Erde besteht (oder bestand doch) die gleiche Vorstellung von der Umgrenzung des engeren, zu einem „Hause" gehörenden Verwandtenkreises: über deren inneren Grund manches vermuthet Hugh E. Seebohm, *On the structure of greek tribal society* (1895).

Verpflichtung versteht sich leicht: auch dies ist ein Theil des, jenen Verwandtenkreisen obliegenden Seelencultes. Nicht ein abstractes „Recht“, sondern die ganz persönlichen Ansprüche des Verstorbenen haben seine Hinterbliebenen zu vertreten. In voller Kraft lebte noch im fünften und vierten Jahrhundert in Athen der Glaube, dass die Seele des gewaltsam Getödteten, bevor das ihm geschehene Unrecht an dem Thäter gerächt sei, unstät umirre[1], zürnend über den Frevel, zürnend auch den zur Rache Berufenen, wenn sie ihre Pflicht versäumen. Sie selber wird zum „Rachegeist“; ihr Groll kann auf ganze Generationen hinaus furchtbar wirken[2]. Für sie, als ihre Ver-

---

[1] Von dem Umirren der βιαιοθάνατοι ist weiter unten genauer zu reden. Einstweilen sei verwiesen auf Aeschylus, *Eumen.* 98, wo die noch ungerächte Seele der erschlagenen Klytaemnestra klagt: αἰσχρῶς ἀλῶμαι. Und altem Glauben entsprechend sagt ein später Zeuge (Porphyr. *abst.* 2, 47): τῶν ἀνθρώπων αἱ τῶν βίᾳ ἀποθανόντων (ψυχαὶ) κατέχονται πρὸς τῷ σώματι, gleich den Seelen der ἄταφοι.

[2] In homerischer Zeit wird der gekränkte Todte dem Uebelthäter ein θεῶν μήνιμα (Il. 22, 358, Od. 11, 73); nach dem Glauben der späteren Zeit zürnt die Seele des Ermordeten selbst, ängstigt und verfolgt den Mörder und drängt ihn aus ihrem Bereich: ὁ θανατωθεὶς θυμοῦται τῷ δράσαντι κτλ. Plato *Leg.* 9, 865 D. E., mit Berufung auf παλαιόν τινα τῶν ἀρχαίων μόθων λεγόμενον. Vgl. Xenoph. *Cyrop.* 8, 7, 18, Aeschyl. *Choeph.* 39 ff. 323 ff. Entzieht sich der zur Rache berufene nächste Verwandte des Ermordeten seiner Pflicht, so wendet sich gegen diesen der Groll des Todten: Plato *Leg.* 9, 866 B: — τοῦ παθόντος προςτρεπομένου τὴν πά-θην. Die zürnende Seele wird zum προςτρόπαιος. προςτρόπαιος heisst wohl nur abgeleiteter Weise ein, des Todten sich annehmender δαίμον (im besonderen Ζεὺς προςτρόπαιος); eigentlich ist dies die Bezeichnung der Rache heischenden Seele selbst. So bei Antiphon *Tetral.* 1γ, 10: ἡμῖν δὲ προςτρόπαιος ὁ ἀποθανὼν οὐκ ἔσται; 3δ, 10: ὁ ἀποκτείνας (vielmehr ὁ τεθνηκὼς) τοῖς αἰτίοις προςτρόπαιος ἔσται. So auch Aeschyl. *Choeph.* 287: ἐκ προςτροπαίων ἐν γένει πεπτωκότων. Etym. M. 42, 7: Ἠριγόνην, ἀναρτή-σασαν ἑαυτήν. προςτρόπαιον τοῖς Ἀθηναίοις γενέσθαι. Man kann aber hier besonders deutlich wahrnehmen, wie leicht der Uebergang von einer, in einem besonderen Zustande gedachten Seele zu einem dieser ähnlichen dämonischen Wesen, das sich ihr unterschiebt, sich vollzieht. Derselbe Antiphon redet auch von οἱ τῶν ἀποθανόντων προςτρόπαιοι, ὁ προςτρόπαιος τοῦ ἀποθανόντος als von einem, von den Todten selbst verschiedenen Wesen (*Tetr.* 3α, 4; 3β, 8); ὁ Μυρτίλου προςτρόπαιος Paus. 2, 18, 2 u. s. w. Vgl. Zacher, *Dissert. philol. Halens.* III p. 228. Auch zum ἀραῖος wird

treter und Vollstrecker ihres Wunsches, die Rache ohne Säumen einzutreiben, ist heilige Pflicht der zur Pflege der Seele überhaupt Berufenen. Selbsthilfe verbietet diesen der Staat, aber er fordert sie zur gerichtlichen Klage auf; er selbst übernimmt das Urtheil und die Bestrafung, so jedoch, dass er bei der Ausführung den Verwandten des Erschlagenen einen gewissen Einfluss gewährt. In genau geregeltem Rechtsverfahren wird an den hierzu bestellten Gerichtshöfen entschieden, ob die That sich als überlegter Mord, unfreiwilliger Todtschlag, oder gerechtfertigte Tödtung darstelle. Mit dieser Unterscheidung greift der Staat tief in das alte, lediglich der Familie des Getödteten anheimgestellte Blutracherecht ein, in dem, wie man aus Homer schliessen muss, einzig die Thatsache des gewaltsam herbeigeführten Todes des Verwandten, nicht aber die Art und die Motive der Tödtung in Betracht gezogen wurden. Den Mörder trifft Todesstrafe, der er sich vor Fällung des Urtheils durch Flucht, von der keine Rückkehr gestattet ist, entziehen kann. Er weicht aus dem Lande; an der Grenze des Staates hört dessen Macht auf; aber auch die Macht der zürnenden Seele, beschränkt auf ihre Heimath, wie die aller an das Local ihrer Verehrung gefesselten Geister, reicht über die Landesgrenze nicht hinaus. Wenn durch Flucht über die Grenze „der Thäter sich dem von ihm Verletzten — d. h. der zürnenden Seele des Todten — entzieht" [1], so ist er gerettet,

---

der beleidigte Todte selbst: Soph. *Trach.* 1201ff. (vgl. Soph. *fr.* 367; Eurip. *I. T.* 778. *Med.* 608), dann an seiner Stelle δαίμονες ἀραῖοι. Welche grässlichen Plagen die von den dazu Berufenen ungerächte Seele verhängen kann, malt Aeschylus *Choeph.* 278ff. (oder, wie man meint, ein alter Interpolator des Aeschylus) aus. Auf Geschlechter hinaus können Krankheiten und Beschwerden schicken solche παλαιὰ μηνίματα der Todten: Plato *Phaedr.* 244 D. (s. Lobeck's Ausführungen, *Aglaoph.* 636 f.). Altem Glauben getreu fleht ein Orphischer Hymnus zu den Titanen: μῆνιν χαλεπὴν ἀποπέμπειν, εἴ τις ἀπὸ χθονίων προγόνων οἴκοισι πελάσθη. (h. 37, 7 f. Vgl. 39, 9, 10.)

[1] χρεών ἐστιν ὑπεξελθεῖν τῷ παθόντι τὸν δράσαντα τὰς ὥρας πάσας τοῦ ἐνιαυτοῦ, καὶ ἐρημῶσαι πάντας τοὺς οἰκείους τόπους ξυμπάσης τῆς πατρίδος. Plato *Leg.* 9, 865 E. Das Gesetz gebietet den des Mordes

wenn auch nicht gerechtfertigt: dies allein ist der Sinn solcher Erlaubniss freiwilliger Verbannung. Unfreiwillige Tödtung[1] wird mit Verbannung auf eine begrenzte Zeit bestraft, nach deren Ablauf die Verwandten des Erschlagenen dem Thäter, bei seiner Rückkehr in's Vaterland, Verzeihung zu gewähren haben[2], die sie ihm nach einstimmig zu fassendem Beschluss[3] sogar vor Antritt der Verbannung, so dass diese ganz erlassen bleibt, gewähren können. Ohne Zweifel haben sie die Verzeihung zugleich im Namen des Todten, dessen Recht sie vertreten, auszusprechen: wie denn der tödtlich Getroffene vor seinem Tode dem Thäter verzeihen konnte, selbst bei überlegtem Mord, und damit den Verwandten die Pflicht zur Anklage erlassen war[4]. So sehr hatte man selbst im geordneten Rechtsstaat bei Mordprocessen einzig und allein das Rachegefühl der beleidigten Seele im Auge, und gar nicht die, das Recht verletzende That des Mörders als solche. Wo kein Racheverlangen des Ermordeten zu stillen ist, bleibt der Mörder straffrei; wird er bestraft, so geschieht dies, um der Seele des Getödteten Genugthuung zu gewähren. Nicht mehr als Opfer wird er ihr geschlachtet, aber wenn die Anverwandten des Gemordeten von ihm die Rache in den staatlich vorgeschriebenen Grenzen eintreiben, so ist auch dies ein Theil des dem Todten gewidmeten Seelencultes.

schuldig Erkannten εἴργειν μὲν τῆς τοῦ παθόντος πατρίδος, κτείνειν δὲ οὐχ ὅσιον ἀπανταχοῦ Demosth. 23, 38.

[1] Eines Bürgers; ebenso beabsichtigter Mord eines Nichtbürgers. S. M. und Sch. *Att. Proc.*[2] p. 379 A. 520. — Wo das Bürgerthum einer Stadt auf Eroberung beruhte, mochte das Leben der unterworfenen alten Landesbewohner noch geringer im Preise stehen. In Tralles (Karien) konnte der Mord eines Lelegers durch einen der (argivischen) Vollbürger durch Entrichtung eines Scheffels Erbsen (also eine rein symbolische ποινή) an die Verwandten des Ermordeten abgekauft werden. Plut. *Q. Gr.* 46.

[2] Nach Ablauf der gesetzlich bestimmten Frist der Verbannung scheinen die Verwandten des Getödteten αἴδεσις nicht versagen gedurft zu haben. S. Philippi, *Areop. u. Epheten* 115 f.

[3] Gesetz bei Demosth. 43, 57.

[4] Demosth. 37, 59. S. Philippi a. a. O. p. 144 ff. — Vgl. Eurip. *Hippol.* 1429 f.; 1436; 1443 ff.

2.

Der Staat weist wohl die von den Verwandten des Getödteten geforderte Blutrache in gesetzliche, den Ordnungen des
Gemeinwohles nicht zuwiderlaufende Bahnen, aber er will keineswegs die Grundgedanken der alten Familienrache austilgen.
Eine Neuerstarkung der, mit dem Seelencult eng verbundenen
Vorstellungen von der gerechten Racheforderung des gewaltsam um das Leben Gebrachten erkennt auch der Staat an,
indem er jene, in homerischer Zeit übliche Abkaufung der
Blutschuld durch eine den Verwandten des Todten zu entrichtende Busse verbietet[1]. Er hebt den religiösen Charakter
des ganzen Vorganges nicht auf, sondern übernimmt die religiösen Forderungen auf seine Organe: ebendarum ist der Ge-

---

[1] Ein solches Verbot, ποινή von einem Mörder zu nehmen, spricht
das Gesetz bei Demosth. *Aristocrat.* 28 aus: τοὺς δ' ἀνδροφόνους ἐξεῖναι
ἀποκτείνειν — — λυμαίνεσθαι δὲ μή, μηδὲ ἀποινᾶν (vgl. § 33: τὸ δὲ μηδ'
ἀποινᾶν· μὴ χρήματα πράττειν, τὰ γὰρ χρήματα ἄποινα ὠνόμαζον οἱ παλαιοί).
Dass dennoch Todtschlag mit Geld abgekauft werden durfte, schlossen
Meier u. A. ganz mit Unrecht aus dem bei Pseudodemosth. *g. Theocrin.* 29
erwähnten gesetzwidrigen Vorgang, der eher das Gegentheil beweist (s.
Philippi *Ar. u. Eph.* 148). Etwas mehr Schein hat es, wenn sie sich
berufen auf Harpocration (Phot.; Suid.; Etym. M. 784, 26; Bekk. *anecd.*
313, 5 ff.) s. ὑποφόνια· τὰ ἐπὶ φόνῳ διδόμενα χρήματα τοῖς οἰκείοις τοῦ
φονευθέντος, ἵνα μὴ ἐπεξίωσιν. Hieraus entnimmt Hermann, *Gr. Staats-
alt.*[5] 104, 6: „dass auch vorsätzlicher Todtschlag fortwährend abgekauft
werden konnte." Von φόνος ἑκούσιος im besonderen wird nichts gesagt;
und ob die bei Todtschlag vorkommenden ὑποφόνια gesetzlich zugelassen waren, davon erfahren wir ebenfalls nichts, es bleibt ebenso möglich und ist der Sachlage nach viel wahrscheinlicher, dass Dinarch und
Theophrast an den bei Harpocr. angeführten Stellen der ὑποφόνια als im
Gesetz verbotener, wiewohl dennoch vielleicht einzeln thatsächlich
angewendeter Praktiken erwähnt hatten. Hätten wir nur die Glosse des
Suidas ἄποινα· λύτρα, ἃ δίδωσί τις ὑπὲρ φόνου ἢ σώματος. οὕτως Σόλων
ἐν νόμοις, so könnte man mit gleichem Rechte, wie aus Harp. s. ὑποφόνια, schliessen, dass solches Abkaufgeld bei Mordthaten in Athen erlaubt, in Solons Gesetzen als erlaubt erwähnt war. Dass die Gesetze der
ἄποινα und des ἀποινᾶν als verboten erwähnten, ersehen wir aus der
angeführten Stelle des Demosthenes, 23, 28. 33, aus der die Glosse wohl
hergeleitet ist.

richtsvorsteher aller Blutgerichte der Archon König, der staatliche Verwalter der aus dem alten Königthum herübergenommenen religiösen Obliegenheiten. Deutlich ist besonders die religiöse Grundlage des ältesten der athenischen Blutgerichte. Es hat seinen Sitz auf dem Areopag, dem Hügel der Fluchgöttinnen, über der heiligen Schlucht, in der sie selbst, die „Ehrwürdigen" hausen. Mit ihrem Dienst ist sein Richteramt eng verbunden [1]. Bei den Erinyen schwuren bei Beginn eines Processes beide Parteien [2]. Jeder der drei Tage am Monats-

---

[1] Dass freilich die ἱεροποιοὶ ταῖς Σεμναῖς θεαῖς (drei aus allen Athenern gewählte: Demosth. 21, 115; andremale zehn: Dinarch bei Et. M. 469, 12 ff., unbestimmter Zahl: Phot. s. ἱεροποιοί) aus allen Athenern von dem areopagitischen Rathe erwählt worden seien, ist der geringen Autorität der Schol. Demosth. p. 607, 16 ff. nicht zu glauben. Nach allen Analogien wird man glauben müssen, dass diese Wahl durch die Volksversammlung vollzogen wurde.

[2] αἱ διωμοσίαι καὶ τὰ τόμια: Antiphon caed. Herod. 88. Genauer Demosth. Aristocr. 67. 68. Die Schwörenden riefen die Σεμναὶ θεαί und andere Götter an: Dinarch. adv. Demosth. 47. Beide Parteien hatten in Bezug auf das Materielle der Streitfrage die Richtigkeit ihrer Behauptung zu beschwören (s. Philippi, Areop. u. Ephet. p. 87—95). Als Beweismittel konnte ein solcher obligatorischer Doppeleid freilich nicht dienen, bei dem nothwendiger Weise eine Partei meineidig gewesen sein musste. Dies kann auch den Athenern nicht entgangen sein, und man thut ihnen sicherlich Unrecht, wenn man diese singuläre Art vorgängiger Vereidigung einfach damit nicht erklärt, sondern abthut, dass man sich darauf beruft, die Athener seien eben „kein Rechtsvolk" gewesen (so Philippi 88). Es ist vielmehr zu vermuthen, dass diesem, mit ungewöhnlicher Feierlichkeit umgebenen Doppeleid gar kein juristischer, sondern lediglich ein religiöser Werth beigemessen wurde (ganz so wie in ähnlichen Fällen, die Meiners Allg. Gesch. d. Relig. 2, 296 f. berührt). Der Schwörende gelobt, in furchtbarer Selbstverfluchung, falls er meineidig werde, αὐτὸν καὶ γένος καὶ οἰκίαν τὴν αὐτοῦ (Antiph. c. Her. 11) den Fluchgöttinnen, den Ἀραί oder Ἐρινύες, αἴθ᾽ ὑπὸ γαῖαν ἀνθρώπους τίνονται, ὅτις κ᾽ ἐπίορκον ὀμόσσῃ (Il. 19, 259 f.) und den Göttern, die seine Kinder und sein ganzes Geschlecht auf Erden strafen sollen (Lycurg. Leocr. 79). Findet das Gericht den Meineidigen aus, so trifft ihn zu der Strafe wegen seiner That (oder, ist er der Kläger, dem Misslingen seines Vorhabens) noch obendrein das göttliche Gericht wegen seines Meineides (vgl. Demosth. Aristocr. 68). Aber das Gericht kann ja auch irren, den Meineid nicht entdecken, — dann bleibt immer noch der Meineidige den Göttern verfallen, denen er sich gelobt hat. Sie irren nicht. So steht

ende, an dem hier Processe stattfanden[1], war je einer der drei Göttinnen geweiht[2]. Ihnen opferte, wer am Areopag freigesprochen war[3]: denn sie sind es, die ihn freigeben, wie sie es sind, die Bestrafung des Mörders heischen, stets, wie einst in dem vorbildlichen Process des Orestes, in dem sie die Klägerinnen waren[4]. In diesem athenischen Dienst hatten die Erinyen ihre wahre und ursprüngliche Natur noch nicht so weit verloren, dass sie etwa zu Hüterinnen des Rechtes schlechtweg geworden wären, als welche sie, in blassester Verallgemeinerung ihrer von Anfang viel enger bestimmten Art, bei Dichtern und Philosophen bisweilen dargestellt werden. Sie sind furchtbare Dämonen, in der Erdtiefe hausend, aus der sie durch die Flüche und Verwünschungen derjenigen heraufbeschworen werden, denen kein irdischer Rächer lebt. Daher

der Doppeleid neben der gerichtlichen Untersuchung, die gottliche Strafe neben der menschlichen, mit der sie zusammenfallen kann, aber nicht nothwendig muss; und die Strafe trifft dann jedenfalls auch den Schuldigen. (Wie geläufig solche Gedanken dem Alterthum waren, zeigen Aussagen der Redner: Isocr. 18, 3; Demosth. f. leg. 71. 239. 240; Lycurg. Leocr. 79.) Der Eid bildet (als Berufung an einen höheren Richter) eine Ergänzung des menschlichen Gerichts, oder das Gericht eine Ergänzung des Eides: denn in dieser Vereinigung dürfte der Eid der ältere Bestandtheil sein.

[1] Pollux 8, 117: καθ᾽ ἕκαστον δὲ μῆνα τριῶν ἡμερῶν ἐδίκαζον (die Richter am Areopag) ἐφεξῆς, τετάρτῃ φθίνοντος, τρίτῃ, δευτέρᾳ.

[2] οἱ Ἀρεοπαγῖται τρεῖς που τοῦ μηνὸς ἡμέρας τὰς φονικὰς δίκας ἐδίκαζον, ἑκάστῃ τῶν θεῶν μίαν ἡμέραν ἀπονέμοντες: Schol. Aeschin. 1, 188 p. 282 Sch. Wobei freilich vorausgesetzt wird, dass die (zuerst bei Eurip. nachweisbare, von diesem aber jedenfalls nicht frei erdachte) Begrenzung der Zahl der Erinyen auf drei (und nicht etwa zwei) im öffentlichen Cultus der Stadt gegolten habe. — Weil jene drei Tage den Eumeniden, als Hadesgewalten, heilig waren, galten sie als ἀποφράδες ἡμέραι: Etym. M. 131, 16 f. Etym. Gud. 70, 5 (der 30. Monatstag darum φαύλη πᾶσιν ἔργοις, nach „Orpheus", fr. 28 Ab.).

[3] Paus. 1, 28, 6.

[4] Die Erinyen sind die Anklägerinnen des Orestes nicht nur in der Dichtung des Aeschylus (und darnach bei Euripides, Iph. Taur. 940 ff.), sondern auch nach der, aus anderen Quellen geflossenen Darstellung (in der die 12 Götter als Richter gelten) bei Demosthenes, Aristocrat. 66 (vgl. 74, und Dinarch. adv. Demosth. 87).

sie vor Allem Mordthaten innerhalb der Familie rächen an
dem, der eben den erschlagen hat, dessen Bluträcher er, falls
ein anderer ihn erlegt hätte, hätte sein müssen. Hat der Sohn
den Vater oder die Mutter erschlagen, — wer soll da die
Blutrache vollstrecken, die dem nächsten Verwandten des Getödteten obliegt? Dieser nächste Verwandte ist der Mörder
selbst. Dass dennoch dem Gemordeten seine Genugthuung
werde, darüber wacht die Erinys des Vaters, der Mutter, die
aus dem Seelenreich hervorbricht, den Mörder zu fangen. An
seine Sohlen heftet sie sich, Tag und Nacht ihn ängstigend;
vampyrgleich saugt sie ihm das Blut aus [1]; er ist ihr verfallen
als Opferthier [2]. Und noch im geordneten Rechtsstaate sind
es die Erinyen, die vor den Blutgerichten Rache heischen gegen
den Mörder. Ihre Machtvollkommenheit erstreckt sich, in er-
weitertem Umfang, auf alle Mörder, auch ausserhalb der eigenen
Familie. Nur philosophisch-dichterische Reflexion hat sie zu
Helfern alles Rechtes in Himmel und auf Erden umgebildet.
Im Cultus und begrenzten Glauben der einzelnen Stadt bleiben
sie Beistände der Seelen Ermordeter. Aus altem Seelencult
ist diese Vorstellung so grässlicher Dämonen erwachsen; in Berührung mit dem lebendig gebliebenen Seelencult hat sie selbst
sich lebendig erhalten. Und sieht man genau hin, so schimmert
noch durch die getrübte Ueberlieferung eine Spur davon durch,
dass die Erinys eines Ermordeten nichts anderes war als seine
eigene zürnende, sich selbst ihre Rache holende Seele, die erst
in späterer Umbildung zu einem, den Zorn der Seele vertre-
tenden Höllengeist geworden ist [3].

---

[1] Es ist Art der Erinyen ἀπὸ ζῶντος ῥοφεῖν ἐρυθρὸν ἐκ μελέων πέ-
λανον Aesch. *Eum.* 264 f., vgl. 183 f.; 302; 305. Sie gleichen hierin völlig
den „Vampyrn“, von denen Sagen namentlich slavischer Völker erzählen,
den Tii der Polynesier u. s. w. Aber dies sind aus dem Grabe wieder-
kehrende, blutsaugende Seelen.

[2] Die Erinyen zu Orestes: ἐμοὶ τραφείς τε καὶ καθιερωμένος. καὶ ζῶν
με δαίσεις οὐδὲ πρὸς βωμῷ σφαγείς. Aesch. *Eum.* 304 f. Der Mutter-
mörder ist *divis parentum* (d. h. ihren Manes) *sacer*, ihr Opferthier (θῦμα
καταχθονίου Διός Dionys. *ant.* 2, 10, 3), auch nach altgriechischem Glauben.

[3] S. *Rhein. Mus.* 50, 6 ff.

3.

Das ganze Verfahren bei Mordprocessen diente mehr noch als dem Staate und seinen lebenden Bürgern der Befriedigung unsichtbarer Gewalten, der beleidigten Seelen und ihrer dämonischen Anwalte. Es war seiner Grundbedeutung nach ein religiöser Act. So war auch mit der Ausführung des weltlichen Urtheilsspruchs keineswegs Alles zu Ende. Bei seiner Rückkehr in's Vaterland bedurfte, nach der Verzeihung von Seiten der Verwandten des Todten, der wegen unfreiwilligen Todtschlags Verurtheilte noch eines Zwiefachen: der Reinigung und der Sühnung[1]. Die Reinigung vom Blute des Erschlagenen, deren auch der sonst straflose Thäter einer gesetzlich erlaubten Tödtung bedarf[2], giebt den bis dahin als „unrein" Betrachteten der sacralen Gemeinschaft in Staat und Familie zurück, der ein Unreiner nicht nahen kann, ohne auch sie zu beflecken. Die homerischen Gedichte wissen von einer solchen religiösen Reinigung Blutbefleckter nichts[3]. Analoge Erscheinungen in dem Religionsleben der stammverwandten

---

[1] Dass bei φόνος ἀκούσιος, nach geschehener αἴδεσις der Verwandten des Todten, der Thäter sowohl der Reinigung als der Sühnung (des καθαρμός und des ἱλασμός) bedurfte, deutet Demosthenes, Aristocr. 72. 73 durch den Doppelausdruck θῦσαι καὶ καθαρθῆναι, ὁσιοῦν καὶ καθαίρεσθαι an. (Vgl. Müller, Aesch. Eum. p. 144.)

[2] S. Philippi, Areop. u. Eph. 62.

[3] Es fehlen in Ilias und Odyssee nicht nur alle Beispiele von Mordreinigung, sondern auch die Voraussetzungen für eine solche. Der Mörder verkehrt frei, und ohne dass von ihm ausgehendes μίασμα befürchtet wird, unter den Menschen. So namentlich in dem Falle des Theoklymenos, Od. 15, 271—287. Dies hebt mit Recht Lobeck hervor, Aglaoph. 301. K. O. Müller's Versuche, Mordreinigung dennoch als Sitte homerischer Zeit nachzuweisen, sind misslungen. S. Nägelsbach, Hom. Theol.[2] p. 293. — Aelteste Beispiele von Mordreinigung in der Litteratur (s. Lobeck 309): Reinigung des Achill vom Blute des Thersites in der Αἰθιοπίς p. 33 Kink.; Weigerung des Neleus, den Herakles vom Morde des Iphitos zu reinigen: Hesiod ἐν καταλόγοις, Schol. Il. B 336. — Mythische Beispiele von Mordreinigung in späteren Berichten: Lobeck, Agl. 968. 969.

Völker lassen gleichwohl kaum daran zweifeln, dass die Vorstellungen von religiöser Unreinheit, dem Menschen ankommend
aus jeder Berührung mit den Unheimlichen, uralt waren, auch
unter Griechen. Sie werden nur eben aus dem Gesichtskreis
homerischer Cultur verdrängt gewesen sein; wie nicht minder
die Gebräuche der Sühnung, die durch feierliche Opfer die
zürnende Seele und die Götter, die über ihr walten, zu versöhnen bestimmt sind, in homerischen Lebensbildern, da die
Gedanken, aus denen sie sich erklären, in's Dunkel zurück-
gedrängt sind, nirgends zur Darstellung kommen.

Die Handlungen der Reinigung und der Sühnung, jene
im Interesse des Staates und seiner Gottesdienste, diese als
letzte Beschwichtigung der gekränkten Unsichtbaren ausgeführt,
werden, wie sie in der Ausübung meist verbunden waren, so
in der Ueberlieferung vielfach vermischt; so dass eine ganz
strenge Scheidung sich nicht durchführen lässt. So viel wird
dennoch klar, dass die Gebräuche der nach Mordthaten nothwendigen Sühnung durchweg von derselben Art waren, wie
die im Cult der Unterirdischen üblichen Opferhandlungen[1].

---

[1] Z. B. Darbringung von Kuchen, Opferguss einer weinlosen Spende,
Verbrennung der Opfergabe: so bei dem (dort vom καθαρμός deutlich
unterschiedenen) ἰλασμός in der Schilderung des Apoll. Rhod. *Arg.* 4,
712 ff. Aehnlich (weinlose Spende u. s. w.) in dem, uneigentlich καθαρμός (466) genannten ἰλασμός der Eumeniden zu Kolonos, den der Chor
dem Oedipus anräth, Soph. *O. C.* 469 ff. Von den Sühnopfern darf
Niemand essen: Porphyr. *abst.* 2, 44. Sie werden ganz verbrannt: s.
Stengel, *Jahrb. f. Phil.* 1883 p. 369 ff. — Erzklang wird angewendet
πρὸς πᾶσαν ἀφοσίωσιν καὶ ὑποκάθαρσιν: Apollodor. *fr.* 36 (so auch bei
Hekateopfern: Theokrit. 2, 36; zur Abwehr von Gespenstern: Lucian,
Philops. 15; Schol. Theocr. 2, 36; Tzetz. *Lyc.* 77. Apotropaïscher Sinn
des Erzgetönes auch im Tanz der Kureten u. s. w. S. unten). — Die Sühn-
gebräuche waren vielfach beeinflusst durch fremde Superstition, phrygische,
lydische. Ihre eigentliche Wurzel hatten sie im kretischen Dienst des
(chthonischen) Zeus. Von dort scheinen sie sich, unter Mitwirkung
des delphischen Apollonorakels, über Griechenland verbreitet. zu haben.
Daher auch das Opferthier des Ζεὺς χθόνιος, der Widder, das vor-
nehmste Sühnopfer bildet, sein Fell als Διὸς κώδιον die Sühnungsmittel
aufnimmt u. s. w.

Und in der That gehören die Gottheiten, die man bei Sühnungen anrief, Zeus Meilichios, Zeus Apotropaios u. A. zum Kreise der Unterweltsgötter[1]. Ihnen wird, statt des Mörders selbst, ein Opferthier geschlachtet, damit der Zorn sich sänftige, den sie als Hüter der abgeschiedenen Seelen hegen. Auch den Erinyen wird bei Sühnungen geopfert[2]. Alles bezieht sich hier auf das Seelenreich und seine Bewohner.

---

[1] Ueber den chthonischen Charakter der Sühnegötter s. im Allgemeinen K. O. Müller, *Aesch. Eum.* p. 139 ff. Voran steht hier Ζεὺς μειλίχιος (euphemistisch so benannt; vgl. p. 206, 2), der ganz unverkennbar ein χθόνιος ist. Daher, gleich allen χθόνιοι, man ihn als Schlange gestaltet darstellte, so auf den im Piraeus gefundenen Weihetafeln an Z. μειλ. (sicher den athenischen, und nicht irgend einen fremden, mit dem allen Athenern aus dem Diasienfeste wohlbekannten Zeus Meilichios identificirten Gott): *bull. de coresp. hellén.* 7, 507 ff.; *C. I. A.* 2, 1578 ff. Verbunden mit der chthonischen Hekate auf einer Weihung aus Larisa: Διὶ Μειλιχίῳ καὶ Ἐνοδίᾳ. *Bull.* 13, 392. Andere θεοὶ μειλίχιοι in Lokris mit nächtlichen Opfern verehrt (wie stets die Unterirdischen): Paus. 10, 38, 8. Die δαίμονες μειλίχιοι, eben als χθόνιοι, entgegengesetzt den μακάρεσσιν οὐρανίοις in den Orakelversen bei Phlegon, *macrob.* 4 (p. 204, 13 West.); *deis milicheis,* Comm. de lud. saecul. Tavol. A. Z. 11. — Dann die ἀποτρόπαιοι: welcher Art diese sind, lässt sich schon darnach vermuthen, dass sie mit den Todten und der Hekate zusammen am 30. Monatstag verehrt wurden; s. oben p. 234, 1. Nach einem bösen Traum opfert man den ἀποτρόπαιοι, der Ge und den Heroen: Hippocr. *de insomn.* II p. 10 K. Ein χθόνιος wird auch Ζεὺς ἀποτρόπαιος sein, neben dem freilich eine Ἀθηνᾶ ἀποτροπαία (wie sonst Apollon ἀποτρ.) erscheint (Ins. von Erythrae, Dittenb. *Syll.* 370, 69. 115): die Competenzen der Ὀλύμπιοι und die der χθόνιοι werden nicht immer streng getrennt gehalten. — Alt und erblich war der Dienst der Sühngötter in dem attischen Geschlecht der Phytaliden, die einst den Theseus vom Morde des Skiron u. A. reinigten und entsühnten (ἁγνίσαντες καὶ μειλίχια θύσαντες): Plut. *Thes.* 12. Die Götter, denen dieses Geschlecht opferte, waren χθόνιοι, Demeter und Zeus Meilichios: Paus. 1, 37, 2. 4. — Eine deutliche Unterscheidung zwischen den θεοὶ Ὀλύμπιοι und den Göttern, denen man nur einen abwehrenden Cult, ἀποπομπάς, widmet, und das sind eben die Sühnegötter (ἀποδιοπομπεῖσθαι bei Sühnungen; ἀποπομπαῖοι θεοί: Apollodor bei Harpocr. s. ἀποπομπάς), macht Isokrates 5, 117 (ἀποπομπή böser Dämonen, im Gegensatz zu ἐπιπομπή eben solcher: Anon. *de virib. herb.* 22. 165. S. Hemsterhus. *Lucian. Bipont* II p. 255; Lobeck, *Agl.* 984, II).

[2] So in der Schilderung des ἱλασμός der Medea durch Kirke bei Apollon. Rhod. *Argon.* 4, 712 ff.

18

Das delphische Orakel aber war es, das über der Ausführung der Reinigung und Sühnung bei Mordfällen wachte. Die Nothwendigkeit solcher Begehungen wurde eingeprägt durch die vorbildliche Sage von Flucht und Reinigung des Apollo selbst nach der Tödtung des Erdgeistes zu Pytho, die ebendort in geregelter Wiederkehr alle acht Jahre in symbolischem Spiele dargestellt wurde [1]. In Delphi reinigt auch, nach der Dichtung des Aeschylos, Apollo selbst den Orest vom Muttermorde [2]. In Athen war eine der ältesten Sühnungsstätten nach einem Beinamen des Apollo benannt, das Delphinion [3]. Oft mag auf Anfragen das Orakel befohlen haben, wie die Heroenseelen so auch die zürnenden Seelen ermordeter, nicht heroisirter Männer zu versöhnen durch heilige Sühnopfer: wie es dazu die Mörder des Archilochos, des spartanischen Königs Pausanias anwies [4]. — Die Sühnungsgebräuche gehören nicht dem apollinischen Culte als Eigenbesitz an; sie sind anderen, zumeist chthonischen Göttern geweiht; aber das apollinische Orakel bestätigte ihre Heiligkeit. In Athen waren die unter Mitwirkung des delphischen Orakels bestellten Exegeten die Verwalter dieses Sühnungswesens [5]; gewiss nach dem Brauche griechischer Städte bestimmt Plato in den „Gesetzen“, dass die

---

[1] K. O. Müller, *Dorier* 1, 204. 322. — Derselbe alte Brauch neunjähriger Flucht und Busse für Menschentödtung in der Legende und dem Cult des Zeus Lykaios: vgl. H. D. Müller, *Mythol. d. gr. St.* 2, 105. S. unten.

[2] *Choeph.* 1055—1060. *Eumen.* 237 ff. 281 ff. 445 ff. 470.

[3] Das Delphinion, die Gerichtsstätte für φόνος δίκαιος, der alte Wohnplatz des Aegeus (Plut. *Thes.* 12) war zugleich (und wohl ursprünglich) eine Entsühnungsstätte: Theseus liess sich dort von seinen Bluttaten an den Pallantiden und den Wegelagerern entsühnen (ἀφοσιούμενος τὸ ἄγος *Pollux* 8, 119).

[4] Plutarch. *de sera num. vind.* 17 p. 560 E. F. Man beachte die Ausdrücke: ἱλάσασθαι τὴν τοῦ Ἀρχιλόχου ψυχήν, ἱλάσασθαι τὴν Παυσανίου ψυχήν. Suidas s. Ἀρχίλοχος, aus Aelian: μειλίξασθαι τὴν τοῦ Τελεσικλείου παιδὸς ψυχήν, καὶ πραῦναι χοαῖς.

[5] Die drei ἐξηγηταὶ πυθόχρηστοι, οἷς μέλει καθαίρειν τοὺς ἄγει τινὶ ἐνισχηθέντας Timaeus *lex. Pl.* p. 109 R.

Satzungen über Reinigung und Sühnung sein Staat aus Delphi
holen solle [1].

4.

Dadurch nun, dass das Orakel des allwissenden Gottes
die Mordsühne heiligte und empfahl, der Staat die Verfolgung
des Mordes auf der Grundlage alter Familienblutrache regelte,
gewannen die Vorstellungen, auf denen diese Veranstaltungen
des Staates und der Religion begründet waren, die Ueberzeugung von dem bewussten Weiterleben der Seele des Ermordeten, ihrem Wissen um die Vorgänge unter den Ueberlebenden, ihrem Zorn und ihrer Macht, etwas von der Kraft
eines Glaubenssatzes. Die Sicherheit dieses Glaubens tritt uns
noch entgegen in den Reden bei Mordprocessen, in denen
Antiphon, der Sinnesart seines (wirklichen oder fingirten)
Publicums sich anpassend, mit der Anrufung der zürnenden
Seele des Todten und der dämonischen Rachegeister als mit
unbezweifelten Realitäten Schauer erregt [2]. Um die Seelen

---

[1] Plato *Leg.* 9, 865 B: der Thäter eines φόνος ἀκούσιος (besonderer
Art) καθαρθεὶς κατὰ τὸν ἐκ Δελφῶν κομισθαι περὶ τούτων νόμον ἔστω
καθαρός.

[2] Ich stelle aus den Reden und den (mindestens der gleichen Zeit
angehörigen) Tetralogien des Antiphon die Aussagen zusammen, die über
die bei Mordprocessen zu Grunde liegenden religiösen Vorstellungen Licht
geben. — Betheiligt an der Verfolgung der Mörder sind: ὁ τεθνεώς, οἱ
νόμοι und θεοὶ οἱ κάτω: *or.* 1, 31. Daher heisst die Anstrengung des Processes von Seiten der Verwandten des Todten βοηθεῖν τῷ τεθνεῶτι:
1, 31. *Tetr.* 1 β, 13. Die Verurtheilung des Mörders ist τιμωρία τῷ ἀδι-
κηθέντι, ganz eigentlich Rache: *or.* 5, 58 = 6, 6. Die klagenden Verwandten stehen vor Gericht als Vertreter des Todten, ἀντὶ τοῦ παθόντος
ἐπισκήπτομεν ὑμῖν — sagen sie zu den Richtern, *Tetr.* 3 γ, 7. Auf ihnen
lastet mit der Pflicht der Klage das ἀσέβημα der Blutthat, bis sie gesühnt
ist: *Tetr.* 1 α, 3. Aber das μίασμα der Blutthat befleckt die ganze Stadt,
der Mörder verunreinigt durch seine blosse Gegenwart alle, die mit ihm
an Einem Tische sitzen, unter Einem Dache leben, die Heiligthümer, die
er betritt; daher kommen ἀφορίαι und δυστυχεῖς πράξεις über die Stadt.
Die Richter haben das dringendste Interesse, durch sühnendes Gericht
diese Befleckung abzuwenden. S. *Tetr.* 1 α, 10. *Orat.* 5, 11. 82. *Tetr.*

Ermordeter, die man sich in besonders unruhiger Bewegung dachte, bildete sich eine eigene Art unheimlicher Mythologie, von der uns später einige Proben begegnen werden. Wie derb der Glaube sich gestalten konnte, zeigen zur Ueberraschung

1 α, 3; 1 γ, 9. 11; 3 γ, 6. 7. Es kommt aber darauf an, den wirklichen Thäter aufzufinden und zu bestrafen. Wird von Seiten der Verwandten des Ermordeten ein anderer als der Thäter gerichtlich verfolgt, so trifft sie, nicht die etwa den Unrechten verurtheilenden Richter der Groll des Todten und der Rachegeister: *Tetr.* 1 α, 3; 3 α, 4; 3 δ. 10; denn dem Ermordeten ist auf diese Weise seine τιμωρία nicht zu Theil geworden: *Tetr.* 3 α, 4. Auf ungerechte Zeugen und Richter fällt aber doch auch ein μίασμα, welches sie dann in ihre eigenen Häuser einschleppen: *Tetr.* 3 α, 3; wenigstens bei falscher Verurtheilung, nicht bei falscher Freisprechung (vgl. *or.* 5, 91) des Angeklagten trifft sie nach *Tetr.* 3 β, 8 τὸ μήνιμα τῶν ἀλιτηρίων — nämlich des ungerecht Verurtheilten (während der Ermordete sich immer noch an seine Verwandten hält). Bei wissentlich ungerechter Freisprechung des Mörders wird der Ermordete dem Richter, nicht seinen Verwandten, ἐνθύμιος. *Tetr.* 1 γ, 10. — Als derjenige, von dem der Groll ausgeht, wird bezeichnet der Todte selbst: προςτρόπαιος ὁ ἀποθανών. *Tetr.* 1 γ, 10; ebenso 3 δ, 10. Dort steht diesem parallel: τὸ μήνιμα τῶν ἀλιτηρίων. Der Gemordete hinterlässt τὴν τῶν ἀλιτηρίων δυσμένειαν (und diese — nicht, wie Neuere bisweilen sich vorstellen, irgend eine „sittliche" Befleckung ist, wie dort ganz deutlich gesagt wird, das μίασμα: τὴν τῶν ἀλ. δυσμένειαν, ἣν — — μίασμα — εἰςάγονται): *Tetr.* 3 α, 3. Vgl. noch 3 β, 8; 3 γ, 7. Hier schieben sich statt der Seele des Todten selbst Rachegeister unter (ebenso, wenn von einem προςτρόπαιος τοῦ ἀποθανόντος die Rede ist: s. oben p. 264, 2). Die προςτρόπαιοι τῶν ἀποθανόντων werden selbst zu δεινοὶ ἀλιτήριοι der säumigen Verwandten: *Tetr.* 3 α, 4. Zwischen beiden ist kein wesentlicher Unterschied (vgl. Pollux 5, 131). Anderswo ist doch wieder von τὸ προςτρόπαιον, als Eigenschaft, Stimmung des Ermordeten selbst, die Rede: *Tetr.* 2 δ, 9. So wechselt auch: ἐνθύμιος ὁ ἀποθανών (1 γ, 10) und τὸ ἐνθύμιον (2 α, 2; 2 δ, 9). In diesem Vorstellungskreis bedeutet offenbar ἐνθύμιον (als festgeprägter Ausdruck für solche Superstitionen) das zürnende Gedenken, das Racheverlangen des Ermordeten. (— ἐνθύμιον ἔστω Δάματρος καὶ Κούρας. Collitz, *Dialektins.* 3541, 8.) Man wird sich dieses Wortes erinnern, um zu erklären, inwiefern die den Todten und der Hekate hingestellten Mahle, auch die (hiermit fast identischen) Reinigungsopfer, die man nach geschehener religiöser Reinigung des Hauses auf die Dreiwege warf, ὀξυθύμια hiessen (Harpocrat. s. v. Phot. s. ὀξυθ. Art. 1. 2. 3. Bekk. *anecd.* 287, 24; 288, 7; Etym. M. 626, 44 ff.). Sie sind bestimmt, den leicht gereizten Zorn der Seelen (und ihrer Herrin Hekate), ihr ὀξύθυμον, eine Steigerung des ἐνθύμιον, durch apotropäische Opfer zu beschwichtigen.

deutlich gelegentliche Erwähnungen gewisser, in solchem Glauben
wurzelnder, völlig kannibalischer Gebräuche[1], die unter dem
Griechenthum dieser gebildeten Jahrhunderte unmöglich neu
entstanden sein können, sondern entweder aus urweltlicher Rohheit der griechischen Vorzeit jetzt neu aufgetaucht, oder von
barbarischen Nachbarn allzu willig entlehnt sind, immer aber
die sinnlichsten Vorstellungen von der Lebenskraft und Rache-
gewalt der Seelen Ermordeter voraussetzen lassen.

Und welche Bedeutung für die Ausbildung eines volks-
thümlich gestalteten allgemeineren Glaubens an das Fortleben
der freigewordenen Seele das, was man von den Seelen Ermordeter zu wissen glaubte, gewinnen konnte, das mag man
ermessen, wenn man beachtet, wie Xenophon seinen sterbenden Kyros, zum stärksten Beweis für die Hoffnung auf das
dauernde Weiterleben aller Seelen nach ihrer Trennung vom
Leibe, sich berufen lässt auf eben jene unbezweifelten Thatsachen, die das Fortleben der Seelen „derer, die Unrecht erlitten haben", zugestandenermaassen bewiesen. Daneben ist
ihm ein wichtiges Argument dieses, dass doch den Todten
nicht noch bis auf diesen Tag ihre Ehren unversehrt erhalten geblieben wären, wenn ihre Seelen aller Wirkung und
Macht beraubt wären[2]. Hier sieht man, wie der Cult der
Seelen es war, in dem der Glaube an ihr Fortleben wurzelte.

---

[1] S. Anhang 2 (μασχαλισμός).

[2] Xenoph. *Cyrop.* 8. 7, 17ff.: οὐ γὰρ δήπου τοῦτό γε σαφῶς δοκεῖτε
εἰδέναι ὡς οὐδέν εἰμι ἐγὼ ἔτι, ἐπειδὰν τοῦ ἀνθρωπίνου βίου τελευτήσω· οὐδὲ
γὰρ νῦν τοι τὴν γ᾽ ἐμὴν ψυχὴν ἑωρᾶτε — — — τὰς δὲ τῶν ἄδικα παθόντων
ψυχὰς οὔπω κατενοήσατε, οἵους μὲν φόβους τοῖς μιαιφόνοις ἐμβάλλουσιν, οἵους
δὲ παλαμναίους (bedeutet den Frevler, dann aber auch, und so hier, den
Frevel rächenden ´Strafgeist, ganz wie προςτρόπαιος, ἀλιτήριος, ἀλάστωρ,
μίάστωρ. S. K. Zacher, *Dissert. philol. Halens.* 3, 232ff.) τοῖς ἀνοσίοις
ἐπιπέμπουσι; τοῖς δὲ φθιμένοις τὰς τιμὰς διαμένειν ἔτι ἄν δοκεῖτε, εἰ μηδενὸς
αὐτῶν αἱ ψυχαὶ κύριαι ἦσαν; οὗτοι ἔγωγε, ὦ παῖδες, οὐδὲ τοῦτο πώποτε ἐπείσ-
θην, ὡς ἡ ψυχή, ἕως μὲν ἄν ἐν θνητῷ σώματι ᾖ, ζῇ, ὅταν δὲ τούτου ἀπαλ-
λαγῇ, τέθνηκεν. Es folgen noch andere populäre Argumente für die
Annahme des Fortlebens der Seele nach ihrer Trennung vom Leibe.

Die Mysterien von Eleusis.

––––

Durch den Seelencult in seinem ungestörten Betrieb wurden Vorstellungen von Lebendigkeit, Bewusstsein, Macht der, von ihren alten irdischen Wohnplätzen nicht für immer abgeschiedenen Seelen unterhalten und genährt, die den Griechen, mindestens den ionischen Griechen homerischer Zeit fremd geworden waren. Aber deutliche Glaubensbilder von der Art des Lebens der Verstorbenen konnten aus diesem Cult nicht hergeleitet werden und sind daraus nicht hergeleitet worden. Alles bezog sich hier auf das Verhältniss der Todten zu den Lebenden. Durch Opfer und religiöse Begehungen sorgte die Familie für die Seelen ihrer Todten; aber wie schon dieser Cult vorwiegend ein abwehrender (apotropäischer) war, so hielt man auch die Gedanken von forschender Ergründung der Art und des Zustandes der Todten, ausserhalb ihrer Berührung mit den Lebenden, eher absichtlich fern.

Auf diesem Standpunkte ist bei vielen der geschichtslosen, sogen. Naturvölkern der Seelencult und der Seelenglaube stehn geblieben. Es kann kaum bezweifelt werden, dass er auch in Griechenland bis zu diesem Punkte bereits vor Homer ausgebildet war. Trotz vorübergehender Trübung erhielt er sich in Kraft: er hatte zähe Wurzeln in dem Zusammenhalte der Familien und ihren altherkömmlichen Gebräuchen.

Es ist aber auch wohl verständlich, wie solche, so begründete Vorstellungen, die dem Dasein der Seelen keinerlei deutlichen Inhalt geben, sie fast nur vom Ufer der Lebenden aus, und soweit sie diesem zugekehrt sind, betrachten, sich leicht und ohne vielen Widerstand völlig verflüchtigen und verblassen konnten, wenn etwa die Empfindung der Einwirkung der Todten auf die Lebenden sich abstumpfte und, aus welchem Grunde immer, der Cult der Seelen an Lebhaftigkeit und Stätigkeit verlor. Entzogen die Lebenden der abgeschiedenen Seele ihre Beachtung und Sorge, so blieb der Vorstellung kaum noch irgend ein Bild von ihr übrig; sie wurde zum huschenden Schatten, wenig mehr als ein Nichts. Und so war es geschehen in dem Zeitraum ionischer Bildung, in dessen Mitte Homer steht.

Die Dichtung jener Zeit hatte aber aus sich selbst hervor auch den Wunsch erzeugt nach einem inhaltreicheren, ausgefüllten Dasein in der langen, unabsehbaren Zukunft im jenseitigen Lande. Und sie hatte dem Wunsche Gestalt gegeben in den Bildern von der Entrückung einzelner Sterblichen nach Elysion, nach den Inseln der Seligen.

Aber das war und blieb Poesie, nicht Glaubenssache. Und selbst die Dichtung stellte den Menschen der lebenden Geschlechter nicht in Aussicht, was einst Gnade der Götter auserwählten Helden wunderreicher Vorzeit gewährt hatte. Aus anderen Quellen musste, falls er erwachte, der Wunsch nach hoffnungsvoller Aussicht über das Grab hinaus, über die leere Existenz der im Cult der Familie verehrten Ahnen hinaus, seinen Durst stillen. Solche Wünsche erwachten bei Vielen. Die Triebe, die sie entstehen liessen, die inneren Bewegungen, die sie emporhoben, verhüllt uns das Dunkel, das über der wichtigsten Periode griechischer Entwicklung, dem achten und siebenten Jahrhundert, liegt, und es hilft uns nicht, wenn man aus eigener Eingebung die Lücke unserer Kenntniss mit Banalitäten und unfruchtbaren Phantasien zustopft. Dass der Wunsch sich regte, dass er Macht gewann, zeigt die That-

sache, dass er sich eine (allerdings eigenthümlich eingeschränkte)
Befriedigung zu verschaffen vermocht hat in einer Einrichtung,
deren, sobald von Unsterblichkeitsglauben oder Seligkeits-
hoffnungen der Griechen die Rede ist, Jeder sich sofort erinnert, den eleusinischen Mysterien.

2.

Wo immer der Cult der Gottheiten der Erde und der
Unterwelt, insonderheit der Demeter und ihrer Tochter, in
Blüthe stand, mögen für die Theilnehmer an solchem Gottesdienst leicht Hoffnungen auf ein besseres Loos im unterirdischen
Seelenreiche, in dem jene Götter walteten, sich angeknüpft
haben. Ansätze zu einer innerlichen Verbindung solcher Hoffnungen mit dem Gottesdienste selbst mögen an manchen
Orten gemacht worden sein. Zu einer fest geordneten In-
stitution sehen wir diese Verbindung einzig in Eleusis (und
den, wohl sämmtlich jungen Filialen der eleusinischen Anstalt)
ausgebildet. Wir können wenigstens in einigen Hauptlinien
das allmähliche Wachsthum der eleusinischen gottesdienstlichen
Einrichtungen wahrnehmen. Der Homerische Hymnus auf die
Demeter berichtet uns von den Ursprüngen des Cultes nach
einheimisch eleusinischer Sage. Im Lande der Eleusinier war
die von Aïdoneus in die Unterwelt entraffte göttliche Tochter
der Demeter wieder an's Licht der Sonne gekommen und der
Mutter wiedergegeben worden. Bevor sie, nach dem Wunsche
des Zeus, zum Olymp und den anderen Unsterblichen sich
aufschwang, stiftete Demeter, wie sie es verheissen hatte, als
die Eleusinier ihr den Tempel vor der Stadt, über der Quelle
Kallichoros, erbauten, den heiligen Dienst, nach dessen Ordnung man sie in Zukunft verehren sollte. Sie selbst lehrte
die Fürsten des Landes die „Begehung des Cultes und gab
ihnen die hehren Orgien an", welche Anderen mitzutheilen die
Scheu vor der Gottheit verbietet[1]. — Dieser alteleusinische

---

[1] V. 271 ff. (Demeter spricht:) ἀλλ᾽ ἄγε μοι νηόν τε μέγαν καὶ βωμὸν

Demetercult ist also der Gottesdienst einer eng geschlossenen
Gemeinde; die Kunde der geheiligten Begehungen und damit
das Priesterthum der Göttinnen ist beschränkt auf die Nachkommen der vier eleusinischen Fürsten, denen einst Demeter
ihre Satzungen, zu erblichem Besitze mitgetheilt hat. Der
Cult ist demnach ein „geheimer", nicht geheimer freilich als
der so vieler, gegen alle Unberechtigten streng abgeschlossener
Cultgenossenschaften Griechenlands [1]. Eigenthümlich aber ist
die feierliche Verheissung, die sich an die Theilnahme an
solchem Dienst knüpft. „Selig der Mensch, der diese heiligen
Handlungen geschaut hat; wer aber uneingeweiht ist und un-
theilhaftig der heiligen Begehungen, der wird nicht gleiches
Loos haben nach seinem Tode, im dumpfigen Dunkel des
Hades". Den Theilnehmern an dem eleusinischen Gottesdienst
wird also ein bevorzugtes Schicksal nach dem Tode verheissen;
aber schon im Leben, heisst es weiter [2], ist hoch beglückt,
wen die beiden Göttinnen lieben; sie schicken ihm Plutos, den
Reichthumsspender, in's Haus, als lieben Heerdgenossen. Da-
gegen wer Kore, die Herrin der Unterwelt, nicht ehrt durch
Opfer und Gaben, der wird allezeit Busse zu leisten haben
(V. 368 ff.).

Der enge Kreis derer, denen so Hohes verheissen war, er-
weiterte sich, seit Eleusis mit Athen vereinigt war (was etwa im
siebenten Jahrhundert geschehen sein mag) und der eleusinische
Cult zum athenischen Staatscult erhoben wurde. Nicht für
Attika allein, für ganz Griechenland gewann die eleusinische
Feier Bedeutung, seit Athen in den Mittelpunkt griechischen

ὑπ' αὐτῷ τευχόντων πᾶς δῆμος ὑπαὶ πόλιν αἰπό τε τεῖχος, Καλλιχόρου καθύ-
περθεν, ἐπὶ προὔχοντι κολωνῷ. ὄργια δ' αὐτὴ ἐγὼν ὑποθήσομαι, ὡς ἄν
ἔπειτα εὐαγέως ἔρδοντες ἐμὸν μένος ἱλάσκησθε. Die Erbauung des Tempels:
298ff., und darnach die Anweisung zur ὀρησμοσύνη ἱερῶν und den ὄργια
durch die Göttin 474 ff.

[1] S. Lobeck, *Aglaoph.* 272 ff.
[2] V. 487 ff. — Mit der Zurückweisung der mannichfachen Athetesen,
mit denen man diese Schlusspartie des Hymnus heimgesucht hat, halte
ich mich nicht auf. Keine von allen scheint mir berechtigt.

Lebens überhaupt trat. Ein feierlich angesagter Gottesfriede, der den ungestörten Verlauf der heiligen Handlungen sicherte, bezeichnete die Eleusinien, gleich den grossen Spielen und Messen zu Olympia, auf dem Isthmus u. s. w., als eine panhellenische Feier. Als zur Zeit des höchsten Glanzes athenischer Macht (um 440)[1] ein Volksbeschluss gefasst wurde, die jährliche Spende der Erstlingsgaben von der Feldfrucht an den eleusinischen Tempel von Athenern und Bundesgenossen zu fordern, von allen griechischen Staaten zu erbitten, konnte man sich bereits berufen auf alte Vätersitte und einen Spruch des delphischen Gottes, der diese bestätigte[2]. Von der inneren Geschichte der Entwicklung des eleusinischen Festes ist wenig bekannt. Die heilige Handlung behielt ihren Schauplatz in Eleusis; eleusinische Adelsgeschlechter blieben betheiligt[3] an

---

[1] Körte, *Athen. Mittheil.* 1896 p. 320 ff. setzt die Urkunde erst in das Jahr 418.

[2] κατὰ τὰ πάτρια καὶ τὴν μαντείαν τὴν ἐκ Δελφῶν: Z. 5; 26 f.; 35 (Dittenberger, *Syll. inscr. gr.* 13). — In Sicilien schon zur Zeit des Epicharm die Eleusinien allbekannt: Epich. ἐν ᾿Οδυσσεῖ αὐτομόλῳ bei Athen. 9, 374 D. Etym. M. 255, 2. Vgl. K. O. Müller, *Kl. Schr.* 2, 259.

[3] Bestimmt behaupten können wir dies eigentlich nur von den Eumolpiden, die den Hierophanten und die Hierophantin stellten; bei allem Schwanken des, von genealogischer Combination und Fiction arg mitgenommenen Stammbaumes dieses Geschlechts kann doch an seinem eleusinischen Ursprung kein Zweifel sein. Dagegen ist auffallend, dass von den im *hymn. Cer.* 475. 6 neben Eumolpos als Theilnehmer an der von der Göttin selbst gespendeten Belehrung genannten eleusinischen Fürsten: Triptolemos, Diokles, Keleos sich keine γένη ableiteten, deren Betheiligung an der Verwaltung der eleus. Mysterien gewiss wäre. Von Triptolemos leiteten sich zwar die Krokoniden und die Koironiden her, aber deren Betheiligung an dem Weihefest ist dunkel und zweifelhaft (s. K. O. Müller, *Kl. Schr.* 2, 255 f.). Die Keryken (in deren Geschlecht die Würden des Daduchen, des Mysterienherolds, des Priesters ἐπὶ βωμῷ u. a. erblich waren) bringt nur eine von dem Geschlecht selbst abgewiesene apokryphe Genealogie mit Eumolpos in Verbindung (Paus. 1, 38, 3), sie selbst leiten ihren Ursprung von Hermes und Herse, der Tochter des Kekrops ab (s. Dittenberger, *Hermes* 20, 2), wollen also offenbar ein athenisches Geschlecht sein. Wir wissen von der Entwicklung dieser Verhältnisse viel zu wenig, um die Richtigkeit dieser Behauptung leugnen zu dürfen (wozu Müller *a. O.* 250 f. geneigt ist). Nichts hindert zu glauben, dass bei und

dem, übrigens vom athenischen Staate geordneten Gottesdienst; dennoch muss vieles geneuert worden sein. Jener oben erwähnte Volksbeschluss lehrt uns, als damals in Eleusis verehrt, zwei Triaden von je zwei Gottheiten und einem Heros kennen: neben Demeter und Kore Triptolemos, dazu „der Gott, die Göttin und Eubuleus"[1]. Weder von der dem Triptolemos, hier (und in zahlreichen anderen Berichten, auch auf bildlichen Darstellungen) angewiesenen eigenthümlich bedeutenden Stellung noch von der sonstigen Erweiterung des eleusinischen Götterkreises weiss der Homerische Hymnus. Es sind offenbar im Laufe der Zeiten mit dem alten Dienst der zwei Göttinnen mancherlei andere, aus localen Culten übernommene Gestalten und Weisen der Verehrung verschmolzen worden, in denen sich der Eine Typus der chthonischen Gottheit immer neu differenzirte. Ihre Zahl ist mit den genannten Sechs noch nicht erschöpft[2]. Vor Allem ist zu dem Kreise eleusinischer

nach der Vereinigung von Eleusis und seinen Götterdiensten mit Athen wie ersichtlich sonst Vieles, auch dies geneuert wurde, dass zu den alteleusinischen Priestergeschlechtern das athenische Geschlecht der Keryken trat und an der δρησμοσύνη ἱερῶν regelmässig betheiligt wurde. Dies wäre dann ein Theil des Compromisses (συνθῆκαι, Paus. 2, 14, 2) zwischen Eleusis und Athen, auf dem ja das ganze Verhältniss beider Staaten und ihrer Culte zu einander beruhte.

[1] S. oben p. 210, 1.

[2] Unklar ist, in welcher Weise die Gottin Daeira an den Eleusinien betheiligt war: dass sie es war, muss man namentlich daraus schliessen, dass unter den priesterlichen Beamten des Festes ausdrucklich der δαειρίτης mit aufgezählt wird (Poll. 1, 35). Sie stand in einem gewissen Gegensatz zur Demeter; wenn sie trotzdem von Aeschylus u. A. der Persephone gleichgesetzt wird (s. K. O..Müller, *Kl. Schr.* 2, 288), so darf man dem wohl nichts weiter entnehmen, als dass auch sie eine chthonische Gottheit war. (Nach dem Opferkalender der att. Tetrapolis [v. Prott, *Leg. Graec. sacr.* I p. 48, B. Z. 12] wird geopfert Δαίρᾳ οἶς κυοῦσα. Das spricht, wie der Herausg. p. 52 bemerkt, nicht für Gleichheit der D. mit Persephone. Trächtige Thiere werden namentlich der Demeter gern geopfert; freilich gelegentlich auch der Artemis, der Athene.) Zu den χθόνιοι gehört Daeira nach allen Anzeichen. (Der Wortsinn des Namens ist ungewiss; die Kundige? oder die [Fackeln] Brennende? Vgl. Lobeck, *Pathol. prol.* 263). Nach den, bei Eustath. zu Il. Z 378

Gottheiten getreten Iakchos, der Sohn des Zeus (chthonios)
und der Persephone, ein Gott der Unterwelt auch er, von
dem Dionysos, wie ihn sonst attischer Cult auffasste, völlig
verschieden, wiewohl dennoch häufig diesem gleichgesetzt[1]. Es
ist eine sehr wahrscheinliche Vermuthung, dass - diesen Gott,
der bald fast für die Hauptfigur jenes Götterkreises galt[2],
erst Athen dem Bunde der in Eleusis verehrten Götter zugeführt habe. Sein Tempelsitz war in Athen, nicht in Eleusis[3];
in der athenischen Vorstadt Agrae wurden ihm im Frühjahr
die „kleinen Mysterien", als „Vorweihe" der grossen, gefeiert;
an den Eleusinien selbst bildete der Festzug, in dem man das
Bild des jugendlichen Gottes von Athen nach Eleusis trug,

aus Lexicographen zusammengeschriebenen Notizen machte sie Pherekydes
zur Schwester der Styx (nicht Pherek., sondern der deutelnde Gelehrte,
dem Eust. seine Notiz verdankt, meint, die Daeira bedeute den Alten
die ὑγρὰ φύσις, ebenso nach οἱ περὶ τελετὰς καὶ μυστήρια Ael. Dionys. im
Lexicon, Eust. 648, 41. Das ist eine werthlose allegorische Auslegung)
— eben darum Einige zur Tochter des Okeanos (s. Müller, a. O. 244.
288) — τινὲς δὲ φύλακα Περσεφόνης ὑπὸ Πλούτωνος ἀποδειχθῆναί φασι τὴν
Δάειραν (648, 40). Darnach ein Hadesdämon, dem Aïdoneus die Gattin
bewachend (vgl. die bewachenden Κωκυτοῦ περίδρομοι κύνες bei Arist. Ran.
472, nach Euripides). Hiernach begriffe man die Feindschaft der Demeter.
Kam diese Daeira auch als Figur in dem eleusinischen δρᾶμα μυστικόν
vor? — Zur Hekate, die in hymn. Cer. (und auf Vasenbildern) der Demeter vielmehr behilflich ist, macht sie Apoll. Rhod.
[1] So auch in dem neugefundenen (im 4. Jahrh. v. Chr. gedichteten)
Paean des Philodamos von Skarphie auf Dionysos (Bull. corr. hell. 1895
p. 403), wo (im 3. Abschnitt) erzählt wird, wie Dionysos, der in Theben
geborene Sohn der Thyone, von Delphi nach Eleusis zieht und dort von
den Sterblichen, denen er (in den Mysterien) πόνων ὅρμον ἄλυπον geöffnet
hat, Iakchos genannt wird. — Die historisirende Construction, die
möglichst viele Beziehungen und Verzweigungen dionysischen Wesens in
Einem Netze fangen möchte, ist in der ganzen Ausführung jenes Hymnus
kenntlich. Der Dionysoscult ist in Attika durch das delphische Orakel
befestigt worden, das ist gewiss; und das genügt dem Dichter, um nun auch
den Iakchos den Attikern aus Delphi zugekommen sein zu lassen. Histo-
rische Bedeutung hat diese Annahme nicht.
[2] Ἴακχος (dort von Διόνυσος deutlich unterschieden), τῆς Δήμητρος
δαίμων, heisst ὁ ἀρχηγέτης τῶν μυστηρίων bei Strabo 10, 468 (vgl. Ar. Ran.
398f.).
[3] Das Ἰακχεῖον (Plut. Aristid. 27. Alciphron. epist. 3, 59, 1).

das Band zwischen den in Athen gefeierten und den in Eleusis zu feiernden Abschnitten des Festes. Durch die Einfügung des Iakchos in die eleusinische Feier ist nicht nur der Kreis der an ihr betheiligten Götter äusserlich erweitert, sondern die heilige Geschichte, deren Darstellung Ziel und Höhe des Festes war, um einen Act ausgedehnt[1], und allem Vermuthen nach doch auch innerlich bereichert und ausgestaltet worden. Uns ist es freilich schlechterdings versagt, über den Sinn und Geist der Wandlung, die im Laufe der Zeit die also erweiterte Feier durchgemacht hat, auch nur eine bestimmte Vermuthung uns zu bilden. Nur so viel dürfen wir behaupten, dass zu der oft vorgebrachten Annahme, die Privatmysterien der orphischen Conventikel hätten auf die Mysterienfeier des athenischen Staates einen umgestaltenden Einfluss geübt, keinerlei Anlass besteht. Wer sich an feierlich nichtssagendem Gemunkel über Orphiker und Verwandtes nicht genügen lässt, sondern die sehr kenntlichen und bestimmten Unterscheidungslehren der Orphiker über Götter und Menschenseelen in's Auge fasst, wird leicht erkennen, dass alles dagegen spricht, dass von diesen auch nur irgend eine in den Kreis der zu Eleusis gepflegten Vorstellungen eingedrungen sei[2]. Sie hätten ihn nur sprengen können.

---

[1] Kam in den Mysterienaufführungen auch die Geburt des Iakchos vor? Man könnte es vermuthen nach dem, was Hippolyt. *ref. haeres.* 5, 8 p. 115 Mill. mittheilt: dass der Hierophant νυκτὸς ἐν Ἐλευσῖνι ὑπὸ πολλῷ πυρὶ τελῶν τὰ μυστήρια βοᾷ καὶ κέκραγε λέγων · ἱερὸν ἔτεκε πότνια κοῦρον Βριμὼ βριμόν. Freilich ist aber diese, wie die meisten der, aus Nachrichten älterer Zeit nicht zu bestätigenden Mittheilungen christlicher Schriftsteller über Mysterienwesen höchstens als für die Zeit des Berichterstatters giltig zuzulassen. (Gleich daneben steht bei Hippolytus die wunderliche Angabe, dass der Hierophant εὐνουχισμένος διὰ κωνείου sei. Hiervon weiss z. B. Epictet. *dissert.* 3, 21, 16 nichts, sondern nur von der [wohl auf die Zeit des Festes und seiner Vorbereitung beschränkten] ἁγνεία des Hierophanten. Wohl aber redet von dem *cicutae sorbitione castrari* des Hierophanten Hiéronymus *adv. Jovin.* 1, 49 p. 320 C Vall. Aehnlich auch Serv. ad *Aen.* 6, 661.)

[2] Ueber die Orphische Lehre ist weiter unten zu reden Gelegenheit. Hier will ich nur dies beiläufig hervorheben, dass selbst die Vorstellung der Alten nicht dahin ging, dass Orpheus, der Grossmeister aller mög-

Wuchs die Feier aus sich selbst heraus, an innerem
Gehalt und äusserer Würde der Darbietungen, so wuchs nicht
minder die Gemeinde der Festtheilnehmer. Ursprünglich war
das verheissungsreiche Fest nur den Bürgern von Eleusis, vielleicht sogar nur den Angehörigen einzelner Adelsgeschlechter
in Eleusis zugänglich gewesen, und mochte eben in dieser
Abgeschlossenheit den Theilnehmern als eine besondere Be-
gnadigung erschienen sein. Es verwandelte sich hierin völlig.
Zugelassen wurden nicht nur Bürger Athens, sondern jeder
Grieche ohne Unterschied des Staates und Stammes, Männer
und Frauen (auch Hetären, die doch z. B. von dem Demeterfest
der athenischen Weiber an den Thesmophorien ausgeschlossen
blieben, selbst Kinder und Sklaven[1]). Die athenische Liberalität,
so rühmte man, wollte das Heil, das dieses Fest ohne Gleichen
den Theilnehmern verhiess, allen Griechen zugänglich machen[2].

---

lichen Mystik, mit den Eleusinien im Besonderen etwas zu schaffen habe:
wie Lobeck, *Aglaoph.* 239 ff. nachweist.

[1] An der Zulassung von Sklaven zu den eleusinischen Weihen
zweifelte, im Gegensatz zu Lobeck (*Aglaoph* 19), K. O. Müller, *Kl. Schr.*
2, 56, wesentlich deswegen, weil auf der grossen, auf die Ordnung der
Eleusinien bezüglichen Inschrift (jetzt *C. I. A.* I, 1) neben den μόσται καί
ἐπόπται auch die ἀκόλουθοι (nicht auch die δοῦλοι; s. Ziehen, *Leg. Graec.
sacr.* [Diss.] p. 14 sq.), d. h. wohl die Sklaven der Mysten, die also nicht
selbst Mysten sind, erwähnt werden. Aber auch wenn Sklaven eingeweiht waren, kann es daneben noch ungeweihte, nicht den μόσται zuzu-
rechnende ἀκόλουθοι der μόσται gegeben haben. Bestimmt heisst es auf
der eleusinischen Baukostenurkunde aus dem J. 329/8, *C. I. A.* 2, 834b,
col. 2, 71: μύησις δυοῖν τῶν δημοσίων (der am Bau beschäftigten Staats-
sklaven) Δ Δ Δ (vgl. Z. 68). Einweihung von δημόσιοι auch *C. I. A.* 2,
834c, 24. Sonach wird es nicht nöthig sein, bei dem Kom. Theophilus
(in Schol. Dion. Thr. p. 724), wo Einer redet von seinem ἀγαπητὸς δε-
σπότης, durch den er ἐμυήθη θεοῖς, an einen Freigelassenen zu denken
(mit Meineke, *Comic.* III 626), statt an einen Sklaven. — Die Liberalität
war um so grösser, da sonst von manchen der heiligsten Götterfeiern
Athens Sklaven ausdrücklich ausgeschlossen waren: vgl. Philo, *q. omn.
prob. lib.* 20 p. 468 M., Casaubonus zu Athen. vol. 12 p. 495 Schw.

[2] Isokrates, *Paneg.* 28: Δήμητρος γὰρ ἀφικομένης εἰς τὴν χώραν —
καὶ δούσης δωρεὰς διττάς, αἵπερ μέγισται τυγχάνουσιν οὖσαι, τούς τε καρποὺς
καὶ τὴν τελετήν, — — οὕτως ἡ πόλις ἡμῶν οὐ μόνον θεοφιλῶς ἀλλὰ καὶ
φιλανθρώπως ἔσχεν, ὥστε κυρία γενομένη τοσούτων ἀγαθῶν οὐκ ἐφθόνησε

Und nun hatte, im vollen Gegensatz zu den geschlossenen Cult-
vereinen, in die man, als Bürger einer Stadt, als Mitglied einer
Phratria, eines Geschlechts, einer Familie, hineingeboren sein
musste, um an ihren Segnungen theilnehmen zu dürfen, die
einst ebenso eng umgrenzte Gemeinde der eleusinischen Ge-
heimfeier ihre Schranken so weit aufgethan, dass gerade die fast
unbedingte Zugänglichkeit die auszeichnende Besonderheit dieser
Feier wurde, und ein starker Reiz zur Betheiligung eben darin
lag, dass es rein freiwilliger Entschluss war, der den Einzelnen
bestimmte, durch ein Mitglied der beiden Geschlechter, denen
die höchsten Priesterthümer des Festes anvertraut waren[1],
sich der weiten Gemeinde zuführen zu lassen. Einzige Voraussetzung für die Aufnahme war rituale Reinheit; weil diese
Mördern fehlte, waren solche, aber auch einer Blutthat nur
Angeklagte, von den Mysterien ausgeschlossen, nicht anders
freilich als von allen gottesdienstlichen Handlungen des Staates[2].

τοῖς ἄλλοις ἀλλ᾽ ὧν ἔλαβεν ἅπασι (allen Griechen meint er: s. § 157)
μετέδωκεν.

[1] μυεῖν δ᾽ εἶναι τοῖς οὖσι Κηρύκων καὶ Εὐμολπιδῶν, bestimmt das
Gesetz C. I. A. I 1 (genauer Supplem. p. 3f.) Z. 110. 111. Die μύησις
stand also ausschliesslich den Mitgliedern (aber sämmtlichen, auch den
nicht als Beamten an der jedesmaligen Feier betheiligten Mitgliedern)
der γένη der Eumolpiden und Keryken zu. (Vgl. Dittenberger, Hermes
20, 31f. Kaiser Hadrian, um das Fest reicher ausstatten zu können, liess
sich, schon früher in das γένος der Eumolpiden eingetreten, zum ἄρχων
des Εὐμολπιδῶν γένος machen. Ins. aus Eleusis, Athen. Mittheil. 1894
p. 172. — Nicht auf die Eleusinien bezieht sich, was von dem μυεῖν der
Priesterin aus dem Geschlechte der Phylliden Photius lex. s. Φιλλεῖδαι
erzählt: s. Töpffer, Att. Geneal. 92.) Die bei Lobeck, Agl. 28ff. gesammelten
Beispiele von μύησις widersprechen diesem Gesetze nicht: in dem Falle
des Lysias, der die Hetäre Metaneira ὑπέσχετο μυήσειν ([Demosth.] 59,
21), ist μυεῖν nur von dem „Bezahlen der Kosten für die Einweihung"
zu verstehen (völlig richtig urtheilte schon K. O. Müller, Recens. des
Aglaoph., Kl. Schr. 2, 56). So auch bei Theophilus, com. III 626 Mein.:
ἐμοήθην θεοῖς (durch, d. h. auf Kosten meines Herrn).

[2] Die πρόρρησις des Basileus, auch die Verkündigung des Hierophanten und Daduchen schloss alle ἀνδροφόνοι von der Theilnahme an
den Mysterien aus: s. Lobeck, Agl. 15. Diese waren freilich auch von
allen anderen gottesdienstlichen Handlungen ausgeschlossen: Lobeck 17.

Religiöse Reinigungen der Theilnehmer gingen dem Feste voraus und begleiteten es; man darf annehmen, dass Manchen unter den Gläubigen die ganze Feier vornehmlich als eine grosse Reinigung und Weihe von besonderer Kraft erschien, welche die Festgenossen (die „Reinen"[1] nannten sie sich selbst) der Gnade der Göttinnen würdig machen sollte.

3.

Von den einzelnen Vorgängen und Handlungen bei dem langgedehnten Feste kennen wir kaum das Aeusserlichste, und auch dies nur sehr unvollständig. Ueber das, was im Inneren des grossen Weihetempels vor sich ging, das eigentliche Mysterium, geben uns kaum einige Andeutungen später, nicht immer zuverlässiger Schriftsteller dürftigen Bericht. Das Geheimniss, das den Mysten und Epopten auferlegt wurde[2], ist gut gewahrt worden. Dies wäre, bei der grossen Zahl wahllos zugelassener Theilnehmer, ein wahres Wunder, wenn das geheim zu Hal-

---

Auch τοῖς ἐν αἰτίᾳ befiehlt der Archon ἀπέχεσθαι μυστηρίων καὶ τῶν ἄλλων νομίμων (Pollux 8, 90): in der That war der des Mordes Angeklagte, jedenfalls als „unrein", von allen νόμιμα ausgeschlossen: Antiphon π. τοῦ χορ. § 36 (Bekk. anecd. 310, 8: schr. νομίμων).

[1] ὅσιοι μύσται Aristoph. Ran. 335. (So werden auch die Mysten der Orphischen Mysterien οἱ ὅσιοι genannt: Plato Rep. 2, 363 C. Orph. hymn. 84, 3.) Wahrscheinlich steht ὅσιος hier in seinem ursprünglichen Sinne = „rein" (ὅσιαι χεῖρες u. dgl.) τὰς ὁσίους ἁγιστείας der eleusinischen Mysten erwähnt Pseudoplaton, Axioch. 371 D. So wird ὁσιοῦν gebraucht von ritualer Reinigung und Sühnung: den Mord φυγαῖσιν ὁσιοῦν Eurip. Orest. 508; den zurückkehrenden Todtschläger ὁσιοῦν, Demosth. Aristocrat. 73 (von der bakchischen Mysterienweihe: βάκχος ἐκλήθην ὁσιωθείς Eurip. fr. 472, 15). Die ὅσιοι sind also identisch mit den κεκαθαρμένοι, wie die Geweiheten heissen Plat. Phaed. 69 C. u. ö. Bedenklich wäre es, wenn man annähme, die Mysten hätten sich ὅσιοι genannt als die einzig Frommen und Gerechten (so ja freilich sonst ὅσιος ἄνθρωπος u. dgl.). Soweit ging ihr geistlicher Hochmuth schwerlich, ja, im Grunde schrieben sie sich so viel eigenes Verdienst gar nicht zu.

[2] Wie es scheint in einer feierlichen Verkündigung des Keryx: der nach Sopater, διαίρ. ζητημ. (Walz, Rhet. gr. 8, 118, 24 f.) δημοσίᾳ ἐπιτάττει τὴν σιωπήν, beim Beginn der heiligen Handlungen.

tende die Form einer in Begriffe und Worte gefassten und in Worten weiter mittheilbaren Belehrung gehabt hätte. Seit Lobecks, in dem Wust der Meinungen gewaltig aufräumender Arbeit nimmt kein Verständiger dies mehr an. Es war nicht leicht, das „Mysterium" auszuplaudern, denn eigentlich auszuplaudern gab es nichts. Die Profanirung konnte nur geschehen durch Handlungen, dadurch dass man „die Mysterien agirte"[1], wie es im J. 415 im Hause des Pulytion geschah. Das Mysterium war eine dramatische Handlung, genauer ein religiöser Pantomimus, begleitet von heiligen Gesängen[2] und formelhaften Sprüchen, eine Darstellung, wie uns christliche Autoren verrathen, der heiligen Geschichte vom Raub der Kore, den Irren der Demeter, der Wiedervereinigung der Göttinnen. Dies wäre an sich nichts Singuläres; eine derartige dramatische Vergegenwärtigung der Göttererlebnisse, die zur Stiftung der gerade begangenen Feier geführt hatten, war eine sehr verbreitete Art griechischer Cultübung: solche kannten auch Feste des Zeus, der Hera, des Apollo, der Artemis, des Dionys, vor Allem auch andere Feiern zu Ehren der Demeter selbst. Aber von allen ähnlichen Begehungen, auch den ebenso geheim gehaltenen Demeterfesten der Thesmophorien und Haloën, unterschied das eleusinische Fest sich durch die Hoffnungen, die es den an ihm Geweiheten eröffnete. Nach dem Hymnus auf Demeter, hörten wir, darf der fromme Verehrer der Göttinnen von Eleusis hoffen auf Reichthum im Leben und besseres Loos nach dem Tode. Auch spätere Zeugen

---

[1] τὰ μυστήρια ποιεῖν: Andocides de myst. 11. 12. — Der deutlicher bezeichnende Ausdruck ἐξορχεῖσθαι τὰ μυστήρια scheint nicht vor Aristides, Lucian und dessen Nachahmer Alciphron nachweisbar zu sein. — Pseudolysias adv. Andoc. 51: οὗτος ἐνδὺς στολήν, μιμούμενος τὰ ἱερὰ ἐπεδείκνυε τοῖς ὀμυήτοις καὶ εἶπε τῇ φωνῇ τὰ ἀπόρρητα. Die ausgesprochenen ἀπόρρητα sind wohl die vom Hierophanten zu sprechenden heiligen Formeln.

[2] Wenigstens in späterer Zeit gab es viel zu hören: εἰς ἐφάμιλλον κατέστη ταῖς ἀκοαῖς τὰ ὁρώμενα. Aristid. Eleusin. I 415 Dind. Mehrfach ist von den schönen Stimmen der Hierophanten die Rede, von ὕμνοι, die erschallten u. s. w.

reden noch von dem Glück im Leben, auf das die Weihe in Eleusis gegründete Hoffnung mache. Weit nachdrücklicher wird uns aber, von Pindar und Sophokles an, von zahlreichen Zeugen verkündet, wie nur die, welche in diese Geheimnisse eingeweiht seien, frohe Hoffnungen für das Leben im Jenseits haben dürfen; nur ihnen sei verliehen, im Hades wahrhaft zu „leben", den Anderen stehe dort nur Uebles zu erwarten[1].

Diese Verheissungen einer seligen Unsterblichkeit sind es gewesen, die durch die Jahrhunderte so viele Theilnehmer zu dem eleusinischen Feste zogen; nirgends so bestimmt, so glaubhaft verbürgt konnten sie gewonnen werden. Die Forderung der Geheimhaltung der Mysterien, die sich offenbar auf ganz andere Dinge richtete, kann sich nicht auf diesen zu erhoffenden höchsten Ertrag der Weihe zu Eleusis bezogen haben. Jeder redet laut und unbefangen davon; zugleich aber lauten alle Aussagen so bestimmt und stimmen so völlig und ohne Andeutung irgend eines Zweifels mit einander überein, dass man annehmen muss, aus den geheim gehaltenen Begehungen habe sich für die Gläubigen diese Verheissung, nicht als Ahnung oder Vermuthung des Einzelnen, sondern als festes, aller Deutung überhobenes Erträgniss herausgestellt.

Wie das bewirkt wurde, ist freilich räthselhaft. Seit die alte „Symbolik" im Creuzerschen oder Schellingschen Sinne abgethan ist, halten manche neuere Mythologen und Religionshistoriker um so mehr daran fest, dass in den Darbietungen der eleusinischen Mysterien die von ihnen entdeckte griechische „Naturreligion" ihre wahren Orgien gefeiert habe. Demeter sei

---

[1] Die berühmten Aussagen des Pindar, Sophokles, Isokrates, Krinagoras, Cicero u. s. w. stellt zusammen Lobeck, *Agl.* 69 ff. An Isokrates (4, 28) anklingend Aristides, *Eleusin.* I 421 Dind: ἀλλὰ μὴν τὸ γε κέρδος τῆς πανηγύρεως οὐχ ὅσον ἡ παροῦσα εὐθυμία — — ἀλλὰ καὶ περὶ τῆς τελευτῆς ἡδίους ἔχειν τὰς ἐλπίδας. Derselbe, *Panath.* I 302: — τὰς ἀρρήτους τελετὰς ὧν τοῖς μετασχοῦσι καὶ μετὰ τὴν τοῦ βίου τελευτὴν βελτίω τὰ πράγματα γίγνεσθαι δοκεῖ. — Vgl. auch Welckers Zusammenstellung, *Gr. Gotterl.* 2, 519 ff., in der freilich vieles eingemischt ist, was mit den Eleusinien keinen Zusammenhang hat.

die Erde, Kora-Persephone, ihre Tochter, das Saatkorn; Raub und Wiederkehr der Kore bedeute die Versenkung des Samenkorns in die Erde und das Aufkeimen der Saat aus der Tiefe, oder, in weiterer Fassung, „den jährlichen Untergang und die Erneuerung der Vegetation". Irgendwie muss nun den Mysten der eigentliche Sinn der „natursymbolischen", mystisch eingekleideten Handlung zu verstehen gegeben worden sein: denn sie sollen durch deren Anschauung zu der Einsicht gefördert worden sein, dass das Schicksal des, in Persephone personificirten Samenkorns, sein Verschwinden in der Erde und Wiederaufkeimen, ein Vorbild des Schicksals der menschlichen Seele sei, die ebenfalls verschwinde um wieder aufzuleben. Und dies wäre denn der wahre Inhalt dieser heiligen Geheimnisse.

Nun steht überhaupt noch zu beweisen, dass in solcher sinnbildlichen Vermummung einzelner Erscheinungen und Vorgänge in der Natur unter der Hülle menschenähnlicher Gottheiten die Griechen[1] irgend etwas Religiöses oder gar ihre

---

[1] In der Zeit der lebendigen Religion und den Kreisen, die von dieser sich die reine Empfindung bewahrt hatten. Denn freilich die allegorisirende Mythendeutung gelehrter Kreise hatte schon im Alterthum εἰς πνεύματα καὶ ῥεύματα καὶ σπόρους καὶ ἀρότους καὶ πάθη γῆς καὶ μεταβολὰς ὡρῶν die Götter und die göttlichen Geschichten umgesetzt und aufgelöst, wie Plutarch, de Is. et Osir. 66 klagt. Diese Allegoriker, von Anaxagoras und Metrodor an, sind die wahren Vorväter unserer Naturmythologen; aber doch giebt Jedermann zu, dass aus ihren Deutungen lediglich gelernt werden kann, was der wahre Sinn griechischen Götterglaubens nun einmal sicherlich nicht war. Es ist doch beachtenswerth, dass Prodikos, weil er ἥλιον καὶ σελήνην καὶ ποταμοὺς καὶ λειμῶνας καὶ καρποὺς καὶ πᾶν τὸ τοιουτῶδες fur die wahren Wesenheiten der griechischen Götter ausgab, zu den ἄθεοι gerechnet wird (Sext. Empir. math. 9, 51. 52). Quam tandem religionem reliquit? fragt mit Bezug auf diesen antiken Propheten der „Naturreligion" der Grieche, dem Cicero, nat. d. 1, 118 nachspricht. — Den antiken Allegorikern ist denn auch Persephone nichts als τὸ διὰ τῶν καρπῶν φερόμενον πνεῦμα (so Kleanthes: Plut. a. a. O.); nach Varro „bedeutet" Persephone fecunditatem seminum, die bei Misswachs einst Orcus geraubt haben sollte u. s. w. (Augustin. C. D. 7, 20). Bei Porphyrius ap. Euseb. praep. ev. 3, 11, 7. 9 begegnet sogar schon die neuerdings wieder zu Ehren gebrachte Aufklärung, dass Κόρη nichts anderes sei als eine (weibliche) Personificirung von κόρος = Schössling, Pflanzenspross.

eigene Religion wieder erkannt haben würden. Im Besonderen würde — auch die Berechtigung zu solchen Umdeutungen im Allgemeinen für einen Augenblick zugestanden — die Gleichsetzung der Kore und ihres Geschicks mit dem Samenkorn, sobald man über die unbestimmteste Allgemeinheit hinausgeht, nur zu den unleidlichsten Absurditäten führen. Wie aber vollends (was hier die Hauptsache wäre) aus der Analogie der Seele mit dem Samenkorn sich ein Unsterblichkeitsglaube, der sich, wie es scheinen muss, auf directem Wege nicht hervorbringen liess, habe entwickeln können, ist schwer zu begreifen. Welchen Eindruck konnte eine entfernte, willkürlich herbeigezogene Aehnlichkeit zwischen den Erscheinungen zweier völlig von einander getrennten Gebiete des Lebens machen, wo zu einem leidlich haltbaren Schluss von dem Wahrnehmbaren und Gewissen (den Zuständen des Saatkorns) auf das Unsichtbare und Unbekannte (den Zustand der Seelen nach dem Tode) mindestens doch erforderlich gewesen wäre, dass ein ursächlicher Zusammenhang zwischen diesem und jenem nachgewiesen würde. Solche Worte mögen trocken scheinen, wo es sich um die sublimsten Ahnungen des Gemüths handeln soll. Ich wüsste aber nicht, dass man die Griechen so leicht mit nebelhaften Ahnungen von dem Wege logischer Klarheit habe ablocken, und damit gar noch besonders „beseligen" können.

Zuletzt trifft ja die (nichts beweisende Analogie) gar nicht einmal zu. Sie wäre nur vorhanden, wenn der Seele, wie dem Samenkorn, nach vorübergehendem Eingehen in die Erdtiefe, ein neues Dasein auf der Erde, also eine Palingenesie, verheissen worden wäre. Dass aber dies nicht der in den von Staatswegen begangenen Mysterien Athens genährte Glaube war, giebt jetzt Jedermann zu.

Nicht haltbarer ist die Vorstellung, dass die dramatische Vergegenwärtigung des Raubes und der Wiederkehr der Kore (diese als göttliche Person, nicht als personificirtes Samenkorn gefasst) in den Mysterien die Hoffnung auf analoges Schicksal der menschlichen Seele erweckt habe, vermöge einer mystischen Ineinssetzung des Lebens des Menschen mit dem Leben der Gottheit, der er huldigt [1]. Auch so würde die durch die vorbildlichen Schicksale der Kore genährte Hoffnung nur auf Palingenesie des Menschen, nicht (was doch der eleusinische Glaube war und blieb) auf ein bevorzugtes Loos der Mysten im unterirdischen Bereiche haben führen können. Und man darf überhaupt in den Eleusinien diese ekstatische Erhebung der Seele zu der Empfindung der eigenen Göttlichkeit nicht suchen, die zwar die innerste Regung, den eigentlichen Vorgang in griechischer, wie aller Mystik und mystischer Religion ausmacht, den Eleusinien aber ganz fremd blieb, deren Glaube, in der unbedingten Scheidung und Unterscheidung des Göttlichen vom Menschlichen, sich völlig in den Kreisen griechischer Volksreligion hielt, an deren Eingang gleich, alles bestimmend, die Worte stehen: ἐν ἀνδρῶν, ἐν θεῶν γένος, „eins ist der Menschen, ein andres der Götter Geschlecht". Hierüber sind auch die Eleusinien nicht hinausgegangen; in das Land der Mystik wiesen diese Mysterien nicht den Weg.

4.

Man ist auf falscher Fährte, wenn man dem tieferen Sinne nachspürt, den die mimische Darstellung der Göttersage zu Eleusis gehabt haben müsse, damit aus ihr die Hoffnung auf Unsterblichkeit der menschlichen Seele gewonnen werden konnte. Ueberzeugung von der Unsterblichkeit der menschlichen Seele als solcher, ihrer eigensten Natur nach, wurde in Eleusis gar nicht gewonnen: schon darum ist es nichts mit jenen Analogie-

---

[1] Andeutung einer solchen Auslegung bei Salust. de dis et mundo c. 4, p. 16 Or.: κατὰ τὴν ἐναντίαν ἰσημερίαν (nämlich die herbstliche) ἡ τῆς Κόρης ἁρπαγὴ μυθολογεῖται γενέσθαι· ὃ δὴ κάθοδός ἐστι τῶν ψυχῶν. (Auf dem Standpunkte dieses Neoplatonikers liess sich die Analogie wenigstens durchführen.) Auch Sopater διαίρ. ζητημ. bei Walz, Rhet. gr. 8, 115, 3 redet davon, dass τὸ τῆς ψυχῆς πρὸς τὸ θεῖων συγγενές in den (eleusinischen) Mysterien bekräftigt werde.

spielen zwischen Saatkorn oder Göttin des Erdelebens und menschlicher Seele, aus denen, wenn irgend etwas, doch höchstens die in allem Wechsel erhaltene Unvergänglichkeit des Lebens der Menschenseelen, aller Menschenseelen erschlossen werden konnte. Nicht diese aber lehrte Eleusis. Das bewusste Fortleben der Seele nach ihrer Trennung vom Leibe wird hier nicht gelehrt, sondern vorausgesetzt; es konnte vorausgesetzt werden, da eben dieser Glaube dem allgemein verbreiteten Seelencult zu Grunde lag[1]. Was die in Eleusis Geweiheten gewannen, war eine lebhaftere Vorstellung von dem Inhalte dieser, in den, den Seelencult begründenden Vorstellungen leer gelassenen Existenz der abgeschiedenen Seelen. Wir hören es ja: nur die in Eleusis Geweiheten werden im Jenseits ein wirkliches „Leben" haben, „den Anderen" wird es schlimm ergehen[2]. Nicht dass die des Leibes ledige Seele lebe, wie sie leben werde, erfuhr man in Eleusis. Mit der unbeirrten Zuversicht, die allen fest umschriebenen Religionsvereinen eigen ist, zerlegt die eleusinische Gemeinde die Menschen in zwei Classen, die Reinen, in Eleusis Geweiheten, und die unermessliche Mehrheit der nicht Geweiheten. Nur den Mitgliedern der Mysteriengemeinde ist das Heil in Aussicht gestellt. Sie haben sichere Anwartschaft darauf, aber das ist ein Privilegium, das man sich nicht anders als durch Theilnahme an dem, von Athen verwalteten gnadenreichen Feste und seinen Begehungen erwerben kann. Im Laufe der Jahrhunderte werden, bei der liberalen Weitherzigkeit in

---

[1] Schon hier sei darauf hingewiesen, dass eine eigentliche Lehre von unvergänglichem Leben der Seele des Menschen in der Ueberlieferung des Alterthums durchaus als ersten unter den Griechen Philosophen, wie Thales, oder Thesophen, wie Pherekydes (auch Pythagoras) zugeschrieben wird. In welchem Sinne dies als ganz richtig gelten kann, wird unsere fortgesetzte Betrachtung lehren. Die Mysterien von Eleusis, aus denen manche Neuere den griechischen Unsterblichkeitsglauben ableiten möchten, nennt kein antikes Zeugniss unter den Quellen solches Glaubens oder solcher Lehre. Und auch dies mit vollstem Rechte.

[2] Sophocl. *fr.* 753 N.: ὡς τρὶς ὄλβιοι κεῖνοι βροτῶν, οἳ ταῦτα δερχθέντες τέλη μόλωσ᾽ ἐς Ἅιδου· τοῖσδε γὰρ μόνοις ἐκεῖ ζῆν ἔστι, τοῖς δ᾽ ἄλλοισι πάντ᾽ ἐκεῖ κακά.

der Zulassung zur Weihe, eine sehr grosse Zahl von Hellenen (und Römern, in späterer Zeit) sich dieses Privilegium erworben haben; niemals aber versteht sich die Aussicht auf ein seliges Leben im Jenseits von selber; nicht als Mensch, auch nicht als tugendhafter und frommer Mensch hat man Anwartschaft darauf, sondern einzig als Mitglied der eleusinischen Cultgemeinde und Theilnehmer an dem geheimen Dienste der Göttinnen[1].

Durch welche Veranstaltungen aber diese Hoffnung, die sichere Erwartung vielmehr, seligen Looses im Hades unter den Mysten lebendig gemacht wurde? Wir müssen gestehen, hierüber nichts leidlich Sicheres sagen zu können. Nur, dass diese Hoffnungen auf symbolische Darstellungen irgend welcher Art begründet waren, darf man bestimmt in Abrede stellen. Und doch ist dies die verbreitete Meinung. „Symbole" mögen bei der dramatischen oder pantomimischen Vorführung der Sage vom Raub und der Rückkehr der Kore manche gedient haben[2], aber kaum in einem anderen Sinne denn als sinnbildliche, den Theil statt des Ganzen setzende, in dem Theil auf das Ganze hinweisende Abkürzungen der, unmöglich in voller Ausdehnung zu vergegenwärtigenden Scenen. Im Laufe der Jahrhunderte ist zweifellos, bei dem Mangel einer schriftlich festgehaltenen Aufklärung über Sinn und inneren Zusammenhang des Rituals, von solchen Symbolen manches unverständ-

---

[1] Drastisch tritt diese Privilegirung der Geweiheten hervor in dem bekannten Ausbruch des Diogenes: τί λέγεις, ἔφη, κρείττονα μοῖραν ἕξει Παταικίων ὁ κλέπτης ἀποθανὼν ἢ ᾽Επαμεινώνδας, ὅτι μεμύηται; Plut. de aud. poet. 4. Laert. Diog. 6, 39; Julian or. 7, p. 308, 7 ff. Hertl. — Eine homiletische Ausführung der Worte des Diogenes bei Philo, de vict. offer. 12, p. 261 M.: συμβαίνει πολλάκις τῶν μὲν ἀγαθῶν ἀνδρῶν μηδένα μυεῖσθαι, λῃστὰς δὲ ἔστιν ὅτε καὶ καταποντιστὰς καὶ γυναικῶν θιάσους βδελυκτῶν καὶ ἀκολάστων, ἐπὰν ἀργύριον παράσχωσι τοῖς τελοῦσι καὶ ἱεροφαντοῦσιν. Ders. de spec. leg, 7 p. 306.

[2] Von dieser Art waren die ἱερά, die der Hierophant „zeigte", und die sonst bei der Feier benutzt wurden; Götterbilder, allerlei Reliquien und Gerathe (wie die κίστη und der κάλαθος: s. O. Jahn, Hermes 3, 327 f.): s. Lobeck, Agl. 51—62.

lich geworden, wie übrigens in allen Theilen des griechischen Cultus. Wenn nun seit dem Beginn selbständiger Reflexion über religiöse Dinge vielfach allegorische oder symbolische Deutungen auf Vorgänge bei den Mysterienaufführungen angewendet worden sind, folgt daraus, dass die Mysterien der Erdgottheiten, wie Manche zu glauben geneigt sind, von vorneherein einen symbolischen oder allegorischen Charakter trugen, und eben hiermit von anderem griechischen Gottesdienst sich unterschieden?[1] Aehnliche Deutungen haben griechische Philosophen und Halbphilosophen auch den Götterfabeln Homers und der Volkssage angedeihen lassen; von einem Vorrang der Mysterien in dieser Beziehung ist gerade den Liebhabern der Mythenausdeutung im Alterthum wenig bewusst. Wenn man den eleusinischen Darstellungen mit einer gewissen Vorliebe einen „tieferen Sinn" unterschob, so folgt daraus im Grunde nichts als dass Vieles an diesen Darstellungen unverständlich geworden war oder dem Geiste der philosophirenden Jahrhunderte, eigentlich verstanden, nicht mehr zusagte, zugleich aber dass man diesem, mit beispiellosem Glanz, unter der, ehrfürchtige Erwartung weckenden Hülle der Nacht und des gebotenen Ge-

---

[1] Von dem wesentlich von anderem griechischen Götterdienst abweichenden Charakter und Sinn der Verehrung der chthonischen Götter redet (durch K. O. Müller angeregt) namentlich Preller oft und gern. Beispielsweise in Paulys Realencykl. Art. *Eleusis*, III p. 108: „Der Religionskreis, zu welchem der eleusinische Cult gehört, ist der der chthonischen Götter, ein seit der ältesten Zeit in Griechenland heimischer und viel verbreiteter Cultus, in welchem sich die Ideen von der segnenden Fruchtbarkeit des mütterlichen Erdbodens und die von der Furchtbarkeit des Todes, dessen Stätte die Erdtiefe, der alttestamentliche Scheol, zu sein schien, auf wundersame, ahndungsvolle Weise kreuzen, in einer Weise, welche von vornherein der klaren bestimmten Auffassung widerstrebte, und somit von selbst zur mystischen, im Verborgenen andeutenden, symbolisch verschleiernden Darstellung hinführen musste." — Alles dies und alle weiteren Ausführungen in gleichem Sinne beruhen auf dem unbeweisbaren Axiom, dass die Thätigkeit der χθόνιοι als Ackergötter und als Götter des Seelenreiches sich „gekreuzt" habe, die ahnungsvolle Verschwommenheit des Uebrigen ergiebt sich daraus ganz von selbst. Aber was ist hieran noch griechisch?

heimnisses[1], nach alterthümlichem, in stufenweisem Fortschritt der Weihungen aufsteigendem Ritual, unter Betheiligung von ganz Griechenland begangenem Feste und dem, was es dem Auge und Ohr darbot, ungewöhnlich guten Willen entgegenbrachte, und einen befriedigenden Sinn aus seinen Bildern und Klängen zu gewinnen sich ernstlich bemühete. Und es ist schliesslich glaublich genug, dass für Viele der von ihnen selbst, nach eigenmächtiger Deutung, hineingelegte „Sinn" es war, der ihnen die Mysterien werthvoll machte. Insofern liesse sich sagen, dass zuletzt die Symbolik ein historischer Factor in dem Mysterienwesen geworden ist.

Wäre aber auch wirklich in den Darstellungen der geheimen Feier manches von den Veranstaltern des Festes selbst mit Plan und Absicht symbolischer Ausdeutung, und damit der Möglichkeit einer immer gesteigerten Sublimirung des Verständnisses, dargeboten worden: auf die den Mysten eröffnete Hoffnung seliger Unsterblichkeit kann sich dies nicht erstreckt haben. Die symbolisch-allegorische Deutung, dem Einzelnen überlassen, musste stets schwankend und wechselnd sein[2]. Ueber das, den Geweihten bevorstehende selige Loos im Jenseits reden die Zeugen verschiedenster Zeiten viel zu bestimmt, zu übereinstimmend, als dass wir glauben könnten, hier die Ergebnisse irgend welcher Ausdeutung vieldeutiger Vorgänge, etwa die umdeutende Uebertragung einer aus der Anschauung der Erlebnisse der Gottheit gewonnenen Ahnung auf ein ganz anderes Gebiet, das des menschlichen Seelenlebens, vor uns zu haben. Es muss ganz unumwunden, ganz handgreiflich das, was jene Zeugen schlicht und ohne sonderliches „Mysterium"

---

[1] — ἡ κρόψις ἡ μυστικὴ τῶν ἱερῶν σεμνοποιεῖ τὸ θεῖον, μιμουμένη τὴν φύσιν αὐτοῦ φεύγουσαν ἡμῶν τὴν αἴσθησιν. Strabo 10, 467.

[2] Wirklich gehen ja die Umdeutungen der, als Allegorien gefassten Mysterien bei den Alten weit auseinander: s. Lobeck, *Agl.* 136—140 — Auch Galen leiht den Mysterien von Eleusis einen allegorischen Sinn, meint aber, ἀμυδρὰ ἐκεῖνα πρὸς ἔνδειξιν ὧν σπεύδει διδάσκειν. (IV, p. 361 K.) Das kann von den Ankündigungen seligen Schicksals der Mysten im Hades nicht gegolten haben.

mittheilen: die Aussicht auf jenseitiges Glück, den Theilnehmern an den Mysterien dargeboten worden sein. Am Ersten liesse sich wohl denken, dass die Darstellung des „mystischen Dramas" eben auch die Schlussscene, wie sie in dem homerischen Hymnus ausgedeutet wird, umfasste : die Stiftung des eleusinischen Festes durch die Göttin selbst, und dass, wie einst der kleinen Stadtgemeinde, so nun den grossen Schaaren der in die eleusinische Festgemeinde Aufgenommenen, als höchster Gewinn der Betheiligung an diesem Cultacte sonder Gleichen, verkündigt wurde [1], was der Hymnus als solchen geradezu bezeichnet: die besondere Gnade der Unterweltsgötter und ein zukünftiges seliges Leben in ihrem Reiche. Die Standbilder der Göttinnen wurden in strahlendem Lichte sichtbar [2]; der Gläubige ahnte, an diesem Gnadenfeste der Erinnerung an ihre Leiden, ihr Glück und ihre Wohlthaten, ihre unsichtbare Gegenwart. Die Verheissungen zukünftiger Seligkeit schienen von ihnen selbst verbürgt zu sein.

5.

Wir haben, trotz mancher hyperbolischen Angaben aus dem Alterthum, keine Mittel zu beurtheilen, wie weit in Wahrheit sich die Theilnahme an den eleusinischen Mysterien (in Eleusis selbst und späterhin auch in den zahlreichen Filialen von Eleusis) ausgebreitet haben mag. Immerhin ist es glaublich, dass grosse Schaaren von Athenern nicht allein, sondern von Griechen aller Stämme in den zu Eleusis verheissenen Gnadenstand zu treten sich beeiferten, und so die belebtere Vorstellung von dem Dasein der Seelen im Jenseits allmählich fast zu einem Gemeinbesitz griechischer Phantasie wurde.

Im Uebrigen wird man sich hüten müssen, von der Wirkung dieser Mysterien eine zu grosse Meinung zu fassen. Von einer sittlichen Wirkung wird kaum zu reden sein; die Alten

---

[1] Solche Verkündigung könnte zu den ἱεροφάντου ῥήσεις (Sopater, διαίρ. ζητημ., Walz, *Rhet. gr.* 8, 123, 29. Vgl. Lobeck, *Agl.* 189) gehören.

[2] S. Lobeck, *Agl.* 52. 58 f.

selbst, bei aller Ueberschwänglichkeit im Preise der Mysterien
und ihres Werthes, wissen davon so gut wie nichts [1], und man
sieht auch nicht, wo in dem Mysterienwesen die Organe zu
einer sittlichen Einwirkung gewesen sein könnten [2]. Ein festes
Dogma in religiösem Gebiet dienten die Mysterien herzustellen

---

[1] Von irgend welcher moralischen Verpflichtung in den Mysterien
und demgemäss moralischer Wirkung der Feier redet Niemand; auch
nicht Andocides, in dessen Ermahnungen an das aus Mysten gebildete
Richtercollegium, *de myst.* 31, die Worte: ἵνα τιμωρήσητε μὲν τοὺς ἀσε-
βοῦντας κτλ. nicht mit dem voranstehenden: μεμύησθε καὶ ἑωράκατε τοῖν
θεοῖν τὰ ἱερά zu verbieten sind, sondern mit dem: οἵτινες ὅρκους μεγάλους
κτλ., καὶ ἀρασάμενοι κτλ. Er spricht von moralischen Verpflichtungen der
Geschworenen als Richter, nicht als Mysten. Bei Aristoph. *Ran.* 455 ff.
steht das ὅσοι μεμυήμεθα nur lose neben dem: εὐσεβῆ διήγομεν τρόπον
περὶ τοὺς ξένους καὶ τοὺς ἰδιώτας. (Von den samothrakischen Mysterien
Diodor. 5, 49, 6: γίνεσθαι δέ φασι καὶ εὐσεβεστέρους καὶ δικαιοτέρους καὶ
κατὰ πᾶν βελτίονας ἑαυτῶν τοὺς τῶν μυστηρίων κοινωνήσαντας: wie es
scheint, ohne eigene Anstrengung, durch bequeme Gnadenwirkung.)

[2] Förmliche in Worte gefasste Belehrungen, theologischer oder
auch moralischer Art wurden in Eleusis nicht ausgespendet: das darf
man seit Lobeck doch wohl unbestritten festhalten. So können auch die
drei Satzungen des Triptolemos, die nach Xenokrates δαμένουσιν ᾿Ελευσῖνι
(Porphyr. *de abstin.* 4, 22) nicht als an der Mysterienfeier verkündigte
Moralsätze gelten: es führt auch gar nichts darauf hin, dass diese Sätze
irgend etwas gerade mit der Mysterienfeier in Eleusis zu thun gehabt
haben. Ihrer Art nach sind diese sehr einfachen Vorschriften den Sätzen des
Buzyges, mit dem Triptolemos bisweilen verwechselt wird (Haupt, *Opusc.*
3, 505), verwandt, vielleicht, gleich jenen, bei irgend einem Ackerbaufest
recitirt worden. Wenn übrigens das dritte „Gesetz" des Triptolemos:
ζῷαμὴ σίνεσθαι in der That (wie Xenokrates es verstanden zu haben
scheint) eine völlige ἀποχὴ ἐμψύχων empfehlen sollte, so kann es vollends
gar nicht an den Eleusinien verkündigt worden sein (wiewohl dies Dieterich,
Nekyia 165 annimmt): es ist ganz undenkbar, dass den Mysten zu Eleusis,
nach orphischem Vorbild, ein für alle Mal Enthaltung von aller Fleisch-
nahrung auferlegt worden wäre. Möglich übrigens ist, dass die Vor-
schrift (die ja vom Tödten der Thiere gar nicht deutlich redet) einen
anderen Sinn hatte, bei einem schlichten Bauernfest (nur nicht an der
grossen Feier zu Eleusis, eher z. B. an den Haloën), dem Landmann sein
Vieh zu schonender Behandlung empfehlen sollte (ähnlich wie dem Landmann das dritte der drei Gesetze der Demonassa auf Cypern verbot:
μὴ ἀποκτεῖναι βοῦν ἀρότριον. Dio Chrysost. 64, p. 329 R. Attisches Gesetz
nach Aelian. *V. H.* 5, 14 u. s. w.). — Jedenfalls, mit der Mysterienfeier
zu Eleusis dies alles in Verbindung zu bringen, fehlt jeder Grund.

sowenig wie irgend ein anderer griechischer Götterdienst. Auch hatte der Mysteriencult nichts Ausschliessendes; neben und nach ihm nahmen die Mysten an anderem Götterdienst theil, nach der Weise ihrer Heimath. Und es blieb nach vollendetem Feste kein Stachel im Herzen der Geweiheten. Keine Aufforderung zu veränderter Lebensführung, keine neue und eigene Bestimmung der Gesinnung trug man von dannen, keine von der herkömmlichen abweichende Schätzung der Werthe des Lebens hatte man gelernt; es fehlte gänzlich das, was (wenn man das Wort richtig verstehen will) religiösen Sectenlehren erst Wirkung und Macht giebt: das Paradoxe. Auch was dem Geweiheten an jenseitigem Glück in Aussicht gestellt wurde, riss ihn nicht aus seinen gewohnten Bahnen. Es war ein sanfter Ausblick, nicht eine an sich ziehende, aus dem Leben ziehende Aufforderung. So hell strahlte das Licht von drüben nicht, dass vor seinem Glanz das irdische Dasein trübe und gering erschienen wäre. Wenn seit den Zeiten der Ueberreife griechischer Bildung auch unter dem Volke Homers der lebensfeindliche Gedanke auftauchte und an manchen Stellen nicht geringe Macht gewann, dass Sterben besser sei als Leben, dass dieses Leben, das einzige, dessen wir gewiss sind, nur eine Vorbereitung sei, ein Durchgang zu einem höheren Leben in einer unsichtbaren Welt: — die Mysterien von Eleusis sind daran unschuldig. Nicht sie, nicht die aus ihren Bildern und Darstellungen gewonnenen Ahnungen und Stimmungen sind es gewesen, die „jenseitstrunkenen" Schwärmern dieses irdische Dasein entwerthet und sie den lebendigen Instincten des alten, ungebrochenen Griechenthums entfremdet haben.

Vorstellungen von dem Leben im Jenseits.

Nach einzelnen Andeutungen bei Plutarch und Lucian [1] muss man annehmen, dass in dem „mystischen Drama" zu Eleusis auch eine anschauliche Darstellung der Unterwelt und ihrer seligen oder unseligen Bewohner vorgeführt wurde. Aber diese Zeitgenossen einer letzten üppigen Nachblüthe alles Mysterienwesens können giltiges Zeugniss nur für ihre eigene Zeit ablegen, in der die eleusinische Feier, vielleicht im Wettbewerb mit den in die griechisch-römische Welt immer zahlreicher eindringenden anderen Geheimweihen, manche Aenderung und Erweiterung ihrer altüberlieferten Gestaltung erfahren zu haben scheint. Man darf bezweifeln, dass in früherer, classischer Zeit die Eleusinien mit einer, stets kleinlichen Beschränkung der Phantasie das jenseits aller Erfahrung Liegende in enge Formen haben zwingen wollen. Aber durch die feierliche Verheissung zukünftiger Seligkeit wird das mystische Fest allerdings die Phantasie der Theilnehmer angeregt, ihrem freien Spiel in Ausmalung des Lebens im Jenseits bestimmtere Richtung gewiesen haben. Unverkennbar haben die in Eleusis genährten Vorstellungen dazu beigetragen, dass das Bild des Hades Farbe

---

[1] Plutarch (die Hss. fälschlich: Themistios) περὶ ψυχῆς bei Stob. *Flor.* 120, 28, IV p. 107, 27 ff. Mein. Lucian. Καταπλ. 23.

und deutlichere Umrisse gewann. Aber auch ohne solche Anregung wirkte der allem Griechischen eingeborene Trieb, auch das Gestaltlose zu gestalten, in derselben Richtung. Was innerhalb der Grenzen homerischer Glaubensvorstellungen ein, in der Hadesfahrt der Odyssee vorsichtig unternommenes Wagniss gewesen war, eine phantasievolle Vergegenwärtigung des unsichtbaren Reiches der Schatten, das wurde zu einer ganz unverfänglich scheinenden Beschäftigung dichterischer Laune, seit sich der Glaube an bewusstes Weiterleben der abgeschiedenen Seelen neu befestigt hatte.

Der Hadesfahrt des Odysseus und ihrer Ausdichtung im Sinne allmählich lebhafter werdender Vorstellungen vom jenseitigen Leben waren in epischer Dichtung frühzeitig Erzählungen von ähnlichen Fahrten anderer Helden gefolgt. Ein hesiodisches Gedicht schilderte des Theseus und Peirithoos Gang in die Unterwelt [1]. Eine Nekyia (unbekannten Inhalts) kam in dem Gedichte von der Rückkehr der Helden von Troja vor. In dem „Minyas" benannten Epos scheint eine Hadesfahrt einen breiten Raum eingenommen zu haben [2]. Das alte

---

[1] Paus. 9, 31, 5.

[2] Die Reste bei Kinkel, *Fragm. epic.* 1, 215 ff. — Diese Μινυάς hat K. O. Müller, *Orchom.*[2] p. 12 mit der Orphischen κατάβασις εἰς "Αιδου identificirt, und dieser Vermuthung hat sogar Lobeck, *Agl.* 360. 373, wiewohl zweifelnd, zugestimmt. Sie beruht ganz allein darauf, dass unsichere Vermuthung die Orphische κατάβασις nach Clemens dem Prodikos von Samos, nach Suidas dem Herodikos von Perinth (oder dem Kekrops, oder dem Orpheus von Kamarina) zuschrieb, die Minyas aber, nach Paus. 4, 33, 7, unsichere Vermuthung einem Prodikos von Phokäa gab. Müller identificirt erst den Prodikos von Samos mit dem Herodikos von Perinth, dann beide mit dem Prodikos von Phokäa. Die Berechtigung dieser Procedur ist nun schon sehr wenig „augenscheinlich", vollends bedenklich ist die einzig auf dieser willkürlichen Annahme fussende Identificirung der Orphischen κατάβασις εἰς ᾅδου mit der Minyas. Soll man diese (nur mit fingirten und durchweg unhaltbaren Beispielen zu vertheidigende) Doppelbenennung eines erzählenden Gedichtes alter Zeit denkbar finden, so müsste mindestens doch glaublich nachgewiesen sein, wie der Name Μινυάς (der in orphischer Litteratur keine Parallele findet, und als Gegenstand der Dichtung ein Heldenabenteuer mit nur episodisch eingelegter Nekyia vermuthen lässt) einem Gedicht überhaupt gegeben werden

Märchen von Herakles' Hadesfahrt und seinen Kämpfen drunten wurde von mehr als einer Dichterhand ausgeschmückt [1]. — Bei solcher wiederholten und wetteifernden Darstellung des Gegenstandes muss sich allmählich ein immer grösserer Reichthum der Gestalten und Erscheinungen im Hades angesammelt haben. Wir wissen zufällig von der sonst wenig bekannten Minyas, wie sie

konnte, als dessen vollen Inhalt sein Titel: κατάβασις εἰς "Αιδου vollkommen deutlich bezeichnet eine Hadesfahrt — natürlich des Orpheus selbst (wie auch Lobeck 373 annimmt). Dazu steht alles, was uns aus der Nekyia der Minyas mitgetheilt wird, von Orphischer Art und Lehre, wie sie sich am deutlichsten in einer solchen Vision des Lebens im Jenseits kundgeben musste, weit ab. Auch wird nie irgend eine der aus der Minyas erhaltenen Angaben unter dem Namen des „Orpheus" irgendwo mitgetheilt, wie doch sonst mancherlei Höllenmythologie. Und nichts spricht dafür, dass der in der Minyas die atra atria Ditis Besuchende Orpheus war: eher könnte man, bei unbefangener Auslegung, aus fr. 1 (Paus. 10, 28, 2) entnehmen, dass Theseus und Peirithoos es waren, deren Hadesfahrt den Rahmen für die Hadesepisode des Gedichts abgab. Es besteht mithin nicht der allergeringste Grund, die Minyas dem Kreise der Orphischen Dichtung zuzurechnen, und, was aus ihrem Inhalt bekannt ist, als Orphische Mythologeme auszugeben (was auch Lobeck selbst nicht gethan hat: er kannte dazu Wesen und Sinn des wirklich Orphischen zu genau). — Vgl. F. Dümmler, Delphika (Bas. 1894) p. 19.

[1] Ein altes Gedicht von der Hadesfahrt des Herakles, und wie er im Auftrag des Eurystheus, von Athene (und Hermes) geleitet, hinabsteigt, den Hades selbst verwundet, den Hund des Hades heraufholt, lassen Anspielungen in Ilias und Odyssee voraussetzen. Nachher müssen viele Hände an dem Abenteuer ausschmückend thätig gewesen sein: wir können aber keinen bestimmten Namen als den desjenigen Dichters nennen, der dem Ganzen endgiltige Gestalt und Fassung gegeben habe. Soweit uns die Geschichte nach ihren einzelnen Zügen bekannt ist (namentlich aus der, alte und jüngere Sagenzüge verbindenden Uebersicht bei Apollodor. bibl. 2, 122ff. W.), zeigt sie vorwiegend die Züge einer lebhaft bewegten, ins Grausige und Uebergrosse gesteigerten heroischen Handlung, nicht die eines statarischen Verweilens beim Aufnehmen der Bilder des Zuständlichen und wiederholt Geschehenden in dem geheimnissvollen Dunkelreiche. Hierin muss von der Nekyia in λ., auch von der Minyas, sich die κατάβασις des Herakles in ihrer herkömmlichen Gestaltung bedeutend unterschieden haben. Es lässt sich denn auch von den später umlaufenden Fabeln über die Zustände im Hades keine auf eine Schilderung des Heraklesabenteuers zurückführen (selbst „Kerberos" scheint anderswoher seinen Namen zu haben).

den Vorrath vermehrte. Wie weit hier volksthümliche Phantasie und Sage, wie weit dichterische Erfindung thätig war, würde man vergeblich fragen. Vermuthlich war es, wie in griechischer Sagenbildung zumeist, ein Hin und Wieder, in dem doch das Uebergewicht der Erfindsamkeit auf Seiten der Poesie war. Rein dichterische Bilder oder Visionen, wie die von der Entrückung lebender Helden nach Elysion oder nach den Inseln der Seligen, konnten sich allmählich populärem Glauben einschmeicheln. „Liebster Harmodios", sagt das athenische Skolion, „du bist wohl nicht gestorben, sondern auf den Inseln der Seligen, sagt man, seist du." Dogmatisch festgesetzt war damit nichts: in der Leichenrede des Hyperides wird ausgemalt, wie die Tyrannenmörder, Harmodios und Aristogeiton, dem Leosthenes und seinen Kampfgenossen unter anderen grossen Todten drunten im Hades begegnen [1].

Manches, was von einzelnen Dichtern zur Ausfüllung oder Ausstattung des öden Reiches erfunden sein mochte, prägte sich der Vorstellung so fest ein, dass es zuletzt wie ein Erzeugniss des volksthümlichen Gemeinglaubens erschien. Der Hüter der Pforte des Pluton, der schlimme Hund des Hades, der Jedermann einlässt und Keinen wieder hinaus, aus dem Abenteuer des Herakles altbekannt, schon von Hesiod „Kerberos" benannt, war Jedermann vertraut [2]. Wie das Thor

---

[1] Hyperides *Epitaph.* p. 63. 65 (ed. Blass): Leosthenes wird ἐν Ἅιδου antreffen die Helden des troischen, des Perserkrieges, und so auch den Harmodios und Aristogeiton. Solche Wendungen sind stereotyp. Vgl. Plato, *Apol.* 41 A — C. Epigramm aus Knossos auf einen im Reiterkampf ausgezeichneten Kreter: *Bull. corr. hell.* 1889 p. 60 (v. l. 2 nach Simonides, *ep.* 99, 3. 4. Bgk.), v. 9, 10: τοὔνεκά σε φθιμένων καθ' ὁμήγυριν ὁ κλυτὸς Ἅδης ἶσε πολισσούχῳ σύνθρονον Ἰδομενεῖ.

[2] Kerberos wird genannt zuerst bei Hesiod *Th.* 311, es ist derselbe Hund des Hades, den Homer kennt und unbenannt lässt, ebenso wie Hes. *Th.* 769 ff. Nach dieser Darstellung lässt er zwar alle, freundlich wedelnd, ein, wer aber wieder aus dem Hades zu entschlüpfen versucht, den frisst er auf. Dass Kerberos auch die in den Hades Eingehenden schrecke, ist eine Vorstellung, die in späterer Zeit bisweilen begegnet (in der man wohl gar seinen Namen davon ableitet, dass er τὰς

und den Thorhüter, so die Gewässer, die den Erebos abtrennen
von der Welt der Lebenden, kennt schon Homer; jetzt hatte

κῆρας, ὃ δηλοῖ τὰς ψυχάς, ἔχει βοράν: Porphyr. ap. Euseb. *pr. ev.* 3, 11
p. 110a. u. A.): τῷ Κερβέρῳ διαδάκνεσθαι fürchten Abergläubige (Plut.
ne p. q. suav. v. sec. Ep. 1105 A; vgl. Virg. *A.* 6, 401. Apul. *met.* 1,
15 extr.), ihn zu besänftigen dienen die, den in den Hades Eingehenden
mitgegebenen Honigkuchen (Schol. Ar. *Lys.* 611. Virg. *Aen.* 6, 420.
Apul. *met.* 6, 19). Dass dies alte Vorstellung sei, lässt sich nicht nachweisen (auch nicht aus der absurden Erfindung des Philochorus, *fr.* 46,
auf die sich Dieterich, *Nekyia* 49 beruft.) Von der μελιτοῦττα für Todte
redet Arist. *Lys.* 601, ohne solchen Zweck anzudeuten, und an sich ist
der Honigkuchen eher als Opfer für unterirdische Schlangen (wie in der
Trophonioshöhle: Arist. *Nub.* 507; für die Asklepiosschlange: Herondas
mim. 4, 90. 91) und als solche erscheinende Geister (daher bei Todtenopfern üblich, auch z. B., nach den Vorschriften der ῥιζοτόμοι, beim Aus-
graben von Heilpflanzen aus der Erde: Theophrast. *Hist. plant.* 9, 8, 7)
denkbar denn als Lockmittel für einen Hund. In den Versen des
Sophokles *O. C.* 1574ff. findet Löschcke „*Aus der Unterwelt*" (Progr.
Dorpat 1888) p. 9 die Vorstellung ausgesprochen, dass es einer Beschwichtigung des, die ankommenden Seelen bedrohenden Kerberos be-
dürfe. In Wahrheit ist dort nichts dergleichen auch nur angedeutet.
Die in der überlieferten Fassung unverständlichen, von Nauck wahrscheinlich richtig emendirten (δός statt ὄν) und erklärten Worte enthalten eine
Bitte des Chors an ein Kind des Tartaros und der Ge, welches ὁ αἰένυπνος, das soll wohl heissen: der für immer einschläfernde (nicht: schlafende)
genannt wird (den παῖς Γᾶς καὶ Ταρτάρου von dem αἰένυπνος zu unterscheiden — wie die Scholien wollen — ist unthunlich). Der αἰένυπνος
kann, wie schon die Scholien bemerkt haben, kaum ein anderer als Thanatos sein (für Hesychos, an den L. denkt, wäre das ein unbegreifliches
Epitheton), der freilich sonst nie Sohn des Tartaros und der Ge heisst
(Hesychos ebensowenig, wohl aber Typhon und Echidna, auf die das
Beiwort αἰένυπνος nicht passt. Aber wer nennt ausser Sophokles *O. C.*
40 die Erinyen Töchter der Ge und des Skotos?). Ihn bittet der Chor
(nach Naucks Herstellung), dem Oedipus bei seinem Gang in den Hades
freie Bahn zu gewähren. Allerlei Schrecknisse lagen ja auf dem Wege
dahin, ὄφεις καὶ θηρία (Arist. *Ran.* 143ff., 278ff. Man erinnere sich auch an
Virgil, *Aen.* 6, 273ff., 285ff. u. a.); dass Kerberos zu diesen Schrecknissen
gehöre, deutet so wenig, wie z. B. Aristophanes in den „Fröschen",
Sophokles an, vielmehr hat er ja von ihm V. 1569ff. in Worten geredet,
die Alles eher als Gefährlichkeit für die Eintretenden bezeichnen.
Sophokles also kann nicht als Zeuge dafür gelten, dass die Griechen sich
ihren Kerberos gedacht hätten nach Art der beiden, die Todten zurück-
schreckenden bunten Hunde des indischen Yama. Dass vollends grie-

man auch einen Fährmann, den grämlichen greisen Charon,
der, wie ein zweiter Kerberos, alle sicher hinübergeleitet, aber
Niemand zurückkehren lässt [1]. Die Minyas zuerst erwähnte
ihn; dass er wirklich eine Gestalt des Volksglaubens wurde
(wie er es ja, wenn auch in veränderter Bedeutung, bis heute
in Griechenland ist), lassen die Bilder auf attischen, den Todten
in's Grab mitgegebenen Gefässen erkennen, auf denen die Seele
dargestellt ist, wie sie am schilfigen Ufer auf den Fährmann
trifft, der sie hinüberfahren soll, von wo Niemand wiederkehrt [2].
Auch erklärte man sich die Sitte, dem Todten eine kleine
Münze, zwischen die Zähne geklemmt, mit in's Grab zu geben,
aus der Fürsorge für das dem Charon zu entrichtende Fährgeld [3].

chische Ueberlieferung von zwei Höllenhunden gewusst habe, ist, da
brauchbare Zeugnisse hiefür ganz fehlen, aus dem von Loeschcke besprochenen Bilde auf einem Sarkophag aus Klazomenae, das einen nackten
Knaben mit einem Hahn in jeder Hand zwischen zwei (eher spielend als
drohend) anspringenden Hündinnen zeigt, unmöglich zu erschliessen. Das
Bild hat schwerlich mythischen Sinn. Hiermit also lässt sich die alte
(schon von Wilford ausgesprochene) Annahme, dass Κέρβερος nichts sei
als einer der beiden bunten (çabala) Hunde des Yama und eine Erfindung
indogermanischer Urzeit, nicht stützen. Und im Uebrigen ist sie schlecht
genug gestützt. Vgl. Gruppe, *Die griech. Culte und Mythen* 1, 113. 114;
Oldenberg, *Relig. d. Veda* 538.

[1] Als Volksglauben bezeichnet Agatharchides, *de mari Er.* p. 115,
14 ff. Müll: τῶν οὐκέτι ὄντων τοὺς τύπους ἐν πορθμίδι διαπλεῖν, ἔχοντας Χά-
ρωνα ναύκληρον καὶ κυβερνήτην, ἵνα μὴ καταστραφέντες ἐκφορᾶς
ἐπιδέωνται πάλιν.

[2] Vgl. v. Duhn, *Archäol. Zeitung* 1885, 19 ff. *Jahrb. d. archäol.
Instit.* 2, 240 ff.

[3] Das Fährgeld für Charon (2 Obolen, statt des sonst regelmässig
entrichteten einen Obols; der Grund ist nicht aufgeklärt) erwähnt zuerst
Aristophanes, *Ran.* 139. 270. Dass als solches die Münze gelten sollte, die
man dem Todten zwischen die Zähne klemmte, wird von späteren Autoren
vielfach bezeugt. Die mancherlei Namen, mit denen man diesen Charongroschen benannte (καρκάδων [vgl. Lobeck, *Prol. Path.* 351], κατιτήριον,
δανάκη, schlechtweg ναῦλον: s. Hemsterhus, *Lucian. Bipont.* 2, 514 ff.), lassen
darauf schliessen, dass man sich gerne mit dieser Vorstellung und der in
ihr liegenden Symbolik beschäftigte. Dennoch kann man zweifeln, ob die
Sitte der Mitgabe eines kleinen Geldstückes wirklich entstanden ist aus
dem Wunsche, dem Todten einen Fährgroschen für den unterirdischen

2.

War die Seele am jenseitigen Ufer angelangt, am Kerberos vorbeigekommen, was wartete ihrer dort? Nun, die in die Mysterien Eingeweihten durften auf ein heiteres Fortleben, wie

---

Fergen mitzugeben; ob die Vorstellung von Charon und seinem Nachen eine solche, förmlich dogmatische Festigkeit gehabt habe, um eine so eigentümliche, in einer handgreiflichen Vornahme ausgeprägte Sitte aus sich zu erzeugen, scheint doch sehr fraglich. Die Sitte selbst, jetzt, wie es scheint, in Griechenland fast nur aus Gräbern späterer Zeit nachweisbar (s. Ross, *Archäol. Aufs.* 1, 29. 32. 57 Anm., Raoul Rochette, *Mém. de l'Inst. de France, Acad. des Inscr.* XIII p. 665 f.), muss alt sein (wiewohl nicht älter, als der Gebrauch geprägten Geldes in Griechenland), und hat sich mit der merkwürdigsten Zähigkeit in vielen Gegenden des römischen Reiches bis in späte Zeit, ja durch das Mittelalter und bis in unsere Zeiten erhalten (vgl. z. B. Maury, *La magie et l'astrol. dans l'antiq.* 158, 2). Dass man sie mit der Dichtung vom Todtenfährmann witzig in Verbindung brachte, und dass diese einleuchtende Erklärung der seltsamen Sitte nachträglich zum Volksglauben wurde, ist leicht verständlich. Die Sitte selbst dürfte man eher in Vergleichung zu stellen haben mit allerlei Gebräuchen, durch die man vieler Orten die Todten mit der winzigsten, fast nur symbolischen Gabe beim Begräbniss und im Grabe abfindet (s. einiges der Art bei Tylor, *Primit. cult.* 1, 445 ff.). *Parva petunt Manes. pietas pro divite grata est munere. non avidos Styx habet ima deos.* Der Obol mag kleinster, symbolischer Rest der nach ältestem Seelenrecht unverkürzt dem Todten mitzugebenden Gesammthabe desselben sein. τεθνήξῃ, — ἐκ πολλῶν ὀβολὸν μοῦνον ἐνεγκάμενος: die Worte des Antiphanes Maced. (*Anth. Pal.* 11, 168) drücken vielleicht (nur in sentimentaler Färbung) den ursprünglichen Sinn der Mitgabe des Obols treffender aus, als die Fabel vom Charongroschen (vgl. *Anth.* 11, 171, 7; 209, 3). Deutscher Aberglaube sagt: „Todten lege man Geld in den Mund, so kommen sie, wenn sie einen Schatz verborgen haben, nicht wieder" (Grimm, *d. Mythol.*[4] III 441, 207) Deutlich genug scheint hier die, gewiss alte, Vorstellung durch, dass man durch die Mitgabe eines Geldstückes dem Verstorbenen seinen Besitz abkaufe. Und die Kunde von dieser ersten und eigentlichen Bedeutung der Sitte hat sich aus alter Zeit, merkwürdig genug, mit der Sitte selbst ungetrübt erhalten bis in das vorige Jahrhundert, wo J. Chr. Männlingen, *Albertäten* 353 (im Auszug bei A. Schultz, *Alltagsleben e. d. Frau im 18. Jh.* p. 232f.) es ausspricht: diese heidnisch-christliche Sitte, dem Verstorbenen einen Groschen mit in den Sarg zu geben, „solle seyn, dem Todten die Wirthschafft abkauffen, wovon sie in ihrem Leben gut Glück zu haben ihnen einbilden".

es eben ihre Wünsche sich ausmalen mochten, rechnen. Im Grunde war dieses selige Loos, das die Gnade der drunten waltenden Gottheiten verlieh, leicht zu erringen. So Viele waren geweiht und göttlicher Gunst empfohlen, dass der einst so trübe Hades sich freundlicher färbte. Früh schon begegnet .der allgemeine Name der „Seligkeit" als Bezeichnung des Jenseits; die Todten ohne viel Unterschied heissen die „Seligen" [1].

Wer freilich die Weihen thöricht versäumt oder verschmäht hatte, hat „nicht gleiches Loos" da drunten, wie der Demeterhymnus sich zurückhaltend ausdrückt. Nur die Geweiheten haben Leben, sagt Sophokles; die Ungeweiheten, denen es dort unten übel geht, wird man sich kaum anders gedacht haben, denn schwebend in dem dämmernden Halbleben der Schatten des homerischen Erebos. Wohlmeinende moderne Ethisirung des Griechenthums wünscht, einen recht kräftigen Glauben an unterweltliches Gericht und Vergeltung für Thaten und Charakter des nun Verstorbenen auch bei den Griechen als Volksüber-

---

[1] Aristophanes, *Tagenist.* fr. 1, 9: διὰ ταῦτα γάρ τοι καὶ καλοῦνται (οἱ νεκροί) μακάριοι · πᾶς γὰρ λέγει τις, ὁ μακαρίτης οἴχεται κτλ. μακαρίτης war also schon damals ständige und damit ihres vollen Sinnes und Werthes beraubte Bezeichnung des Verstorbenen, nicht anders als unser (von den Griechen entlehntes) „selig". Eigentlich bezeichnet es einen, dem Leben der μάκαρες θεοὶ αἰὲν ἐόντες nahekommenden Zustand. Der volle Sinn scheint noch durch in der Anrufung des heroisirten Perserkonigs: μακαρίτας ἰσοδαίμων βασιλεύς Aesch. *Pers.* 633 (νῦν δ᾽ ἐστὶ μάκαιρα δαίμων Eur. *Alc.* 1003). Vgl. auch Xenoph. *Agesil.* 11, 8: νομίζων τοὺς εὐκλεῶς τετελευτηκότας μακαρίους. Solche Stellen lassen erkennen, dass μακαρίτης. μακάριος der Todte nicht etwa κατ᾽ ἀντίφρασιν genannt wird, wie bisweilen χρηστός (Plut. *Q. Gr.* 5. Auf Grabschriften aber wohl meist eigentlich gemeint), εὐκρινής (Phot. Suid. s. εὐκρινής). μακαρίτης von jüngst Verstorbenen bei späteren Schriftstellern nicht selten. S. Ruhnken, *Tim.* p. 59. Lehrs, *Popul. Aufs.*[2] p. 344. Dorisch ζαμερίτας: Phot. s. μακαρίτας. Nur scherzhaft kommt μακαρία „die Seligkeit", das Land der Seligen, d. i. der Todten, vor in Redensarten wie ἄπαγ᾽ ἐς μακαρίαν (Arist. *Eq.*1151), βάλλ᾽ ἐς μακαρίαν. So auch ἐς ὀλβίαν. ὡς εἰς μακαρίαν · τὸ εἰς ᾅδου. Phot. (μακαρία, Name eines Opferkuchens [Harpocrat. s. νέηλατα], im neugriechischen Gebrauch eines Kuchens bei Leichenbegängnissen. Lobeck, *Aglaoph.* 879).

zeugung anzutreffen. Homer zeigt kaum die schwächsten An-
klänge an einen solchen Glauben. Einzig die Meineidigen verfallen bei ihm der Strafe der Unterweltsgötter, denen sie sich
selbst, im Eidschwur, gelobt hatten. Auch die „Büsser“ und
ihre Strafen, deren Schilderung spätere Nachdichtung dem
Gedichte von der Hadesfahrt des Odysseus eingefügt hat, dienen,
unbefangen betrachtet, nicht, die Meinung, dass homerische
Dichtung den Vergeltungsglauben kenne, zu stärken. Nur
diesem Vorbilde folgten spätere Dichter, wenn sie noch einige
andere Götterfeinde im Hades ewige Strafen erleiden liessen,
etwa den Thamyris, den Amphion (wie die Minyas erzählte),
später namentlich den Ixion [1]. Zu einer Illustrirung eines
allgemeinen Vergeltungsglaubens liegt hierin nicht einmal ein
Ansatz. — Von dem Gericht, das im Hades „Einer“ halte,
redet allerdings Pindar (Ol. 2, 59), aber im Zusammenhang
einer Schilderung der letzten Dinge, die er den Lehren mystischer Separatisten entlehnt. Von einem Gericht des Hades
selbst weiss Aeschylus [2]; aber seine Gedanken über göttliche
Strafgerechtigkeit auf Erden und im Jenseits entnimmt er
seinem eigenen, von dem Popularglauben streng abgekehrten

---

[1] Die Strafe des Ixion für seine Undankbarkeit gegen Zeus bestand
nach älterer Sage darin, dass er, an ein geflügeltes Rad gefesselt, durch
die Luft gewirbelt wird. Dass Zeus ihn ἐταρτάρωσεν (Schol. Eurip. *Phoen.*
1185) muss jüngere oder doch spät durchgedrungene Sagenbildung sein:
nicht vor Apollonius Rhod. 3, 61 f. ist von Ixion im Hades die Rede,
nachher oft. Vgl. Klügmann, *Annali dell' Inst.* 1873, p. 93—95 (die
Analogie mit der Strafe des Tantalos und ihrer Verschiebung aus der
Oberwelt in den Hades liegt auf der Hand. S. Comparetti, *Philol.*
32, 237).

[2] Aeschyl. *Eumen.* 273 f. Vgl. *Supplic.* 230 f. Dass an dieser Stelle
der Dichter sagt: ἐκεῖ δικάζει τἀμπλακήμαθ᾿, ὡς λόγος, Ζεὺς ἄλλος lässt
doch nur erkennen, dass er in diesen Phantasien vom Gericht im Jenseits nicht eigener Ansicht beliebig folgt (οὐκ ἐμὸς ὁ μῦθος —), aber mit
nichten spricht es dafür (wie Dieterich, *Nekyia* 126 anzunehmen scheint),
dass er volksthümlicher Ueberlieferung nachspreche, oder nachsprechen
könne. Nur theologische Lehre wusste (damals jedenfalls) von solchem
Gericht über die Thaten des Lebens im Jenseits: ihrem λόγος folgt (in
diesem Einen Punkte) Aeschylos. (S. unten.)

eher ahnungsvoller Lehre der Theologen nachgebenden Geiste.
Vollends die drei Hadesrichter, Minos, Rhadamanthys und
Aeakos, die über das im Leben auf Erden Begangene drunten
Gericht halten, begegnen zuerst bei Platon, in einer Ausmalung
jenseitiger Dinge, die alles eher als den Volksglauben seiner
Zeit wiedergiebt[1]. Später ist, wie auch andere Züge der Pla-

---

[1] *Gorgias* cap. 79 ff. (darnach *Axioch.* 371 B ff. u. a.). Wo Plato
sich dem populären Glauben näher hält, in der *Apologie* 41 A, spricht er
von den Richtern im Hades, Minos, Rhadamanthys, Aeakos καὶ Τριπτό-
λεμος καὶ ἄλλοι ὅσοι τῶν ἡμιθέων δίκαιοι ἐγένοντο ἐν τῷ ἑαυτῶν βίῳ so, dass
von einem Gericht über die im Leben begangenen Thaten nichts gesagt,
ein Rechtsprechen über· die Verdienste oder Vergehungen des eben aus
der Oberwelt Hinuntergestiegenen offenbar nicht vorausgesetzt wird,
vielmehr man annehmen muss, dass jene ἀληθῶς δικασταί, οἵπερ καὶ λέγον-
ται ἐκεῖ δικάζειν eben unter den Todten ihr Richteramt üben und in deren
Streitigkeiten gerecht entscheiden, ganz so wie Minos in der Nekyia der
Odyssee (λ 568—71), wie noch bei Pindar (*Ol.* 2, 75 ff.) Rhadamanthys
auf der μακάρων νᾶσος. Nur die Zahl der dort unten weiter Richtenden
ist (bei Plato) vermehrt, sogar ins Unbestimmte. Dies scheint der Her-
gang gewesen zu sein: dass die Andeutung in der Odyssee aufgefasst und,
bei fortgesetzter Ausgestaltung des Hadesbildes, zunächst einfach die Anzahl der gleich Minos unter den Todten und über sie richtenden Muster-
bilder der Gerechtigkeit vermehrt wurde. Der vermehrten Zahl solcher im
Hades Richtenden übertrug dann eine (vielleicht nicht ohne ägyptischen
Einfluss) von dem jenseitigen Gericht dichtende philosophisch-poetische
Speculation das Gericht über die einst im Leben begangenen Thaten der
in den Hades Gelangenden. — Die Auswahl ist leicht verständlich.
Aeakos, Rhadamanthys und Minos gelten als Vorbilder der Gerechtigkeit:
Demosth. *de cor.* 127. Den Minos als Richter im Hades entnahm man
der Odyssee λ 568 ff. Den Rhadamanthys kennt als unter den lebendig
in das Elysion Entrückten wohnend die Odyssee δ 564. Dort ist er
(nicht Richter: es giebt dort nichts zu richten, sondern) πάρεδρος des
Kronos, nach Pindar *Ol.* 2, 75. Seit man das Elysion in den Hades
hineinzog (wovon später), findet auch Rh. seine Stelle im Hades. Sein
Ruhm als gerechtester Richter (s. Kratin. Χείρωνες *fr.* 11 Mein. Plat.
Leg. 12, 948 B etc.; vgl. auch Plut. *Thes.* 16 extr.) liess ihn leicht neben
Minos seine Stelle als Richter über die Todten finden. Auch Aeakos
ist als Vorbild der εὐσέβεια (Isokr. 9, 14 u. A.), als Gesetzgeber für
Aegina, als Schiedsrichter unter den Göttern selbst (Pindar *I.* 8, 24 f.),
zum Richter in der Unterwelt berufen erschienen. Aber seine Stellung
als Richter war nicht so unbestritten wie die des Minos und Rhadamanthys. Pindar, so oft er von Aeakos und Aeakiden redet, deutet nichts

tonischen eschatologischen Mythen, das Bild der Hadesrichter (denen man auch Triptolemos gesellte ¹) auch populärer Phan-

an von einer ausgezeichneten Stelle des Aeakos im Jenseits. Isokrates 9, 15: λέγεται παρὰ Ἡλούτωνι καὶ Κόρῃ μεγίστας τιμὰς ἔχων παρεδρεύειν ἐκείνοις. Hier ist nur von Ehrung des A. durch einen Sitz in der Nähe des Königspaares die Rede (vgl. Pindar, Ol. 2, 75 von Rhadamanthys; Aristoph. Ran. 775: es ist Gesetz im Hades, dass der beste Künstler λαμβάνει θρόνον τοῦ Πλούτωνος ἑξῆς; Proedria der μύσται im Hades u. s. w.) nicht von Richteramt. Aeakos gilt als κλειδοῦχος des Hades (Apollod. 3, 12, 6, 10; Kaibel, epigr. 646, 4; Pariser Zauberbuch 1464 ff.), als πυλωρός (wie sonst Hades selbst: πυλάρτης. Il. Θ 368) bei Lucian (d. mort. 13, 3; 20, 1. 6; 22, 3; de luct. 4; Phlopseud. 25) und Philostratus (V. Apoll. 7, 31; p. 285, 32 Ks.). Das Schlüsselamt ist eine (für Aeakos vielleicht in einem Zusammenhang des ihm gewidmeten Cultus mit chthonischen Mächten begründete) hohe Auszeichnung: Schlüssel führen viele Götter, Pluton selbst (Paus. 5, 20, 3) und andere (s. Tafel und Dissen zu Pind., Pyth. 8, 4; im Pariser Zauberbuch 1403 der Trimeter: κλειδοῦχε Περσέφασσα, Ταρτάρου κόρη). Es ist schwer zu glauben, dass, dieses eigenthümliche Ehrenamt dem A. zu geben, eine spätere Erfindung sei als die ziemlich banale Richterwürde. Wirklich scheint es, dass Euripides im Peirithoos (fr. 591 N.) Aeakos dem Herakles, als dieser in den Hades kam, als Ersten, also wohl gleich am Thore, begegnen liess, und es lässt sich kaum bezweifeln, dass es Erinnerung an das Euripideische Stück war, die denjenigen, der gleich am Thor des Pluton dem Herakles begegnet, in den „Fröschen“ (V. 464) als „Aeakos“ zu benennen bewog zwar nicht den Aristophanes selbst (s. Hiller, Hermes 8, 455), aber einen belesenen Grammatiker. Weil die Dichtung vom Schlüsselamt des Aeakos an der Pforte des Hades alt und durch angesehene Zeugen vertreten war, ist, trotz Plato, der Glaube an sein Richteramt nie ganz durchgedrungen.

¹ Plato, Apol. 41 A. Offenbar ist dies attische Dichtung. Plato nennt zwar den Triptolemos neben Minos und den anderen Richtern; es scheint aber, dass der Vorstellung der Athener Minos, der bei ihnen namentlich die Bühne als Landesfeind beschimpfte (s. Plut. Thes. 16), unter den Vorbildern der Gerechtigkeit unbequem war, und dass sie ihn durch ihren Triptolemos in der Dreizahl der Richter ersetzen wollten. So findet sich denn Triptolemos nicht neben dem Minos, sondern an seiner Stelle auf dem Unterweltsbild der Vase von Altamura (Tript., Aeakos, Rhadam.), auf einem analogen Bilde einer Amphora zu Karlsruhe (Aeak. Triptol; links abgebrochen wohl Rhadamanthys, nicht Minos. Vgl. Winkler, Darst. d. Unterwelt auf unterit. Vasen p. 37). Dass übrigens die drei Gerechten auf jenen Vasenbildern Gericht über die im Leben begangenen Thaten halten, ist mit nichts angedeutet, ja genau genommen,

tasie vertraut geworden, wie Anspielungen in später Literatur, vielleicht auch Darstellungen der Unterwelt auf Bildern unteritalischer Vasen merken lassen. Aber dass in der Blüthezeit griechischer Bildung der Glaube an Richter und Gericht über die im Leben auf Erden begangenen Thaten, das im Hades über Alle gehalten werde, im Volke Wurzeln geschlagen habe, ist unbewiesen, und liesse sich durch einen Beweis ex silentio als völlig irrig nachweisen. Wo aber keine Richter sind, da findet auch kein Gericht statt.

Man kann wohl oft versichert sehen, der Glaube an eine jenseitige Vergeltung guter und böser Thaten sei den Griechen aus den eleusinischen Mysterien zugeflossen. Es ist aber im Gegentheil zu sagen: wenn und soweit die Griechen solchen Vergeltungsglauben gehabt und gehegt haben, sind die Mysterien von Eleusis daran gänzlich unbetheiligt gewesen. Man bedenke doch: Eleusis weiht, mit einziger Ausnahme der Mordbefleckten, Griechen aller Arten, ohne ihre Thaten, ihr Leben oder gar ihren Charakter zu prüfen. Den Geweiheten war seliges Leben im Jenseits verheissen, den Ungeweiheten trübes Loos in Aussicht gestellt. Die Scheidung wurde nicht nach Gut und Böse gemacht: „Pataekion der Dieb wird nach seinem Tode ein besseres Loos haben, weil er in Eleusis geweiht ist als Agesilaos und Epaminondas" höhnte Diogenes der Cyniker. Nicht das bürgerliche oder moralische, das „geistliche" Verdienst allein entscheidet. Man wird sich darüber nicht sehr verwundern: die meisten Religionen halten es so. Jedenfalls aber: einem Gericht über Tugend und Laster im Hades war durch die in den Mysterien nach ganz anderen Gesichtspuncten ausgetheilten unterirdischen Belohnungen und Strafen vorgegriffen. Wo die Mysterien ernst und wichtig ge-

---

überhaupt nichts von richterlicher Thätigkeit. Deutlich ist nur dass sie, eben als Muster der Gerechtigkeit, ἐπὶ ταῖσι τοῦ Πλούτωνος οἰκοῦσιν θύραις (wie die Mysten bei Aristophanes, *Ran.* 163), sie geniessen das Recht der πάρεδροι des Götterpaares, daher sie auch auf θρόνοι oder δίφροι sitzen.

nommen wurden, da konnten sie den Gedanken einer Vergeltung
guter und böser Thaten im Hades, falls er sich regen wollte,
eher zu unterdrücken beitragen: in ihnen ist nichts, was ihn
beförderte.

Nun schliesst sich freilich die religiöse Moral, unter geistig
beweglichen Völkern, gern und leicht der bürgerlichen Moral
und deren selbstständiger Entwicklung an; nur so kann sie die
Leitung behalten. Und so mag sich in der Vorstellung
vieler Griechen an den Begriff der religiösen Rechtfertigung
(durch die Weihen) derjenige der bürgerlichen Rechtschaffen-
heit angelehnt, und neben die Schaaren Unseliger, die mit den
heiligen Weihen auch das Heil im Jenseits versäumt hatten,
sich die nicht geringe Anzahl solcher Menschen gestellt haben,
denen Verletzung des Rechtes der Götter, der Familie und der
bürgerlichen Gesellschaft im Hades schlimmen Lohn einbringt.
Solche, die falsch geschworen, den eigenen Vater geschlagen,
das Gastrecht verletzt haben, lässt (in den „Fröschen") Aristophanes dort unten „im Schlamm liegen", eine Strafandrohung,
die ursprünglich orphische Privatmysterien den Ungeweihten
in Aussicht stellten, auf moralische Verschuldung übertragend [1].

---

[1] Ar. *Ran.* 145 ff. 273 ff. „Finsterniss und Schlamm", σκότος καὶ
βόρβορος als Strafe und Strafort der ἀμύητοι καὶ ἀτέλεστοι stammt aus
Orphischer Lehre: s. Plato, *Rep.* 2, 363 D; Olympiod. ad Plat. *Phaed.*
69 C. Ungenau geredet, wird dies Schicksal allen ἀτέλεστοι überhaupt
angedroht: s. Plutarch, π. ψυχῆς bei Stobaeus *Flor.* 120, 28 (4, 108, 2
Mein.); Aristid. *Eleusin.* p. 421 Dind.; Plotin *Enn.* 1, 6 p. 8 Kirchh. Plotin
deutet gewiss ganz treffend den Grund dieser eigenthümlichen Strafe an:
der Schlamm, in dem die Ungeweihten stecken, bezeichnet sie als μὴ
κεκαθαρμένους, der Reinigungen, wie sie die Orphischen Weihen anboten,
nicht theilhaftig Gewordene, die eben darum in ihrem alten Unrath ewig
stecken bleiben (und, wegen ihrer Unkenntniss der θεῖα im Dunkel liegen).
Es ist eine allegorische Strafe, die nur im Gedankenkreise der Orphischen Kathartik und Sühnung einen Sinn hat. Wenn sie bei Aristophanes auf Uebertreter wichtiger bürgerlich-religiöser Gebote angewendet
wird, für die sie sich gar nicht eignet, so zeigt diese Entlehnung, dass
man eben eine angemessene Hadesstrafe für bürgerliche Vergehen noch
nicht ersonnen hatte. Man hatte sich offenbar begnügt, ganz im Allgemeinen anzunehmen, dass im Hades die ἀσεβεῖς (oder doch einige be-

— Den Conflict, in den solche Annahmen mit den Verheissungen der Mysterien gerathen mussten, wird man eben darum
weniger empfunden haben, weil man dem Gedanken einer Vergeltung nach moralischer Würdigung gar nicht ernstlich und
anhaltend nachging, sondern sich mit leichten Andeutungen
begnügte. In wirklicher Noth hat Niemanden in Griechenland
diese Vorstellung aufrecht erhalten. Auf Erden erwartete man
die Gerechtigkeit der Götter ausgleichend walten zu sehn; wem
daran die Erfahrung den Glauben wanken machte, den hat
eine Anweisung auf ein besseres Jenseits nicht getroster gemacht. Man kennt ja den typischen Fall des Diagoras des
„Gottesläugners" [1].

3.

Die Ausmalung des Jenseits, so ängstlich sie die Anhänger gewisser mystischer Secten betreiben mochten, blieb
für Dichter und Publicum von Athen im fünften Jahrhundert
doch wenig mehr als eine Beschäftigung spielender Phantasie,
an der man sich mit aller Freiheit des Geistes ergötzen konnte.
Als Einrahmung einer burlesken Handlung schien den Komö-
diendichtern, von Pherekrates an, eine Fahrt in das unbekannte

---

sonders Verruchte unter ihnen) bestraft würden. Schon in dieser allgemeinsten Fassung hat man diese Annahme vielleicht als einen, in pro-
fanes Publicum hinübergedrungenen, zum Unbestimmten abgeschwächten
Nachklang specifisch-theologischer Lehren anzusehn. Der Verfasser der
ersten Rede gegen Aristogeiton (Demosth. 25), der (§ 53) von dem εἰς
τοὺς ἀσεβεῖς ὠσθῆναι im Hades redet, bekennt sich selbst (§ 11) als Anhänger des Orpheus. — Die μεμυημένοι wohnen im Hades zunächst dem
Pallaste des Pluton selbst: Arist. Ran. 162 f., sie haben dort unten das
Vorrecht der προεδρία: Laert. Diog. 6, 39. Seit man einen χῶρος εὐσεβῶν
und einen χῶρος ἀσεβῶν im Hades unterschied, liess man wohl in dem
χ. εὐσεβῶν die Geweiheten, um ihnen doch noch ihre besondere Bevor-
zugung zu belassen, die προεδρία haben. Auf solche Weise sucht z. B.
der (schwerlich vor dem 3. Jahrhundert schreibende) Verf. des Axiochos,
p. 371 D die eigentlich mit einander unvereinbaren Ansprüche der εὐσεβεῖς
und der μεμυημένοι auf Belohnung im Hades auszugleichen.

[1] Sext. Emp. adv. math. 9, 53. Suidas s. Διαγόρας.

Land eben recht[1]. Ein Schlaraffenland, fabelten sie, wie es
einst, als Kronos noch, im goldenen Zeitalter, regierte, auf
Erden war, erwartet die „Seligen" da unten[2], eine „Stadt
der Glückseligkeit"[3], wie man sie sonst wohl am Ende der
Welt und noch auf dieser Oberwelt anzutreffen hoffte. Eine
Komödie ist es, die „Frösche" des Aristophanes, in der wir,
bei Gelegenheit der Hadesfahrt des athenischen Spiessbürgers,
der diesmal den Dionysos vorstellt, die Geographie der Unterwelt in deutlicheren Umrissen kennen lernen. Hinter dem
acherusischen See mit seinem grämlichen Fährmann lagern
sich allerlei Schlangen und Unthiere. An dem, im Finstern
modernden Schlammpfuhle vorbei, in dem die Meineidigen liegen
und die gegen Vater oder Fremdling sich vergangen haben,
führt der Weg zum Pallaste des Pluton, in dessen Nähe der

[1] Hadesfahrten kamen vor in des Pherekrates Κραπάταλοι; Aristophanes Βάτραχοι, Γηρυτάδης; Pseudopherekrates Μεταλλεῖς; wohl auch in
des Kratinos Τροφώνιος u. s. w. — Auf einem Gefäss aus Eretria, 5. Jahrh.,
auf dem eine scheussliche Scene der Marter eines alten, nackt an einen
Baum gebundenen Weibes durch drei Satyrn dargestellt ist, meint Jos
Zingerle, Archäol. epigr. Mittheil. a. Oesterreich 18, 162 ff. einen Vorgang
aus einer in den Hades führenden Komödie jener Zeit parodisch dargestellt zu sehn. Es weist aber nichts auf dem Bilde darauf hin, dass
als Schauplatz jener Marterscene die Unterwelt zu denken sei, in der
doch auch die Satyrn kaum etwas zu suchen hätten.

[2] Schlaraffenland im Hades: s. namentlich Pseudopherekrates Μεταλλεῖς fr. I, II. p. 299 ff. Mein. Anlass zu solchen Scherzen gab vermuthlich die Orphische Verheissung eines ewigen Rausches für die Geweiheten, bei dem συμπόσιον τῶν ὁσίων im Hades (Plato, Rep. 2, 263 C.
μακάρων εὐωχία Arist. Ran. 85); die Farben boten die auch in der
Komödie längst üblichen Ausmalungen des Wonnelebens unter Kronos
im goldenen Zeitalter (vgl. Pöschel, Das Marchen vom Schlaraffenland
7 ff.). Das goldene Zeitalter in der Vergangenheit, das Elysium in der
Zukunft hatten von jeher gleiche Farbe und Gestalt. S. oben p. 106, 1.
Aus diesen alten Ausmalungen eines längst verschwundenen oder nur im
Jenseits anzutreffenden Geisterreiches zieht die ganze griechische Litteratur
der Wunschländer (s. meinen Griech. Roman II § 2. 3) ihre Nahrung.
Sie macht im Grunde nur den Versuch, jene alten Phantasmen vom
Seelenlande in das Leben und auf die bewohnte Erde herüberzuziehen.

[3] ἔστι γ᾽ εὐδαίμων πόλις παρὰ τὴν ἐρυθρὰν θάλατταν. Aristoph. Av.
144 f. (Vgl. Griech. Roman. 201 ff.)

Chor der in den Mysterien Geweiheten wohnt. Ihnen spendet auch dort unten im Hades die Sonne heiteres Licht, in Myrtenhainen tanzen sie und singen zum Flötenschall Lieder zum Preise der unterweltlichen Götter [1]. Eine Scheidung der Unterweltbewohner in zwei Schaaren, wie sie die Mysterien lehrten, ist durchgeführt, helles Bewusstsein wenigstens bei den Mysten vorausgesetzt, und hieran merkt man wohl den Umschwung seit der Nekyia der Odyssee. Es giebt noch andere Oertlichkeiten im Hades als die Wohnplätze der Geweiheten und der Unfrommen. Auf das Gefilde der Lethe wird angespielt [2]; auf die Stelle, wo Oknos sein Seil flicht, das ihm sofort seine Eselin wieder zernagt. Dies ist eine Parodie, halb scherzhaft, halb wehmüthig, auf jene homerischen Gestalten des Sisyphos

---

[1] λίμνη (der Acherusische See: Eurip. *Alc.* 444 und dann oft), Charon: V. 137 ff. 182 ff. 185 ff. — σκότος καὶ βόρβορος 144 ff. 279 ff. 289 ff. Aufenthalt und Leben der Mysten: 159. 163. 311 ff. 454 ff.

[2] τὸ Λήθης πεδίον V. 186. Dies ist die älteste sicher nachweisbare Erwähnung der Lethe, aber eine so beiläufige, dass man wohl sieht, wie Aristophanes nur auf eine seinem Publikum wohlbekannte ältere Erfindung anspielt. Plato verwendet das Λήθης πεδίον mit dem ᾿Αμέλης ποταμός (nachher 621 C: Λήθης ποταμός) bei seinem, die Palingenesie erläuternden und begründenden Mythus am Schluss des „Staates", 10, 621 A. Verwenden liess sich diese sinnreiche Dichtung für Anhänger der Metempsychosenlehre vortrefflich: aber dass sie (wie Manche gemeint haben) zum Behuf dieser Lehre, also von Orphikern oder Pythagoreern, e r f u n d e n sei, darauf weist nichts hin. Sie soll wohl ursprünglich nichts weiter als die Bewusstlosigkeit der ἀμενηνὰ κάρηνα sinnbildlich erläutern. Spielt schon Theognis (704. 705) darauf an: Περσεφόνην — ἥτε βροτοῖς παρέχει λ ή ϑ η ν, βλάπτουσα νόοιο? Andere Erwähnungen der Λήθης πόλαι, Λάϑας δόμοι, des Λήθης ὕδωρ sind jünger; älterer Sage entnommen vielleicht der λήϑης ϑρόνος in dem Bericht von Theseus' Hadesfahrt bei Apollod. *epit.* 1, 24. (Bergks Versicherung: „Die Vorstellung von dem Quell und Fluss Lethe ist s i c h e r eine alte, volksmässige: jener Brunnen ist nichts anderes als der Götterquell: wer aus demselben trinkt, vergisst alles Leid" u. s. w. [*Opusc.* 2, 716] entbehrt jeder thatsächlichen Begründung). Der Lethefluss wurde in späterer Zeit auch wohl, wie der Acheron, die Styx, auf Erden localisirt: in dem Fl. Limia in Gallaecia, fern am Westmeer, fand man das *Oblivionis flumen* wieder (Berichte aus 137 v. Chr.: Liv. *epit.* 55; Flor. 1, 33, 12; Appian. *Hisp.* 72; Plut. *Q. Rom.* 34. — Vgl. Pomp Mela 3, § 10; Plin. *n. h.* 4 § 115. Thörichte Aetiologie bei Strabo III p. 153).

und Tantalos, ein kleinbürgerliches Gegenstück zu jener homerischen Aristokratie der Götterfeinde, deren Strafen nach
Goethes Bemerkung Abbildungen ewig fruchtlosen Bemühens
sind. Aber was hat der gute Oknos begangen, dass auch ihn
dieses Schicksal ewig zielloser Mühen trifft? Er ist ein Mensch
wie andere. „Der bildet ab das menschliche Bestreben." Dass
man solche Gestalten eines harmlos sinnreichen Witzes in den
Hades versetzen mochte, zeigt, wie weit man von schwerem
theologischen Ernst entfernt war.

4.

Anschaulich müsste die Wandlung der Vorstellungen vom
jenseitigen Leben seit Homers Zeiten uns entgegentreten in
dem Bilde der Unterwelt, mit dem Polygnot von Thasos die
eine Wand der Halle der Knidier zu Delphi geschmückt hatte.
Den Inhalt dieser malerischen Schilderung kennen wir ja genau
aus dem Berichte des Pausanias. Da ist nun überraschend
wahrzunehmen, wie schwach in dieser Zeit, um die Mitte des
fünften Jahrhunderts, die Höllenmythologie entwickelt war.
Dargestellt war die Befragung des Tiresias durch Odysseus;
die Schaaren der Heroen und Heroïnen der Dichtung nahmen
daher den breitesten Raum ein. Die Strafgerechtigkeit der
Götter illustrirten die Gestalten der homerischen „Büsser",
Tityos, Tantalos, Sisyphos. Aus der heroischen Gesellschaft
heraus führt Oknos mit seiner Eselin. Nun aber der Lohn
der Tugend, die Strafe der Uebelthaten? Die schlimmsten
Vergehungen, gegen Götter und Eltern, werden geahndet an
einem Tempelräuber, dem eine Zauberin Gift zu trinken giebt[1],
und einem pietätlosen Sohne, den der eigene Vater würgt[2],
Von solchen Verbrechern geschieden sind die „Ungeweiheten".

---

[1] So wird man ja wohl die Worte verstehn müssen, mit denen
Pausanias (10, 28, 5), nach seiner albernen Manier, den Vorgang um-
schreibt, statt ihn einfach zu beschreiben. (Allzu künstliche Deutung des
Vorgangs bei Dümmler, *Delphika* [1894] p. 15.)

[2] Paus. 10, 28, 4.

welche die eleusinischen Mysterien gering geachtet haben. Weil sie die „Vollendung" der Weihen versäumt haben, müssen sie nun, Männer und Weiber, in zerbrochenen Scherben Wasser in ein (durchlöchertes) Fass schöpfen, in nie zu vollendender Mühe[1]. Im Uebrigen sieht man keine Richter, welche die Seelen in zwei Schaaren zu scheiden hätten, von den Schrecknissen der Unterwelt nichts als den leichenfressenden Dämon Eurynomos, der dem Maler wohl aus irgend einer localen Sage bekannt geworden war[2]. Von Belohnung der „Guten" zeigt sich keine Spur; selbst die Hoffnungen der in den Mysterien Geweiheten sind nur bescheiden angedeutet in dem Kästchen, das Kleoboia, mit Tellis in Charons Kahn eben heranfahrend, auf den Knieen hält[3]. Das ist ein Symbol der heiligen Weihen der Demeter, die Kleoboia einst von Paros nach Thasos, der Heimath des Polygnot, gebracht hatte.

Von dieser, den homerischen Hades nur leise umgestaltenden Bilderreihe[4] blicke man hinüber etwa auf die Marterscenen

[1] S. Anhang 3.

[2] Eurynomos, schwarzblauen Leibes, wie eine Schmeissfliege, mit bleckenden Zähnen, auf einem Geierfell sitzend: Paus. 10, 28, 7. In der Litteratur scheint seiner nirgends gedacht gewesen zu sein; ob die Angabe des Pausanias, dass er ein δαίμων τῶν ἐν "Αιδου sei, der den Leichen das Fleisch von den Knochen fresse, mehr als eine Vermuthung ist, bleibt undeutlich. In der That soll wohl das Geierfell die Natur des darauf sitzenden Dämons als eine dem Geier verwandte bezeichnen. Dass der Geier Leichen frisst, haben die Alten oft beobachtet (s. Plut. *Romul*. 9 etc.: Leemans zu Horapollo p. 177). Welcker (*Kl. Schr.* 5, 117) sieht in Eurynomos nichts als „die Verwesung", also eine lediglich allegorische Gestalt. Vielmehr dürfte er ein ganz concret gedachter (mit einem euphemistischen Beinamen benannter) Höllengeist sein, nach Art jener kleineren Höllengeister wie Lamia, Mormo, Gorgyra, Empusa u. s. w. (von denen unten ein Wort), dem Maler aus irgend einer localen Ueberlieferung bekannt. Er frisst den Leichen das Fleisch ab: so nennt ein spätes Epigramm (Kaibel 647, 16) den Todten λυπρὴν δαῖτα Χάρωνι. Aber schon bei Sophokles, *El.* 543: "Αιδης ἵμερον τέκνων τῶν ἐκείνης ἔσχε δαίσασθαι (s. Welcker, *Syll.* p. 94).

[3] Paus. 10, 28, 3. Vgl. O. Jahn, *Hermes* 3, 326.

[4] In den Grenzen der epischen Nekyien halten sich wesentlich auch die Unterweltsbilder auf unteritalischen Vasen des 3. Jahrhunderts. Zu einigen wenigen Typen der im Hades Büssenden (Sisyphos, Tantalos,

etruskischer Unterweltbilder, oder auf die Pedanterien vom
Todtengerichte am Tage der Rechtfertigung u. s. w., wie sie
die Aegypter in Bild und Schrift breit ausgeführt haben. Vor
der trüben Ernsthaftigkeit, mit der dort ein phantasiearmes
Volk aus einmal mit Anstrengung ergriffenen Speculationen
und Visionen sich ein starres, lastendes Dogma geschmiedet
hat, waren die Griechen durch ihren Genius bewahrt. Ihre
Phantasie ist eine geflügelte Gottheit, deren Art es ist,
schwebend die Dinge zu berühren, nicht wuchtig niederzufallen
und mit bleierner Schwere liegen zu bleiben. Auch waren
sie für die Infectionskrankheit des „Sündenbewusstseins" in
ihren guten Jahrhunderten sehr wenig empfänglich. Was sollten
ihnen Bilder unterweltlicher Reinigung und Peinigung von
Sündern aller erdenklichen Arten und Abstufungen, wie in
Dantes grauser Hölle? Wahr ist es, dass selbst solche gräu-
liche christliche Höllenphantasien sich zum Theil aus griechischen Quellen speisen. Aber es war der Wahn einzelner sich
absondernder Secten, der Bilder dieser Art hervorrief, und
sich einer philosophischen Speculation zu empfehlen vermochte,
die in ihren trübsten Stunden allen Grundtrieben griechischer
Cultur zürnend absagte. Das griechische Volk, seine Religion,
und auch die Mysterien, die der Staat verwaltete und heilig
hielt, darf man von solchen Abirrungen freisprechen.

Danaïden) kommen Andeutungen aus den Hadesfahrten des Theseus und
Peirithoos, Herakles, Orpheus hinzu. Alle Ausdeutung in's Mystisch-
Erbauliche (wie sie noch in Baumeisters *Denkm.* 1926—1930 angeboten
wird) hält man mit Recht jetzt ganz von diesen Bildern fern. (Orpheus
erscheint dort nicht als Stifter und Prophet der Mysterien, sondern einfach als mythischer Sänger, der in die Unterwelt stieg, um die Eurydike
freizusingen. Das hält gegen Kuhnert, *Arch. Jahrb.* 8, 104 ff., *Philol.* 54,
193 mit Recht fest Milchhöfer, *Philol.* 53, 385 ff.; 54, 750 f.). Auf das
Loos der Menschen im Allgemeinen wird mit nichts angespielt. Auch
das, auf der Vase von Canosa links neben Orpheus stehende Elternpaar
mit dem Knaben muss der Sagenwelt angehören. (Dionys und Ariadne,
wie Winkler, *Darst. d. Unterw. auf unterit. Vasen* 49 meint, kann freilich das Paar unmöglich darstellen. Aber auch schwerlich eine ganze
Mystenfamilie, wie auch Milchhöfer annimmt.)

Anhang.

1. Zu S. 142.

Blitztod heiligt in manchen Sagen den Getroffenen und erhöht ihn zu göttlichem (ewigem) Leben. Man denke an Semele, die da ζώει ἐν ᾿Ολυμπίοις ἀποθανοῖσα βρόμῳ κεραυνοῦ (Pind. *Ol.* 2, 27), an Herakles und sein Verschwinden von dem durch den Blitz des Zeus entzündeten Holzstoss (s. namentlich Diodor. 4, 38, 4. 5), an die Parallelberichte von Entrückung oder Blitztod des Erechtheus (oben p. 136, 3). Den Volksglauben spricht sehr deutlich aus Charax bei Anon. *de incredib.* 16, p. 325, 5 ff. West., bei Gelegenheit der Semele: κεραυνοῦ κατασκήψαντος ἠφανίσθη· ἐκείνην μὲν οὖν, ὁποῖα ἐπὶ τοῖς διοβλήτοις λέγεται, θείας μοίρας λαχεῖν ᾠήθησαν. (Hier wird Semele unmittelbar durch ihren Blitztod in den Himmel erhoben: das ist eine bei späteren Autoren mehrfach vorkommende Sage. Ζεὸς τὴν Σεμέλην ἐκ τῆς γῆς εἰς τὸν οὐρανὸν κομίζει διὰ πυρός: Aristid. 1, 47 Dind. Vgl. Philostr. *imag.* 1, 14; Nonnus *Dionys* 8, 409 ff. Auch Pindar a. O. so zu verstehen, legen seine eigenen Ausdrücke sehr nahe.) Im Allgemeinen; ὁ κεραυνωθεὶς ὡς θεὸς τιμᾶται (Artemidor. *onir.* 94, 26 ff.), als ein ὑπὸ Διὸς τετιμημένος (ibid. 93, 24). Den Glauben an solche Erhöhung des Sterblichen durch seines Leibes Vernichtung und Läuterung im heiligen Blitzfeuer (einem πῦρ καθάρσιον [s. p. 31, 2] von höchster Kraft) für spät entstanden zu halten (mit Wilamowitz, *Ind. schol. Gotting. hib.* 1895, p. 12. 13), weil uns zufällig erst späte Zeugen mit ausdrücklichen Worten von ihm reden, ist nicht wohlgethan. So erhabene Vorstellungen brachte später Volkswahn nicht mehr neu hervor; auch geben sie sich deutlichen Ausdruck schon in alten Sagen und Sitten: in den schon berührten Sagen von Semele (s. besonders Diodor. 5, 52, 2), Herakles, Erechtheus, Asklepios; so fuhr der Blitzstrahl in das Grab des Lykurg (wie später des

Euripides) als des θεοφιλέστατος καὶ ὁσιώτατος (Plut. *Lycurg.* 31). Heroisirung des Olympiasiegers Euthymos bezeichnete es, als in seine Standbilder zu Lokri und Olympia der Blitz fuhr: Plin. *n. h.* 7, 152. Der Leichnam des vom Blitz Erschlagenen bleibt unverweslich; Hunde und Raubvögel wagen sich nicht daran: Plut. *Symp.* 4, 2, 3; an der Stelle, an der ihn der Blitz traf, muss er bestattet werden (Artemidor. *onir.* 95, 6; vgl. Festus p. 178b, 21 ff.; Plin. *n. h.* 2, 145). Ueberall tritt hervor, wie der διόβλητος als geheiligt gilt. Das hindert nicht, dass andere Male der Blitztod als Strafe eines Frevels gilt: wie in dem Falle des Salmoneus, des Kapaneus u. A. Uebrigens wird selbst bei solchen Beispielen bisweilen an Erhöhung des Getroffenen durch den Blitztod gedacht. So entschieden, wenn Euripides in den Hiketiden den blitzerschlagenen Kapaneus einen ἱερὸς νεκρός nennen lässt (v. 937), seinen τύμβος (*rogus*) einen ἱερός (984). ἱερός bedeutet niemals „verflucht“, wie das lat. *sacer;* stets ist es ein ehrendes Beiwort. Kapaneus heisst hier „heilig“, wie Astakides, zu ewigem Leben entrückt, ἱερός heisst bei Kallimachus; wie Hesiod von dem ἱερὸν γένος ἀθανάτων redet (τύμβος ἱερός: vgl. Soph. *O. C.* 1545; 1763). Man darf nicht übersehen, dass Euripides hier, wo er Freunde des Kap. reden lässt, diesen keineswegs als Frevler auffasst (wie sonst die Tragödie, auch er selbst in den Phoenissen; wie selbst in den Suppl. der Feind, v. 496 ff., der aber auch Amphiaraos zur Sühne für Frevel entrafft werden lässt). Er lässt ihn ja als das gerade Gegentheil eines ὑβριστής hochpreisen durch Adrast, v. 863 ff. Offenbar soll der alsbald folgende Opfertod der Euadne nicht einem Frevler und Götterfeinde gelten dürfen: darum bildet Eur. das Bild des Kapaneus in's Edle um; und nun kann ihm der Blitztod des Helden nicht als Strafe gelten, sondern als Auszeichnung. So wird von ihm ein ἱερὸς νεκρός. Das war aber nur möglich, wenn die Vorstellung, dass Blitztod unter Umständen den Getroffenen ehre und in ein höheres Dasein erhebe, damals bereits allgemein verbreitet und anerkannt war: Euripides giebt somit für das Vorhandensein solches Glaubens zu seiner Zeit das bestimmteste Zeugniss. (Als ein Todter höherer Art soll Kapaneus denn auch von den anderen Leichen getrennt und παρ’ οἴκους τούσδε 940 — d. i. vor dem ἀνάκτορον der Göttinnen zu Eleusis [89. 291] — verbrannt werden: 937. 940. 1012 ff.) — Asklepios endlich hat doch niemals, wenn man von seinem Blitztode erzählte (so schon Hesiod. *fr.* 109 Rz.), darum als gänzlich dem Leben entrückt gegolten: als Heros oder Gott lebte er ja für alle Zeiten, segensreich thätig, weiter. Zeus lässt ihn unsterblich fortleben (Luc. *dial. deor.* 13), nach späterer Sagenwendung im Sternbilde des Ophiuchos (Eustath. καταστ. VI. Hygin., *p. astron.* 2, 14); die ächte alte Vorstellung wird doch eben die sein, dass er durch Zeus' Blitzstrahl zu unsterblichem Leben entrafft worden sei. Ganz treffend also Minucius Felix 22, 7; *Aesculapius, ut in deum surgat, fulminatur.*

2. Zu S. 277.

μασχαλισμός.

ἐμασχαλίσθη sagt vom ermordeten Agamemnon Aeschylus, *Choëph.* 439; ὑφ' ἧς (Κλυταιμνήστρας) θανὼν ἄτιμος ὥστε δυσμενὴς ἐμασχαλίσθη, von demselben, Sophokles, *El.* 445. Welche Greuel dieses kurze Wort umschrieb, muss damals athenisches Publicum ohne weiteres verstanden haben. Genaueren Bericht geben Photius und Suidas, s. μασχαλίσματα (vgl. Hesych. s. μασχαλίσματα; Apostolius *prov.* 11, 4), die als ihren Gewährsmann Aristophanes von Byzanz nennen (nicht aus Aristophanes — von dem sie mehrfach abweichen — aber aus verwandter Quelle schöpfen die zwei Versionen des Scholions zu Soph. *El.* 446, und Etym. M. 118, 22f.). Darnach hiess μασχαλισμός eine Vornahme des Mörders (οἱ φονεύσαντες ἐξ ἐπιβουλῆς — Arist.) an' dem Leichnam des Ermordeten: er schneidet ihm die Extremitäten ab, reiht die abgeschnittenen Theile zu einer Kette auf und hängt diese um. Wem hängt er sie um? sich selbst? oder vielmehr dem Ermordeten? Aristophanes redet unbestimmt; der Schol. Soph. *El.* 445 spricht in der ersten Version von „sich" (ἑαυτοῖς, p. 123, 17 Papag.), in der zweiten von „ihm", dem Ermordeten: περὶ τὴν μασχάλην αὐτοῦ ἐκρέμαζον αὐτά [τὰ ἄκρα]: p. 123, 23; vgl. 124, 5); und so meint es auch wohl Schol. Apoll. Rhod. 4, 477. Deutlich vom Umhängen des Nackens des Todten redet Etym. M. 118, 28. 29. Dies wird schliesslich das Glaublichste sein. Der Mörder hing die Theile, an einer Schnur aufgereiht, dem Ermordeten um den Hals, und zog die Schnur unter den Achseln (μασχάλαι) durch — eine Vornahme, die so wenig „unmöglich" ist (wie gesagt worden ist), dass Jeder sie leicht selbst ausführen kann; er wird dann die Enden der Schnur auf der Brust sich kreuzen lassen und sie, nachdem er sie unter den Achseln durchgezogen hat, auf dem Rücken zusammenknüpfen. Von dem Durchziehen unter den Achseln heisst die ganze Vornahme μασχαλισμός, und die also an dem Todten befestigten eigenen μόρια desselben μασχαλίσματα (Aristoph.) Wer diese Beschreibung des μασχαλισμός als unrichtig verwerfen will (was neuestens geschieht), müsste vor allem sagen können, woher Aristophanes von Byzanz, dem, wer seine Art kennt, beliebige Improvisation oder Verbergung seiner Unwissenheit durch erfundene Berichte ja niemals zutrauen wird, seine Mittheilungen habe nehmen können, wenn nicht aus thatsächlicher Kunde und historischer Ueberlieferung. Dass er sie aus Pressung und eigenmächtiger Ausdeutung der Wörter μασχαλίζειν, μασχαλισμός gewonnen haben könne, schliesst die Natur dieser Wörter aus. Sie bieten gar keine Handhabe für den speciellen Inhalt seines Berichts. Zwar, man kann gewiss nicht sagen (mit Wilamowitz zu Aesch. *Choëph.* 439), dass die „Grammatik" verbiete, die Erklärung des Vorgangs beim μασχαλίζειν, wie sie Aristophanes giebt, für richtig zu halten. ἐμασχαλίσθη, er musste das μασχαλίζειν, den μασχαλισμός an sich erdulden, kann gleichmässig correct bei jeder möglichen Deutung des Wesens des μασχαλισμός gesagt werden. Aber das Wort selbst bezeugt auch, an und für sich, nicht die ausschliessliche Richtigkeit der Erklärung des Aristophanes: es bezeichnet ganz unbestimmt einen Vorgang, bei dem irgendwie die μασχάλαι mitspielen. Verba auf ιζειν, von Benennungen einzelner Körpertheile abgeleitet, bezeichnen je nach Umständen die verschiedenartigste Thätigkeit an und mit dem Körpertheil. Vgl. κεφαλίζειν, αὐχενίζειν, τραχηλίζειν, λαιμίζειν, ὠμίζειν, ῥαχίζειν, χειρίζειν, δακτυλίζειν, γαστρίζειν, σκελίζειν (und doch auch πυγίζειν). Welche Art der Thätigkeit an den μάσχαλαι das μασχαλίζειν bezeichne, lässt sich aus der blossen Form des Verbums nicht ablesen. Um so mehr muss man sich an des Aristophanes anderswoher, aus thatsächlicher Kenntniss, gewonnene Aufklärung halten. Dass μασχαλίζειν, formal betrachtet, auch wohl bedeuten könnte: Den Arm an der Achselhöhle aus der Schulter reissen (wie Benndorf, *Monument von Adamklissi* p. 132, Anm. es deutet), mag nicht unmöglich sein (wiewohl ein solches ἐκμοχλεύειν τὸν βραχίονα ἐκ τῆς μασχάλης doch eher ἀπομασχαλίζειν, ἐκμασχαλίζειν heissen sollte). Aber dass das Verbum unter den mancherlei denkbaren Bedeutungen gerade diese habe, ist durch nichts indicirt; am wenigsten durch die Bildwerke, auf denen Götter ihren besiegten Gegnern den rechten Arm auszureissen scheinen. In solchen Scenen, meint Benndorf, sei der μασχαλισμός dargestellt. Sollte man aber wirklich diese verrufene Praktik feiger Mörder den Göttern selbst zugetraut haben? Es sagt uns auch Niemand, dass hier der μασχαλισμός abgebildet sein solle; das wird nur aus einer gewissen Aehnlichkeit der Abbildungen mit der selbst noch nicht als richtig erwiesenen Annahme von dem Wesen des μασχαλίζειν geschlossen; — und dann soll wieder umgekehrt die Richtigkeit jener Annahme aus der Uebereinstimmung mit den Bildern bewiesen werden? Der handgreiflichste Cirkelschluss.

Die Angaben des Aristophanes zu verwerfen, giebt es keinen haltbaren Grund, wie es deren, um einen solchen Zeugen zu discreditiren, sehr gewichtige geben müsste. Sein Bericht, den er selbst durchaus nicht wie zweifelnd oder nur vermuthend vorbringt, muss eben darum als einfache Mittheilung feststehender Thatsachen gelten. Er wird übrigens — wenn es dessen bedürfte — als richtig noch besonders bestätigt durch das Dasein des Begriffs und Wortes: μασχάλισμα. μασχαλίσματα können ja nur sein die Erträgnisse des μασχαλισμός; es sind eben die abgeschnittenen μόρια des Ermordeten, mit denen sie auch Aristophanes identificirt. Σοφοκλῆς ἐν Τρωΐλῳ πλήρη μασχαλισμάτων εἴρηκε τὸν μασχαλισμόν (wohl gedankenlos hingeschrieben statt: τὸν τράχηλον): Suidas s. ἐμασχαλίσθη (Soph. fr. 566). Bestand das μασχαλίζειν im Auslösen des Armes aus dem Gelenk, so wäre nicht zu sagen, was denn nun solche μασχαλίσματα sein könnten. Sie sind ohne allen Zweifel identisch mit dem, was sonst, in Schilderungen solcher mörderischer Verstümmelung Todter, genannt wird ἀπάργματα (Jason beim Mord des Apsyrtos ἀπάργματα τάμνε θανόντος Apoll. Rhod. 3, 377. Vgl. Schol., und Etym. M. 118, 22 ff.), ἀκρωτηριάσματα, τόμια (τὰ ἀποτμήματα καὶ ἀκρωτηριάσματα τοῦ νεκροῦ Hesych.). Diese Ausdrücke lassen darauf schliessen, dass die ganze Vornahme den Gemordeten wie ein Opferthier irgend welchen ἀποτρόπαιοι weihen sollte. Die μασχαλίσματα sind die ἀπαρχαί von diesem Opferthier. Ja, μασχαλίσματα nannte man, sagt Aristophanes Byz. bei Phot. [Suidas] s. μασχαλίσματα, geradezu auch τὰ τοῖς μηροῖς ἐπιτιθέμενα ἀπὸ τῶν ὠμῶν (nicht ὤμων, wie die Ausgaben haben; auch Nauck, Arist. Byz. p. 221) κρέα ἐν ταῖς τῶν θεῶν θυσίαις. Gemeint sind — bei den bisherigen Behandlungen der Glosse scheint es freilich nicht bemerkt worden zu sein — die von dem rohen Fleisch des ἱερεῖον vor dem Opfer abgeschnittenen, auf die abgetrennten μηροί des Opferthieres gelegten und mit diesen ganz verbrannten Körpertheile; das ὠμοθετεῖν, dessen Homer öfter erwähnt

(A 460f., B 423f., γ 456ff.; μ 360f., ξ 427f.). Wenn diese ὠμοθετούμενα auch (vergleichsweise) μασχαλίσματα genannt werden konnten, so zeigt das wiederum, dass beim μασχαλισμός nicht ein Arm ausgerenkt wurde, sondern in der That die Extremitäten des Ermordeten (-ἀκρωτηριάσαντες μόρια τούτου) abgehauen, ἐκ παντὸς μέρους τοῦ σώματος etwas abgeschnitten wurde, wie die Grammatiker, nach Aristophanes, es sagen: denn nur so ist der Vorgang dem beim ὠμοθετεῖν gleich, wobei die Opfernden ἔκοψαν μικρὸν ἀπὸ παντὸς μέλους (Aristonic. in Schol. A 461; Apollon. lex. Hom. 171, 8; Lex. rhetor. bei Eustath. Il. 1, 460, p. 134, 36: ὠμοθέτησαν· τὸ ἀφ᾽ ἑκάστου μέλους τοῦ ἱερείου ἀπετέμοντο καὶ ἀπήρξαντο ἀπ᾽ ὤμου [denn so ist auch hier zu schreiben, obwohl schon Eustathius — zu seiner eigenen Verwunderung — ὤμου vorfand] καὶ ἐνέβαλον εἰς τὰ μηρία κατὰ τὴν θυσίαν); sowie von Eumäos gesagt wird: ὁ δ᾽ ὠμοθετεῖτο συβώτης, πάντων ἀρξάμενος μελέων, Od. ξ 427f. (durch diese Stelle ἡρμήνευσε [ὁ ποιητής], τί ἐστι τὸ ὠμοθέτησαν. Schol. B. L. Il. A 461; diese Stelle — nicht A 461 — meint auch Hesych. s. ὠμοθετεῖν mit dem: ἐξηγεῖται δὲ αὐτὸς Ὅμηρος. Vgl. auch Dionys. Halic. antiq. 7, 72, 15).

Ein Abwehropfer, oder, was dasselbe sagen will, ein kathartisches Opfer (resp. ein andeutendes Symbol eines solchen Opfers), soll also der μασχαλισμός eigentlich sein. ἐπὶ ταῖς καθάρσεσιν vollzogen ihn die Mörder (Schol. Soph. El. 445); ὑπὲρ τοῦ τὴν μῆνιν ἐκκλίνειν, wie Aristophanes Byz. (p. 221 N.) sagt, τὸ ἔργον ἀφοσιούμενοι, wie es bei Apostolius, prov. 11, 4 heisst. Das sagt alles dasselbe. Daneben kann immer noch ein anderer Zweck die abergläubischen Gemüther bestimmt haben. Die Verstümmelung des Ermordeten geschah, wie Schol. Soph. El. 445 (in der zweiten Version; ähnlich auch in der ersten, p. 123, 18f.) angiebt, ἵνα, φασίν, ἀσθενὴς γένοιτο πρὸς τὸ ἀντιτίσασθαι τὸν φονέα. Verstümmelungen des Leibes übertragen sich auf die ausfahrende ψυχή: das ist eine alte, auch dem Homer nicht fremde Vorstellung (vgl. z. B. Od. 11, 40ff.). Ist der Todte verstümmelt, so wird er z. B. den Speer nicht fassen und führen können, den man in Athen einem Ermordeten, dem ein Rächer aus der Verwandtschaft fehlte, beim Leichenbegängniss vorantrug, und auf das Grab pflanzte ([Demosth.] 47, 69; Eurip. Troad. 1137f.; Poll. 8, 65; Ister bei Etym. M. 354, 33ff.; Bekk. anecd. 237, 30f.), sicherlich doch zu keinem anderen Zwecke als damit er, da ihm Niemand sonst βοηθεῖ, selbst von der Waffe Gebrauch mache, um sich zu rächen. (So pflanzte man bei den Tasmaniern einen Speer dem Todten auf das Grab, damit er eine Waffe im Kampfe habe. Quatrefages, *Hommes fossiles et hommes sauvages* p. 346.) Der griechische Mörder, wenn er ἐμασχάλιζεν, calculirte vielleicht nicht anders, als der Australneger, der dem getödteten Feind den Daumen der rechten Hand abhaut, damit seine Seele den Speer nicht mehr fassen könne. (Spencer, *Princ. d. Sociol.* p. 239.)

Bei Sophokles *El.* 446 wischt nach dem μασχαλισμός die Mörderin auch das blutige Mordinstrument an dem Haupte des Ermordeten ab. Mörder thaten das ὥσπερ ἀποτροπιαζόμενοι τὸ μύσος τὸ ἐν τῷ φόνῳ. (Schol.) Auf die Sitte spielen Stellen der Odyssee (μέγα ἔργον, ὃ σῇ κεφαλῇ ἀναμάξεις τ 92), des Herodot und Demosthenes an (s. Schneidewin zur El.); ihr Sinn wird ganz richtig von Eustathius zu Od. τ. 92 angegeben: ὡς εἰς κεφαλὴν δῆθεν ἐκείνοις (τοῖς πεφονευμένοις) τρεπομένου τοῦ κακοῦ. Ein mimisches: εἰς κεφαλὴν σοί. Aehnlichen Sinn hat es, wenn der Mörder dem Ermordeten dreimal Blut aussaugt und dieses dreimal von sich speit: Apollonius von Rhodus schildert eine solche Scene (4, 477 f.); bei Aeschylus kam ähnliches vor (*fr.* 354; Et. M. erwähnt dies in unmittelbarem Zusammenhang mit dem μασχαλισμός). Der Zweck ist auch hier κάθαρσις des Mörders, Sühnung des Frevels. (ἡ θέμις αὐθέντῃσι δολοκτασίας ἱλέασθαι. Apoll. Rh. ἀποπτύσαι δεῖ καὶ καθήρασθαι στόμα Aesch.) Dreimaliges Ausspeien gehört stets zum Zauber und Gegenzauber; hier wird das Blut des Ermordeten und damit die Macht des aus seinem Blut aufsteigenden Rachegeistes abgewendet (*despuimus comitiales morbos, hoc est, contagia regerimus*. Plin. *n. h.* 28, 35). — Aber welches „Naturvolk" hat primitivere Vorstellungen und handgreiflichere Symbolik als griechischer Pöbel, und vielleicht nicht allein Pöbel, in classischer Zeit in den unheimlichen Winkeln nährte, in die wir hier für einen Augenblick niedergestiegen sind.

3. Zu S. 318.

ἀμύητοι, ἄγαμοι, Danaïden in der Unterwelt.

3. Auf dem Unterweltsbilde des Polygnot sah man Gestalten τῶν οὐ μεμυημένων, τῶν τὰ δρώμενα Ἐλευσῖνι ἐν οὐδενὸς θεμένων λόγῳ, einen Greis, einen παῖς, ein junges und ein altes Weib, in zerbrochenen Krügen Wasser in einen πίθος tragend. Pausan. 10, 31, 9. 11. Der Mythus beruht ersichtlich auf ety-

mologischem Spiele: diejenigen, welche die „Vollendung" in den heiligen τέλη versäumt haben, die ἀτελεῖς ἱερῶν (*hymn. in Cer.* 482) müssen im Reiche der Persephone die ziellose Arbeit des Wasserzutragens in zerbrochenen Gefässen, die Δαναΐδων ὑδρείας ἀτελεῖς (*Axioch.* 371 E.) ausführen. Dass der πίθος τετρημένος sei, sagt Pausanias wohl nur aus Nachlässigkeit nicht; es gehört wesentlich zur Sache (s. Plat. *Gorg.* 493 B. C., Philetaer. com. ap. Athen. 14, 633 E., v. 5, Zenob. *prov.* 2, 6 u. s. w.) und kann keineswegs, wie sich Dieterich *Nekyia* 70 vorstellt, durch die κατεαγότα ὄστρακα ersetzt werden. Dass die οὐ μεμυημένοι, die ἀμύητοι, wie die Inschrift auf dem Gemälde sie nannte (Paus. § 9), gerade die eleusinischen Weihen versäumt hatten, ist, nach der Art wie er § 11 redet, von Pausanias (oder seinem Gewährsmann) nur erschlossen; aber es wird ein richtiger Schluss sein. Die Orphiker übernahmen die eleusinische Fabel, steigerten sie aber (nach Anleitung des volksthümlichen Sprichwortes — eines der Beispiele der ἀδύνατα — κοσκίνῳ φέρειν ὕδωρ [auch römisch: Plaut. *Pseud.* 102; als Gottesurtheil: Plin. *n. h.* 28, 12]) ins Alberne, indem sie im Hades τοὺς ἀνοσίους καὶ ἀδίκους κοσκίνῳ ὕδωρ ἀναγκάζουσι φέρειν (Plat. *Rep.* 2, 363 D. *Gorg.* 493 B. C.). Erst später (für uns litterarisch nicht vor dem *Axiochus,* 371 E; etwas früher vielleicht auf Bildern unteritalischer Vasen des 4./3. Jahrhunderts) begegnet die Sage, nach der die Danaostöchter es sind, denen die Anfüllung des lecken Fasses im Hades als Strafe auferlegt ist. Als Grund solcher Bestrafung der Danaïden wird die Ermordung der Aegyptossöhne im Ehebett angegeben: aber warum dann gerade diese Strafe? Offenbar wird auch an den Danaïden die Nichtvollendung eines wichtigen τέλος durch jene in Ewigkeit ἀτελεῖς ὑδρεῖαι geahndet. Unvollendet war durch ihre eigene Schuld ihr Ehebund (auch die Ehe wird ja oft genug ein τέλος genannt, die Hochzeit durch die προτέλεια eingeleitet, und mit den τέλη der Mysterien verglichen) — wobei allerdings vorausgesetzt wird, dass ihre That nicht Sühnung und sie selbst nicht neue Gatten gefunden hatten, sondern etwa gleich nach ihrer Frevelthat in den Hades gesendet worden waren (vgl. Schol. Eurip. *Hecub.* 886, p. 436, 14 Dind.). Die Danaostöchter kamen als ἄγαμοι in die Unterwelt. Vor der Hochzeit zu sterben, galt im Volke als grosses Unglück (s. Welcker *Syll. ep.* p. 49); wesentlich wohl (wie es deutlich ausspricht Euripides *Troad.* 382 ff.), weil dann kein zum Cult seiner Seele Berufener dem Verstorbenen nachblieb. Aber es mag noch

anderes vorgeschwebt haben. Auf den Gräbern der ἄγαμοι
stellte man eine λουτροφόρος auf, sei es ein Bild einer παῖς oder
κόρη λουτροφόρος oder ein λουτροφόρος genanntes Gefäss, dergleichen man in gewissen Vasen ohne Boden wiedererkennt
(s. Furtwängler, Samml. Sabouroff, zu Taf. LVIII, LIX. Vgl.
Wolter, Athen. Mittheil. 16, 378 ff.). Sollte hiermit ein ähnliches Geschick der ἄγαμοι nach dem Tode angedeutet werden,
wie es dann im Besonderen den Danaïden, als mythischen Vorbildern der ἄγαμοι durch eigene Schuld, angedichtet wurde? ein
ewiges erfolgloses Wassertragen zum λουτρόν des Brautbades.
(Dies setzt als Zweck jenes Wasserzutragens nicht unwahrscheinlich an Dieterich, Nekyia 76.)

Ob nun von diesen zwei Sagen die später auftauchende,
die von den Danaïden, aus der früher vorkommenden (auch, wie
man meint, bereits auf einer schwarzfigurigen Vase dargestellten)
von vergeblichem Wassertragen der ἀμύητοι erst nachträglich
herausgebildet ist? Ich möchte das nicht mehr so bestimmt annehmen, wie ehemals. Zwar, dass eine nachträgliche Ersetzung
der Menschen einer bestimmten Classe, in dieser Sage, durch
mythische Vertreter (wie sie die Danaïden wären) schwer zu
denken sei, kann ich nicht einräumen (das meint Dümmler,
Delphika 18 ff., dem aber ein früheres Alter der Geschichte vom
Danaïdenfasse glaublich nachzuweisen nicht gelungen ist). Aber
sehr bedenklich ist doch, dass die Danaïden diejenige Classe von
Menschen, an deren Stelle sie, als deren mythische Repräsen-
tanten, sich geschoben haben müssten, die ἀμύητοι, gar nicht
repräsentiren. Sie sind ja keine ἀμύητοι, sondern ἄγαμοι. ἄγαμοι
und ihre ἀτελεῖς ὑδρεῖαι im Hades muss der volksthümliche
Glaube gekannt haben; daneben mag sich die mystische Dichtung von gleichem Thun derer, die das τέλος der Weihen versäumt hatten, hervorgethan haben, gewiss nicht als Vorbild der
Sage von den ἄγαμοι, eher aus dieser (die eine einfachere volksthümliche Art zeigt, auch allein eine bestimmte Beziehung der
Mühe beim ziellosen Wassertragen im Hades auf die Art der
Versäumniss im Leben erkennen lässt) umgebildet für die
Zwecke der mystischen Erbaulichkeit. Die Sage von den ἄγαμοι,
durch die concurrirende Erzählung von den ἀμύητοι schon in
den Schatten gedrängt, wurde dann vollends aufgesogen, als ein
Dichter (einen solchen wird man nothwendig in Anspruch
nehmen müssen) auf die Danaïden das anwendete, was auf die
ἄγαμοι im Allgemeinen immer noch Brauch und begleitende Sage

bezog: und diese Wendung der Sage trug es dann sowohl über die Volksüberlieferung von den ἄγαμοι als über die Mysterienfabel von den ἀμύητοι, im allgemeinen Bewusstsein davon. — Die Danaïden übrigens (in minderem Grade auch schon die ὀμύητοι) werden gestraft durch ihre ἀτελεῖς ὑδρεῖαι; das kann, solange einfach von ἄγαμοι die Rede war, nicht der Sinn jener ziellosen Mühe gewesen sein, so wenig wie etwa beim Oknos. Noch Xenophon, *Oecon.* 7, 40 lässt merken, dass in Wahrheit jene ziellos sich Abmühenden gar nicht, wie Sünder, Abscheu, sondern Mitleid erwecken sollen. Dort heisst es: οὐχ ὁρᾷς, οἱ εἰς τὸν τετρημένον πίθον ἀντλεῖν λεγόμενοι ὡς οἰκτίρονται, ὅτι μάτην πονεῖν δοκοῦσι; νὴ Δί᾽, ἔφη ἡ γυνή, καὶ γὰρ τλήμονές εἰσιν, εἰ τοῦτό γε ποιοῦσιν. Hier zeigt sich die Gesinnung, aus der die Geschichte ursprünglich geboren wurde.

Lightning Source UK Ltd.
Milton Keynes UK
UKHW041141271120
374146UK00002B/309